주민소송론

주민소송론

인쇄 | 2022년 2월 21일
발행 | 2022년 2월 25일

저자 | 함인선
발행인 | 정성택
발행처 | 마로니에

등록 | 1981. 5. 21. 第53호
주소 | 61186 광주광역시 북구 용봉로 77
전화 | (062) 530-0573
팩스 | (062) 530-0579
홈페이지 | http://www.cnup.co.kr
이메일 | cnup0571@hanmail.net

값 20,000원

ISBN 978-89-6849-865-7 (93360)

주민소송론

함인선 저

maronie

신판을 내면서

2021년 1월 전부개정된 지방자치법이 올 1월부터 시행되었다. 동 전부개정법에는 주민소송 관련 제도도 약간 포함되어 있다. 2006년부터 시행된 주민소송제도는 애초의 기대와 달리 그 활용도가 많이 미치지 못하고 있다고 할 수 있다. 이러한 주민소송 이용의 실제에 있어서 이번 주민소송 관련제도의 개선이 주민소송 이용의 향상에 어느 정도 기여를 할 수 있을지는 의문이다. 우리 주민소송제도의 모델인 일본의 그것이 주민에 의한 지방자치단체의 통제라는 역할을 매우 실효성 있게 수행하고 있는 주민참여제도라는 점을 고려해보면, 아쉬운 마음을 떨칠 수 없다.

저자는 주민소송제도가 가지는 주민참여에서의 실효적인 역할의 가능성에 주목하여, 주민소송제도의 도입을 전후하여 그 연구에 힘을 쏟아 2008년 『주민소송 - 이론과 사례 - 』라는 연구서를 펴낸 바 있으며, 2012년에는 동 서의 개정판을 내기도 했다. 그러나, 주민소송의 저조한 이용에 실망하는 한편으로, 다른 한편으로는 저자의 연구 관심의 이동으로 인해 그동안 주민소송의 연구와는 소원하였다고 할 수 있다. 그러나, 세월의 흐름은 누구에게나 피할 수 없어서 저자도 정년이 머지않은 시점에 놓이게 되었으며, 저자의 최초의 연구서라는 점에서 마지막 정리가 필요하다고 생각했다.

본서는 저자의 주민소송에 관한 그동안의 연구를 집대성한다는 의미에서 신판이라는 형식을 채택하기로 하였다. 신판은 주민소송에 관한 법이론 뿐만 아니라 그와 관련된 국내외의 구체적 사례를 풍부하게 담는다는 기본적인 체제는 구판과 마찬가지로 유지되고 있지만, 그 세부적인 내용은 적지 않게 수정·보완되었다고 말 할 수 있다. 기본적으로 법령 및 판례의 업데이트는 물론, 그 동안 이 분야에서 축적되어온 연구 성과를 가능한 한 많이 반영하고자 하였다. 특히 원인행위의 위법성의 승계와 관련하여서는 전면적인 수정이 이루어졌다고 할 수 있으며, 그동안 축적되어온 우리 대법원판례들도 관련 부분에서 사실관계 및 판례 요지를 비롯하여 상세히 소개하고자 하였다.

본서의 출판에는 전남대학교의 지원을 받았다. 전남대학교의 지원으로 저자의 약해진 불꽃을 되살려서 이러한 형태로나마 신판을 출간할 수 있음을 다행으로 생각한다. 출판을 위해 협조해주신 모든 분들께 감사의 마음을 전한다.

2022년 2월　신학기를 눈앞에 두고

함인선

차례

제1장
주민소송 개설

제1절 주민소송의 의의

(1) 오늘날 행정의 다수가 지방자치단체를 통하여 이루어지고 있고, 국가사무의 상당부문도 지방자치단체가 수행하고 있는 현실에서 지방자치단체의 사무집행에 있어서 주민의 참여는 매우 중요한 의미를 지닌다. 지방자치단체의 사무처리가 주민의 복리증진과 관련하여 중요성을 더해가기 때문에, 사무처리에서의 투명성·공정성의 확보가 필요하다. 이러한 지방자치의 현실에서 주민참여에 의한 지방자치단체에 대한 통제의 중요성이 강조되었고, 이를 반영하여 지방자치법은 주민참여를 위한 여러 가지 제도들을 도입하였다.

이들 제도가 주민투표(지방자치법 18조. 이하 '법'이라 한다), 조례의 제정과 개정·폐지 청구(법 19조), 주민감사청구(법 21조), 주민소송(법 22조), 주민소환(법 25조)이라 할 수 있다. 이들 주민참여제도가 지방자치법에 전부 포함됨으로써, 주민참여의 일반적인 법제도는 일응 갖추어진 셈이다.

(2) 그런데, 외국의 예에서 알 수 있듯이, 이들 여러 주민참여제도 가운데 주민에 의한 지방자치단체 통제의 실효성이 가장 높은 것 가운데 하나가 주민소송제도라고 할 수 있다.

주민소송은 2005년 1월의 지방자치법 개정에 의하여 도입되어 2006년 1월부터 시행되고 있는 제도로서, 주민감사청구를 한 주민이 그 결과에 불복할 때 일정한 재무회계사항에 대하여 해당 지방자치단체의 장 등을 상대방으로 하여 제기하는 소송이라고 할 수 있다. 즉, 지방자치법 22조 1항은 "공금의 지출에 관한 사항, 재산의 취득·관리·처분에 관한 사항, 해당 지방자치단체를 당사자로 하는 매매·임차·도급 계약이나 그 밖의 계약의 체결·이행에 관한 사항 또는 지방세·사용료·수수료·과태료 등 공금의 부과·징수를 게을리한 사항을 감사 청구한 주민은 다음 각 호의 어느 하나에 해당하는 경우에 그 감사 청구한 사항과 관련이 있는 위법한 행위나 업무를 게을리한 사실에 대하여 해당 지방자치단체의 장(해당 사항의 사무처리에 관한 권한을 소속 기관의 장에게 위임한 경우에는 그 소속 기관의 장을 말한다. 이하 이 조에서 같다)을 상대방으로 하여 소송을 제기할 수 있다."고 규정하고 있다.

이러한 주민소송제도는 주민이 지방자치단체의 위법한 재무회계행위 등을 시정하여 줄 것을 법원에 청구할 수 있는 제도로써, 주민참여를 확대하여 지방재무행정의 적정성과 책임성을 높일 수 있는 제도적 장치로 평가되고 있다[1].

(3) 주민소송의 제도적 의의로서는, ①직접적인 주민참여의 수단, ②공익의 옹호수단, ③위법한 재무회계행위에 대한 사법적 통제수단에 있다고 할 수 있다. 좀 더 부연 설명하자면, ①과 관련하여, 주민소송제도는 주민의 직접참여수단의 하나로서 간접민주제를 보완하는 직접민주제의 방식이라고 할 수 있다. 다만, 직접참여수단이라고 하더라도, 주민투표와 같이 주민에 대해 지방자치단체의 기관구성이나 의사결정에 직접 참여할 기회를 부여하는 것이 아니라, 주민에게 소권을 부여함으로써 법원의 재판을 통하여 위법한 재무회계행위를 사법

1) 우리나라 주민소송제도의 실시현황을 보면, 2020년 12월말 현재 45건의 주민소송이 제기되어, 39건이 종결되고 6건이 진행 중에 있다. 행정안전부, 주민소송 운영 현황(2020.12.31 현재)

적으로 통제하는 것을 목적으로 한다. ②와 관련하여, 주민소송제도의 목적은 지방자치단체의 집행기관 또는 직원의 위법한 재무회계상의 행위를 예방·시정함으로써 지방재무행정의 적정한 운영을 확보하여, 주민 전체의 이익을 보장하는 데에 있다고 할 수 있다[2]. ③과 관련하여, 지방자치단체의 재무행정의 적정한 운영을 확보하기 위한 수단으로서 주민소송제도는 법원에 의한 사법통제의 방식을 취하고 있다.

한편, 주민소송제도는 직접적으로는 재무회계상의 행위 등을 그 대상으로 하는 것이지만, 지방자치단체에서의 재무회계행위의 적법성을 확보하고자 하는 당초의 입법목적을 뛰어넘어, 그 대상을 비재무회계상의 행위에 까지 확대함으로써 항고소송의 대체적 기능까지 수행하고, 사실상 행정 일반의 적법성 확보기능도 수행하고 있는 현상이 외국의 주민소송제도의 운영에서 일부 나타나고 있다. 이 같은 현상에 대하여, 헌법이 보장하는 주민자치의 이념 내지 주민참여의 범위의 확대로 파악하여 주민소송의 '제4의 기능'이라고 볼 수도 있다.

제2절 주민소송의 법적 성격

1. 객관소송

지방자치법은 주민소송에 관하여, "이 법에 규정된 것 외에는 「행정소송법」에 따른다"(22조 18항)고 규정하고 있다. 그런데, 행정소송법은 행정청의 위법한 처분 그 밖에 공권력의 행사·불행사등으로 인

2) 그러나, 우리나라 주민소송 실제에서는 저조한 주민소송 건수와 지극히 낮은 승소율로 인해 "직접 주민소송을 통해 위법한 재무회계행위를 고친 실제 사례는 없는 셈"이라고 한다. 김태호, 公益訴訟과 行政訴訟, 행정판례연구 22권 2호 (2017), 206쪽 참조.

한 국민의 권리 또는 이익의 침해를 구제하고, 공법상의 권리관계 또는 법적용에 관한 다툼을 적정하게 해결하기 위하여(동법 1조 참조), 행정소송의 유형으로서 항고소송·당사자소송·민중소송·기관소송의 4종류를 규정하고 있다(동법 3조 참조). 이들 가운데, 전2자는 이른바 주관소송으로서 국민의 개인적 권리 또는 이익의 보호를 목적으로 하는데 반하여, 후2자는 이른바 객관소송으로서 직접 자기의 법률상 이익과 관계없이 객관적인 법질서의 유지를 목적으로 하는 소송으로 분류되는 것이 일반적이다. 주관소송은 법률이 정한 일정한 요건을 갖춘 경우에는 "법률상의 쟁송"(법원조직법 2조 1항)으로서 당연히 법원의 권한에 속하게 되지만, 객관소송의 경우에는 "법률이 정한 경우에 법률에 정한 자에 한하여 제기할 수 있다"(행정소송법 45조).

그런데, 주민소송은 지방자치단체에서의 재무회계행위의 적법성·적정성을 확보하기 위하여 지방자치법에 의하여 인정된 제도로써 객관적인 법질서의 유지, 행정의 적법성의 보장을 목적으로 하는 소송이기 때문에 객관소송에 속한다고 할 수 있다.

2. 민중소송

민중소송이란 "국가 또는 공공단체의 기관이 법률에 위반되는 행위를 한 때에 직접 자기의 법률상의 이익과 관계없이 그 시정을 구하기 위하여 제기하는 소송"(행정소송법 3조 3호)을 말한다.

주민소송은 지방자치단체의 재무회계사항의 공정성과 적법성을 확보하기 위하여 주민이 자신의 법률상의 이익과 관계없이 지방자치법의 규정에 의하여 소제기가 인정된 객관소송으로서 민중소송의 하나라고 할 수 있다. 따라서, 주민소송은 지방자치단체에 대해서만 인정되고, 국가의 행정에 대해서는 이를 인정하는 법률의 규정이 존재하지 않기 때문에 인정되지 않는다. 다시 말하면, 국민소송의 형태는 현행법이 규정하고 있지 않기 때문에 인정되지 않는다고 할 것이다[3].

3. 행정소송

주민소송은 행정소송의 하나인 민중소송에 속한다는 점에서 알 수 있듯이 행정소송의 일종이다. 이러한 점은, 지방자치법이 규정하고 있듯이 주민소송에 관하여는 지방자치법에 규정된 것 외에는 행정소송법에 따르도록 되어 있는 점에서도 나타난다(법 22조 18항 참조). 즉, 주민소송에 대해서는, 지방자치법에서 특별히 규정된 것 이외에는 행정소송법의 규정이 준용되게 되는 셈이다.

그런데, 주민소송과 관련하여 지방자치법에서 특별히 규정된 것으로서는, 주민소송의 대상과 원고적격 및 피고적격(법 22조 1항), 소송유형(동조 2항), 제소기간(동조 4항), 별소의 금지(동조 5항), 소송절차의 중단 및 수계(동조 6항부터 8항), 재판관할(동조 9항), 소송고지(동조 10항부터 12항), 소송참가(동조 13항), 소의 취하·소송의 화해·청구의 포기(동조 14항), 소가(동조 16항), 소송비용등의 보상(동조 17항) 등이 있다. 따라서, 이들 규정 이외에는 행정소송법의 규정에 의하도록 된다.

한편, 행정소송법은 행정소송절차에 대하여 완결적 규정형식을 취하고 있는 것이 아니기 때문에, 민사소송법 및 민사집행법의 규정을 준용하도록 하고 있다(동법 8조 2항 참조). 따라서, 주민소송에서도 행정소송절차에 의하는 이외에 민사소송절차에 의하는 경우가 있을 수 있다.

---

3) 국민소송의 도입을 주장하는 견해로서, 선정원, 국민소송의 도입에 관한 법적 쟁점의 검토, 행정법연구 15호(2006년 상반기), 39쪽 이하 ; 김대인, 국민소송의 도입방안에 대한 연구 : 현행 소송법체계 및 유사제도와의 관계를 중심으로, 행정법학 18호(2020), 340쪽 이하 참조.

제3절 주민소송제도의 기원

주지하는 바와 같이, 우리나라의 주민소송제도는 일본의 그것을 모델로 하고 있다. 그런데, 일본의 주민소송제도도 일본 고유의 제도라고 하기보다는 2차 세계대전 패전 후 당시 일본을 점령하고 있던 연합국총사령부(GHQ)의 지시에 의하여 제도화된 것이다. 즉, 1947년 일본 지방자치법이 제정될 당시에 주민소송제도는 도입되지 않았는데, 연합국총사령부(GHQ)의 지시에 의하여 1948년 지방자치법 개정에 의하여 도입되어, 일반적으로 '납세자소송'으로 불려졌다. 이는 미국에서 시행되고 있는 제도인 납세자소송(taxpayer's suit)을 그 모델로 한 것에 연유한 것으로, 2차 세계대전 패전 후의 미국법제 영향의 한 단면이라고 할 수 있다.

따라서, 이하에서는 우리나라 주민소송제도의 기원을 알기 위하여, 미국의 납세자소송(taxpayer's suit)제도와 일본의 주민소송제도를 살펴보기로 한다.

1. 미국의 납세자소송(taxpayer's suit)제도

(1) 미국의 납세자소송은 원래는 영국에서 시행되던 것이 미국에 계수된 제도이다[4]. 미국에서는 1847년 뉴욕주 제1심법원의 판례[5]를 시

4) 영국에서는 원래 형평법(equity)상의 공익신탁(public trust)이라는 관념이 존재하였다. 그런데, 도시개혁(Municipal Reform)의 일환으로서 「1835년 지방자치단체법(Municipal Corporation Act 1835)」이 제정되어, 지방자치단체의 공금은 신탁재산, 지방자치단체는 수탁자, 납세자는 수익자라고 이해되었다. 그 결과, 납부된 세금은 형평법(equity)상 지방자치단체를 수탁자로 하여 신탁된 것으로, 위법한 공금 지출은 신탁위반으로 처리되었다. 이러한 방식은, 법무장관(attorney general)이 직권 내지 납세자의 고발에 기하여 지방자치단체의 공무원에 의한 공금·재산의 위법한 지출 등을 신탁위반으로서 제소하는 관계인소송(relator action)으로 변하였다. 木下 毅, 憲法·行政訴訟における「訴えの利益」-納税者訴訟の日米比較

초로 하여, 동년 매사츄세츠주는 지방자치단체(Municipal Corporation)에 의한 특별지출을 대상으로 하는 납세자소송을 제정법에 의하여 도입하였다. 이후, 지방자치단체 차원에서의 납세자소송은 다수의 주에서 도입하게 되었다. 이리하여, 미국에서도 지방자치단체의 공무원이 행한 위법한 재산처분(재무행정상의 행위)을 수익자인 납세자에 대한 신탁위반으로 구성하는 납세자소송이 시행되었다.

(2) 주(State) 차원에서의 납세자소송은 지방자치단체 차원의 납세자소송이 그 대상을 확대하여, 20세기에 들어서 다수의 주에서 도입하게 되었다[6]. 이러한 도입의 형태에는 크게 2가지로 나누어 볼 수 있다. 하나는, 주 법무장관을 경유하는 것을 조건으로 하여 주 공무원에 대한 납세자소송의 제기가 허용되는 형태이며, 또 하나는 주 법무장관을 경유하지 않고서 납세자가 직접 주 공무원을 상대방으로 하여 법원에 소를 제기하는 형태이다. 납세자소송을 도입한 대부분의 주에서는 후자의 형태를 취하였다.

한편, 납세자소송의 대상과 관련하여, 주와 지방자치단체 차원에서는 그 대상을 재무적 사항에 한정하지 않고 비재무적 사항(nonfiscal matters)으로까지 확대되어 이용되고 있으며[7], 원고적격(standing)과 관련하여, 주나 지방자치단체에 따라서는 일정 수 이상의 원고를 요구한다든지 또는 일정액 이상의 세금의 납부를 요구하는 경우가 있다.

(3) 연방정부(Federal State) 차원에서는 연방납세자의 원고적격이 소극적으로 해석되었다. 이를 단적으로 나타낸 연방대법원의 판결이 1923년의 Frothingham v. Mellon사건[8]이다. 연방대법원은, 연방기금에

を手がかりとして-, 法学新報(中央大), 112巻 11·12号, 154쪽 이하.

5) Adriance v. Mayor of New York, 1 Barb. 19(N.Y. Sup. Ct., 1847).

6) 佐藤英善, 『住民訴訟の実務と理論』, 学陽書房, 1986, 21쪽 이하.

7) 이에 납세자소송은 실제 기능에 있어서 시민소송(citizen's suit)으로 불리기에 이르렀다고 할 수 있다. 佐藤英善, 『住民訴訟の実務と理論』, 23쪽.

8) 이 사건은, 연방정부가 엄마와 유아의 사망률을 감소시켜 모자의 건강을 보호하

서 차지하는 납세자의 이익은 경미하고 불확정적이라는 이유로 연방 납세자에게는 연방 제정법의 합헌성을 다툴 원고적격이 없다고 판시하였다.

이후 Frothingham사건의 입장이 오랫동안 유지되다가, 1968년의 Flast v. Cohen사건[9]에 의하여 제한적이지만 종래의 입장이 번복되었

기 위하여, 이러한 취지에 부응하여 협력한 주에 대해서는 5년간 세출배분을 승인하는 것을 규정한 「연방모자법(Maternity Act)」의 위헌성이 쟁점으로 된 것이다. 원고는 연방납세자(a taxpayer of the United States)의 자격으로 소송을 제기하여, 예산세출권을 가지는 피고(Mellon재무부장관)를 상대로 하여, 세금을 가장하여 "적법절차 없이"(without due process of law) 입법에 의해 재산이 수용되었다고 주장하여, 그 지출의 금지를 청구하였다. 연방대법원의 Sutherland 대법관은 법정의견을 대표하여, 다음과 같이 판시하였다.

"주민인 납세자는 지방자치단체(Municipal Corporation)의 공금의 위법지출을 금지시키기 위하여 소송을 제기할 수 있다.(중략) 지방자치단체의 공금 지출에 대한 납세자의 이익은 직접적이고 긴급한(direct and immediate) 관련성이 있고, 그 부정사용을 저지하기 위하여서는 금지명령(injunction)에 의한 구제방법이 상당하다." "이에 대하여, 연방납세자의 연방정부에 대한 관계는 현저히 다르다. 재무부의 자금(일부는 조세로부터, 일부는 다른 재원으로부터 얻은 것이다)에 대한 이익은 다른 수많은 시민들과 분담하여 비교적 근소하고, 연방의 일반기금으로부터의 지출이 장래의 조세에 미치는 효과는 직접적이 아니고(so remote), 불확실한(uncertain) 것이기 때문에 형평법법원(a court of equity)의 금지권한을 청구할 근거가 부족하다." COMMONWEALTH OF MASSACHUSETTS v. MELLON, Secretary of the Treasury, et al. FROTHINGHAM v. SAME. 262 U.S. 447, 487(1923).

9) 이 사건은, 원고들이 연방납세자로서 「1965년 초중등교육법(Elementary and Secondary Education Act of 1965)」에 근거하여 종교계 학교의 사용을 위한 교과서 등 교재의 구입을 위한 연방자금의 지출이 위헌이라고 주장하여, 그 지출을 금지시키기 위하여 연방보건교육복지부장관(Cohen) 및 연방교육위원회를 상대로 하여 소를 제기한 것이다. 이 사건의 쟁점은 연방납세자가 연방헌법 수정 제1조의 '국교금지조항' 및 '종교의 자유조항'(the Establishment and Free Exercise Clauses of the First Amendment) 위반을 이유로 연방 제정법의 위헌성을 다투는 경우에 Frothingham사건의 입장을 완화할 것인지 여부이다.

연방대법원은 연방지방법원이 원고들에게 원고적격이 없다고 하여 소를 각하한 판결을 8:1로 파기하였다. Warren 대법원장은 법정의견을 대표하여, "본 대법원은 Frothingham v. Mellon에서 연방납세자는 연방제정법의 위헌성을 다툴 원고적격이 없다고 판시하였다. 이 판결은 연방납세자인 것만을 주장하는 개인이 연방의회의 법률(Acts of Congress)의 위헌성을 주장하여 제기한 소송에서 난공불락

다. 이 Flast사건 이후, 연방대법원은 제한적이지만 연방납세자의 원고적격을 인정하고 있다[10]. 다만, 국교금지조항 이외의 경우에 연방납세자의 원고적격을 인정하는 것에 대해서는 여전히 소극적으로 해석하는 입장을 유지하고 있다고 할 수 있다[11].

의 장벽(an impenetrable barrier)으로 45년간 존속하여 왔다. 본 건에서는 연방납세자가 수정 제1조의 '국교금지조항' 및 '종교의 자유조항'에 위반한다는 이유로 연방제정법을 공격하는 경우에 본 대법원은 Frothingham 사건의 장벽을 완화하여야 하는지 여부를 판단하여야 한다. (중략) 납세자가 특정한 사건의 상황에 따라 결과에 있어서의 필요불가결한 개인적 이해관계(personal stake)를 가질 수도 또는 가지지 않을 수도 있다. 그러므로, 본 대법원은 연방의 과세·세출계획을 위헌이라고 주장하여 다투는 소송에서 제3편의 사법권의 규정은 절대적 장벽으로 되지 않는다고 생각한다. 그러나, 납세자가 어떠한 상황 하에서 이러한 종류의 소송에 대하여 필요한 구체적 대립이익(adverseness)을 부여하는 개인적 이해관계를 가진다고 생각되고, 그 결과, 원고적격이 부여되는지 여부의 문제가 남는다. (중략) 본 대법원의 판결에 의하면, 원고적격을 판정함에는 주장되고 있는 법적 지위와 심판청구된 주장 간에 논리적 관련성(logical nexus)이 존재하는지 여부를 결정하는 것이 적절하고 필요하다.

연방납세자에게 요구되는 이러한 논리적 관련성에는 두 가지 요건이 있다. 첫째는, 법적 지위와 공격의 대상인 제정법의 유형과의 논리적 관련성을 입증하지 않으면 안된다. 연방납세자는 연방헌법 제1편 8조의 과세권 및 세출권 조항 하에서의 연방의회의 권한의 행사에 관해서만 위헌 주장을 할 수 있는 원고적격이 인정될 수 있다. 본질적으로 규제적인 제정법의 운용상, 과세기금=세금을 부수적으로 지출하는 것을 주장하는 것만으로는 충분하지 않다. 둘째로, 납세자는 그 법적 지위의 주장과 관련된 헌법상의 침해의 적확한 성질과의 관련성을 논증하지 않으면 안된다. 이 요건에서는, 납세자는 위헌으로 주장하는 제정법이 연방의회의 과세권 및 세출권의 행사에 부과된 특정한 헌법상의 제약을 일탈하였음을 주장·입증하지 않으면 안된다."고 하면서, 본 건의 납세자는 이 두 가지 요건을 구비하고 있다고 판시하였다. Flast v. Cohen, 392 U.S. 83(1968).

10) Tilton v. Richardson, 403 U.S. 672(1971) ; Bowen v. Kendrick, 487 U.S. 589(1988) ; Texas Monthly, Inc. v. Bullock, 489 U.S. 1 (1989) 등.

11) 미국의 연방 납세자소송과 관련된 연방대법원판례에 대해 보다 자세한 문헌으로서는, 정하명, 미국에서의 공익소송의 현안과 시사점, 행정법학 제15호(2018), 75쪽 이하 참조. 또한, 미국의 관련법제 및 판례에 대한 것으로서는, 김재선, 위법한 재정활동에 대한 국민소송제도에 관한 공법적 고찰 - 미국 연방부정청구방지법 및 납세자 소송 법제 연구를 중심으로-, 공법연구 제47집 제1호(2018), 297쪽 이하 참조.

2. 일본의 주민소송제도

(1) 일본은 패전 후인 1947년에 지방자치법을 제정할 당시에는 주민소송제도를 도입하지 않았지만, 당시 일본을 점령하고 있던 연합국 총사령부(GHQ)의 지시에 의하여, 1948년 지방자치법 개정에 의하여 관련규정이 설치되었다[12]. 이러한 주민참여제도는 당시 일본으로서는 전혀 생소한 미지의 제도였다. 제정 당시, 이 소송의 정식명칭도 부여되지 않았고, 다만 미국의 taxpayer's suit를 모델로 한 것이라는 의미에서 '납세자소송'으로 통칭되었다[13].

---

12) 당시의 규정은 다음과 같았다.
지방자치법 제243조의2 ①보통지방공공단체의 주민은, 당해 보통지방공공단체의 장, 출납장이나 수입역 또는 기타 보통지방공공단체의 직원에 대하여, 공금의 위법 또는 부당한 지출이나 낭비, 재산의 위법 또는 부당한 처분, 특정한 목적을 위하여 준비한 공금의 목적 외의 지출, 위법한 채무 그 밖의 의무의 부담, 재산 또는 영조물의 위법한 사용 또는 위법이나 권한을 넘는 계약의 체결이나 이행이 있다고 인정할 때는, 그 사실을 증명하는 서면을 첨부하여, 감사위원에 대하여 감사를 행하고 당해 행위의 제한 또는 금지에 관한 조치를 강구할 것을 청구할 수 있다.
②전항의 규정에 의한 감사위원의 청구가 있었을 경우에는, 감사위원은 20일 이내에 감사를 행하고, 청구와 관련된 사실이 있다고 인정할 때는, 그 취지를 제1항의 규정에 의한 청구인에게 통지하여야 한다.
③전항의 규정에 의한 감사위원의 청구가 있었을 때는, 보통지방공공단체의 장은 곧바로 필요한 조치를 강구함과 함께, 그 취지를 감사위원 및 제1항의 규정에 의한 청구인에게 통지하여야 한다.
④전 2항의 규정에 의한 감사위원이나 보통지방공공단체의 장의 조치에 불복이 있을 때, 또는 이들이 조치를 강구하지 아니할 때는, 최고재판소가 정하는 바에 의하여, 재판소에 대하여 당해 직원의 위법 또는 권한을 넘는 당해 행위의 제한이나 금지 또는 취소나 무효 또는 이에 따르는 당해 보통지방공공단체의 손해의 보전에 관한 재판을 청구할 수 있다.
⑤감사위원을 두지 않는 시정촌에서는, 제1항의 규정에 의한 청구는 시정촌장에 대하여 하고, 제2항 및 제3항의 규정에 의한 감사위원 및 보통지방공공단체의 장의 직무는 시정촌장이 이를 행한다.

13) 그러나, 일본의 주민소송제도의 원고적격에는 납세자일 것을 요하지 않고, 주민이면 가능하였기 때문에 납세자소송이라는 호칭이 옳지 않다는 견해도 있었다. 成田頼明, 納税者訴訟(一), 自治研究 33巻 3号, 24쪽.

이러한 납세자소송의 특징으로는 다음과 같은 점들이 들어진다[14]. 우선, 감사청구의 대상이 되는 행위로서, ①공금의 위법·부당한 지출이나 낭비, ②재산의 위법·부당한 처분, ③특정 목적을 위하여 준비한 공금의 목적 외의 지출, ④위법한 채무 그 밖의 의무의 부담, ⑤재산 또는 영조물의 위법한 사용, ⑥위법 또는 권한을 넘는 계약의 체결이나 이행의 6종류가 한정 열거되었다. 감사청구전치주의의 채택으로 인해 감사위원에 대한 감사청구를 거쳐, 그 결과에 불복하는 경우에 감사 청구를 한 주민은 법원에 당해 직원의 행위에 대해 ①제한 또는 금지의 청구, ②취소 또는 무효의 청구, ③손해보전청구를 제기할 수 있었다.

이러한 납세자소송제도에 대해서는, ①감사청구기한이 설정되어 있지 않고, 감사위원에 의한 감사기간도 20일 이내로 단기간이라는 점, ②주민소송절차에 관한 규정이 미비하다는 점[15], ③피고적격에 관한 규정이 결여되어 있다는 점 등의 문제점이 일찍부터 지적되었다.

(2) 그리하여, 지방재무회계제도의 근본적인 개혁과 관련하여 1963년에 지방자치법상의 관련규정이 전면적으로 개정되어, 법률상의 명칭도 '주민감사청구' 및 '주민소송'으로 나누어 정리하고, 현행 제도의 원형이 갖추어지게 된 것이다.

이들 제도의 특색을 주민감사청구와 주민소송으로 나누어 살펴보면, 다음과 같다.

우선, 주민감사청구의 부분에서는[16], 첫째로, 감사청구의 대상인 행

14) 佐藤英善, 『住民訴訟の実務と理論』, 27쪽.

15) 이와 관련하여서는 "최고재판소가 정하는 바"에 위임되었지만, 최고재판소규정은 대단히 미비하였다.

16) (주민감사청구)제242조 ①보통지방공공단체의 주민은 당해 보통지방공공단체의 장이나 위원회나 위원 또는 당해 보통지방공공단체의 직원에 대하여, 위법하거나 부당한 공금의 지출, 재산의 취득·관리나 처분, 계약의 체결·이행이나 채무 그 밖의 의무의 부담이 있다(당해 행위가 이루어지는 것이 상당한 확실성을 가지고 예측되는 경우를 포함한다.)고 인정할 때는, 이들을 증명하는 서면을 첨부하

위를 정리하여, 위법 또는 부당한 ①공금의 지출, ②재산의 취득·관리·처분, ③계약의 체결·이행, 채무 그 밖의 의무의 부담, ④공금의 부과·징수를 게을리한 사실, ⑤재산의 관리를 게을리한 사실의 5종류로 규정하였다는 점[17], 둘째로, 납세자소송제도에서는 결여되어 있었던 감사청구기간을 원칙적으로 1년으로 규정하였다는 점, 셋째로, 감사기간을 종래 20일 이내에서 60일 이내로 연장하였고, 감사위원에 대하여 감사 결과의 공표의무와 감사절차에서 청구인에게 증거의 제출 및 진술의 기회를 부여하였다는 점이다.

다음으로, 주민소송의 부분에서는[18], 첫째로, 소송의 대상행위에 위

여, 감사위원에 대하여 감사를 청구하고, 당해 행위를 방지하거나, 시정하거나, 혹은 당해 게을리한 사실을 고치거나, 또는 당해 행위나 게을리한 사실에 의하여 당해 보통지방공공단체가 입은 손해를 보전하기 위하여 필요한 조치를 강구하여야 할 것을 청구할 수 있다.

②전항의 규정에 의한 청구는 당해 행위가 있었던 날 또는 종료한 날부터 1년을 경과하였을 때는 이를 할 수 없다. 다만, 정당한 이유가 있을 때는 그러하지 아니하다.

③제1항의 규정에 의한 청구가 있었던 경우에는, 감사위원은 감사를 행하여, 청구에 이유가 없다고 인정할 때는 이유를 붙여서 그 취지를 서면에 의해 동 항의 규정에 의한 청구인에게 통지함과 아울러 이를 공표하고, 청구에 이유가 있다고 인정할 때는 당해 보통지방공공단체의 의회, 장 그 밖의 집행기관 또는 직원에 대하여 기간을 표시하여 필요한 조치를 강구하여야 할 것을 권고함과 함께, 당해 권고의 내용을 청구인에게 통지하고, 이를 공표하여야 한다.

④전항의 규정에 의한 감사위원의 감사 및 권고는 제1항의 규정에 의한 청구가 있었던 날부터 60일 이내에 이를 행하여야 한다.

⑤감사위원은 제3항의 규정에 의한 감사를 행함에 있어서는 청구인에게 증거의 제출 및 진술의 기회를 부여하여야 한다.

(⑥,⑦ 생략)

17) 이들 대상행위 가운데 '부작위'를 청구대상에 포함시켰다는 점이 커다란 특징의 하나로 해석된다.

18) (주민소송)242조의2 ①보통지방공공단체의 주민은, 전 조 제1항의 규정에 의한 청구를 한 경우에, 동 조 제3항의 규정에 의한 감사위원의 감사의 결과, 권고 혹은 동 조 제7항의 규정에 의한 보통지방공공단체의 의회, 장 그 밖의 집행기관 혹은 직원의 조치에 불복이 있을 때, 또는 감사위원이 동 조 제3항의 규정에 의한 감사 혹은 권고를 동 조 제4항의 기간 내에 행하지 아니한 때, 혹은 의회, 장

법한 부작위를 포함시키고, 청구의 종류를 중지청구(1호청구), 행정처분의 취소 또는 무효확인청구(2호청구), 게을리한 사실의 위법확인청구(3호청구), 대위청구로서 집행기관 또는 직원 개인을 피고로 하는

그 밖의 집행기관이나 직원이 동조 제7항의 규정에 의한 조치를 강구하지 아니한 때는 재판소에 동조 제1항의 청구와 관련된 위법한 행위 또는 게을리한 사실에 대해 소로써 다음 각 호에서 내건 청구를 할 수 있다. 다만, 제1호의 청구는, 당해 행위에 의해 보통지방공공단체에 회복이 곤란한 손해를 발생할 우려가 있는 경우에 한하는 것으로 하고, 제4호의 청구 중 직원에 대한 부당이득의 반환청구는 당해 직원에게 이익이 존재하는 한도에 한하는 것으로 한다.

1. 당해 집행기관 또는 직원에 대한 당해 행위의 전부 또는 일부의 중지의 청구
2. 행정처분인 당해 행위의 취소 또는 무효확인의 청구
3. 당해 집행기관 또는 직원에 대한 당해 게을리한 사실의 위법 확인의 청구
4. 보통지방공공단체에 대위해서 행하는 당해 직원에 대한 손해배상의 청구 혹은 부당이득반환의 청구 또는 당해 행위 혹은 게을리한 사실과 관련된 상대방에 대한 법률관계부존재확인의 청구, 손해배상의 청구, 부당이득반환의 청구, 원상회복의 청구 혹은 방해배제의 청구

②전항의 규정에 의한 소송은, 다음 각 호에서 내건 기간 내에 제기하여야 한다.

1. 감사위원의 감사의 결과 또는 권고에 불복이 있는 경우는 당해 감사의 결과 또는 당해 권고의 내용의 통지가 있었던 날부터 30일 이내
2. 감사위원의 권고를 받은 의회, 장 그 밖의 집행기관 또는 직원의 조치에 불복이 있는 경우는 당해 조치와 관련된 감사위원의 통지가 있었던 날부터 30일 이내
3. 감사위원이 청구를 한 날부터 60일을 경과해도 감사 또는 권고를 행하지 아니한 경우는 당해 60일을 경과한 날부터 30일 이내
4. 감사위원의 권고를 받은 의회, 장 그 밖의 집행기관 또는 직원이 조치를 강구하지 아니한 경우는 당해 권고에 표시된 기간을 경과한 날부터 30일 이내

③전항의 기간은 불변기간으로 한다.

④제1항의 규정에 의한 소송이 계속되고 있을 때는 당해 보통지방공공단체의 다른 주민은 별소로 동일한 청구를 할 수 없다.

⑤제1항의 규정에 의한 소송은, 당해 보통지방공공단체의 사무소의 소재지를 관할하는 지방재판소의 관할에 전속한다.

⑥전 4항의 규정 이외, 제1항의 규정에 의한 소송에 대해서는 행정사건소송법 제43조의 규정의 적용이 있는 것으로 한다.

⑦제1항 제4호의 규정에 의한 소송을 제기한 자가 승소(일부 승소를 포함한다.) 한 경우에, 변호사 또는 변호사법인에게 보수를 지급하여야 할 때는 보통지방공공단체에 대하여, 그 보수액의 범위 내에서 상당하다고 인정되는 금액의 지급을 청구할 수 있다.

손해배상청구 또는 부당이득반환청구, 상대방을 피고로 하는 법률관계부존재확인청구, 손해배상청구, 부당이득반환청구, 원상회복청구 또는 방해배제청구(4호청구)로 다양화하여 정비하였다는 점, 둘째로, 감사청구기간과 마찬가지로 종래의 제도에는 존재하지 않았던 제소기간이 4개의 청구유형에 대응하여 상세히 규정되었다는 점, 셋째로, 종래에는 소송절차에 관한 규정이 거의 결여되어 있었는데 대하여, 별소의 금지, 재판관할, 행정사건소송법의 규정이 적용된다는 취지의 규정이 설정되었다는 점, 넷째로, 승소(일부 승소를 포함)한 원고에게 지방자치단체에 대한 변호사보수의 청구권을 인정하는 규정을 두었다는 점 등을 들 수 있다.

(3) 이후 40년에 가까운 운용의 결과, 주민소송제도 가운데 이른바 4호소송과 관련하여, "지방자치단체의 장이나 직원이 개인으로서 피고로 될 수 있는 현행 주민소송제도 하에서는 자치단체장이나 직원이 설령 적법한 재무회계행위를 행하고 있다고 하더라도 주민이 위법하다고 판단하면 자치단체장이나 직원 개인을 피고로 하여 제소할 수 있다는 점, 자치단체장이나 직원은 재판에 따르는 각종 부담을 개인으로서 지지 않을 수 없다는 점, 자치단체장이나 직원에게 정책판단에 대한 과도한 신중화나 무사안일주의로의 경사로 인한 책임회피나 사기저하로 인한 공무능률의 저하가 생기고, 지방자치단체가 적극적인 정책을 시행하기 곤란하게 된다는 점[19]" 등이 지적되어, 2002년 3월 지방자치법 개정이 이루어져 동년 9월부터 시행되게 되었다. 2002년 개정의 가장 중요한 사항은 종래 이른바 4호소송에 관한 것이다. 즉, 종래의 4호소송이, 지방자치단체의 주민에게 지방자치단체에 대위하여 그 지방자치단체에 손해를 가하거나, 부당이득을 얻은 자(집행기관이나 직원, 상대방 개인)에 대해서 손해배상청구, 부당이득반환

19) 財団法人地方自治総合センター, 行政監視のあり方に関する研究会の答申.

청구 그 밖의 소송을 제기할 수 있는 것으로 했던 것(즉, 대위소송의 형태)을, 주민이 지방자치단체의 집행기관 등을 피고로 하여 일정한 자(당해 직원, 상대방 개인)에게 손해배상·부당이득반환의 청구를 하여야 할 것을 요구하는 소송(즉, 의무이행소송의 형태)과, 이 소송의 판결에 근거하는 손해배상·부당이득반환의 청구와 그를 위한 소송이라는 2단계의 구성을 취하였다는 점이다[20]. 이러한 주민소송제도의 개정에 대해서는 찬성하는 견해와 비판하는 견해가 크게 대립되었다.

비판론의 주된 내용은, ①종래의 4호소송이 개인으로서의 집행기관이나 직원을 피고로 하였던데 반하여, 신 4호소송은 당해 지방자치단체의 집행기관을 피고로 하도록 개정함으로써, 주민과 지방자치단체를 적대관계로 구성하게 되었다는 점, ②종래의 4호소송은 위법한 재무회계행위를 행한 장이나 직원 개인을 주민이 직접 피고로서 제소가 능하였던데 반하여, 신 4호소송은 그것이 불가능하게 되어 위법행위의 억제효과가 현저히 저하하게 되었다는 점, ③신 4호소송은 지방자치단체의 집행기관이 피고로 되었기 때문에, 그 지방자치단체가 보유하는 자료로서 지방자치단체에 불리한 증거는 은닉될 가능성이 크다는 점, ④신 4호소송은 2단계의 소송형태를 취하고 있어서 주민소송의 목적 달성에 장시간을 요하게 됨으로써 그 위법행위를 한 지방자치단체의 집행기관·직원 등에 대한 책임추궁이 곤란하다는 점 등이었다[21].

이에 대해, 찬성론의 입장에서는 다음과 같은 반론을 제기하였다. 즉, ①행정소송에서 피고로 되는 경우는 행정주체 또는 그 기관이 대부분인 것과 마찬가지로, 주민소송(특히 4호소송)에서도 그 피고는 공무원 개인이 아니라 행정주체 또는 그 기관이어야 한다는 점, ②주민소송의 집행기관이 피고가 되지만, 그 집행기관은 일반적으로 위법행

20) 安本典夫, 住民訴訟·新4号訴訟の構造と解釈, 立命館法学 292号, 383쪽.

21) 阿部泰隆, 住民訴訟改正案へのささやかな疑問, 自治研究 77巻 5号, 35쪽 이하.

위의 시정·예방조치를 강구하는 기관과 동일하기 때문에, 패소한 경우에는 개인책임의 추궁과 함께 장래에 걸쳐서 유사한 위법행위의 예방조치를 강구하기가 수월해진다는 점, ③지방자치단체에 불리한 자료의 은닉가능성은 신 4호소송에 특유한 문제점이라 할 수 없고, 오늘날 정보공개제도가 충실하게 운영되고 있기 때문에 이에 관한 비판도 기우라는 점, ④2단계의 소송은 민사소송으로서 통상 단기간에 결착이 날 것이며, 집행기관이 1단계의 확정판결에 근거하여 법 소정의 조치를 취하지 아니한 경우에는 그 게을리한 사실 자체가 4호소송의 대상이 된다는 점 등이었다[22].

(4) 한편, 2017년 6월 일본 지방자치법 등의 개정에 의해 일본 주민소송제도 등이 변경되었다. 이번 개정은 2020년 4월부터 시행되었는데, 그 개정사항은 크게 두 가지로 정리할 수 있다. 첫째로, 지방자치단체의 장 등의 지방자치단체에 대한 손해배상책임에 대해, 그 직무를 행함에 있어서 선의이며 중대한 과실이 없을 때는 배상책임액을 한정하여 그 이상의 금액을 면책하는 내용을 지방자치단체의 조례로 규정할 수 있게 되었다는 점[23]과, 둘째로, 지방의회는 주민감사청구가 있은 후에 그 청구에 관한 손해배상청구권 등의 포기에 관한 의결을 하고자 할 때에는 감사위원의 의견을 청취하여야 한다는 점[24]이다.

---

22) 成田頼明, 住民訴訟制度見直しの経過と争点, 法律のひろば 2002. 8, 47쪽 이하.

23) (보통지방공공단체의 장등의 손해배상책임의 일부면책) 제243조의2 ①보통지방공공단체는 조례로 당해 보통지방공공단체의 장 또는 위원회의 위원 또는 위원이나 당해 보통지방공공단체의 직원(이하 '보통지방공공단체의 장 등'이라고 한다.)의 당해 보통지방공공단체에 대한 손해를 배상할 책임을 보통지방공공단체의 장 등이 직무를 행함에 있어서 선의이며 중대한 과실이 없을 때는 보통지방공공단체의 장 등이 배상책임을 지는 액으로부터 보통지방공공단체의 장 등의 직책 기타의 사정을 고려해서 정령(政令)으로 규정하는 기준을 참작하여 정령으로 규정하는 액 이상으로 당해 조례로 규정하는 액을 공제하여 얻은 액에 대해 면제하는 내용을 규정할 수 있다.

24) (주민감사청구) 제242조 ⑩보통지방공공단체의 의회는 제1항의 규정에 의한 청구가 있은 후에, 당해 청구와 관련된 행위 또는 게을리한 사실에 관한 손해배상

이러한 개정과 관련하여서는, 우선, 그 추동력으로 작용한 제31차 지방제도조사회[25]답신의 관련부분을 소개하도록 한다[26].

첫째로, 주민소송이 부적정한 사무처리의 억지효과가 있지만, 4호 소송에서의 지방공공단체의 장 등의 손해배상책임에 대해서 2012년 최고재판소판례[27]의 개별의견 등에서 장 등에 대한 위축효과, 국가배상법과의 불균형이나 손해배상청구권의 포기가 정치적 상황에 좌우되는 경우가 있음을 지적하고 있다고 기술한다.

둘째로, 주민소송에서 재무회계행위의 선행행위와 비재무회계행위가 위법하다고 하여 과실책임이 인정되고 있는 점, 특히 직원의 경우에 정책판단으로 결정된 사항에 대해 명백히 위법하지 않는 한 직무명령에 따르지 않을 수 없는 점 등으로부터 주민소송을 통하여 과도한 과실책임을 묻기 때문에 창의적인 시책을 강구할 것이 요구되는 상황에서도 위축효과에 의해 하지 않게 되는 점 등을 지적하고 있다.

셋째로, 국가배상법상의 구상권과의 관계에서 지방공공단체의 장 등이 위법한 행위에 의해 지방공공단체에 손해를 초래한 경우의 손해배상책임의 요건이 고의 또는 과실인데 대하여, 국가배상법에 근거한 공무원 개인에의 구상책임의 요건은 고의 또는 중과실로 되어 있는 것과의 불균형이 있음을 지적하는 견해가 있음을 기술하고 있다.

또는 부당이득반환의 청구권 기타의 권리의 포기에 관한 의결을 하고자 할 때는 미리 감사위원의 의견을 들어야 한다.

25) 지방제도조사회(地方制度調査会)는 「지방제도조사회설치법」에 근거하여, 일본 지방제도에 전반적인 검토를 하는 것을 목적으로 설치되어 내각총리대신의 자문에 응해 지방제도에 관한 중요사항을 조사·심의하는 것을 그 임무로 한다. 동 조사회는 1952년 제1차 지방제도조사회가 설치된 이래, 제31차 지방제도조사회는 2014년 당시 아베 총리대신의 자문을 받아 동년 5월에 발족되어 2016년 3월 답신을 하기 까지 존속하였다.

26) 第31次地方制度調査会, 人口減少社会に的確に対応する地方行政体制及びガバナンスのあり方に関する答申, 2016. 3. 16, 23쪽 이하.

27) 最高判 2012. 4. 20, 民集 66巻 6号, 2583쪽 ; 最高判 2012. 4. 20, 裁判集民事 240号, 185쪽 ; 最高判 2012. 4. 23, 民集 66巻 6号, 2789쪽.

넷째로, 의회에 의한 지방공공단체의 장 등의 책임의 면제와 관련하여, 지방공공단체가 장 등에 대해 가지는 손해배상청구권의 포기의 실체적 판단은 의회의 재량권에 맡겨져 있지만 의회는 정치적 관계에 영향을 받아 객관성이나 합리성이 훼손되어 재량권의 일탈 또는 남용이 되지 않도록 할 것이 요구된다. 특히 주민소송에서 장 등에 대한 손해배상청구권의 유무가 다투어지고 있는 동안에 그 권리를 포기하는 것은 문제가 있다고 기술한다.

마지막으로, 이상의 점들을 종합적으로 감안할 때, 지방공공단체의 장 등의 손해배상책임에 대해서는 장 등에의 위축효과를 완화시키기 위해 경과실의 경우에는 그 책임의 추급을 시정할 필요가 있는 점, 그리고 4호소송의 대상으로 되는 손해배상청구권의 소송 계속중에 포기하는 것을 금지하고 판결이 확정된 후에는 그것을 인정하되 감사위원 등의 의견을 청취하도록 할 것이 필요한 점을 답신하였다[28].

이러한 지방자치법상의 주민소송관련 개정사항에 대해서는 학계 등에 있어서 대체로 비판적인 견해가 다수라고 할 수 있다[29]. 그 대표적인 것을 살펴보면, 첫째로, 경과실의 책임에 한도액을 설정한다면 그것을 더욱 면제하는 권리포기의결이 인정되는 경우는 어떠한 경우인지, 고의·중과실이라도 권리포기의결이 이루어지는 경우는 어떠한 경우인지 하등 명확히 되지 않고 권리포기의결의 여지가 남기 때문에 악질적인 의회의 경우 정당한 이유도 없이 권리포기의결을 하는 경우가 일어날 수 있다든지, 권리포기의결이 이루어지고 나서 주민소송에서 그것을 위법하다고 다투는 것은 주민으로서 대단히 부담이 되고,

28) 그러나, 지방자치법 개정 실제에 있어서는 손해배상청구권의 소송 계속중 포기 금지에 대해서는 수용되지 않았다.

29) 宇賀克也, 地方自治法等の改正(二〇一七年)の背景と意義, 自治実務セミナー 662号(2017), 2쪽 이하 ; 原島良成, 地方公共団体の内部統制強化, 法学教室 448号(2018), 59쪽 이하 ; 紺野卓, 地方自治法四号訴訟と損害賠償請求権放棄の議決についての一考察, 商学集志 87巻 2·3号 合併号(2017), 51쪽 이하 등.

그것은 실질적으로는 주민소송을 안락사시키는 것을 의미한다는 점[30], 둘째로, 소송 계속중의 포기를 금지하는 것과 경과실의 경우에 배상액의 경감조치를 규정한 것에 대응해서, 중대한 과실이나 고의가 있는 경우에는 포기를 금지하는 등의 제한이 가하여져야 했었다고 하고, 개정법에서는 소송 계속중이라도 감사위원의 의견을 듣는 것을 요건으로 하여 채권 포기는 가능하다고 되었지만 감사위원의 의견이 의회의 포기의결을 어느 정도 제어할 수 있을지는 의문이라는 점[31] 등을 들 수 있다.

(5) 일본 주민소송의 운용상황을 알기 위하여 그 사건수(2002. 9 - 2016. 3)의 통계[32]를 살펴보면 아래와 같다.

〈표 1〉 일본 주민소송의 건수(2002. 9 - 2016. 3)

구분	단체수	소송건수					단체당 소송건수
			1호소송	2호소송	3호소송	4호소송	
도도부현	47	661	117	32	76	558	14.06
지정도시	20	311	54	21	39	253	15.55
특 별 구	23	135	17	15	20	114	5.87
시 정 촌 (지정도시 제외)	1,698	1,698	255	119	233	1,350	1.00
합계	1,788	2,805	443	187	368	2,275	1.57

30) 阿部泰隆, 平成二九年住民訴訟制度改正、軽過失一部免責の考え方と、権利放棄議決に関する立法過程の暗闇について, 自治総研 477号(2018), 1-2, 12쪽.

31) 大田直史, 地方自治法のポイントと問題点, 月刊 住民と自治 2017年 11号, 24쪽.

32) 総務省自治行政局行政課, 地方自治法等の一部を改正する法律について, 2017. 12. 25, 19쪽에서 재구성함.

제2장
주민감사청구제도

지방자치법은 주민소송을 제기하기 위해서는 필수적으로 주민감사청구를 거치도록 규정하고 있다(22조 1항 참조). 즉, 주민소송제도는 이른바 주민감사청구전치주의를 취하고 있다. 주민소송제도 자체가 입법정책적 산물인 것과 마찬가지로, 주민감사청구전치주의도 입법정책적 선택의 결과라고 할 수 있다[1]. 다시 말하면, 주민감사청구전치주의는 주민소송제도에서 논리필연적 제도라기보다는 여러 가지 선택 가능한 입법정책적 제도의 하나라고 할 수 있다. 지방자치법이 주민소송의 제기와 관련하여 필수적으로 주민감사청구를 거치도록 하고 있기 때문에, 주민소송에 관한 고찰에 앞서 주민감사청구제도에 관한 개괄적인 검토를 하도록 한다[2].

---

1) 주민감사청구전치주의를 임의 제도화해야 한다는 견해로서, 김지선, 住民訴訟制度의 問題點과 改善方案, 공법학연구 11권 4호(2010), 182쪽 ; 박효근, 주민소송제도의 현황 및 향후 과제, 한양법학 23권 4집(2012), 128쪽 ; 사법정책연구원, 『공익소송제도의 현황과 개선방안』, 2016, 364쪽 참조.

2) 우리 주민감사청구제도는 일본의 사무감사청구제도와 주민감사청구제도를 절충하는 형태를 가지고 있다고 할 수 있다. 즉, 감사청구의 대상사무가 지방자치단체 사무 일반에 미친다는 점, 일정 수 이상의 주민의 연대 서명에 의한다는 점 등에서는 일본의 사무감사청구제도와 유사하지만, 재무회계사항에 대해서만 주민소송을 제기할 수 있다는 점, 주민감사청구전치주의를 택하고 있다는 점 등에서는 일본의 주민감사청구제도와 유사하다고 할 수 있다. 한편, 이와 관련된 문헌으로서는, 김희곤, 우리 地方自治法上 住民監査請求制度의 의의 및 과제, 토지공법연구 25집(2005), 404쪽 이하 ; 김영조, 개정 주민감사청구제도의 문제점 검토 -일본 지방자치법과의 비교를 중심으로-, 토지공법연구 39집(2008), 263쪽 이하 참조.

제1절 주민감사청구권자

지방자치법은 지방자치단체의 18세 이상의 주민으로서 "1. 해당 지방자치단체의 관할 구역에 주민등록이 되어 있는 사람. 2. 「출입국관리법」 제10조에 따른 영주(永住)할 수 있는 체류자격 취득일 후 3년이 경과한 외국인으로서 같은 법 제34조에 따라 해당 지방자치단체의 외국인등록대장에 올라 있는 사람[3]"은 "시·도는 300명, 제198조에 따른 인구 50만 이상 대도시는 200명, 그 밖의 시·군 및 자치구는 150명 이내에서 그 지방자치단체의 조례로 정하는 수 이상의 18세 이상의 주민이 연대 서명하여" 주민감사청구를 할 수 있도록 규정하고 있다(21조 1항 참조). 이와 관련하여서는 다음과 같은 점들이 문제된다.

1. 지방자치단체의 의의

우선, 지방자치단체의 의미를 명확히 할 필요가 있다. 일반적으로 지방자치단체를 일반지방자치단체와 특별지방자치단체로 분류하고 있는바[4], 전자에 해당하는 "특별시, 광역시, 특별자치시, 도, 특별자치도, 시, 군, 구"가 여기에 해당함은 의문의 여지가 없으나, 특별지방자치단체도 여기서의 지방자치단체에 해당할 것인지가 문제된다.

---

3) 「공직선거법」 제18조에 따른 선거권이 없는 사람은 제외한다.

4) 「지방자치법」은 '특별지방자치단체'라는 용어는 사용하고 있지만(2조 3항, 제12장 참조), '일반(보통)지방자치단체'라는 용어는 사용하고 있지 않다. 그러나, 지방자치법학에서는 일본법의 영향 때문인지 지방자치단체를 보통지방자치단체와 특별지방자치단체의 분류법이 일반적으로 사용되어 왔다(홍정선, 『지방자치법학(제2판)』, 법영사, 87쪽 이하 ; 박윤흔, 『최신행정법강의(하)』, 2004, 박영사, 104쪽 이하 등 참조). 그러나, 우리 언어감각상으로는 일반·특별로 분류하는 것이 일반적이라는 점과, 외국의 실정법제도에 관한 것을 무비판적으로 받아들이기 어렵다는 점을 고려할 때, 일반지방자치단체와 특별지방자치단체라는 분류법이 보다 타당하다고 생각한다. 한편, 위와 같은 분류법을 채택한 것으로, 이기우·하승수, 『지방자치법』, 대영문화사, 2007, 59쪽 이하.

특별지방자치단체란 2개 이상의 지방자치단체가 공동으로 특정한 목적을 위하여 광역적으로 사무를 처리할 필요가 있을 때에 설치되는 조직이라고 할 수 있다(법 199조 1항 참조). 이러한 특별지방자치단체의 설치·운영 등에 대해서는 지방자치법 제12장에서 규정하고 있다(199조부터 211조 참조). 다만, 지방자치법은 '지방자치단체조합'에 관하여 규정하고 있는바(176조부터 181조 참조), 이것이 특별지방자치단체에 해당하는지에 대하여서는 견해가 나뉜다. 다수설은 특별지방자치단체라고 해석하는바[5], 지방자치단체조합도 법 21조 1항의 지방자치단체에 포함될 것인지가 문제된다.

지방자치단체조합은 2개 이상의 지방자치단체가 하나 또는 둘 이상의 사무를 공동으로 처리할 필요가 있을 때에 규약을 정하여 그 지방의회의 의결 등의 절차를 거쳐 설립되는 법인이다(법 176조 1항 참조). 따라서, 지방자치단체조합의 구성원은 지방자치단체가 되며, 또한 지방자치단체조합에는 지방자치단체조합회의와 지방자치단체조합장 및 사무직원을 두도록 규정하고 있다(법 177조 1항 참조). 이러한 점들에 비추어 볼 때, 지방자치단체조합은 구성원인 지방자치단체들의 특정한 사무를 공동으로 처리하기 위해 설치된 법인이라 할 수 있으므로 특별지방자치단체에 해당한다고 할 것이다. 그리고, 지방자치단체조합이 구성원인 지방자치단체의 특정한 사무를 처리하는 조직임을 고려한다면, 그에 대하여 주민에 의한 통제의 필요성은 여전히 존재한다고 할 것이다. 따라서, 지방자치단체조합을 비롯한 특별지방자치단체도 주민감사청구의 대상이 되는 지방자치단체에 속한다고 본다.

---

5) 홍정선, 『지방자치법학』, 90쪽 ; 정하중, 『행정법개론(제14판)』, 법문사, 963쪽 ; 류지태·박종수, 『행정법신론(제15판)』, 박영사, 867쪽 ; 박균성, 『행정법강의(제8판)』, 박영사, 940쪽 등.

이에 대하여, 지방자치단체조합은 직접 주민을 구성원으로 하지 아니한다는 점에서 지방자치단체의 핵심적인 요소를 갖추지 않았기 때문에 특별지방자치단체로 보기 어렵다는 견해로서는, 이기우·하승수, 『지방자치법』, 64쪽.

2. 주민의 의의

(1) 지방자치법은 주민의 자격과 관련하여, "지방자치단체의 구역에 주소를 가진 자는 그 지방자치단체의 주민이 된다."(16조)고 규정하고 있다. 여기서의 '주소'에는 지방자치법상 특별한 규정이 없으므로, 일반법규정으로서의 민법의 규정이 적용되어, 자연인의 경우에는 생활의 근거되는 곳을 말하며(동법 18조 1항 참조), 법인의 경우에는 주된 사무소의 소재지를 말한다(동법 36조 참조). 그런데, 주민등록법은 '공법관계에서의 주소'는 다른 법률에 특별한 규정이 없는 한 주민등록지로 한다고 규정하고 있으므로(동법 23조 1항 참조), 주민등록지를 지방자치법상의 주소로 본다. 따라서, 지방자치단체의 구역 안에 주민등록지를 가지는 자가 그 지방자치단체의 주민이 된다고 할 것이다.

(2) 한편, 지방자치법상의 주민에는 일반적으로 인종·연령·성별의 여하, 국적·행위능력의 유무, 자연인·법인의 여부 등을 가리지 않는다고 해석한다[6]. 그러나, 주민감사청구에서는 주민감사청구권자를 '18세 이상'의 주민으로 한정하고 있기 때문에 주민감사청구의 주체로서의 주민에는 자연인만 해당한다고 보아야 한다. 또한, 18세 이상의 자라 할지라도 공직선거법 18조에 따른 선거권이 없는 자는 제외하도록 규정하고 있으므로(법 21조 1항 참조), 이에 해당하는 자는 여기서의 주민에서 제외된다.

한편, 주민감사청구도 법률행위이기 때문에 민법상의 행위능력이 필요한 것은 당연하다는 견해[7]가 있으나, 주민감사청구는 주민의 공적 권리에 관한 것으로서 공법관계에 속하므로 민법상의 행위능력은 필요하지 않다고 하여야 한다. 물론, 지방자치법 등 법률의 제한(법 21조 1항, 공직선거법 18조 1항 참조)이 있는 경우에는 그에 따르게 될

6) 홍정선, 『지방자치법학』, 102쪽 ; 이기우·하승수, 『지방자치법』, 65쪽.

7) 園部逸夫編, 『最新地方自治法講座 4 住民訴訟』, ぎょうせい, 2003, 23쪽(橋本 勇).

것이다.

(3) 한편, 지방자치법은 주민감사청구권자로서 "해당 지방자치단체의 관할 구역에 주민등록이 되어 있는 사람"과 함께, "「출입국관리법」 제10조에 따른 영주(永住)할 수 있는 체류자격 취득일 후 3년이 경과한 외국인으로서 같은 법 제34조에 따라 해당 지방자치단체의 외국인등록대장에 올라 있는 사람"(21조 1항 2호)도 규정하고 있다. 종래, 외국인의 주민감사청구권을 인정할 것인지가 지방자치법상 명확하지 않아 논란이 있었으나, 이를 입법적으로 해결한 것이다.

3. 일정 수 이상의 주민

주민감사청구는 "시·도는 300명, 제198조에 따른 인구 50만 이상 대도시는 200명, 그 밖의 시·군 및 자치구는 150명 이내에서 그 지방자치단체의 조례로 정하는 수 이상의 18세 이상의 주민이 연대 서명하여" 하도록 되어 있다. 따라서, 지방자치법은 지방자치단체별로 300명, 200명, 150명의 상한선은 규정하고 있으나, 주민감사청구가 가능한 구체적인 최소한의 주민 수에 대해서는 각 지방자치단체의 조례에 위임하고 있다. 이와 같은 주민 수의 요구에 대해서는 주민소송제도의 도입으로 인한 남소의 예방이라는 측면과 주민감사청구전치주의의 채택으로 주민소송 제기를 지나치게 제약할 수 있다는 측면을 고려하여 선택한 것으로 해석된다[8].

그런데, 여기서 지방자치단체의 조례로 주민 1인으로도 주민감사청구가 가능하도록 규정할 수 있는지가 문제된다. 지방자치법은 상한선만을 규정하고 있을 뿐 하한선은 규정하고 있지 않기 때문에 지방자치단체의 조례로 1인 주민에 의한 주민감사청구도 가능하도록 규정할

8) 정부자료에 의하면, 2000년 3월부터 2018년 12월까지 청구된 주민감사청구건수는 총 375건이다. 행정안전부, 『지방의회백서』, 2020, 159쪽.

수 있다고 하여야 할 것이다.

제2절 주민감사청구의 대상

주민감사청구의 대상과 관련하여, 지방자치법은 "그 지방자치단체와 그 장의 권한에 속하는 사무의 처리가 법령에 위반되거나 공익을 현저히 해친다고 인정되면"(21조 1항 후단) 감사를 청구할 수 있다고 규정하고 있다. 따라서, 주민감사청구의 대상은 '법령에 위반되거나 공익을 현저히 해친다고 인정되는 그 지방자치단체와 그 장의 권한에 속하는 사무의 처리'가 된다.

여기서, '법령에 위반되거나 공익을 현저히 해친다'는 것과, '그 지방자치단체와 그 장의 권한에 속하는 사무의 처리'가 무엇을 의미하는지가 문제된다.

1. '법령에 위반되거나 공익을 현저히 해친다'는 것의 의미

(1) 먼저, '법령에 위반'된다는 것이 '위법'을 의미한다는 것은 쉽게 알 수 있다. 다만, 여기서의 '법령'에는 헌법·법률·명령·조례·규칙 등의 실정법이 포함됨은 물론, 일반법원칙(=조리) 등의 불문법도 포함된다고 해석하여야 할 것이다.

그런데, 이른바 행정규칙도 여기서의 '법령'에 포함시킬 것인지가 문제된다. 이는 행정규칙의 법규성 인정 여부와 관련하여 살펴보아야 한다. 법규성이 인정되는 행정규칙은 실질적으로 법규명령으로 간주되기 때문이다. 이에 대해, 대법원판례[9]는 "상급행정기관이 하급행정

---

9) 대법원 2004. 11. 26. 2003두10251, 2003두10268(병합) ; 대법원 1998. 6. 9. 97누19915 등.

기관에 대하여 업무처리지침이나 법령의 해석·적용에 관한 기준을 정하여 발하는 이른바 행정규칙은 일반적으로 행정조직 내부에서만 효력을 가질 뿐 대외적인 구속력을 갖는 것은 아니지만, 법령의 규정이 특정 행정기관에게 그 법령내용의 구체적 사항을 정할 수 있는 권한을 부여하면서 그 권한 행사의 절차나 방법을 특정하고 있지 아니한 관계로 수임행정기관이 행정규칙의 형식으로 그 법령의 내용이 될 사항을 구체적으로 정하고 있는 경우, 그러한 행정규칙·규정은 행정조직 내부에서만 효력을 가질 뿐 대외적인 구속력을 갖지 않는 행정규칙의 일반적 효력으로서가 아니라, 행정기관에 법령의 구체적 내용을 보충할 권한을 부여한 법령규정의 효력에 의하여 그 내용을 보충하는 기능을 갖게 되고, 따라서 당해 법령의 위임한계를 벗어나지 아니하는 한 그것들과 결합하여 대외적인 구속력이 있는 법규명령으로서의 효력을 갖게 된다."고 한다.

이러한 입장에서는, 행정규칙도 2종류의 성질을 가진 것으로 분류할 수 있다. 즉, 상급행정기관이 하급행정기관에 대하여 업무처리지침이나 법령의 해석적용에 관한 기준을 정하여 발하는 것으로 행정조직 내부에서만 효력을 가질 뿐 대외적인 구속력을 가지지 아니하는 본래 의미의 행정규칙[10]과, 행정기관에 법령의 구체적 내용을 보충할 권한을 부여한 법령규정의 효력에 의하여 그 내용을 보충하는 기능을 갖게 되고, 따라서 당해 법령의 위임한계를 벗어나지 아니하는 한 그것들과

10) 지방자치단체의 장이 업무추진비를 현금으로 지출하면서 지출결의서만을 작성하였을 뿐 회계서류에 집행대상 등을 구체적으로 기재한 집행내역 확인서를 첨부하지 않은 것은, 업무추진비를 현금으로 지급한 경우에 구체적인 사용내역 확인서를 첨부하도록 한 지방자치단체 예산편성기본지침에 위반한 것으로서 위법한 공금 지출을 하였다고 하여 제기된 주민소송(4호소송)에서, 법원은 "예산편성지침이란 것은 행정청 내부적으로만 구속력을 가지는 것에 불과하므로 업무편성지침에서 정한 지출방법에 위배하여 업무추진비의 현금지출액이 30%를 초과하였다는 사정만으로는 위 초과지출행위를 위법한 지출이라고 보기는 어렵다"고 하여, 원고의 청구를 기각한 바가 있다. 대전지법 2008. 1. 9. 2006구합3959.

결합하여 대외적인 구속력이 있는 법규명령으로서의 효력을 가지는 행정규칙이 그것이다. 행정규칙을 이와 같이 분류하는 경우에, 후자의 행정규칙은 여기서의 '법령'에 해당한다고 해석하여야 할 것이다.

(2) 다음에, '공익을 현저히 해친다'는 것이 무슨 의미인지가 문제된다. 종래 행정법학에서는 공익에 반하는 행위를 부당한 행위에 해당하는 것으로 해석하는 것이 일반적이었다. 이러한 경우에는 법령에 위반하는 행위, 즉 위법한 행위와 구별하여, 법령에 위반하는 것은 아니지만 공익목적을 위하여 법령이 행정청에 부여한 재량권을 적정하게 행사하지 아니한 경우로 해석하였다.

지방자치법 21조 1항의 '공익을 현저히 해친다'고 하는 규정은 종래와 같이 부당한 행위를 염두에 두고서 입법한 것이 아닌가 생각된다. 왜냐하면, 법령에 위반되는 경우(=위법)와 구별하여 규정하고 있기 때문이다. 그러나, 동 조에서 '공익을 현저히 해친다'고 규정한 것은 자칫 오해의 소지가 있는 것으로 판단된다. 공익을 '현저히' 해치는 경우란 다름 아닌 위법한 경우에 해당한다고 해석하여야 하기 때문이다. 그러나, 여기에서는 자구에 너무 구애되지 말고 완화하여 해석하여야 한다고 본다. 왜냐하면, 주민감사청구제도가 주민참여제도의 하나이지만 특별행정심판제도로서의 성격도 가지고 있다는 점을 고려하고, 또한 주민감사청구 자체는 지방자치단체의 사무처리가 "법령에 위반되거나 공익을 현저히 해친다"고 생각되면 감사를 청구할 수 있고, 실제 그러한지 여부의 판단은 감사실시 결과에 의하여야 할 것이고, 감사실시 결과 주민감사청구의 대상인 사무의 처리가 위법 또는 부당하지 않았다고 하더라도 주민감사청구 자체가 부적법하게 되는 것은 아니라고 해석하여야 하기 때문이다.

(3) 한편, '법령에 위반되거나 공익을 현저히 해친다'는 의미와 관련하여, 대법원은 "지방자치법 제157조(현행 제188조 - 저자 주) 제1항 전문 및 후문에서 규정하고 있는 사무에 관한 그 장의 명령이나 처분

이 법령에 위반되는 경우라 함은 명령이나 처분이 현저히 부당하여 공익을 해하는 경우, 즉 합목적성을 현저히 결하는 경우와 대비되는 개념으로, 시·군·구의 장의 사무의 집행이 명시적인 법령의 규정을 구체적으로 위반한 경우뿐만 아니라 그러한 사무의 집행이 재량권을 일탈·남용하여 위법하게 되는 경우를 포함한다[11]"고 판시한 바 있다.

대법원의 이러한 다수의견에 대하여는, "지방자치법 제157조 제1항 후문은 지방자치제도의 본질적 내용이 침해되지 않도록 헌법합치적으로 조화롭게 해석하여야 하는바, 일반적으로 '법령위반'의 개념에 '재량권의 일탈·남용'도 포함된다고 보고 있기는 하나, 지방자치법 제157조 제1항에서 정한 취소권의 행사요건은 위임사무에 관하여는 '법령에 위반되거나 현저히 부당하여 공익을 해한다고 인정될 때', 자치사무에 관하여는 '법령에 위반하는 때'라고 규정되어 있어, 여기에서의 '법령위반'이라는 문구는 '현저히 부당하여 공익을 해한다고 인정될 때'와 대비적으로 쓰이고 있고, 재량권의 한계 위반 여부를 판단할 때에 통상적으로는 '현저히 부당하여 공익을 해하는' 경우를 바로 '재량권이 일탈·남용된 경우'로 보는 견해가 일반적이므로, 위 법조항에서 '현저히 부당하여 공익을 해하는 경우'와 대비되어 규정된 '법령에 위반하는 때'의 개념 속에는 일반적인 '법령위반'의 개념과는 다르게 '재량권의 일탈·남용'은 포함되지 않는 것으로 해석하여야 한다."고 하는 반대의견이 있었다.

(4) 나아가, '법령에 위반되거나 공익을 현저히 해친다'는 것이 주민감사청구(또는 주민소송)의 적법요건이라고 볼 수 있는지 문제된다. 이와 관련하여, 우리 대법원은 다음과 같이 판결하였다. "지방자치법 제16조 제1항(현행 지방자치법 21조 1항 - 저자 주)에서 규정한 '해당 사무의 처리가 법령에 위반되거나 공익을 현저히 해친다고 인정되면'

11) 대법원 2007. 3. 22. 2005추62 전원합의체 판결 참조.

이란 감사기관이 감사를 실시한 결과 피감기관에 대하여 시정요구 등의 조치를 하기 위한 요건 및 주민소송에서 법원이 본안에서 청구를 인용하기 위한 요건일 뿐이고, 주민들이 주민감사를 청구하거나 주민소송을 제기하는 단계에서는 '해당 사무의 처리가 법령에 반하거나 공익을 현저히 해친다고 인정될 가능성'을 주장하는 것으로 족하며, '해당 사무의 처리가 법령에 반하거나 공익을 현저히 해친다고 인정될 것'이 주민감사청구 또는 주민소송의 적법요건이라고 볼 수는 없다. 왜냐하면 '해당 사무의 처리가 법령에 위반되거나 공익을 현저히 해친다고 인정되는지 여부'는 감사기관이나 주민소송의 법원이 구체적인 사실관계를 조사·심리해 보아야지 비로소 판단할 수 있는 사항이기 때문이다. 만약 이를 주민감사청구의 적법요건이라고 볼 경우 본안의 문제가 본안 전(前) 단계에서 먼저 다루어지게 되는 모순이 발생할 뿐만 아니라, 주민감사를 청구하는 주민들로 하여금 주민감사청구의 적법요건으로서 '해당 사무의 처리가 법령에 위반되거나 공익을 현저히 해친다고 인정될 것'을 증명할 것까지 요구하는 불합리한 결과가 야기될 수 있다.[12]" 이러한 대법원의 입장은 정당한 것이라고 할 수 있다.

2. '그 지방자치단체와 그 장의 권한에 속하는 사무의 처리'의 의미

(1) 지방자치단체의 사무는 자치사무와 위임사무로 나눌 수 있다. 지방자치법은 "지방자치단체는 관할 구역의 자치사무와 법령에 따라 지방자치단체에 속하는 사무를 처리한다."(13조 1항)고 하여, 이를 명문으로 규정하고 있다. 한편, 위임사무는 단체위임사무와 기관위임사무로 구분하는 것이 일반적이다. 단체위임사무란 법령에 의하여 지방자치단체에 위임된 사무를 말하며, 기관위임사무란 법령에 의하여 당

12) 대법원 2020. 6. 25. 선고 2018두67251판결【손해배상(기)】

해 지방자치단체의 기관(주로 집행기관인 지방자치단체의 장)에 위임된 사무를 말한다. 따라서, 지방자치법 13조 1항은 엄밀히 말하자면 자치사무와 단체위임사무에 관한 규정이 된다.

그러나, 지방자치법은 주민감사청구와 관련하여, "그 지방자치단체와 그 장의 권한에 속하는 사무"라고 하여, 자치사무와 단체위임사무는 물론, 기관위임사무도 그 대상에 포함됨을 명시적으로 규정하고 있다. 따라서, 주민감사청구의 대상이 되는 사무에는 원칙적으로 당해 지방자치단체의 모든 사무가 해당이 된다고 할 것이다.

(2) 그러나, 지방자치법은 다음 사항에 대해서는 주민감사청구의 대상사무에서 제외하고 있다. 즉, ①수사나 재판에 관여하게 되는 사항, ②개인의 사생활을 침해할 우려가 있는 사항, ③다른 기관에서 감사했거나 감사 중인 사항(다만, 다른 기관에서 감사한 사항이라도 새로운 사항이 발견되거나 중요 사항이 감사에서 누락된 경우와 22조 1항에 따라 주민소송의 대상이 되는 경우에는 그러하지 아니하다.), ④동일한 사항에 대하여 22조 2항 각 호의 어느 하나에 해당하는 소송이 진행 중이거나 그 판결이 확정된 사항이 그것이다(21조 2항 참조).

이들 사항을 주민감사청구의 대상에서 제외한 이유는 명백하지 아니하나, 수사나 재판에 대한 영향력 배제, 개인의 사생활 보호, 중복감사의 배제 등을 생각할 수 있을 것이다. 다만, 이들 배제사유에 해당하는지 여부와 배제사유에 해당한다고 하여 절대적으로 주민감사청구에서 제외될 것인지 여부는 좀 더 검토할 여지가 있다.

첫째로, '수사에 관여하게 되는 사항'의 제외와 관련하여서, 수사란 범죄의 혐의 유무를 명백히 하여 공소의 제기와 유지 여부를 결정하기 위하여서 범인을 발견·확보하고 증거를 수집·보전하는 수사기관의 활동인 데 반하여, 주민감사청구는 지방자치단체 사무의 적법한 또는 적정한 처리를 구하여 이루어지는 것인 점에 비추어, 양자의 목적이 다르다는 것을 알 수 있다. 또한, 수사라 할지라도 초동수사에서

부터 본격적인 수사 진행에 이르기까지 여러 단계 및 유형이 있음을 감안할 때, 수사에 관한 사항을 일률적으로 주민감사청구의 대상에서 제외한 점은 의문의 여지가 있다.

둘째로, '개인의 사생활을 침해할 우려가 있는 사항'의 제외와 관련하여서, 개인의 사생활을 보호하여야 한다는 점은 두말할 나위가 없으나, 여기서 '개인' 및 '사생활'의 범위를 어떻게 파악할 것인지가 문제이다.

먼저, '개인'에 해당 지방자치단체의 주민이나 타 지방자치단체의 주민이 포함된다는 점은 의문의 여지가 없으나, 해당 지방자치단체 소속 공무원(지방자치단체의 장, 직원, 지방의회의원 등)도 포함될 것인지가 문제이다. 생각건대, 주민감사청구를 하고자 하는 대상사무의 처리와 관련한 공무원 등은 여기의 '개인'에는 포함되지 않는다고 해석하여야 할 것이다. 따라서, 대상사무의 처리와 관련이 없는 사항에서는 공무원이라 하더라도 '개인'에 포함하여 해석될 경우가 있을 수 있다.

다음으로, '사생활'이란 구체적으로 무엇을 의미하는지가 문제된다. 대법원은, "사생활과 관련된 사항의 공개가 사생활의 비밀을 침해하는 것으로서 위법하다고 하기 위하여는, 적어도 그 공표된 사항이 일반인의 감수성을 기준으로 하여 그 개인의 입장에 섰을 때 공개되기를 바라지 않을 것에 해당한다고 인정되고 아울러 일반인에게 아직 알려지지 않은 것으로서 그것이 공개됨으로써 그 개인이 불쾌감이나 불안감을 가질 사항 등에 해당하여야 한다.[13)]"고 판시한 바 있는데, '사생활'의 해당성 여부를 판단하는데 있어서 하나의 기준을 제시하고 있다고 할 것이다.

셋째로, '다른 기관에서 감사했거나 감사 중인 사항'에 대하여서는 중복감사를 배제한다는 점에서 납득할 수 있다. 다만, 주민감사청구가

13) 대법원 2006. 12. 22. 선고 2006다15922 판결【손해배상(기)】

주민참여의 일환으로서 이루어지는 것이기 때문에 감사원 감사나 자체감사 또는 상급자치단체등에 의한 감사와는 그 취지가 반드시 동일하다고만은 할 수 없는 점도 있으나, 주민감사청구도 결국 상급자치단체의 장(시·군·구의 경우)이나 주무부장관(시·도의 경우)에게 청구하는 점에서 달리 해석할 필요는 없다고 할 것이다.

그런데, 일반 주민은 해당 지방자치단체에 대하여 주민감사청구를 하고자 하는 사무에 대하여 다른 기관에서 감사했거나 감사 중인 사항인지 여부를 알기 곤란하다는 점에서 문제가 발생할 여지가 있다. 이러한 경우에 대비하여, 지방자치법은 "주무부장관이나 시·도지사는 주민이 감사를 청구한 사항이 다른 기관에서 이미 감사한 사항이거나 감사 중인 사항이면 그 기관에서 한 감사결과 또는 감사 중인 사실과 감사가 끝난 후 그 결과를 알리겠다는 사실을 청구인의 대표자와 해당 기관에 지체 없이 알려야 한다."(21조 10항)고 규정하고 있다.

한편, 주민감사청구제도는 지방자치법이 주민소송의 제기에서 주민감사청구전치주의를 취하고 있는 점과 관련하여, 주민소송 제기를 위한 전치절차로서의 의미를 가진다고 할 수 있다. 그런데, 다른 기관에서 감사했거나 감사 중인 사항임을 이유로 주민감사청구의 대상에서 제외한다면, 결과적으로 주민소송제도의 이용을 크게 제한하는 결과를 낳게 될 것이다. 이러한 점을 반영하여, 지방자치법은 "다른 기관에서 감사한 사항이라도 새로운 사항이 발견되거나 중요 사항이 감사에서 누락된 경우와 제22조제1항에 따라 주민소송의 대상이 되는 경우에는 그러하지 아니하다."(21조 2항 3호)고 하는 단서조항을 두고 있다.

넷째로, 동일한 사항에 대하여 주민소송이 진행 중이거나 그 판결이 확정된 사항에 대해서도 주민감사청구를 제외하도록 하고 있다. 이는, 동일한 사항에 대하여 중립적인 법원에 의한 심판이 진행중이거나 종료되어, 그 사항에 대한 판단이 이루어질 예정이거나 이루어졌기 때문에 이를 존중하고, 행정의 반복으로 인한 비효율을 배제하기 위한 취지라고 생각된다. 이와 같은 취지에서, 주민소송에서도 "소송이 진행 중이면 다른 주민은 같은 사항에 대하여 별도의 소송을 제기할 수 없다"(법 22조 5항)고 하는 규정을 두고 있다.

이상에서 살펴본 바와 같이 주민감사청구의 대상사무를 그 지방자치단체의 모든 사무로 하면서 일정한 제외사항을 규정한 것과 관련하여서는, 그 해석상 의문의 여지가 있을 수 있다. 주민참여제도의 하나로서의 주민감사청구제도가 그 기능을 발휘할 수 있도록 하는 관점과 제외사항을 규정한 취지와의 조화적인 해석을 통하여 구체적 타당성을 도출할 수 있도록 하여야 할 것이다.

(3) '그 지방자치단체와 그 장의 권한에 속하는 사무'가 권한의 위임에 의하여 다른 공공단체(지방공사나 지방공단 등)나 행정기관에 이전된 경우에는 어떻게 해석하여야 할 것인지가 문제된다. 권한의 위임이란 권한을 위임한 경우에 그 권한은 수임한 단체 또는 기관에 귀속되고 위임기관은 더 이상 그 권한을 행사할 수 없게 되기 때문에, 권한의 위임이 이루어진 경우에는 위임한 지방자치단체의 사무의 처리와 관련하여서는 주민감사청구를 할 수 없음이 원칙이다. 그러나, 수임자가 그 지방자치단체 산하의 지방공사나 지방공단 등의 지방공기업 등인 경우나 하부행정기관인 경우에는 그 사무처리의 실질적인 관계를 고려하여, '그 지방자치단체의 사무'로서 주민감사청구의 대상이 된다고 해석하여야 한다. 그렇게 하는 것이 주민에 의한 그 지방자치단체의 사무처리에 대한 감시라고 하는 주민감사청구제도의 취지에 부합되기 때문이다.

(4) 지방의회나 지방의회의장의 사무처리에 대하여서도 주민감사청구가 가능한 것인지가 문제된다. 지방의회나 지방의회의장의 사무도 그 지방자치단체의 사무에 속하기 때문에 주민감사청구의 대상이 된다고 본다. 실제로도 지방의회의 사무의 처리를 대상으로 하여 주민

감사청구가 이루어진 사례[14]들이 존재한다.

3. 대상사무의 특정의 정도

(1) 주민감사청구를 하는 경우에 그 대상사무를 어느 정도로 특정하여야 하는지가 문제된다. 지방자치단체의 사무가 대개 여러 가지의 사무와 혼합되어 이루어진다든지 여러 단계나 기간에 걸쳐서 이루어지는 경우 등이 다수 존재하고, 또한 외부의 일반 주민으로서는 그 사무의 실체에 대해서 정확히 알지 못하는 경우가 적지 아니하기 때문이다.

근래에는 정보공개제도를 이용할 수 있어서 종래보다는 수월하여진 측면이 있지만, 여전히 위와 같은 경우에 대상사무의 특정에 어려움이 존재한다. 이러한 경우에 대상사무의 특정성을 고도로 요구하는 경우에는 주민감사청구의 취지가 몰각될 우려가 있고, 그렇다고 하여 너무 확대하여 인정하는 경우에는 지나치게 막연하거나 추상적인 감사청구로 인하여 행정력의 낭비나 일반감사의 성격을 가지게 되어 주민감사청구제도의 본래 취지와 어긋날 우려가 있기 때문이다.

(2) 주민감사청구의 대상을 어느 정도로 특정하여야 하는지와 관련하여서는 크게 2가지의 견해가 있다[15]. 제1설은 감사기관이 감사를 행할 수 있도록 감사의 단서를 줄 수 있을 정도로 특정되어 있으면 족하다는 견해인데 대하여, 제2설은 지방자치단체의 다른 사무등과 구별하여, 특정해서 인식할 수 있도록 개별·구체적으로 적시할 필요가 있다는 견해이다. 전자가 다수설이고 타당하다고 할 것이다.

---

14) 주민소송에 관한 국내 최초의 판례는, 구의원들이 단란주점 접대, 외유성 해외연수 등으로 예산을 낭비했다며 손해배상을 요구하는 주민소송과 관련된 것이었다. 서울행법 2007. 10. 17. 선고 2006구합33125 판결【주민소송(손해배상)】

15) 大藤 敏 編,『新版·裁判住民訴訟法』, 三協法規, 2005, 221쪽 이하(大藤 敏).

(3) 이와 관련된 구체적 사례로서는, 지방자치단체가 시행 예정인 토지구획정리사업이 위법하다고 주장하여, 지방자치단체가 작성한 당해 연도 일반회계 세입세출결산서를 첨부하여 그 사업을 위하여 지출된 공금을 지방자치단체에 반환하고, 이후 이러한 위법·부당한 사업에 대하여 공금을 지출하지 않도록 적절한 조치를 취할 것을 청구하는 취지의 주민감사청구에 대한 것을 들 수 있다. 동 사안에서, 위 사업과 관련된 공금의 지출을 전체적으로 일체로 보아서 그 위법성 또는 부당성을 판단함이 상당한 경우에 해당한다는 점, 위 주민감사청구에서 반환청구할 것이 요구된 공금의 지출이 위 결산서에 특정한 경비로서 기재된 것을 지칭함은 명백하고, 감사기관이 그 지출행위를 용이하게 파악할 수 있는 점, 위 사업을 특정함으로써 중지의 대상인 공금 지출의 범위도 식별할 수 있는 점, 위 감사청구의 시점에서는 사업계획의 결정 및 공고가 아직 이루어지지 않았지만 토지구획정리사업의 도시계획결정이 이루어지고 시행구역도 결정되고 지방자치단체의 사업계획도 공람에 제공되어 시행규정도 제정된 단계에 이르러 있고, 중지의 대상인 공금 지출이 상당한 확실성을 가지고 예측될 것인지 여부의 판단도 가능하였다는 점 등을 고려하면, 위 감사청구는 청구의 대상의 특정에 부족함이 없다고 하였다[16].

제3절 주민감사청구의 절차

1. 주민감사청구기간

(1) 주민감사청구는 그 대상인 사무의 처리가 있었던 날이나 끝난

16) 最高判 2006. 4. 25, 民集 60巻 4号, 1841쪽.

날부터 3년이 지나면 제기할 수 없다(법 21조 3항 참조). 주민감사청구제도에 이와 같은 제한기간을 설정한 이유는, 주민참여에 의한 지방자치단체의 사무처리의 감시·통제라는 목적을 위하여 주민감사청구제도가 필요하다고 할지라도, 이러한 주민감사청구를 무기한으로 청구할 수 있다고 한다면 법적 안정성을 해칠 우려도 있다고 할 것이다. 이처럼, 주민에 의한 지방자치단체의 체크의 필요성과 지방자치단체의 사무처리에서의 법률관계의 조기안정의 필요성이라는 양자의 조화를 도모하는 취지에서 주민감사청구기간을 도입하였고, 입법자는 그 기간으로 3년이라는 기간이 적정하다고 판단한 셈이다.

그런데, 지방자치법은 주민감사청구기간에 대하여 대상사무의 처리에 관한 개별 주민의 知·不知와 상관없이 "사무처리가 있었던 날이나 끝난 날"이라고 하여, 객관적으로 판단되는 날을 기준으로 하여 기산하도록 규정하고 있다.

(2) 한편, 주민감사청구기간과 관련하여 문제되는 것은 그 지방자치단체의 집행기관 등의 부작위(예컨대, 사무처리를 게을리한 사실)의 위법 또는 부당을 이유로 주민감사청구를 하고자 하는 경우이다. 이러한 부작위의 상태는 그러한 사무처리를 위한 행위를 하였을 때 해소되므로 그 이전에는 주민감사청구기간이 시작되지 않는다고 하여야 할 것이다.

(3) 또한, 주민감사청구기간이 불변기간인지가 문제된다. 지방자치단체의 사무의 처리, 특히 위법 또는 부당하다고 판단되는 사무의 처리와 관련하여서는 공개되지 않고 비밀리에 이루어지는 경우가 적지 아니할 것이다. 이러한 경우에 일반 주민은 이를 알 수 없고, 주민감사청구기간이 도과한 후에야 그러한 사실이 드러날 경우, 주민감사청구기간의 도과로 인하여 주민감사청구를 할 수 없다고 하여야 할 것인지가 문제인 것이다.

주민감사청구제도는 주민에 의한 지방자치단체의 사무처리의 체크의 필요성과 지방자치단체의 사무처리에서의 법률관계의 조기안정의 필요성이라는 양자의 조화를 도모하는 취지에서 도입된 입법정책상의 산물이라고 할 수 있다. 따라서, 후자의 필요성보다 전자의 필요성이 훨씬 더 큰 경우에는, 주민감사청구기간 적용의 예외를 인정하여야 할 것으로 본다. 가령 예컨대, 지방자치단체의 사무처리의 위법이나 부당의 정도가 대단히 심하고, 그러한 사실이 은닉되어 오다가 주민감사청구기간이 도과된 후에야 드러난 경우에, 그 법률관계의 조기안정의 필요성보다는 사무처리의 체크의 필요성이 훨씬 더 우월하다고 판단될 때에는 주민감사청구기간이 도과한 후에라도 주민감사청구를 인정할 여지가 있다고 해석하여야 할 것이다. 다만, 이러한 경우에, 어느 시점부터 주민감사청구기간이 시작된다고 볼 것인지가 문제된다. 이러한 예외적인 경우에는, 주민감사청구기간은 그러한 사실이 드러난 시점부터 기산하여 주민감사청구를 할 수 있는 상당한 기간 내라고 해석하여야 할 것이다[17].

(4) 한편, 주민감사청구기간은 감사청구의 대상인 사무의 각 행위별로 기산된다고 본다. 예컨대, 공금의 지출의 위법 또는 부당을 이유로 감사청구를 하는 경우에, 그 공금의 지출을 구성하는 지출원인행위, 지출명령 및 지출에 대해서는 개별 행위별로 감사청구기간을 기산하여야 한다고 볼 것이다[18].

17) 이와 관련하여, 일본 지방자치법은 주민감사청구기간을 1년으로 정하고, "다만, 정당한 이유가 있을 때에는 그러하지 아니하다."고 하여, 예외를 인정하고 있다(동법 242조 2항 참조). '정당한 이유'의 판단기준과 관련하여, 일본 최고재판소는 "당해 행위가 비밀리에 이루어진 경우, '정당한 이유'의 유무는 특단의 사정이 없는 한, 지방공공단체의 주민이 상당한 주의력을 가지고 조사하였을 때에 객관적으로 보아서 당해 행위를 알 수 있었는지 여부, 또한, 당해 행위를 알 수 있었다고 해석될 때부터 상당한 기간 내에 감사청구를 하였는지 여부에 의하여 판단하여야 한다고 하여야 할 것이다."라고 판시한 바 있다. 最高判 1988. 4. 22, 判例時報 1280号, 63쪽.

18) 最高判 2002. 7. 16, 判例時報 1796号, 83쪽.

2. 주민감사청구의 상대방

(1) 지방자치법은 주민감사청구를 "시·도의 경우에는 주무부장관에게, 시·군 및 자치구의 경우에는 시·도지사에게" 하도록 규정하고 있다(21조 1항 참조). 따라서, 광역자치단체의 사무처리의 위법 또는 부당을 이유로 하여 주민감사청구를 하고자 할 때에는 그 사무의 주무부장관에게, 기초자치단체에서는 그 기초자치단체를 관할하는 광역자치단체의 장에게 하여야 한다.

(2) 이와 관련하여서는, 지방자치단체의 사무 가운데 위임사무의 경우에는 별로 문제되지 아니하지만, 자치사무의 경우에 특히 광역자치단체에서 그 사무의 주무부장관이 없거나 또는 불분명하거나 복수의 중앙행정기관과 관련되는 경우에 어떻게 처리하여야 할 것인지가 문제된다.

이에 대하여, 지방자치법시행령은 "감사 청구의 내용이 둘 이상의 부처와 관련되거나 주무부장관이 불분명한 경우에는 행정안전부장관에게 감사를 청구할 수 있다"(19조 1항)고 하여, 명문의 규정을 두고 있다. 이 경우에 행정안전부장관은 관계 부처와 협의를 거쳐 그 청구를 처리할 주무부장관을 지정하고, 그 주무부장관에게 관계 부처 간 협의를 통하여 주민감사청구를 일괄 처리하도록 요청할 수 있다(법시행령 19조 2항 참조).

3. 청구인 대표자의 선정 등

가. 청구인 대표자의 선정

주민감사를 청구하려면 청구인의 대표자를 선정하여 청구인명부에 적어야 하며, 청구인의 대표자는 감사청구서를 작성하여 주무부장관 또는 시·도지사에게 제출하여야 한다(법 21조 4항 참조). 이 경우에

청구인의 대표자는 주민감사청구서와 주민감사청구대표자 증명 발급 신청서를 주무부장관이나 시·도지사에게 제출해야 한다(법시행령 12조 1항 참조). 이러한 신청을 받은 주무부장관이나 시·도지사는 주민감사청구대표자가 18세 이상의 주민에 해당하는지 확인한 후 주민감사청구대표자 증명서를 발급해야 한다(법시행령 12조 2항 참조).

나. 서명의 요청, 청구인명부의 제출·열람·이의신청 등

(1) 주민감사청구대표자는 대표자 증명서를 발급받은 경우에 18세 이상의 주민에게 청구인명부에 서명할 것을 요청할 수 있게 되며, 이 경우 대표자는 주민감사청구서나 그 사본과 주민감사청구대표자 증명서나 그 사본을 첨부해야 한다(법시행령 13조 1·2항 참조).

대표자는 18세 이상의 주민에게 서명요청권을 위임할 수 있으며, 이를 위임하려는 경우에는 서명요청권 위임신고서를 작성하여 주무부장관이나 시·도지사에게 신고해야 한다. 이 경우 주무부장관이나 시·도지사는 즉시 서명요청권 위임신고증을 발급해야 하도록 되어 있다(법시행령 13조 3·4·5항 참조).

(2) 서명은 주민감사청구대표자 증명서 발급일부터 시·도의 경우 6개월 이내에, 시·군·자치구의 경우 3개월 이내에 요청하여야 한다. 이 경우 서명 요청 기간을 계산할 때에 공직선거법 33조에 따른 선거기간은 이를 산입하지 아니한다. 공직선거법 33조에 따른 선거기간 중에는 서명을 요청할 수 없도록 규정하고 있기 때문이다(법시행령 13조 7항 참조).

(3) 주민감사청구대표자는 18세 이상의 주민에게 위의 서명을 갈음하여 행정안전부장관이 정하는 정보시스템을 이용한 「전자서명법」 제2조제2호에 따른 전자서명을 요청할 수 있다(법시행령 14조 1항 참조). 이러한 정보시스템을 이용한 전자서명을 요청하려는 주민감사청구대표자는 주무부장관이나 시·도지사에게 해당 정보시스템의 이용

을 신청해야 하고, 신청을 받은 주무부장관이나 시·도지사는 주민감사청구대표자 증명서를 발급해야 하며, 해당 정보시스템에 주민감사청구서와 주민감사청구대표자 증명서를 게시해야 한다(법시행령 14조 2·3항 참조). 전자서명의 요청에 있어서도 법시행령 13조 7항을 준용한다[19].

(4) 청구인명부에 서명하려는 18세 이상의 주민은 청구인명부에 성명, 생년월일, 주소·거소 또는 체류지 및 서명 연월일을 적고 서명하거나 도장을 찍어야 한다. 다만, 전자서명을 하는 경우에는 전자문서로 생성된 청구인명부에 따른 사항을 적은 것으로 본다(법시행령 15조 1항 참조).

서명을 한 사람이 그 서명을 취소하려면 주민감사청구대표자가 주무부장관이나 시·도지사에게 청구인명부를 제출하기 전에 취소해야 한다. 이 경우 대표자는 즉시 청구인명부에서 그 서명을 삭제하여야 한다. 청구인명부에 전자서명을 한 사람이 그 전자서명을 취소하려는 경우에는 주민감사청구대표자가 주무부장관이나 시·도지사에게 청구인명부 활용을 요청하기 전에 해당 정보시스템을 통하여 직접 취소해야 한다(법시행령 15조 2·3·4항 참조).

(5) 주민감사청구대표자는 청구인명부에 서명한 주민의 수가 지방자치단체의 조례로 정하는 수 이상이 되면 서명 요청 기간이 지난 날부터 시·도의 경우 10일 이내에 주무부장관에게, 시·군·자치구의 경우 5일 이내에 시·도지사에게 청구인명부를 제출해야 한다. 다만, 전자서명의 경우에는 주민감사청구대표자가 주무부장관이나 시·도지사에게 정보시스템에 생성된 청구인명부를 직접 활용하도록 요청해야 한다(법시행령 16조 1항 참조).

(6) 주민감사청구를 받은 주무부장관이나 시·도지사는 청구를 받은

19) 이러한 전자서명 요청절차에 관한 법시행령의 규정은 2023. 7. 1.부터 시행된다.

날부터 5일 이내에 그 내용을 공표하여야 하며, 청구를 공표한 날부터 10일간 청구인명부나 그 사본을 공개된 장소에 갖추어 두어 열람할 수 있도록 하여야 한다(법 21조 5항).

(7) 청구인명부의 서명에 관하여 이의가 있는 사람은 열람기간에 해당 주무부장관이나 시·도지사에게 이의를 신청할 수 있으며, 주무부장관이나 시·도지사는 이의신청을 받으면 열람기간이 끝난 날부터 14일 이내에 심사·결정하되, 그 신청이 이유 있다고 결정한 경우에는 청구인명부를 수정하고, 그 사실을 이의신청을 한 사람과 청구인의 대표자에게 알려야 하며, 그 이의신청이 이유 없다고 결정한 경우에는 그 사실을 즉시 이의신청을 한 사람에게 알려야 한다(법 21조 6·7항 참조).

(8) 주무부장관이나 시·도지사는 이의신청이 없는 경우 또는 제기된 모든 이의신청에 대하여 결정이 끝난 경우로서 법정요건을 갖춘 경우에는 청구를 수리하고, 그러하지 아니한 경우에는 청구를 각하하되, 수리 또는 각하 사실을 청구인의 대표자에게 알려야 한다(법 21조 8항 참조). 주무부장관이나 시·도지사는 청구를 수리하거나 각하하려는 경우에는 감사청구심의회의 심의를 거쳐야 한다(법시행령 18조 1항 참조).

제4절 주민감사청구에 의한 감사의 실시 및 처리

주민에 의한 감사 청구가 적법한 것으로 수리가 된 경우에는 주무부장관이나 시·도지사는 감사를 실시하여야 한다.

1. 감사의 실시

(1) 주무부장관이나 시·도지사는 감사 청구를 수리한 날부터 60일

이내에 감사 청구된 사항에 대하여 감사를 끝내야 한다. 다만, 그 기간에 감사를 끝내기가 어려운 정당한 사유가 있으면 그 기간을 연장할 수 있으며, 기간을 연장할 때에는 미리 청구인의 대표자와 해당 지방자치단체의 장에게 알리고, 공표하여야 한다(법 21조 9항 참조).

(2) 주무부장관이나 시·도지사는 주민이 감사를 청구한 사항이 다른 기관에서 이미 감사한 사항이거나 감사 중인 사항이면 그 기관에서 한 감사 결과 또는 감사 중인 사실과 감사가 끝난 후 그 결과를 알리겠다는 사실을 청구인의 대표자와 해당 기관에 지체 없이 알려야 한다(법 21조 10항 참조). 이 경우 주무부장관이나 시·도지사는 주민감사청구대표자에게 감사 결과나 감사 중인 사실을 알리기 위하여 그 감사기관에 감사 진행 여부를 확인하거나 그 감사 결과에 관련된 자료의 제출 등 필요한 협조를 요청할 수 있다(법시행령 22조 2항 참조).

(3) 주무부장관이나 시·도지사는 주민 감사 청구를 처리(각하를 포함한다)할 때 청구인의 대표자에게 반드시 증거 제출 및 의견 진술의 기회를 주어야 한다(법 21조 11항 참조).

2. 감사 결과의 처리

(1) 주무부장관이나 시·도지사는 감사가 끝나면 감사 결과를 청구인의 대표자와 해당 지방자치단체의 장에게 서면으로 알리고, 그 끝난 날부터 10일 이내에 감사 실시 개요와 청구 대상 사무 처리의 적법 여부에 대한 감사 결과를 공표해야 한다(법 20조 9항, 법시행령 20조 참조).

(2) 주무부장관이나 시·도지사는 주민 감사 청구를 처리할 때에 필요하면 관계 부처의 장이나 지방자치단체의 장에게 자료의 제출이나 관계 공무원의 지원 등 협조를 요청할 수 있고, 협조 요청을 받은 해당 기관의 장은 정당한 사유가 없으면 협조해야 한다(법시행령 22조

1·3항 참조).

(3) 주무부장관이나 시·도지사는 감사 결과에 따라 기간을 정하여 해당 지방자치단체의 장에게 필요한 조치를 요구할 수 있다. 이 경우 그 지방자치단체의 장은 이를 성실히 이행하여야 하고, 그 조치 결과를 지방의회와 주무부장관 또는 시·도지사에게 보고하여야 한다(법 21조 12항 참조). 주무부장관이나 시·도지사는 이들 조치 요구 내용과 지방자치단체의 장의 조치 결과를 청구인의 대표자에게 서면으로 알리고, 공표하여야 한다(법 21조 13항 참조).

(4) 이상의 관련 사항의 공표는 관보, 지방자치단체의 공보·게시판·홈페이지나 일간신문에 게시하거나 게재하는 방법으로 한다(법시행령 23조 참조).

한편, 지방자치법시행령은 주무부장관이나 시·도지사가 감사를 실시하거나 감사 결과에 따른 필요한 조치를 요구하려는 경우에는 「지방자치단체에 대한 행정감사규정」에서 정하는 바에 따라야 한다고 규정하고 있다(법시행령 21조 참조).

제3장
주민소송의 당사자

주민소송은 객관소송인 민중소송이기 때문에 법률이 정한 경우에 법률에 정한 자에 한하여 제기할 수 있다(행정소송법 45조 참조). 즉, 누가 누구에게 어떠한 사항에 대해서 주민소송을 제기할 수 있게 할 것인지는 구체적인 입법을 기다려서 비로소 결정되는 입법정책의 문제가 되는 셈이다. 이 가운데에서 '누가 누구에게'는 주민소송의 당사자에 관한 문제이며, 당사자의 범위를 어느 정도로 정할 것인지는 주민소송제도의 이용과 관련된 중요한 문제라고 할 수 있다.

한편, 주민소송에서 당사자로서 소송을 수행하고 본안판결을 구할 수 있는 자격을 당사자적격이라고 말하며, 당사자가 원고·피고로 나뉘는 것에 대응하여 당사자적격도 원고적격과 피고적격으로 나뉜다. 지방자치법은 22조 1항에서 이에 관하여 규정하고 있는바, 본 규정에 의하여 주민소송의 당사자적격, 즉, 원고적격과 피고적격이 판단되게 된다.

제1절 주민소송의 원고

지방자치법은 22조 1항에서 "제21조제1항에 따라 공금의 지출에 관한 사항, 재산의 취득·관리·처분에 관한 사항, 해당 지방자치단체를 당사자로 하는 매매·임차·도급 계약이나 그 밖의 계약의 체결·이행에 관한 사항 또는 지방세·사용료·수수료·과태료 등 공금의 부과·징수를 게을리한 사항을 감사 청구한 주민은 다음 각 호의 어느 하나에 해당하는 경우에 그 감사 청구한 사항과 관련이 있는 위법한 행위나 업무를 게을리한 사실에 대하여 해당 지방자치단체의 장(해당 사항의 사무처리에 관한 권한을 소속 기관의 장에게 위임한 경우에는 그 소속 기관의 장을 말한다. 이하 이 조에서 같다)을 상대방으로 하여 소송을 제기할 수 있다."고 규정하고 있다. 따라서, 주민소송의 원고적격은 지방자치단체의 주민으로서 일정한 재무회계적 사항에 대하여 주민감사청구를 거친 자에게 인정된다고 할 것이다.

한편, 주민소송제도가 유력한 주민참여수단의 하나임을 감안할 때, 주민소송의 원고적격을 어떻게 규정할 것인지는 주민소송제도의 활용이라는 측면에서 매우 중요한 문제라고 할 수 있다. 즉, 원고적격의 범위를 지나치게 좁게 인정한다든지 그 요건을 엄격하게 인정하는 경우에 주민소송의 이용은 매우 제한적이 되어서, 주민에 의한 지방자치단체의 통제라는 목적은 충분히 달성할 수 없게 될 것이다. 그렇다고 하여, 원고적격의 범위를 무턱대고 확장하거나 그 요건을 지나치게 완화시킨다면 주민소송의 남용으로 인해 지방자치행정의 곤란과 법원의 재판업무의 과부하를 초래할 수 있다. 따라서, 주민소송의 원고적격의 문제는 주민에 의한 지방자치단체의 통제의 필요성과 남소(濫訴) 등으로 인한 지방자치단체의 기능 약화의 방지라는 이들 양자의 요구를 조화시키는 선에서 결정되는 것이 바람직하다고 할 수 있다.

1. 원고적격

가. 지방자치단체의 주민일 것

'지방자치단체' 및 '주민'의 의미와 관련하여서는 제2장 제1절 1. 및 2.에서 이미 살펴보았다. 여기에서는 그 이외의 내용과 관련하여 보충적인 관점에서 검토하기로 한다.

(1) 먼저, 특별지방자치단체에게 주민소송제도의 목적·취지에 상응하는 '주민'의 관념을 상정할 여지가 있을 것인지가 문제된다. 이에 대해서는, 조합의 구성원은 조합을 조직하는 지방자치단체이므로 주민은 존재하지 않고 조합구성원인 지방자치단체의 주민은 간접적으로 구성원이 되는데 그친다고 하는 주장(간접적 구성원설)과 주민은 직접적인 관계를 가진다고 하는 주장(직접적 구성원설)이 있다[1]. 전자에 의하면, 특별지방자치단체의 구성원인 지방자치단체의 주민은 당해 특별지방자치단체에 대하여 주민소송을 제기할 수 없게 되나, 후자에 의하면 그것이 가능하게 될 것이다. 생각건대, 특별지방자치단체인 지방자치단체조합의 구성원인 지방자치단체의 주민은 특별지방자치단체가 수행하는 특정한 사무가 해당 지방자치단체의 관련사항이기 때문에 일정한 요건이 충족되면 주민인 지위에서 원고적격이 인정된다고 하여야 할 것이다.

(2) 다음으로, 지방자치법은 주민감사청구전치주의를 채택하여 주민감사청구를 한 주민에 대해서만 주민소송의 원고적격을 인정하고 있다. 그런데, 주민감사청구를 할 수 있는 자는 18세 이상의 주민으로 한정되므로, 주민소송을 제기할 수 있는 주민은 '18세 이상의 자연인'으로 제한되게 된다. 또한, 주민감사청구를 하기 위해서는 "시·도는 300명, 제198조에 따른 인구 50만 이상 대도시는 200명, 그 밖의 시·군 및 자치구는 150명 이내에서 그 지방자치단체의 조례로 정하는 수 이상의 18세 이상의 주민이 연대 서명하여"(21조 1항) 할 것이 필요하다. 따라서, 주민감사청구에는 지방자치단체의 조례의 규정에 따라서 복수의 주민의 연대 서명이 필요하게 되는 것이 일반적이겠지만, 주민소송은 주민감사청구를 거쳤으면 그러한 주민의 1인만에 의해서도 제기가 가능하다고 본다.

---

1) 園部逸夫 編, 『実務·自治体財務の焦点 4 住民訴訟』, ぎょうせい, 1989, 109쪽 (山下 淳).

(3) 또한, 지방자치법상의 요건을 갖춘 "「출입국관리법」 제10조에 따른 영주(永住)할 수 있는 체류자격 취득일 후 3년이 경과한 외국인으로서 같은 법 제34조에 따라 해당 지방자치단체의 외국인등록대장에 올라 있는 사람"(법 21조 1항 2호)은 주민감사청구를 할 수 있기 때문에 이를 거친 외국인도 주민소송의 원고적격을 가진다.

(4) 법인이 지방자치단체의 주민자격이 있다는 것과 관련하여, 법인에게도 주민소송의 원고적격을 인정할 수 있을 것인지가 문제된다. 이와 관련한 일본의 학설·판례는 긍정하는 견해가 통설·판례의 입장이라고 할 수 있지만, 이설이 없는 것도 아니다. 즉, 주민소송의 본질이 자기의 권리이익의 구제를 소구(訴求)하여서 이루어지는 것이 아니라 지방재무행정의 적법성의 보장을 목적으로 하는 객관소송이기 때문에 과연 법인이 자기의 이해와 무관한 객관소송의 원고로 될 수 있는 경우가 있을 수 있는지 의문이라고 하여 법인의 권리능력의 범위 내에서 제한적으로 인정하고자 하는 견해[2]가 그것이다.

생각건대, 법인의 원고적격과 관련하여서, 일본의 경우에는 일본 지방자치법상의 사무감사청구제도(동법 75조 참조)와 달리 주민감사청구제도(동법 242조 참조)는 선거권자일 필요가 없이 주민이라면 단독으로도 이용할 수 있도록 규정되어 있다. 그에 반하여, 우리 지방자치법은 "18세 이상의 주민"이 연대 서명하여 주민감사청구를 하도록 되어 있는 점에 비추어(법 21조 1항 참조) 법인의 주민감사청구는 불가능하고, 따라서 주민소송의 원고적격도 인정될 수 없다고 하여야 한다[3)4)].

---

2) 佐藤英善, 『住民訴訟の実務と理論』, 78쪽 ; 大和勇美, 住民訴訟の諸問題(『実務民事訴訟講座(9)』, 日本評論社, 1970), 56쪽.

3) 이에 대하여, 법인의 원고적격을 인정하고자 하는 견해로서는, 최우용, 주민소송제도의 한·일 비교 -일본의 현황, 과제 그리고 한국에의 활용방안-, 지방자치법연구 10권 4호(2010), 78쪽 이하 참조.

4) 한편, 공익적 소송이 시민단체 등에 의해 주도되는 것이 현실이라는 인식 하에

나. 일정한 재무회계적 사항에 대하여 적법한 주민감사청구를 거쳤을 것

주민소송을 제기하기 위하여서는 반드시 일정한 재무회계적 사항에 대하여 적법한 주민감사청구를 거쳐야 한다. 주민감사청구제도는 주민참여제도의 하나로서 주민소송제도와 필연적으로 결부시킬 당위성이 존재하는 것은 아니나, 지방자치법은 주민소송을 제기하기 위해서는 반드시 주민감사청구를 거치도록 하여 양 제도를 유기적으로 연관시켜 운영하도록 하고 있다.

(1) 지방자치법은 주민감사청구에 대해서는 "그 지방자치단체와 그 장의 권한에 속하는 사무"(21조 1항)의 처리가 위법 또는 부당한 경우에 청구할 수 있도록 하고 있는데 대하여, 주민소송에 대해서는 주민감사청구의 대상 중 "공금의 지출에 관한 사항, 재산의 취득·관리·처분에 관한 사항, 해당 지방자치단체를 당사자로 하는 매매·임차·도급계약이나 그 밖의 계약의 체결·이행에 관한 사항 또는 지방세·사용료·수수료·과태료 등 공금의 부과·징수를 게을리한 사항"(22조 1항)을 감사 청구한 주민이 제기하도록 규정하고 있다. 따라서 주민감사청구의 대상 중 ①공금의 지출, ②재산의 취득·관리·처분, ③계약의 체결·이행, ④공금의 부과·징수를 게을리한 사실이라고 하는 네 가지 사항에 대하여 감사 청구한 경우에 주민소송을 제기할 수 있게 된다(이에 대한 상세한 내용은 「제4장 주민소송의 대상」 참조).

(2) 이와 관련하여, 주민감사청구의 대상과 주민소송의 청구의 대상과의 관계가 문제된다.

먼저, 주민감사청구에서 대상으로 되지 않았던 사항을 주민소송에서 청구의 대상으로 하는 것은 허용되지 않고, 그에 대해 주민소송의 대상으로 하면 부적법 각하된다. 그러나, 양자의 공통대상인 네 가지

이들 단체에 대해서도 원고적격을 인정하자고 주장하는 견해로서, 조성규, 지방자치단체의 책임성 제고수단으로서 주민소송제도의 의의와 한계, 지방자치법연구 7권 4호(2007), 28쪽 이하 참조.

의 재무회계사항과의 관련성이 인정되면 허용된다고 본다. 지방자치법도 "그 감사 청구한 사항과 관련이 있는 위법한 행위나 업무를 게을리한 사실에 대하여"(22조 1항) 주민소송을 제기할 수 있도록 하여, 주민감사청구의 대상과 주민소송의 대상이 동일할 것을 요구하지 않고, 감사 청구한 사항과 '관련이 있는' 경우에는 주민소송의 제기를 허용한다는 입장이라고 해석된다. 이와 관련하여, 대법원은 다음과 같은 기준을 제시한 바 있다. "주민감사청구가 '지방자치단체와 그 장의 권한에 속하는 사무의 처리'를 대상으로 하는 데 반하여, 주민소송은 '그 감사 청구한 사항과 관련이 있는 위법한 행위나 업무를 게을리한 사실'에 대하여 제기할 수 있는 것이므로, 주민소송의 대상은 주민감사를 청구한 사항과 관련이 있는 것으로 충분하고, 주민감사를 청구한 사항과 반드시 동일할 필요는 없다. 주민감사를 청구한 사항과 관련성이 있는지 여부는 주민감사청구사항의 기초인 사회적 사실관계와 기본적인 점에서 동일한지 여부에 따라 결정되는 것이며 그로부터 파생되거나 후속하여 발생하는 행위나 사실은 주민감사청구사항과 관련이 있다고 보아야 한다.[5)]" 이러한 대법원의 입장을 따르면, 예컨대, 공금 지출의 중지를 감사 청구의 대상으로 하였지만 이미 지출되었기 때문에 행위자에게 손해배상을 청구하도록 하는 주민소송(4호소송)은 관련성이 인정될 수 있을 것이다.

다음으로, 주민감사청구의 경우, 위법은 물론 부당한 재무회계사항에 대해서도 가능하지만, 주민소송은 위법한 사항에 대해서만 제소할 수 있다. 따라서, 재무회계사항이 부당하다고 하여 감사 청구한 경우에는 감사 결과에 불복하여 주민소송을 제기하면 부적법하게 되는지가 문제된다. 주민소송은 위법한 재무회계상의 행위만을 그 대상으로 하기 때문이다. 이와 관련하여, 우리 대법원은 다음과 같이 판결하였

5) 대법원 2020. 7. 29. 선고 2017두63467판결【주민소송】

다. "지방자치법 제16조 제1항(현행 지방자치법 21조 1항 - 저자 주)에서 규정한 '해당 사무의 처리가 법령에 위반되거나 공익을 현저히 해친다고 인정되면'이란 감사기관이 감사를 실시한 결과 피감기관에 대하여 시정요구 등의 조치를 하기 위한 요건 및 주민소송에서 법원이 본안에서 청구를 인용하기 위한 요건일 뿐이고, 주민들이 주민감사를 청구하거나 주민소송을 제기하는 단계에서는 '해당 사무의 처리가 법령에 반하거나 공익을 현저히 해친다고 인정될 가능성'을 주장하는 것으로 족하며, '해당 사무의 처리가 법령에 반하거나 공익을 현저히 해친다고 인정될 것'이 주민감사청구 또는 주민소송의 적법요건이라고 볼 수는 없다. 왜냐하면 '해당 사무의 처리가 법령에 위반되거나 공익을 현저히 해친다고 인정되는지 여부'는 감사기관이나 주민소송의 법원이 구체적인 사실관계를 조사·심리해 보아야지 비로소 판단할 수 있는 사항이기 때문이다.(밑줄 저자) 만약 이를 주민감사청구의 적법요건이라고 볼 경우 본안의 문제가 본안 전(前) 단계에서 먼저 다루어지게 되는 모순이 발생할 뿐만 아니라, 주민감사를 청구하는 주민들로 하여금 주민감사청구의 적법요건으로서 '해당 사무의 처리가 법령에 위반되거나 공익을 현저히 해친다고 인정될 것'을 증명할 것까지 요구하는 불합리한 결과가 야기될 수 있다.[6]" 이러한 대법원의 입장을 전제로 한다면, 부당한 재무회계사항에 대해 주민감사청구를 거친 주민이 제기한 주민소송은 적법한 것으로 본안판단을 받게 될 것이다.

(3) 주민감사청구는 적법한 것이어야 하므로, 예컨대, 지방자치단체의 조례로 정하는 수 이상의 주민의 연대 서명이 필요한 데 그에 미치지 못한다든지 서명 주민의 이의신청에 의해서(법 21조 6항 참조) 나중에 요건을 갖추지 못한 것으로 되어 요건 불비를 이유로 주민감사청구가 각하된 경우에는 주민감사청구를 거치지 않은 것으로 되기 때

6) 대법원 2020. 6. 25. 선고 2018두67251판결【손해배상(기)】

문에 해당 사항을 대상으로 하는 주민소송이 제기되더라도 부적법 각하된다. 따라서 주민소송의 대상으로 될 수 있기 위해서는 '적법한' 주민감사청구를 거쳤을 것이 요구된다.

적법한 주민감사청구가 피청구인인 주무부장관 또는 시·도지사에 의해 부적법하다고 하여 각하된 경우 어떻게 될 것인지가 문제된다. 이와 관련하여, 우리 대법원은 다음과 같은 입장을 나타냈다. "지방자치법 제17조 제1항(현행 지방자치법 22조 1항 - 저자)은 주민감사를 청구한 주민에 한하여 주민소송을 제기할 수 있도록 하여 '주민감사청구전치'를 주민소송의 소송요건으로 규정하고 있으므로, 주민감사청구 전치 요건을 충족하였는지 여부는 주민소송의 수소법원이 직권으로 조사하여 판단하여야 한다. 주민소송이 주민감사청구 전치 요건을 충족하였다고 하려면 주민감사청구가 지방자치법 제16조(현행 지방자치법 21조 - 저자)에서 정한 적법요건을 모두 갖추고, 나아가 지방자치법 제17조 제1항 각호에서 정한 사유에도 해당하여야 한다. 지방자치법 제17조 제1항 제2호에 정한 '감사 결과'에는 감사기관이 주민감사청구를 수리하여 일정한 조사를 거친 후 주민감사청구사항의 실체에 관하여 본안판단을 하는 내용의 결정을 하는 경우뿐만 아니라, 감사기관이 주민감사청구가 부적법하다고 오인하여 위법한 각하결정을 하는 경우까지 포함한다. 주민감사청구가 지방자치법에서 정한 적법요건을 모두 갖추었음에도, 감사기관이 해당 주민감사청구가 부적법하다고 오인하여 더 나아가 구체적인 조사·판단을 하지 않은 채 각하하는 결정을 한 경우에는, 감사청구한 주민은 위법한 각하결정 자체를 별도의 항고소송으로 다툴 필요 없이, 지방자치법이 규정한 다음 단계의 권리구제절차인 주민소송을 제기할 수 있다고 보아야 한다.(밑줄 저자)[7]"

7) 대법원 2020. 6. 25. 선고 2018두67251판결【손해배상(기)】 이 사례와 관련한 연구로서, 문상덕, 주민감사청구 전치주의와 주민소송에 관한 고찰 - 대법원 2020.

또한, 부적법한 주민감사청구를 적법하다고 수리하여 감사를 실시하였을 경우에 주민소송의 단계에서 부적법 각하를 할 수 있을 것인지가 문제된다. 예컨대, 주민감사청구기간(법 16조 2항)을 도과한 것을 모르고 주민감사청구를 수리하여 이에 대해 결정한 경우를 들 수 있다. 이러한 경우에는 본래 주민감사청구적격을 갖추지 못하였기 때문에 주민소송의 단계에서라도 그 요건의 불비를 이유로 각하할 수 있다고 해석하여야 할 것이다.

(4) 주민감사청구를 하였으나 이유 없다 등의 이유로 기각된 경우, 다른 주민이 같은 사항을 대상으로 하여 주민감사청구를 거치지 않고 주민소송을 제기할 수 있는지가 문제된다. 이는 주민감사청구를 거친 자와 그렇지 않은 자와의 공동소송의 경우와, 주민감사청구를 거치지 않은 다른 주민이 주민소송을 제기하는 경우를 주로 상정하여 볼 수 있다. 이와 관련하여, 지방자치법은 직접적인 규정을 두고 있지 않고, 다만 별소금지의 규정을 두고 있을 뿐이다(22조 5항 참조).

이에 대해서는, 가능한 한 해당 지방자치단체 자체에서 해결할 기회를 보장한다는 주민감사청구전치제도의 취지는 주민감사청구를 거쳤다는 점에서 일단 달성되었다고 할 수 있고, 동일한 대상에 대하여 다른 주민들이 되풀이 하여 주민감사청구를 하더라도 그 결과는 명백하므로 주민감사청구절차를 경유하지 않더라도 당해 사항에 대해서는 주민소송을 제기할 수 있다고 하는 견해가 있다[8]. 그러나, 우리 지방자치법은 일정한 재무회계사항에 대하여 감사 청구한 주민은 그 감사청구한 사항과 관련이 있는 위법한 행위나 업무를 게을리한 사실에 대하여 주민소송을 제기하도록 명문의 규정을 두고 있다(22조 1항 참조). 따라서, 감사 청구를 하지 않은 주민들은, 감사의 결과, 감사청구

---

6. 25. 선고 2018두67251 판결 및 관련 하급심판결을 소재로-, 지방자치법연구 21권 4호(2021.12), 62쪽 이하.

8) 園部逸夫 編, 『実務·自治体財務の焦点4 住民訴訟』, 98쪽(山下 淳).

가 이유 없다고 하여 기각된 경우에도 주민감사청구를 거치지 않고 곧바로 주민소송을 제기 할 수 없으며, 또한 주민감사청구를 거친 주민과 공동하여서도 주민소송을 제기 할 수 없다고 해석하여야 한다. 다만, 소송참가를 할 수 있는 경우는 있을 수 있다(22조 13항 참조).

2. 원고적격이 상실되는 경우

지방자치법은 "소송의 계속(繫屬) 중에 소송을 제기한 주민이 사망하거나 제16조에 따른 주민의 자격을 잃으면 소송절차는 중단된다. 소송대리인이 있는 경우에도 또한 같다."(22조 6항)고 하여, 주민소송의 당사자가 그 원고적격을 상실하는 경우에는 소송절차를 중단하도록 규정하고 있다. 동 조항은 주민소송의 당사자가 원고적격을 상실하는 경우로서 ①주민이 사망한 경우와 ②전출 등에 의해 주민의 자격을 잃은 경우를 들고 있다.

가. 원고가 사망한 경우

주민소송을 제기한 주민이 사망한 경우에 그 상속인이 당해 소송을 수계할 수 있는지가 문제된다. 이에 대해서는, 주민소송이 순전히 공익을 위한 것으로 쟁송의 목적이 여전히 존속하고 있다는 것을 이유로 하여 유족이 그 소송을 수계할 수 있다는 긍정설[9]과, 주민소송은 '주민으로서의 자격' 내지 '자치권'에 근거하여 인정된 것으로 주민소송을 제기할 수 있는 권리는 특히 법에 의해 주어진 공법상의 권리이며 일신전속적인 것으로 상속이나 그 밖의 사유에 의한 수계가 허용되지 않으므로 소송을 수계할 수 없고 소송은 당연히 종료한다고 하는 부정설[10]이 있다.

9) 杉村敏正 編, 『行政救済法1』, 有斐閣, 1990, 356쪽(木佐茂男).
10) 最高判 1980. 2. 22, 判例時報 962号, 50쪽 ; 最高判 1982. 7. 13, 民集 36巻 6号,

생각건대, 우리나라 지방자치법은 소송의 계속중에 소송을 제기한 주민이 사망한 경우에는 소송절차는 중단된다고 하고(22조 6항 참조), 이 경우에는 감사 청구에 연대 서명한 다른 주민만이 당해 소송을 수계할 수 있도록 규정하고 있다(22조 7·8항 참조). 따라서, 지방자치법은 주민소송의 계속중에 소송을 제기한 주민이 사망한 경우에는 유족 등의 상속인이 소송을 수계하는 것을 상정하지 않는 입법정책을 취하고 있다고 해석하여야 할 것이다.

나. 제소 후 해당 지방자치단체의 주민자격을 상실한 경우

(1) 주민소송의 원고적격은 소송의 계속중에 계속 유지할 것을 요하는지 아니면 사실심 변론종결시까지만 유지하면 되는지가 문제된다. 전자는 주민일 것은 본안판결의 요건이라고 하는 주장[11]이며, 후자는 주민소송이 공익의 확보를 목적으로 하는 객관소송이고 소송 계속중에 주민인 자격을 상실한다고 하더라도 다툼의 목적이 존재하는 한 원고적격은 상실되지 않는다[12]고 하거나 주민소송은 객관소송이며 재무회계행위의 비위를 시정하는 단서에 지나지 않기 때문에 제소시에 주민자격을 갖추고 있으면 된다[13]고 하는 주장이라고 할 수 있다.

생각건대, 주민소송이란 주권자인 주민으로서의 자격에서 제기하는 것일 뿐만 아니라 그 결과에 대해서도 주민으로서의 책임을 고려할 때에는 전자의 견해가 타당하다고 할 것이다[14]. 우리나라 지방자치법도 이러한 입장에서 명문의 규정으로 소송 계속중에 주민소송을 제기한 주민이 주민의 자격을 잃은 때에는 소송절차를 중단하도록 하는 입법정책을 취하고 있다(22조 6항 참조).

970쪽 등 ; 佐藤英善, 『住民訴訟の実務と理論』, 79쪽.

11) 大和勇美, 住民訴訟の諸問題, 55쪽 ; 佐藤英善, 『住民訴訟の実務と理論』, 79쪽.

12) 成田頼明, 監査請求及び納税者訴訟について, 自治研究 33巻 6号, 57쪽.

13) 細川俊彦, 住民訴訟に関する若干の問題についての考察, 金沢法学 44巻 2号, 44쪽.

14) 佐藤英善, 住民訴訟の裁判例に見る問題点, ジュリスト 941号, 37쪽.

(2) 주민소송 제기 후 일단 주민자격을 상실한 원고가 사실심 변론종결시까지 다시 주민의 자격을 회복한 경우에 원고적격이 인정될 것인지가 문제된다. 이와 관련하여, 지방자치법은 주민자격을 상실한 경우에는 소송절차를 중단하도록 규정하고 있으므로, 한 번 상실한 주민자격을 나중에(사실심 변론종결 전에) 회복하였다고 하여 보정될 수 없다고 해석하여야 할 것이다[15].

제2절 주민소송의 피고

지방자치법은 주민소송의 피고와 관련하여, "해당 지방자치단체의 장(해당 사항의 사무처리에 관한 권한을 소속 기관의 장에게 위임한 경우에는 그 소속 기관의 장을 말한다. 이하 이 조에서 같다)을 상대방으로 하여 소송을 제기할 수 있다."(22조 1항)고 규정하고 있다. 이하에서 관련문제를 검토하기로 한다.

1. 권한의 위임이 있는 경우

(1) 권한의 위임이란 행정관청이 자기의 권한의 일부를 수임자에게 이전해서 그 자의 이름, 권한 및 책임으로 사무를 처리하게 하는 것을 말한다. 위임자는 권한의 위임의 범위 내에서 그 권한을 잃는다고 본다. 그러나, 위임자는 수임자의 사무처리에 대하여 지휘·감독하고, 그 처리가 위법 또는 부당하다고 인정할 때에는 취소하거나 중지시킬 수

15) 일본 하급심판례 가운데에서는 행정구역의 변경 등으로 일시적으로 주민이 아니게 된 자가 해당 지방자치단체의 구역 내로 전입함으로써 '주민'요건의 보정을 인정한 예가 있다. 秋田地判 1985. 4. 26, 行集 36巻 4号, 613쪽 ; 山口地判 1984. 9. 13, 判例タイムズ 538号, 141쪽. 그러나, 일본 지방자치법은 우리 지방자치법 22조 6항과 같은 규정이 없음을 고려할 필요가 있다.

있다고 본다[16]. 이러한 권한의 위임은 주로 하급행정관청이나 보조기관에 대하여 이루어지고 있으나, 지휘감독관계에 없는 타 기관에 대하여도 이루어지는 경우(위탁)가 있다.

(2) 여기서 권한의 위임이 이루어진 사무와 관련하여 주민소송이 제기되는 경우에, 그 피고는 위임자가 될 것인지 또는 수임자가 될 것인지와 관련하여 종래 견해의 대립이 있었다. 즉, 위임자는 권한의 위임에 의하여 그 사무의 처리권한이 없기 때문에 수임자가 피고가 된다는 견해[17]와, 권한의 위임이 되었다 하더라도 주민이 이를 알기는 곤란하다는 점, 위임자는 수임자에 대하여 지휘감독권에 기하여 수임자의 행위를 중지시키는 것이 가능하다는 점 등을 이유로 위임자도 피고적격이 있다는 견해[18]가 대립하였다.

상기한 바와 같이 지방자치법은 이와 관련하여, 권한의 위임이 '소속 기관의 장'에 대해서 이루어진 경우에는 수임자인 소속 기관의 장을 피고로 하여 주민소송을 제기하도록 명문의 규정을 두고 있다. 따라서, 권한의 위임과 관련한 문제는 일응 수임자를 대상으로 하여 주민소송을 제기하도록 하는 것이 우리나라 지방자치법의 태도라고 해석하여야 할 것이다.

(3) 우선, '위임'에는 '내부위임'(위임전결 등도 포함)도 포함하는 것으로 보아야 할 것인지가 문제된다. 내부위임(위임전결)이란 위임자가 외부에 표시함이 없이 내부적으로 일정한 경미한 사항의 결정권을 하

16) 행정권한의 위임 및 위탁에 관한 규정 6조 참조.

17) 대법원 1997. 2. 28. 선고 96누1757 판결【공매처분취소】(성업공사가 체납압류된 재산을 공매하는 것은 세무서장의 공매권한위임에 의한 것으로 보아야 할 것이므로, 성업공사가 한 그 공매처분에 대한 취소 등의 항고소송을 제기함에 있어서는 수임청으로서 실제로 공매를 행한 성업공사를 피고로 하여야 하고, 위임청인 세무서장은 피고적격이 없다.) ; 園部逸夫編著,『実務·自治体財務の焦点 4 住民訴訟』, 104쪽(山下 淳).

18) 山村恒年, 差止請求の諸問題, 民商法雜誌 95巻 4号, 541쪽 ; 大和勇美, 住民訴訟の諸問題, 56쪽.

급행정기관에게 위임하여, 그 수임행정기관이 위임자의 이름으로 그 권한을 사실상 대리행사하는 제도를 말한다. 권한의 내부위임(위임전결)은 권한의 위임과는 달리 권한의 이전이 이루어지지 않고 원래의 기관에 그대로 존속한다. 따라서, 지방자치단체의 장의 권한의 내부위임(위임전결)이 있는 경우에 주민소송의 피고는 변함없이 해당 지방자치단체의 장이 된다고 보아야 한다[19]. 다만, 소속 기관의 장에게 권한의 위임이 이루어진 경우의 권한의 내부위임(위임전결)에서는 소속 기관의 장이 피고가 된다고 하여야 할 것이다.

(4) 다음으로, 권한의 위임이 이루어진 경우의 '소속 기관의 장'이란 구체적으로 무엇을 의미하는지가 문제된다. 여기서 '소속 기관'의 의미와 관련하여 살펴보면, 지방자치법은 지방자치단체의 '집행기관'이라는 장(제6장)에서 '지방자치단체의 장', '보조기관', '소속 행정기관', '하부행정기관'과 '교육·과학 및 체육에 관한 기관'으로 나누어 규정하고 있다(105조부터 135조 참조). 따라서, 이들 기관 가운데 어느 범위까지 '소속 기관'으로 인정할 것인지가 문제이다. 그런데 소속 기관이 문제되는 상황은 지방자치단체의 장의 사무의 위임과 관련된 것이므로 지방자치 관련법령을 살펴볼 필요가 있다. 지방자치법은 이와 관련하여, "지방자치단체의 장은 조례나 규칙으로 정하는 바에 따라 그 권한에 속하는 사무의 일부를 보조기관, 소속 행정기관 또는 하부행

19) 대법원 1995. 12. 22. 선고 95누14688 판결【농지조성비등부과처분취소】(행정처분의 취소 또는 무효확인을 구하는 행정소송은 다른 법률에 특별한 규정이 없는 한 소송의 대상인 행정처분 등을 외부적으로 그의 명의로 행한 행정청을 피고로 하여야 하는 것으로서 그 행정처분을 하게 된 연유가 상급행정청이나 타 행정청의 지시나 통보에 의한 것이라 하여 다르지 않다고 할 것이며, 권한의 위임이나 위탁을 받아 수임행정청이 정당한 권한에 기하여 그 명의로 한 처분에 대하여는 말할 것도 없고, 내부위임이나 대리권을 수여받은 데 불과하여 원행정청 명의나 대리관계를 밝히지 아니하고는 그의 명의로 처분 등을 할 권한이 없는 행정청이 권한 없이 그의 명의로 한 처분에 대하여도 처분명의자인 행정청이 피고가 되어야 할 것이다.).

정기관에 위임할 수 있다."(117조 1항)고 규정하고 있다. 또한, 지방자치단체의 행정기구의 설치와 지방공무원의 정원에 관한 대통령령인 「지방자치단체의 행정기구와 정원기준 등에 관한 규정」은 "'소속 기관'이란 직속기관·사업소와 출장소를 말한다."(2조 4호)고 규정하고 있다[20]. 이들 관련규정을 체계조화적으로 해석할 것이 요청된다. 이러한 관점에서 살펴보면, '소속 기관'이란 일응 보조기관, 소속 행정기관 또는 하부행정기관을 의미하지만, 여기서 '보조기관'에 권한이 위임된 경우에는 '소속 기관의 장'을 피고로 하여 주민소송을 제기하도록 되어 있기 때문에, 결국 해당 지방자치단체의 장을 피고로 하여 주민소송을 제기하게 될 것이다. 따라서, '소속 기관'으로서는 '소속 행정기관'과 '하부행정기관'을 주로 의미한다고 하여야 할 것인데, 지방자치법은 '소속 행정기관'으로서 직속기관·사업소와 출장소 등을 규정하고 있다(126조부터 130조 참조.). 여기서, 직속기관의 경우에는 지방공기업법상의 지방직영기업이 주로 해당될 것이다[21].

(5) 나아가, 지방자치단체의 장은 조례나 규칙으로 정하는 바에 따

20) 동 규정은 '직속기관'이란 "「지방자치법」(이하 "법"이라 한다) 제126조에 따른 직속기관으로 지방농촌진흥기구·지방공무원교육훈련기관·자치경찰단·보건환경연구원·보건소·지방소방학교·소방서와 공립의 대학·전문대학"을 말하며, '사업소'란 "법 제127조에 따른 사업소"를, '출장소'란 "법 제128조에 따른 출장소"를 말한다고 각각 규정하고 있다(2조 5,6,7호 참조).

21) 지방공기업법 2조 1항, 5조 참조. 한편, 피고적격을 갖는 '소속 기관'으로서 "지방자치단체의 장이 조례 또는 규칙에 의하여 그 권한에 속하는 사무의 일부를 위임한 보조기관, 소속행정기관 또는 하부행정기관과 지방공기업법에 의거 지방자치단체가 직접 설치·경영하는 지방직영기업"을 들고 있는 견해로서, 행정자치부, 『주민소송제도 업무편람』, 2005, 49쪽 이하. 이 견해는 "지방직영기업은 지방조직체계상 사업소나 보조기관 형태로 운영되고 있으므로 당해 자치단체의 소속기관으로 적용 가능"하지만, '지방공사·공단, 제3섹터'는 "지방자치단체가 아닌 별개의 법인으로 지방공기업법에 규정된 사항을 제외하고는 원칙적으로 그 성질에 반하지 않는 범위 내에서 상법의 규정을 준용하므로 그 실제상의 기능을 중시하는 의미에서 주민소송의 규정을 직접 적용하는 것은 곤란하고 주민소송의 피고에서도 제외"된다고 한다. 같은 책, 50쪽 이하.

라 그 권한에 속하는 사무의 일부를 관할 지방자치단체나 공공단체 또는 그 기관(사업소·출장소를 포함한다)에 위임하거나 위탁할 수 있고(법 117조 2항 참조), 그 권한에 속하는 사무 중 조사·검사·검정·관리업무 등 주민의 권리·의무와 직접 관련되지 아니하는 사무를 법인·단체 또는 그 기관이나 개인에게 위탁할 수 있다(법 117조 3항 참조). 이러한 경우에 누구를 피고로 하여 주민소송을 제기할 것인지가 문제된다. 생각건대, 지방자치법은 주민소송의 피고와 관련하여 원칙적으로 해당 지방자치단체의 장이 되고, 예외적으로 권한의 위임이 있는 경우에 한하여 소속 기관의 장이 되도록 하고 있는 점, 관할 지방자치단체나 공공단체 또는 그 기관(사업소·출장소를 포함한다)이나 개인은 위에서 살펴본 바와 같이 소속 기관에 속한다고 할 수 없는 점 등에 비추어, 원칙으로 돌아가서 그러한 경우에는 해당 지방자치단체의 장을 피고로 하여야 한다고 할 것이다.

(6) 한편, 권한의 위임이 이루어진 경우에 일반 주민은 이러한 사실을 알기 어려운 경우가 적지 아니하며, 주민감사청구의 피청구인은 주무부장관 또는 시·도지사인데 반하여, 주민소송의 피고는 해당 지방자치단체의 장(또는 소속 기관의 장)이 되는 점에서 피고를 잘못 제소하는 경우도 충분히 상정할 수 있다. 이러한 경우에는, 지방자치법이 "소송에 관하여 이 법에 규정된 것 외에는 「행정소송법」에 따른다"(22조 18항)고 규정하고 있고, 행정소송법은 "원고가 피고를 잘못 지정한 때에는 법원은 원고의 신청에 의하여 결정으로써 피고의 경정을 허가할 수 있다."(동법 14조)고 하여 피고경정에 관하여 규정하고 있으므로, 주민소송도 이를 적극 활용하여야 할 것이다[22].

22) 대법원 1997. 2. 28. 선고 96누1757 판결【공매처분취소】(세무서장의 위임에 의하여 성업공사가 한 공매처분에 대하여 피고 지정을 잘못하여 피고적격이 없는 세무서장을 상대로 그 공매처분의 취소를 구하는 소송이 제기된 경우, 법원으로서는 석명권을 행사하여 피고를 성업공사로 경정하게 하여 소송을 진행하여야 한다.)

2. 권한의 대리가 있는 경우

권한의 대리란 행정관청의 권한의 전부 또는 일부를 타 행정관청 또는 보조기관이 피대리관청을 위한 것임을 표시하여 자기의 이름으로 행사하고, 그것이 피대리관청의 행위로서의 효력을 발생하는 것을 말한다. 권한의 대리는 권한의 위임과는 달리 권한의 이전이 이루어지지 않고 권한이 원래의 기관에 그대로 존속한다. 따라서, 지방자치단체의 장의 권한의 대리가 있는 경우에도 주민소송의 피고는 변함없이 해당 지방자치단체의 장이 된다고 보아야 한다. 다만, 소속 기관의 장에게 권한의 위임이 이루어진 경우의 권한의 대리에서는 소속 기관의 장이 피고가 된다고 해석하여야 할 것이다.

3. 지방의회의원, 교육감, 특별지방자치단체의 피고적격

(1) 지방의회의원의 위법한 재무회계행위와 관련하여서는 누구를 피고로 할 것인지 문제된다. 예컨대, 지방의회에서 의원들이 이른바 관광성 해외출장을 다녀온 경우에 누구를 피고로 하여 주민소송을 제기하여야 할 것인지의 문제이다. 이에 대해서는, 지방의회의원이 사용하는 각종 경비의 지출이 조례나 규칙에 의해 지방자치단체의 장으로부터 위임을 받아 해당 지방의회사무처(또는 사무국·사무과)에서 처리되기 때문에 주민소송의 피고는 지방의회의 의장이 아니라 의회사무처장(또는 사무국장·사무과장)이 되어야 한다는 주장이 있다[23]. 그러나, 의회사무처(또는 사무국·사무과)는 의장의 지휘·감독을 받고 사무처장(또는 사무국장·사무과장)은 의장의 명을 받도록 되어 있는 점[24]과 의회사무처(또는 사무국·사무과)가 소속 기관에 속한다고 할

---

23) 김용찬 외, 『주민소송』, 박영사, 2005, 144쪽.
24) 법 103조 2항 참조.

수 없는 점에 비추어, 지방의회관련 주민소송은 원칙적으로 해당 지방자치단체의 장을 피고로 하여야 한다고 볼 것이다[25].

(2) 지방자치법은 지방자치단체의 교육·과학 및 체육에 관한 사무를 분장하기 위하여 별도의 기관을 두도록 하고 있고, 그 기관의 조직과 운영에 관하여 필요한 사항은 따로 법률로 정하도록 규정하고 있다(135조 1·2항 참조). 이에 근거하여 성립된 것이 지방교육자치에 관한 법률(이하 '지방교육자치법'이라 한다.)이다. 지방교육자치법은 "지방자치단체의 교육·과학·기술·체육 그 밖의 학예(이하 "교육·학예"라 한다)에 관한 사무는 특별시·광역시 및 도(이하 "시·도"라 한다)의 사무"(동법 2조)로 하고, 그 집행기관으로서 교육감을 둘 것을 규정하고 있다(동법 18조 참조). 따라서, 지방자치단체(시·도)의 교육·학예에 관한 사무에 대한 주민소송은 누구를 피고로 하여야 하는지가 문제될 수 있다.

이와 관련하여, 교육감의 사무와 재정 운영에 관한 사항은 지방교육자치법에 의하여 규율되고 지방자치법의 적용을 받지 않기 때문에 원칙적으로 주민소송의 대상이 되지 않고, 다만 예외적으로 해당 지방자치단체의 일반회계로부터의 전입금으로 교육재정이 충당되고 있는 범위 내에서는 주민소송의 대상이 될 수 있고, 그 경우에도 교육감이 피고로 되는 것이 아니라 해당 지방자치단체의 장이나 소속 기관장이 피고로 된다는 견해가 있다[26].

생각건대, 지방자치단체의 교육·학예와 관련된 재무회계사항에 대해서 교육감 등을 피고로 하여 주민소송을 제기할 수 있다고 해석하여야 한다. 그 이유는 다음과 같다. 첫째로, 지방교육자치법은 지방자

---

25) 주민소송 실제도 해당 지방자치단체의 장을 피고로 하여 제기된다. 서울행법 2007. 10. 17. 선고 2006구합33125 판결【손해배상】; 인천지법 2007. 11. 29. 선고 2006 구합4237 판결【손해배상】.

26) 김용찬 외, 『주민소송』, 145쪽; 행정자치부, 『주민소송제도 업무편람』, 54쪽.

치단체의 교육·학예에 관한 사무는 시·도의 사무로 규정하고 있고(2조 참조), 지방자치법은 "그 지방자치단체와 그 장의 권한에 속하는 사무의 처리"(21조 1항)와 관련하여 주민감사청구 및 주민소송을 제기할 수 있다고 규정하고 있다. 둘째로, 지방교육자치법은 시·도의 교육·학예에 관한 사무의 집행기관으로 교육감을 두고, 교육감은 교육·학예에 관한 소관사무로 인한 소송이나 재산의 등기 등에 대하여 해당 시·도를 대표하도록 하고 있다(18조 1·2항 참조). 셋째로, 지방교육자치법은 지방자치단체의 교육·학예에 관한 사무를 관장하는 기관의 설치와 그 조직 및 운영 등에 관하여 지방자치법에 우선하여 적용됨을 규정하면서도, 동법에서 규정한 사항을 제외하고는 그 성질에 반하지 아니하는 범위에서 지방자치법의 관련 규정을 준용하도록 하고 있으며, 또한 이 경우 "지방자치단체의 장" 또는 "시·도지사"는 "교육감"으로, "지방자치단체의 사무"는 "지방자치단체의 교육·학예에 관한 사무"로 보도록 명시적으로 규정하고 있다(3조 참조). 넷째로, 현행법규정의 해석에 의한 것 이외에도, 주민소송제도의 취지에 비추어 지방자치단체의 사무에서 중요한 부분을 차지하는 '교육·학예'에 관한 사무를 주민감사청구 및 주민소송의 대상에서 배제할 정당한 이유가 없다.

따라서, 지방자치단체(시·도)의 주민은 해당 지방자치단체(시·도) 및 그 교육감의 권한에 속하는 교육·학예에 관한 사무의 처리가 법령에 위반되거나 공익을 현저히 해친다고 인정되면 감사 청구할 수 있고, 공금의 지출에 관한 사항 등 일정한 재무회계사항을 감사 청구한 주민은 그 감사 청구한 사항과 관련이 있는 위법한 행위나 업무를 게을리한 사실에 대하여 해당 지방자치단체의 교육감(해당 사항의 사무처리에 관한 권한을 소속 기관의 장에게 위임한 경우에는 그 소속 기관의 장을 말한다.)을 피고로 하여 주민소송을 제기할 수 있다고 해석된다.

(3) 특별지방자치단체에 대한 주민감사청구 및 주민소송이 가능할 것인지, 가능하다면 주민소송의 경우에 누가 피고가 될 것인지가 문제된다. 이와 관련하여서는 지방자치단체조합의 재무회계행위의 위법은 참여한 지방직영기업에 대한 주민감사나 주민소송을 통해 처리할 수 있고 업무내용도 협약에 의해 결정된 몇 개의 공동사무만 상호협의에 의해 처리토록 되어 있어 직접 조합장을 주민소송의 피고로 하는 것은 부적절하다는 견해가 있다[27].

그러나, 2022년 지방자치법 전부개정에 의하여 '특별지방자치단체'에 관한 규정이 제12장(199조부터 211조)에 신설되었다. 그런데, '지방자치단체에 관한 규정의 준용'과 관련하여, "시·도, 시·도와 시·군 및 자치구 또는 2개 이상의 시·도에 걸쳐 있는 시·군 및 자치구로 구성되는 특별지방자치단체는 시·도에 관한 규정을, 시·군 및 자치구로 구성하는 특별지방자치단체는 시·군 및 자치구에 관한 규정을 준용한다."(210조 본문)고 하면서, 단서 조항에서 일정한 사항들을 제외하고 있다. 이들 제외되는 규정들 중에서 주민참여제도와 관련하여서는 주민소환(25조)만을 제외하고 있을 뿐이다. 따라서, 주민감사청구 및 주민소송도 특별지방자치단체에 대해서 준용되며, 이 경우 22조 1항에 따라서 해당 특별지방자치단체의 장(해당 사항의 사무처리에 관한 권한을 소속 기관의 장에게 위임한 경우에는 그 소속 기관의 장을 말한다.)을 피고로 하여 주민소송을 제기할 수 있다고 해석된다.

27) 김용찬 외, 『주민소송』, 144쪽 이하. 이 견해는 2022년 지방자치법 전부개정 전의 것이다.

제4장
주민소송의 대상

주민소송의 대상[1]과 관련하여, 지방자치법은 공금의 지출 등 일정한 재무회계적 사항만으로 한정하는 입법정책을 취하고 있다. 이러한 입법정책이 논리필연적 당위성을 가지는 것은 아니며, 단지 현재의 단계에서는 재무회계적 사항에 관한 통제를 우선하여 시행하겠다는 입법자의 의도로 해석할 수 있을 것이다.

따라서, 이하에서는 지방자치법상의 주민소송의 대상이 어떠한 경우에 적격성을 가지게 되는지(주민소송의 대상적격성의 문제)와, 주민감사청구의 경우와 달리 주민소송의 경우에는 그 대상인 재무회계사항이 위법한 경우에 한하여 제기할 수 있도록 되어있는 바, 이와 관련하여 대상의 위법성과 관련된 문제를 다루기로 한다.

제1절 주민소송의 대상적격성

지방자치법은 "공금의 지출에 관한 사항, 재산의 취득·관리·처분에 관한 사항, 해당 지방자치단체를 당사자로 하는 매매·임차·도급 계약이나 그 밖의 계약의 체결·이행에 관한 사항 또는 지방세·사용료·수

1) 주민소송의 '대상'은 주민소송의 '소송물'과 다름을 유의할 필요가 있다. 소송물은 원고에 의한 일정한 권리나 법률관계의 존부의 주장을 말하지만, 주민소송의 '대상'은 소송상의 청구로서 구성되기 이전의 행위나 사실인 점에서 '소송물'과 다르다고 할 수 있다. 園部逸夫編著, 『実務·自治体財務の焦点 4 住民訴訟』, 102쪽(関哲夫).

수료·과태료 등 공금의 부과·징수를 게을리한 사항"을 감사 청구한 주민이 "그 감사 청구한 사항과 관련이 있는 위법한 행위나 업무를 게을리한 사실"에 대하여 주민소송을 제기할 수 있도록 규정하고 있다(22조 1항 참조). 이러한 지방자치법의 규정에 의하면, 주민소송의 대상이 될 수 있기 위해서는 우선 주민감사청구의 대상인 공금의 지출 등 일정한 재무회계사항으로서 그와 관련이 있는 위법한 행위나 업무를 게을리한 사실일 것이 필요하다. 또한, 지방자치법상의 주민감사청구제도는 원칙적으로 지방자치단체의 모든 사무(자치사무 및 위임사무)를 그 대상으로 하면서도 일정한 사항에 대해서는 그 대상에서 제외하도록 규정하고 있다(21조 2항 참조).

따라서, 주민소송으로 다투는 대상이 될 수 있기 위하여서는 첫째로, 일정한 재무회계[2]상의 행위 또는 게을리한 사실일 것, 둘째로, 감사청구 대상의 제외사항이 아닐 것을 들 수 있다. 그 밖에 주민소송의 대상을 어느 정도로 특정하여야 하는지가 문제된다.

1. 일정한 재무회계상의 행위 또는 게을리한 사실

주민감사청구의 대상 중 공금의 지출, 재산의 취득·관리·처분, 계

2) 주민소송의 대상과 관련하여, '재무회계' 개념은 크게 2가지의 의미를 상정할 수 있다. 즉, 하나는 지방자치법상의 공금의 지출, 재산의 취득·관리·처분, 계약의 체결·이행, 공금의 부과·징수를 게을리함이라고 하는 사항들을 포괄하는 의미에서 용어의 편의상 사용되는 경우와, 또 하나는 그 대상이 성질상 순전히 재무적 처리를 목적으로 하는 행위나 사실에 한정하는 의미로 사용되는 경우가 그것이다(芝池義一, 住民訴訟の対象(佐藤幸治 外 編, 『憲法裁判と行政訴訟』, 有斐閣, 1999), 614쪽 이하). 후자의 경우는 '일반행정상'의 행위나 사실과 구별하여 주민소송의 대상적격성을 판단하고자 하는 입장이라고 할 수 있는데 대하여, 전자의 입장은 대상의 범위를 넓게 파악하고자 하는 것으로 '재무회계행위'라는 용어 대신에 '공금·재산의 관리'라는 용어를 사용하기도 한다. 본서는 지방자치법상의 주민소송의 대상사항을 포괄하는 편의상의 용어로 '재무회계'의 개념을 사용하고 있음을 밝혀둔다.

약의 체결·이행, 공금의 부과·징수를 게을리한 사실이라고 하는 네 가지 사항에 대하여 주민감사청구를 한 경우에 "그 감사 청구한 사항과 관련이 있는 위법한 행위나 업무를 게을리한 사실"에 대하여 주민소송을 제기할 수 있게 된다. 따라서, 주민소송의 대상은, ①위법한 공금의 지출, ②위법한 재산의 취득·관리·처분, ③위법한 계약의 체결·이행이라는 3종류의 위법한 '행위'와, ④위법한 공금의 부과·징수를 게을리한 사실이라고 하는 1종류의 위법한 '사실'로 구성되는 셈이다.

가. 공금의 지출

(1) '공금의 지출'의 의의

1) '공금'이란 지방자치단체가 관리하는 현금 및 유가증권을 말한다. '지출'이란 지방자치단체에 대해 금전채권을 가지는 자에게 지출원의 지급명령에 기하여 출납원이 현금의 교부 등의 수단에 의하여 지급하는 것을 말한다. 따라서, '공금의 지출'이란 지방자치단체가 그 목적을 달성하기 위한 행정작용을 수행하는 경우에 사용할 수 있는 현금 및 유가증권의 지출을 말한다. 구체적으로는 급여·수당·업무추진비·접대비·보상금·보조금·조성금·대여금·변호사비용 등 여러 가지 명목에 의한 금전의 지출을 말한다.

'공금의 지출'에는 지방자치단체 또는 그 기관이 관리하는 현금·유가증권에 의한 지급행위뿐만 아니라 그 전제인 지출원인행위(지방회계법 29조 1항 참조)와 지급명령(지방회계법 32조 참조)도 포함하는 것으로 해석된다.

2) '지출원인행위'란 지방자치단체의 지출 원인이 되는 계약이나 그 밖의 행위를 말한다(지방회계법 29조 1항 참조). 지방자치단체를 매수인으로 하는 부동산매매계약이나 보조금 교부결정 등이 그 예라고 할 수 있다. 지출원인행위는 예산집행의 제1단계이며, 그 권한을 가지는 것은 지방자치단체의 장이나 그 위임을 받은 공무원(재무관)이다(지

방회계법 29조 2항 참조). 이러한 지출원인행위는 행정조직의 내부적 행위(예컨대, 지급명령, 급여의 지출원인행위 등)인지 대외적 행위(예컨대, 부동산매매계약 등)인지, 또는 계약인지 행정처분인지를 불문한다[3]. 지출원인행위가 계약인 경우에는 후술하는 '계약의 체결·이행'에도 해당하게 된다.

3) '지급명령'이란 지출원이 법령·조례·규칙 또는 계약이나 그 밖의 정당한 사유로 그 지방자치단체에 대하여 채권을 가진 자에게 지급하기 위하여 출납원에게 그 금액의 지급을 명령하는 행위이다(지방회계법 32·33조 참조). 지급명령은 행정조직 내부의 행위이기 때문에 지방자치법 22조 2항의 1호소송 및 4호소송의 대상으로 될 수 있다는 점에 대해서는 의문이 없지만, 2호소송의 대상으로 될 수 있는지가 문제이다. 2호소송은 "행정처분인 해당 행위"로 한정되어 있기 때문이다. 생각건대, 지급명령은 행정조직 내부의 행위에 해당하기 때문에 행정처분의 개념에는 해당하지 아니하고, 따라서 2호소송의 대상으로서의 적격성을 가지지 못한다고 보아야 할 것이다[4].

4) '지출'이란 지방자치단체에 대해 금전채권을 가지는 자에게 출납원이 현금의 교부 등에 의하여 지급하는 것을 말한다. 지급명령과 마찬가지로 행정처분성을 가지지 않는 비권력적 행위이므로 2호소송의 대상이 될 수 없고, 1호소송 또는 4호소송의 수단에 의하여야 한다.

공금의 지출과 직접 관련이 있는 절차가 위법하지 않더라도, 그 공

---

3) 이에 대해서, 공무원의 채용, 생활보호의 개시결정, 공무원에 대한 출장명령 등은 결과적으로 특정인에 대한 지방자치단체의 공금 지출의무를 발생시키는 행위이지만, 그 자체는 직접적으로 이러한 의무의 발생을 목적으로 하는 것이 아니므로 재무회계상의 행위가 아니며 지출원인행위에 해당하지 않는다. 이들 행위에 기하여 상대방에 대해서 공금을 지출하기 위해서는 급여, 생활보호비, 여비 등을 지급할 때마다 이에 앞서서 별도의 지출원인행위를 할 것이 필요하다. 園部逸夫 編著, 『最新地方自治法講座 4 住民訴訟』, 143쪽 이하(関哲夫).

4) 일본 하급심판결도 지급명령의 행정처분성을 부정하고 있다. 神戸地判 1979. 2. 5, 判例タイムズ 207号, 136쪽 ; 京都地判 1979. 11. 30, 判例時報 962号, 57쪽.

금 지출의 원인인 행정결정 등에 위법성이 있다면 그 후속행위인 공금의 지출도 위법성을 가질 수 있게 된다. 공금의 지출은 그 성격상 모두 재무회계상의 행위에 속하며, 주민소송의 대상으로 될 수 있다. 대부분의 행정활동에는 공금 지출을 수반하게 되므로, 주민소송의 대상도 공금의 지출에 관한 사항이 중심이 될 것으로 예상할 수 있다[5].

(2) 관련사례

1) 지방의회의 의장·의원들이 공무가 아닌 개인적인 용도로 업무추진비를 사용하였고, 관광성 해외연수 및 의원세미나로 예산을 낭비하였다는 등의 이유로 제기된 주민소송(4호소송)에서, 서울행정법원은 이 사건 공금 지출 중 접대비, 선물구입비 및 해외연수비의 지출행위에 허물이 없다고는 할 수 없지만, 그 지출행위가 직무관련성을 결하였다거나 사회통념상 상당성의 범위를 벗어나 주민소송을 통한 책임을 물을 만큼 위법하다고 보기는 어렵다고 하여, 원고의 청구를 기각하였다[6].

2) 지방자치단체의 장이 업무추진비를 현금으로 지출하면서 지출결의서만을 작성하였을 뿐 회계서류에 집행 대상 등을 구체적으로 기재한 집행내역 확인서를 첨부하지 않은 것은 업무추진비를 현금으로 지급한 경우에 구체적인 사용내역 확인서를 첨부하도록 한 지방자치단체 예산편성기본지침에 위반한 것으로서 위법한 공금 지출을 하였다고 하여 제기된 주민소송(4호소송)에서, 법원은 "예산편성지침이란 것은 행정청 내부적으로만 구속력을 가지는 것에 불과하므로 업무편성지침에서 정한 지출방법에 위배하여 업무추진비의 현금지출액이 30%를 초과하였다는 사정만으로는 위 초과 지출행위를 위법한 지출이라

---

5) 공금의 지출을 둘러싼 문제의 다수는 지출원인으로 된 선행행위의 위법과 그 후의 공금 지출행위의 위법과의 관련을 어떻게 해석할 것인지에 있다. 이에 대해서는 제2절에서 살펴보기로 한다.

6) 서울행법 2007. 10. 17. 선고 2006구합33125 판결【손해배상】

고 보기는 어려우며, 설령 이를 위법한 지출이라고 하더라도 이로 인하여 지방자치단체에 손해가 발생하였다고 보기는 어렵다"고 하여, 원고의 청구를 기각하였다[7].

3) 지방자치단체의 장이 그의 업무추진비에서 수행비서와 부속실 직원 등 소속직원에게 격려금을 지급한 것이 위법한 공금 지출에 해당한다고 하여 제기된 주민소송(4호소송)에서, 법원은 "업무추진비는 구청장이 직무수행을 위해 지출할 수 있는 제 경비로서, 그 지출에 다소 예산 낭비적 요소가 있다고 하더라도 직무수행과의 관련성이 인정되는 경우에는 그 지출을 위법하다고 까지 평가할 수는 없다"고 하여, 원고의 청구를 기각하였다[8].

4) 지방자치단체의 군수와 부군수가 업무추진비에서 전별금, 경조사비, 직원 격려금, 출향인사 접대비, 직원과의 회식비 등으로 지출한 것이 '위법한 공금의 지출'로 지방자치단체의 재정에 손해를 가져왔다는 이유로 주민소송(4호소송)을 제기한 사안에서, 업무추진비의 성격, 원활한 기관운영, 대민활동의 도모, 시책사업의 추진이나 주요투자사업의 유치를 위한 지출의 필요성 등의 사정에 비추어, 위 업무추진비 지출이 지방자치단체의 공무원행동강령규칙이나 지방공무원법의 보수에 관한 규정 등을 위반하지 않아 위법성이 없다고 하였다[9].

5) 지방자치단체가 직무전념의무의 면제와 동시에 근무를 하지 않는 것을 승인하고 이른바 제3섹터방식에 의해 설립된 주식회사에 지방공무원을 파견하여 그 급여를 지출한 경우에, 상기 파견이 동 회사의 사업수입이 없고 충분한 인재를 확보하지 않은 것을 고려해서 행하여진 점, 회사의 사업내용은 위락시설 등의 경영이었던 점, 파견공무원이 종사하였던 직무의 내용은 회사의 업무전반에 걸친 점, 파견

7) 대전지법 2008. 1. 9. 선고 2006구합3959 판결【손해배상】
8) 인천지법 2008. 1. 31. 선고 2006구합5414 판결【손해배상】
9) 대전지법 2008. 5. 14. 선고 2007구합2038 판결【손해배상】

인원수는 연 13인이고 파견기간은 약 7년간에 걸친 점 등 판시의 사실관계 하에서는 상기 급여의 지출은 위법하다고 하였다[10].

6) 지방자치단체가 신청사 준공식에서 내빈들에게 기념품으로 1인당 5,000엔 상당의 상품권을 증정한 것은 내빈들이 신청사의 준공을 위하여 진력하여서 초대된 것이고, 상품권이 지방자치단체상공회가 발행한 지방자치단체 내의 상점에서만 이용할 수 있는 것으로 그를 위해서 지출된 비용이 74만 엔에 그친 사실관계에 비추어 사회통념상 의례의 범위를 일탈한 것이라고는 말할 수 없다고 하여, 상기 공금의 지출은 위법하지 않다고 하였다[11].

7) 전국 광역지방의회의원 연식야구대회에 지방의회의원이 참가하는 것은 동 대회의 내용이 단지 의원들이 야구시합을 해서 우승을 다투는 것에 지나지 않고, 타 지방의회의원과의 의견교환이나 상호교류 등의 기회는 마련되지 않았고, 경기시설의 시찰 등의 공식행사도 예정되어 있지 않았다는 등의 원판시의 사실관계에서는 의원으로서의 직무수행이라고 할 수 없어서, 동 대회에 참가한 의원은 지방자치단체에 대해서 지급받은 여비 상당액의 부당이득반환의무를 진다고 하였다[12].

8) 지방자치단체가 6년간에 걸쳐 야스쿠니신사가 거행하는 연 2회

---

10) 最高判 2004. 1. 15, 判例時報 1850号, 30쪽.

11) 最高判 2003. 3. 27, 判例タイムズ 1119号, 157쪽. 한편, 일본 최고재판소는 시가 경륜사업 개시 10주년을 기념하기 위하여 시의회의원 전원에게 1인당 현금 1만 엔씩 지급한 것은 의례의 범위를 초월하여 위법하다고 판결한 바 있다. 最高判 1964. 7. 14, 民集 18卷 6号, 1133쪽.

12) 最高判 2003. 1. 17, 民集 57卷 1号, 1쪽. 그러나, 동 판결에서는 지방의회의장이 한 본 건 야구대회 참가에 관한 여행명령은 위법한 것이지만 본 건 야구대회 개최의 취지·역사, 동 대회에 전국 광역지방의회에서 의원 1400여 명이 참가한 것 및 원판결이 인정한 사실관계 하에서는 위 여행명령을 전제로 해서 지방자치단체의 장의 보조직원이 한 의원에 대한 여비의 지출부담행위 및 지출명령은 재무회계법규상의 의무에 위반하여 이루어진 위법한 것이라고 할 수 없고, 고의·중과실이 있었다고도 할 수 없다고 하였다.

의 제사에 합계 약 17만 엔 정도를 제사비로 지방자치단체의 공금으로부터 지출한 것은 일반인이 이를 사회적 의례에 지나지 않는다고 평가하고 있다고 생각하기 어렵고, 그 봉납자도 이것이 종교적 의의를 가지는 것이라는 인식을 가지지 않을 수 없다. 이에 의해서 지방자치단체가 특정 종교단체와의 사이에서만 의식적으로 특별한 연관을 가진 것으로 되며, 이 같은 연관을 가지면 일반인에 대해 지방자치단체가 그 종교단체를 특별히 지원하고 있고, 그것이 타 종교단체와 다른 특별한 것이라는 인상을 주어 특정한 종교에의 관심을 환기시키는 것이다. 그러한 점에서 종교적 의의를 가지지 않을 없고, 그 효과가 특정 종교에 대한 원조·조장·촉진으로 된다고 인정되고, 이에 의해서 야기되는 지방자치단체와 야스쿠니신사와의 연관이 일본의 사회적·문화적 제 조건에 비추어 상당하다고 인정되는 한도를 넘는 것으로서 헌법이 금지하는 종교적 활동에 해당하며, 또한 본 건 지출은 헌법이 금지하는 공금의 지출에 해당하여 위법하다고 하였다[13].

9) 시장이 오후 0시부터 오후 1시까지의 시간에 민원창구업무에 종사한 직원에 대해 계속해서 특수근무수당을 지급한 것은 시공무원특수근무수당지급조례에 의해서 시장에게 허용된 권한의 범위를 초과하여 위법한 공금의 지출에 해당한다고 하였다[14].

10) 지방자치단체도 직무집행상 대외적 활동을 하기 위하여 필요한 외부와의 교제에서 사회통념상 상당하다고 간주되는 범위의 접대를 할 것이 허용되며, 어느 정도 내용의 접대를 할 것인지는 그에 요하는 비용의 지출권한을 가지는 공무원의 자유재량에 맡겨져 있는바, 재량권의 행사에는 합리적인 한계가 있으므로 재량권의 일탈·남용이 있으면 위법한 공금의 지출이 되나, 시장이 시의 건설사업계획에 대해 지방자치단체의 관계공무원의 이해를 얻기 위하여 요정에서 일인당 약

13) 最高判 1997. 4. 2, 民集 51巻 4号, 1673쪽.

14) 最高判 1995. 4. 17, 民集 49巻 4号, 1119쪽.

18,000엔과 13,000엔의 2회의 접대를 한 것은 그 목적, 참석자, 회의장소, 시기, 접대의 내용, 소요경비 등으로부터 볼 때 사회통념상 타당한 범위 내의 것으로 인정될 수 있기 때문에 재량권의 일탈 또는 남용이 있다고 할 수 없다고 하였다[15].

11) 구청장이 사유지를 매수하면서 부당하게 고액의 매수대금을 지급하였다고 하여 적정가액과의 차액의 손해배상을 청구한 소송(구 4호소송)에서, 그 매수계약이 원고의 주장대로 위법하다고 하더라도 그것이 사법상 유효한 이상 구는 그 계약에 기한 대금지급의무를 면할 수 없으므로 대금지출은 위법하지 않다고 하였다[16].

나. 재산의 취득·관리·처분

(1) '재산'의 의의

지방자치법은 '재산'이란 "현금 외의 모든 재산적 가치가 있는 물건과 권리"(159조 1항)라고 규정한다[17]. 주민소송의 대상으로서의 "재산의 취득·관리·처분"에서의 '재산'도 같은 의미로 해석된다.

일본 하급심판례 가운데에는 초등학교 교사(校舍)[18], 어린이놀이터[19], 시민회관[20] 등에 대해서는 '재산'성을 인정하였으나, 공영주택의 건물의 사용권[21], 하천 및 항만[22]에 대해서는 '재산'성을 부정한

15) 最高判 1988. 11. 25, 判例自治 51号, 10쪽.

16) 東京高判 1983. 7. 13, 行集 34卷 7号, 1166쪽.

17) 한편, 「공유재산 및 물품관리법」은 '공유재산'의 범위에 대하여 1. 부동산과 그 종물 2. 선박, 부잔교(浮棧橋), 부선거(浮船渠) 및 항공기와 그 종물 3. 공영사업 또는 공용시설에 사용하는 중요한 기계와 기구 4. 지상권·지역권·전세권·광업권과 그 밖에 이에 준하는 권리 5. 일정한 지식재산권 6. 주식, 출자로 인한 권리, 사채권·지방채증권·국채증권과 그 밖에 이에 준하는 유가증권 7. 부동산신탁의 수익권 8. 제1호 및 제2호의 재산으로 건설 중인 재산으로 규정하고 있다(4조 1항 참조).

18) 浦和地判 1977. 1. 28, 判例時報 843号, 29쪽.

19) 東京地判 1981. 7. 27, 行集 32卷 7号, 1274쪽.

20) 浦和地判 1986. 3. 31, 判例自治 19号, 7쪽.

것이 있다.

(2) 재산의 취득

1) '재산 취득'의 의의

'재산의 취득'이란 지방자치단체에 재산 취득의 효과를 발생시키는 것을 목적으로 하는 집행기관이나 관계공무원의 행위를 말한다. 그것이 행정처분인지 계약 등의 비권력적 행위인지를 불문한다. 예컨대, 부동산매매계약의 체결은 '재산의 취득'에 해당하지만, 지방자치단체에 대한 유증과 같이 지방자치단체에 재산취득의 효과를 발생시키는 것이라 하더라도 집행기관이나 관계공무원의 행위가 존재하지 아니한 경우에는 '재산의 취득'에는 해당하지 않는다[23].

그런데, 부동산매수계약과 같이 해당 지방자치단체에게 특정한 상대방에 대한 일정액의 금전지급의무를 발생시키는 행위는 동시에 지출원인행위로서의 '공금의 지출'에도 해당한다. 따라서, '재산의 취득'과 '공금의 지출'은 상호배타적 개념은 아니라고 할 수 있다.

2) 관련사례

① 지사가 토지구획정리사업의 시행자로서 한 환지처분에 의하여 그 지방자치단체가 보류지의 소유권을 취득하지만, 환지처분은 일반행정상의 행위이기 때문에, 그 처분의 결과, 재산취득의 효과가 발생한다고 하더라도 그 환지처분이 주민소송의 대상인 '재산의 취득'에는 해당하지 않는다고 하였다[24].

② 지방자치단체를 위하여 골프장회원권을 취득하는 행위는 실질적으로 '재산의 취득'에 해당하지만 위법하지 않다고 하였다[25].

---

21) 東京高判 2003. 6. 16, 判例時報 1856号, 89쪽.

22) 静岡地判 1974. 5. 30, 判例時報 745号, 19쪽 ; 東京地判 1975. 3. 17, 行集 26巻 3号, 328쪽.

23) 園部逸夫編, 『最新地方自治法講座 4 住民訴訟』, 165쪽(関哲夫).

24) 広島地判 1972. 4. 4, 判例時報 684号, 47쪽.

(3) 재산의 관리·처분

1) '재산의 관리·처분'의 의의

'재산의 관리·처분'이란 지방자치단체의 재산에 대해서 그 재산가치의 유지·보전 또는 실현을 직접 목적으로 하는 집행기관이나 관계공무원의 행위를 말한다. 지방자치법은 '관리·처분'의 의미에 관한 별도의 규정을 두고 있지 아니하나, '공유재산 및 물품 관리법'(이하 '공유재산법'이라 한다)의 관련 규정을 통해 '관리·처분'의 의미를 파악할 수 있다. 즉, 공유재산법은 지방자치단체가 소유하는 일정한 재산인 공유재산 및 물품을 보호하고 그 취득·유지·보존 및 운용과 처분의 적정을 도모함을 목적으로 하는바(1조, 2조 1·2호 참조), 공유재산법상 '관리'란 '공유재산 및 물품의 취득·운용과 유지·보존을 위한 모든 행위'를 말하고(2조 4호 참조), '처분'이란 '공유재산 및 물품의 매각, 교환, 양여(讓與), 신탁, 현물 출자 등의 방법으로 공유재산 및 물품의 소유권이 해당 지방자치단체 외의 자에게 이전되는 것'을 말한다(2조 6호 참조). 그러므로 지방자치법상의 '재산의 관리·처분' 또한 위와 유사한 의미로 해석할 수 있을 것이다[26].

한편, '재산의 관리'에는 법적 행위는 물론, 사실행위도 포함되며(예; 공립초등학교 校舍의 철거의 중지소송[27]), '재산의 처분'에 해당하는 예로서는 공유지의 무상양도, 공유지의 부적정한 대가에 의한 양도, 공유지의 무상대부, 공공시설의 사용료 면제 등을 들 수 있다.

일본 지방자치법과 달리, 우리 지방자치법은 '재산의 관리를 게을리한 사항'에 관하여 별도의 규정을 두고 있지 않고 다만 '공금의 부과·징수를 게을리한 사항'만을 규정하고 있기 때문에 '재산의 관리를 게

---

25) 名古屋高判 1983. 3. 30, 判例タイムズ 502号, 153쪽.

26) 헌법재판소 2021. 11. 25. 선고 2019헌바450 전원재판부 결정【지방자치법 제17조 제1항 위헌소원】참조.

27) 東京地判 1977. 1. 28, 行集 28巻 11号, 235쪽.

을리한 사항'은 '재산의 관리'에 포함하여 다루어야 할 것으로 본다. 그 경우의 주민소송의 유형은 일반적으로 3호소송 또는 4호소송이 될 것이다.

2) 관련사례

① 시가 시행하는 토지구획정리사업에서 토지구획정리법에 근거하여 취득한 보류지는 시의 재산이므로, 이것을 수의계약의 방법에 의해서 매각하는 행위는 그 보류지가 그 지방자치단체의 주민의 부담과 관련된 공조공과(公租公課)등에 의해 형성된 것인지를 불문하고 주민소송의 대상으로 되는 '재산의 처분' 및 '계약의 체결'에 해당한다고 하였다[28].

② '재산의 관리·처분'에 해당하지 않는 행위라고 한 사례로서는, ⓐ도로법에 근거한 노선의 폐지·인정, 도로구역의 결정, 도로의 공용개시[29], 도로구역변경처분[30], ⓑ행정재산의 용도변경[31], ⓒ도시공원용지를 도시공원구역으로부터 제외하는 처분[32] 등을 들 수 있다.

3) '재산의 관리'와 '공물의 관리'의 구별

① '재산의 관리'와 구별하여야 할 것으로 '공물의 관리'가 있다. '공물의 관리'는 공물의 존립을 유지하고 이를 공적 목적에 공용함으로써 공물 본래의 목적을 달성시키기 위한 작용[33]을 말하며, '재산의 관리'와 겹치는 부분이 있으나 양자는 일치하는 것은 아니라고 볼 수 있

---

28) 最高判 1998. 11. 12, 民集 52巻 8号, 1705쪽.

29) 東京地判 1980. 10. 9, 行集 31巻 10号, 2069쪽 ; 그 항소심 東京高判 1982. 2. 25, 行集 33巻 1·2号, 201쪽.

30) 浦和地判 1980. 4. 28, 行集 31巻 4号, 1039쪽.

31) 東京地判 1987. 6. 25, 行集 38巻 6·7号, 491쪽 ; 그 항소심 東京高判 1989. 6. 30, 行集 39巻 5·6号, 690쪽.

32) 京都地判 1986. 1. 23, 判例タイムズ 590号, 46쪽.

33) 정하중, 『행정법개론(제14판)』, 1109쪽 ; 박균성, 『행정법강의(제8판)』, 1122쪽 ; 홍정선, 『행정법특강(제10판)』, 1086쪽 이하 ; 류지태·박종수, 『행정법신론(제15판)』, 1043쪽 이하.

다[34]. 예컨대 공사의 목적으로 도로부지의 일부에 대하여 도로관리자가 공사도급계약의 상대방인 회사에 대하여 행하는 점용허가는 공물의 관리작용이지 재무적 처리를 목적으로 하는 것이 아니기 때문에 '재산의 관리·처분'에는 해당하지 아니한다고 본다. 이에 대하여, 도로부지의 일부에 대해서 전력회사에게 전주 설치의 목적으로 하는 점용허가는 배타적 이용권의 설정으로서 강학상의 특허에 해당하며, 공물관리상의 행위에 그치지 않고 도로부지의 재산적 가치에도 영향을 미치는 행위이므로 '재산의 관리·처분'에 해당한다고 해석한다[35]. 또한, 보안림 내의 시유지에 시도를 건설하는 경우에, 시 건설국장이 공사계약자로 하여금 도로건설공사를 하게 하는 취지의 공사시행결정서에 결재하여 이것에 관여한 행위는 도로정비계획의 원활한 수행·실현을 도모한다고 하는 도로건설행정이라고 하는 도로행정담당자로서의 행위(공물의 관리)이고, 주민소송의 대상인 '재산의 관리'에는 해당하지 않는다고 본다[36]. 그러나, '도로의 관리'와 관련하여서는 '재산의 관리'로 보는 경우[37]와 '공물의 관리'로 보는 경우[38]로 나뉘어 있다.

② 이와 관련하여서는 우리 판례가 존재하기 때문에 이에 대해 살

34) 이에 대해서는 다음과 같이 다른 견해를 나타내는 경우가 있다. 예컨대, "공유재산은 재산관리와 공물관리의 2분론으로 나눌 수 없을 뿐만 아니라 일반재산·행정재산 모두 그 기저에 공통의 재산관리가 존재하는 것은 부정할 수 없고, 일반재산은 이 재산관리만에 그치는데 대하여, 행정재산은 그 위에 행정목적이 설정되어 그 기능 발휘를 위한 관리가 공물관리인 것이다. 즉, 2분론적 파악이 아니라 중층적 파악이 우선 고려되지 않으면 안된다."고 하는 견해(佐藤英善, 住民訴訟の裁判例にみる問題点, 46쪽.)와, 일반적으로 유체물의 이용 그 자체를 행정목적으로 하는 공물관리행정에는 양자가 서로 겹치는 것이 보통이기 때문에 구별론이 어디까지 의미를 가질지는 재검토의 여지가 있다고 하는 견해(園部逸夫編, 『実務·自治体財務の焦点 4 住民訴訟』, 53쪽(曽和俊文))를 들 수 있다.

35) 園部逸夫編, 『最新地方自治法講座 4 住民訴訟』, 166쪽(関哲夫).

36) 最高判 1990. 4. 12, 判例時報 1348号, 30쪽.

37) 東京地判 1979. 12. 20, 行集 30巻 12号, 2048쪽.

38) 東京高判 1981. 5. 26, 判例時報 1012号, 74쪽 ; 東京地判 1986. 3. 4, 判例自治 20号, 62쪽.

펴보기로 한다.

〔사실관계 개요〕

사랑의교회는 교회 건물 신축을 추진하는 과정에서 교회 건물 부지에 접한 대로인 서초로·반포로의 도로변이 차량출입 금지구간으로 설정됨에 따라 그 반대편에 위치한 서초구 소유의 국지도로인 참나리길 지하에 지하주차장 진입 통로를 건설하고, 위 건물 부지 지하공간에 건축되는 예배당 시설의 일부로 사용할 목적으로 서초구청장(피고)에게 위 참나리길 지하 부분에 대한 도로점용허가를 신청하였다.

이에 서초구청장은 2010. 4. 6. 신축 교회 건물 중 남측 지하 1층 325㎡를 어린이집으로 기부채납할 것을 내용으로 하는 부관을 붙여 위 참나리길 중 '너비 7m × 길이 154m'의 도로 지하 부분을 2010. 4. 9.부터 2019. 12. 31.까지 사랑의교회가 점용할 수 있도록 하는 내용의 도로점용허가처분을 하였다.

이에 대해 서초구주민 293명은 2011. 12. 7. 서울특별시장에게 이 사건 도로점용허가에 대한 시정조치를 요구하는 주민감사청구를 하였다. 서울특별시장은 2012. 4. 9. 서울특별시감사청구심의회의 심의를 거쳐 이 사건 도로점용허가가 위법·부당하다고 판단한 다음, 2012. 6. 1. 서초구청장에 대하여 2개월 이내에 이 사건 도로점용허가를 시정할 것을 요구하였다. 그러나 서초구청장은 2012. 7. 31. 서울특별시장에게 위 조치요구에 불복하겠다는 의사를 표시하였다. 이에 감사청구를 한 주민 중 일부가 2012. 8. 29. 이 사건 도로점용허가의 무효확인(주위적 청구) 또는 취소(예비적 청구) 등을 구하는 주민소송을 제기하였다.

〔하급심 판결의 요지〕

제1심판결[39]은 '재산의 관리·처분에 관한 사항'에서 말하는 '재산'

39) 서울행법 2013. 7. 9. 선고 2012구합28797 판결【도로점용허가처분무효확인등】

이란 지방자치단체가 '보유'하는 '재산적 가치'가 있는 물건과 권리를 의미한다고 할 것이고, 따라서 지방자치단체가 관리하더라도 그 소유가 아닌 재산의 관리·처분에 관한 사항은 원칙적으로 주민소송의 대상이 될 수 없고, 또한 지방자치단체의 장의 도로점용허가권한이 '재산적 가치'가 있는 물건 또는 권리에 해당한다고 볼 수도 없으므로, 도로점용허가처분이 그 법적 성격상 당연히 '재산의 관리·처분에 관한 사항'에 해당한다고 보기는 어렵다고 하여 원고들의 청구를 모두 각하였으며, 원심판결[40]도 제1심판결과 같은 취지로 원고들의 항소를 모두 기각하였다.

〔대법원 판결[41]의 요지〕

이 사건 도로점용허가의 대상인 도로 지하 부분은 본래 통행에 제공되는 대상이 아니어서 그에 관한 점용허가는 일반 공중의 통행이라는 도로 본래의 기능 및 목적과 직접적인 관련성이 없고, 또한 위 점용허가의 목적은 특정 종교단체인 참가인으로 하여금 그 부분을 지하에 건설되는 종교시설 부지로서 배타적으로 점유·사용할 수 있도록 하는 데 있는 것으로서 그 허가의 목적이나 점용의 용도가 공익적 성격을 갖는 것이라고 볼 수도 없기 때문에, 위 도로점용허가로 인해 형성된 사용관계의 실질은 전체적으로 보아 도로부지의 지하 부분에 대한 사용가치를 실현시켜 그 부분에 대하여 특정한 사인에게 점용료와 대가관계에 있는 사용수익권을 설정하여 주는 것이라고 봄이 상당하다. 그러므로 이 사건 도로점용허가는 실질적으로 위 도로 지하 부분

---

40) 서울고법 2014. 5. 15. 선고 2013누21030 판결【도로점용허가처분무효확인등】

41) 대법원 2016. 5. 27. 선고 2014두8490 판결【도로점용허가처분무효확인등】. 이 판례와 관련하여서는, 최계영, 주민소송의 대상과 도로점용허가 - 대법원 2016. 5. 27. 선고 2014두8490 판결-, 법조 720호(2016), 422쪽 이하 ; 선정원, 도로점용허가와 주민소송 - 대법원 2016. 5. 27. 선고 2014두8490 판결-, 행정판례연구 22권 2호(2017), 125쪽 이하 ; 김종보, 도로의 설치와 관리 그리고 점용허가, 행정법연구 54호(2018), 200쪽 이하 참조.

의 사용가치를 제3자로 하여금 활용하도록 하는 임대 유사한 행위로서 지방자치단체의 재산인 도로부지의 재산적 가치에 영향을 미치는 '재산의 관리·처분에 관한 사항'에 해당한다고 하여 제1심법원으로 파기 환송하였다[42)43)].

③ 한편, 사랑의교회는 환송 후 상고심 계속중 지방자치법 제17조 제1항(현행 지방자치법 22조 1항 - 저자 주) 중 "재산의 취득·관리·처분에 관한 사항" 부분에 대하여 위헌법률심판 제청신청을 하였으나(대법원 2018아15) 2019. 10. 17. 위 신청 및 상고가 모두 기각되자, 2019. 11. 20. 위 조항에 대하여 명확성원칙 위배 등을 주장하여 헌법재판소에 헌법소원심판청구를 하였다. 따라서, 이하에서 헌법재판소 결정의 요지를 소개한다[44)].

"지방자치단체가 행하는 행정작용은 그 형식과 내용이 매우 다양하고 대부분 직·간접적으로 재정상 수입·지출을 수반하게 된다. 그러므로 무엇이 주민소송의 대상이 되는 '재산의 관리·처분에 관한 사항'에 해당하는지를 미리 예상하여 법률에서 이를 구체적·서술적으로 규정하는 것은 입법기술상 용이하지 아니할 뿐만 아니라, 지방자치단체의 재무행정의 적법성과 지방재정의 건전하고 적정한 운영을 확보한다는 주민소송 제도의 목적 달성을 어렵게 할 우려도 있다. 따라서 심판대상조항이 다소 개방적이거나 추상적인 용어를 사용하여 주민소송

---

42) 환송 후의 하급심판결(서울행법 2017. 1. 13. 선고 2016구합4645 판결 ; 서울고법 2018. 1. 11. 선고 2017누31 판결)은 피고의 도로점용허가처분을 취소하였으며, 상고심판결(대법원 2019. 10. 17. 선고 2018두104 판결)도 이를 유지하였다. 관련 문헌으로서, 박건우, 도로점용허가와 주민소송 - 대법원 2019. 10. 17. 선고 2018두104 판결 사례-, 행정법연구 62호(2020), 170쪽 이하 참조.

43) 한편, "일정한 도로점용허가는 형식적으로는 고권적 처분이지만, 실질적으로는 재정행위의 성질을 띨 수 있다. 도로점용허가를 통해 교통기능과 무관한 도로의 지하부분에 사용권이 설정되었다고 해도 그 본질은 일반재산의 대부에 더 가까운 것이기 때문이다."는 견해로서, 김종보, 앞의 글, 216쪽.

44) 헌법재판소 2021. 11. 25. 선고 2019헌바450 전원재판부 결정【지방자치법 제17조 제1항 위헌소원】

의 대상을 규정하는 것은 어느 정도 불가피한 측면이 있다.

또한, 개별 사안에서 어느 행정작용이 '재산의 관리·처분에 관한 사항'에 해당하는지는 당해 행정작용의 법적 성격 및 경위, 당해 행정작용에 의하여 형성되는 법률관계의 실질 등에 비추어 당해 행정작용이 '지방자치단체의 소유에 속하는 재산의 가치를 유지·보전 또는 실현함을 직접 목적으로 하는 행위'에 해당하는지 여부를 기준으로 판단할 수 있고, 경우에 따라서는 법관의 보충적 해석을 통하여 심판대상조항의 구체적인 의미를 충분히 확인할 수 있다.

이와 같이 심판대상조항은 그 문언, 주민소송의 목적, 지방자치법과 공유재산법 등 관련 법률의 규정 및 법관의 보충적 해석을 통하여 그 의미를 분명하게 파악할 수 있으므로, 명확성원칙에 위배되지 아니한다."

④ 그 밖의 관련사례를 들어 보면 다음과 같다.

ⓐ 공공시설의 관리에는 그 본래의 설치목적을 달성하기 위한 관점에서 행하여지는 행정상의 관리와 그 재산적 가치에 착안하여 그 유지·보존·운용을 위하여 행하여지는 재산상의 관리를 생각할 수 있고, 후자에 대한 행위 또는 해태사실만이 주민소송의 대상으로 되는 것이라고 하여야 할 것인바, 일반의 목적외 사용허가처분은 지방자치법상으로도 명백한 것처럼 본래의 목적을 달성하기 위한 것이 아니라 그 목적을 방해하지 아니하는 한도에서, 말하자면 재산의 운용으로서 행하여지는 것으로 후자의 성격을 가지는 것으로 해석하여야 하며, 그리고 이것이 운용의 적정을 결하게 되면 지방자치단체가 스스로 이를 자유로이 운용하는 것을 방해받는 등 손해를 입을 우려가 있기 때문에 목적외 사용허가처분은 주민소송의 대상으로 되는 재무회계행위라고 하였다[45].

---

45) 浦和地判 1986. 3. 31, 判例タイムズ 600号, 64쪽. 한편, 직원조합에 대하여 지사가 행한 행정재산인 차고의 사용허가가 재무적 관리행위가 아니라 행정상의 관

ⓑ 도로점용허가처분의 취소를 구하는 주민소송에서 "본 건 처분은 공공용지로서의 본 건 도로부분을 교통 이외의 용도로 제공할 것인지의 허가 여부를 순전히 도로행정상의 관점에서 행한 처분으로서 지방자치법상의 재무회계행위라고 할 수 없다[46]."고 하여, 주민소송의 대상인 '재산의 관리'에 해당하지 않는다고 하였다.

ⓒ 도시공원 옆의 고층건물 건축허가처분 및 그 전제인 도시계획결정의 취소 등을 청구한 주민소송에서, "위 계획 및 허가처분은 그 자체로서는 비재무적인 목적 및 성격을 가지는 도시계획행정 또는 건축행정의 일환을 이루는 행위이며, 가령, 그 결과로서 도시공원 또는 그 부지 등의 재산에 대해서 원고들이 주장하는 것과 같은 사태가 발생한다고 하더라도 그것은 각 행위의 본래적·직접적인 효과가 아니기 때문에 위 각 행위를 가지고 피고가 재산의 처분 또는 관리에 해당하는 행위를 한 것으로 볼 여지는 없다[47]."고 하여, 주민소송의 대상인 '재산의 관리'에 해당하지 않는다고 하였다.

다. 계약의 체결·이행

(1) '계약'의 의의

'계약의 체결·이행'에서의 '계약'이란 지방자치단체가 일방 당사자로서 행하는 의사표시와 상대방의 의사표시의 합치에 의하여 법률상의 효과(구속력)가 발생하는 법률행위를 말한다고 할 수 있다. 민법은 증여, 매매, 교환, 소비대차, 사용대차, 임대차, 고용, 도급, 여행계약, 현상광고, 위임, 임치, 조합, 종신정기금, 화해의 15종류의 전형계약을 규정하고 있고(동법 554조부터 733조), 이들 이외에도 이른바 비전형

리행위로서 주민소송의 대상이 될 수 없다고 하여 그 취소를 구하는 2호소송을 각하한 것으로는 東京地判 1988. 6. 20, 判例自治 50号, 83쪽.

46) 東京地判 1978. 6. 16, 判例時報 922号, 38쪽.

47) 東京地判 1978. 10. 26, 判例時報 945号, 32쪽.

계약 또는 무명계약이라고 하는 것이 일반적으로 인정되고 있다.

주민소송은 위법한 재무회계행위를 시정할 것을 그 목적으로 하기 때문에 그 대상인 계약도 재무회계상의 목적을 가진 것에 한정되고, 공해방지협정이나 환경보전협정, 지역개발협정과 같이 일반행정상의 측면에서 이루어진 것은 포함되지 않는다고 본다[48]. 또한 재무회계상의 목적에서 체결되는 계약은 동시에 채무부담행위로서의 성질을 가지는 경우가 있는 바, 이 경우에는 '공금의 지출'에도 해당하게 된다[49]. 실제로, 계약의 체결에 기하여 공금이 지출될 때에는 '공금의 지출'로서도 주민소송의 대상이 될 수 있기 때문에 '계약의 체결·이행'이 독자적으로 문제되는 경우는 많지 않다고 할 수 있다[50].

(2) 관련사례

1) 시의 사업인 디자인박람회의 준비 및 개최·운영을 유일한 목적으로 설립된 재단법인과 시와의 사이에 이루어진 디자인박람회의 시설 등의 매매계약의 체결에 대해, 시장 등에게 재량권의 일탈·남용이 있다고 한 원심의 판단에 위법이 있다고 하였다[51].

2) 지방자치단체의 장이 지방자치법에서 규정하는 의회의 의결을

48) 이와 관련하여서는, 다음과 같은 사례가 있다. 즉, 기초자치단체가 방위시설국장, 육상자위대시설학교장 및 광역자치단체와의 사이에서 기초자치단체내의 토지를 자위대의 폭파훈련장으로 사용하는 것을 전제로 해서 그 훈련의 종류·내용 등을 규제하는 것을 골자로 하는 협정을 체결하였던 바, 주민들은 그 기초자치단체 및 자치단체장 개인을 피고로 해서 그 협정의 무효확인 및 이에 기한 일체의 협력행위의 중지를 청구하였다. 이에 관한 하급심판결은 "주민소송제도의 취지에 비추어 보면, '계약의 체결'에서 말하는 계약이란 재무적 처리를 직접 목적으로 하는 것에 한정되고, 비재무적인 행정상의 사무처리의 일환으로서 행하여지는 계약은 설령 결과적으로 지방자치단체에게 재산상의 손해를 야기하는 것이라고 하더라도 여기에 포함되지 않는다고 해석하여야 할 것인 바, 본 건 협정은 재무적 처리를 직접 목적으로 한 계약에 해당하지 않는 것이 명백하다"(水戸地判 1989. 3. 14, 判例タイムズ 711号, 222쪽)고 하여, 소를 각하하였다.

49) 園部逸夫 編, 『最新地方自治法講座 4 住民訴訟』, 35쪽(橋本 勇).

50) 園部逸夫 編, 『実務·自治体財務の焦点 4 住民訴訟』, 55쪽(曽和俊文).

51) 最高判 2004. 7. 13, 民集 58巻 5号, 1368쪽.

얻을 수 없었던 1개의 공사도급계약을 의회의 의결을 요하지 아니하는 3개의 공사도급계약으로 분할하여 체결한 것에 대하여, 적법하다고 한 원심의 판단에 심리부진의 위법이 있다고 하였다[52].

3) 시가 식육센터를 신설하면서 부근의 어업협동조합의 조합원과의 사이에서 조합원들이 어업권을 포기하는 조건으로 시가 5억5천만 엔의 보상금을 지급할 것을 내용으로 하는 어업보상계약을 체결한 것이 위법하다고 하여 제기된 4호소송에 대하여, 시장에게 5억5천만 엔의 손해배상을 명하였다[53].

4) 계약이 가령 수의계약의 제한에 관한 법령에 위반해서 체결된 점에서 위법하다고 하더라도, 그것이 사법상 당연무효라고 할 수 없는 경우에는 지방자치단체는 계약의 상대방에 대해서 그 계약에 기한 채무를 이행할 의무를 지는 것이기 때문에, 위 채무의 이행으로서 이루어지는 행위 자체는 이를 위법하다고 할 수 없고, 이러한 경우에 주민이 1호소송에 의하여 지방자치단체의 집행기관 또는 직원에 대해서 위 채무의 이행으로서 행하여질 행위의 중지를 청구하는 것은 허용되지 않는다고 하였다[54].

라. 공금의 부과·징수를 게을리한 사실

(1) '공금의 부과·징수를 게을리한 사실'의 의의

'공금의 부과·징수를 게을리한 사실'이란 부과·징수하여야 하는 지방세·사용료·수수료·과태료·분담금 등의 결정을 하지 않는 것, 이들에 대해 법령이나 조례에 근거하지 않고 감면조치를 결정하는 것, 잊어버리고 징수를 하지 않는 것, 또는 이들의 체납에 대하여 아무런 조치도 강구하지 않는 것 등을 말한다[55].

---

52) 最高判 2004. 6. 1, 判例時報 1873号, 118쪽.

53) 高松高判 2003. 2. 27, 判例タイムズ 1177号, 160쪽.

54) 最高判 1987. 5. 19, 判例時報 1240号, 62쪽.

공금의 부과·징수를 게을리한 사실과 관련한 주민소송의 유형은 주로 게을리한 사실의 위법 확인을 요구하는 소송인 3호소송과, 그 지방자치단체의 장 및 직원, 지방의회 의원, 해당 행위와 관련이 있는 상대방에게 손해배상청구 또는 부당이득반환청구를 할 것을 요구하는 소송인 4호소송이 된다.

(2) 관련사례

1) 이와 관련하여서는 우리 판례가 존재하기 때문에 이를 살펴보기로 한다.

[사건의 개요]

주식회사 신세계는 1984. 4. 27.부터 사용승인을 받아 신세계 백화점 영등포점(이하 '백화점'이라 한다)을 건립하였던바, 영등포구청장(피고)으로부터 1996. 2. 23. 지하 1, 2층 부설주차장 중 일부를 판매시설로 용도변경하는 허가를 받았고, 그 후 2008. 10. 24. 증축허가를 받았으며, 2009. 8. 11. 최종사용승인을 받았다. 현재 백화점의 부설주차장은 옥외 5대, 기계식 주차타워 126대로 합계 131대를 수용하고 있다. 또한, 주식회사 신세계는 백화점 바로 맞은편에 인접지인 서울 영등포구 영등포동 4가 431-6 지상에 주차전용건물을 건립하였는데, 2000. 9. 7. 최종사용승인을 받았으며 옥내 자주식 주차장으로 총 109대를 수용할 수 있다.

원고는 2011. 6. 27. 서울특별시 영등포구 주민 210명과 함께 서울특별시에 피고가 위 백화점 리모델링 과정에서 주차장법과 도시교통정비촉진법을 위반하여 부설주차장에 계획주차대수인 231대가 아닌 121대 주차공간만 확보하였음에도 사용승인을 함으로써 주변지역의 교통체증 및 주변 상권에 지장을 주고 있다며 주민감사청구를 하였던바, 감사 결과에 따라 피고가 보완조치를 하자 서울특별시장은 2012. 2.

---

55) 高田敏·村上武則編, 『ファンダメンタル地方自治法』, 117쪽(寺田友子).

7. 위 주민감사결과 조치요구에 대한 조치결과 통지 및 공표를 하였다.

이에 대해, 원고는 건축법 위반에 따른 이 사건 사용승인의 취소, 시정명령, 이행강제금 부과, 건축물대장에 위반내용 기재의 처분 또는 행위를 하여야 하므로, 이러한 행위를 하지 않은 것은 위법하다는 등의 주장을 하며 주민소송을 제기하였다.

〔하급심 판결의 요지〕

제1심판결[56]은 원고가 주민소송으로 구하는 이 사건 사용승인처분 등은 그 자치단체의 재산, 재정, 예산 및 회계와는 전혀 관련 없는 처분으로서 지방자치법 제17조 제1항(현행 지방자치법 22조 1항 - 저자 주)에서 정한 재무회계행위에 해당한다고 볼 수 없음이 명백하고, 나아가 건축법 등을 위반한 위법 건축물에 대한 이행강제금 부과 등을 게을리하고 있다는 원고의 주장에 대해, 지방자치법 제17조 제1항에서 정한 지방세·사용료·수수료·과태료 등과 달리 이행강제금은 행정상 간접강제의 수단으로서 위반내용이나 위반자의 시정의지 등을 고려하여 부과여부가 결정되거나 대집행 등 적절한 다른 강제수단으로 선택될 수 있는 등 재량처분으로서의 성격이 있는 점, 백화점이 건축법 등을 위반하여 이행강제금 부과처분을 받은 바 없고, 위 증축허가처분이나 사용승인처분이 당연무효가 되었다거나 취소되지도 아니한 상황에서 이행강제금이 부과되어야 할 위법사항이 당연히 존재한다고 보기도 어려운 점에 비추어 볼 때, 지방자치법 제17조 제1항에서 정한 지방세·사용료·수수료·과태료 등 공금의 부과·징수를 게을리한 경우에 해당한다고 볼 수 없다고 하여 모두 각하하였으며, 제2심판결[57]도 항소 기각하였다. 다만, 항소심판결은 주민소송 요건은 피고가 이행강제금의 부과를 게을리하였다는 것을 원고가 주장함으로써

56) 서울행법 2012. 11. 1. 선고 2012구합7950 판결【행정부작위위법】
57) 서울고법 2013. 7. 17. 선고 2012누39126 판결【행정부작위위법】

충족되고, 나아가 이행강제금의 부과 대상인지는 본안에서 판단할 사항이라는 입장을 나타냈다.

〔대법원 판결[58]의 요지〕

주민소송의 대상이 되는 '재산의 관리·처분에 관한 사항'이나 '공금의 부과·징수를 게을리 한 사항'이라 함은, 지방자치단체의 소유에 속하는 재산의 가치를 유지·보전 또는 실현함을 직접 목적으로 하는 행위 또는 그와 관련된 공금의 부과·징수를 게을리한 행위를 말하고, 그 밖에 재무회계와 관련이 없는 행위는 설령 그것이 지방자치단체의 재정에 어떤 영향을 미친다고 하더라도, 주민소송의 대상이 되는 '재산의 관리·처분에 관한 사항' 또는 '공금의 부과·징수를 게을리한 사항'에 해당하지 않는다.

지방자치법 제17조 제1항, 제2항 제3호의 주민소송 요건인 위법하게 공금의 부과·징수를 게을리한 사실이 인정되기 위해서는 그 전제로서, 관련 법령상의 요건이 갖추어져 지방자치단체의 집행기관 등의 그 공금에 대한 부과·징수가 가능하여야 한다.(밑줄 저자) 한편 건축법상의 이행강제금과 그 전제가 되는 시정명령은 그 건축물 등이 건축법이나 건축법에 따른 명령이나 처분에 위반되는 경우에 한하여 할 수 있다(건축법 제79조 제1항, 제80조).

원심판결 이유와 기록에 의하면, 이 사건 백화점 건물의 부설주차장 일부를 판매시설로 용도변경한 데에 관하여 신세계가 당시 건축법령의 규정에 따라 관할 행정청의 적법한 허가를 받아 용도변경의 사용승인을 얻은 사실을 알 수 있으므로, 신세계가 건축법이나 건축법에 따른 명령 등을 위반한 사실이 있다고 보기 어렵다.

원심의 이유 설시에 일부 미흡한 부분이 있기는 하나, 피고가 신세

---

58) 대법원 2015. 9. 10. 선고 2013두16746 판결【행정부작위위법】이 판결과 관련한 문헌으로서, 조경애, 주민소송제도의 문제점 및 최근 판례에 관한 검토 - 일본 주민소송제도와의 비교를 바탕으로 -, 일감법학 39호(2018), 194쪽 이하 참조.

계에 대하여 건축법상 이행강제금을 부과하지 않은 행위가 위법하게 공금의 부과를 게을리한 사실에 해당하지 않는다고 한 원심의 결론은 정당하고, 거기에 주민소송의 인정 요건이나 건축법상 이행강제금 부과 요건에 관한 법리를 오해하는 등의 잘못이 없다.

2) 그 밖의 관련사례

① 시가 회사의 부동산 취득세의 연체금의 징수를 게을리하고 있는 것은 징수권의 재량을 일탈한 것으로 위법하다고 하였다[59].

② 담배 등 자동판매기가 도로에 돌출되어 도로를 불법적으로 점용하고 있는데도 설치자에 대하여 점용료 상당액의 손해배상청구권 또는 부당이득반환청구권을 행사하지 아니한 것이 위법하다고 하여 제기된 주민소송(3호소송)에서, 도로가 권원없이 점용되는 경우에는 도로관리자는 점유자에 대해 점용료 상당액의 손해배상청구권 또는 부당이득반환청구권을 취득함을 인정하면서도, 도로점용허가 없이 도로에 돌출된 담배 등의 자동판매기가 약 3만6천대나 되었다는 점, 각 자동판매기마다 채무자를 특정해서 채권액을 산정하는 데에는 많은 노력과 비용이 소요되는데 비하여 1대당 점용료 상당액은 소액에 그치는 점, 지방자치단체가 대가를 징수하기 보다는 자동판매기의 철거라는 근본적인 해결을 우선할 필요가 있다고 판단한 점, 자동판매기를 설치한 업자가 지방자치단체의 행정지도에 응하여 비용부담을 해서 자동판매기를 철거한 점 등 판시의 사실관계 하에서는, 지방자치단체가 그 업자에 대해서 상기 자동판매기의 설치에 의한 도로점용료 상당액의 손해배상청구권 또는 부당이득반환청구권을 행사하지 않은 것은 위법하지 않다고 하였다[60].

③ 시가 설치한 일반폐기물 청소공장에 업자가 산업폐기물을 반입

59) 名古屋高判 2006. 1. 19, 平成17年（行コ）第34号(판례집 미게재).

60) 最高判 2004. 4. 23, 民集 58巻 4号, 892쪽.

하여 소각처분한 경우에 시가 일반폐기물 처리수수료만을 징수하고 산업폐기물 처리수수료를 징수하지 않은 것은 위법한 공금의 부과·징수를 게을리한 것이라고 하여 제기된 사안에서, 시 역외에서 배출된 산업폐기물 등의 시의 청소공장에의 반입의 허용과 소각은 모두 행정목적을 달성하기 위한 행위에 지나지 않아 재무사항에 해당하지 않고, 또한 시가 일반폐기물 처리수수료만을 징수하고 산업폐기물 처리수수료를 징수하지 않은 행위에 대하여 징수에 관한 법령상의 근거가 없었기 때문에 '공금의 부과·징수를 게을리한 사실'이 존재하지 않았다고 하였다[61].

④ 시의 납세과 직원이 시민세의 징수를 게을리하여 징수권이 시효소멸한 것에 대하여, 시장이 직원을 지도·감독하여 시효소멸을 저지하지 않은 것이 위법하다고 하여 시장 개인에게 손해배상을 청구한 주민소송(구 4호소송)에서, 본 건 체납자는 불납부결손금액이 1위인 자라는 점, 본 건은 지방세법에 의해 체납자의 부동산을 압류하여 시민세의 징수권을 보전하여야 한 경우였다는 점, 체납자에게는 납부할 의사가 없음이 명백하였다는 점, 국세체납처분이 행하여졌기 때문에 참가압류가 가능하였다는 점 등의 사실에 의하면, 시장이 본 건 직원에 의한 시민세의 징수를 게을리한 사실을 방지할 수 없었다는 것에는 중대한 과실이 있었다고 하여, 시장 개인에 대한 손해배상청구를 인용하였다[62].

⑤ 그 밖에, 고정자산세의 부과·징수를 게을리한 것[63], 구획정리사업비의 징수를 게을리한 것[64], 오수처리시설건설비의 수익자부담금의 징수를 게을리한 것[65], 가스요금의 징수를 게을리한 것[66] 등에 관

61) 大阪地判 2003. 4. 17, 判例自治 245号, 61쪽.

62) 浦和地判 2000. 4. 24, 判例自治 210号, 35쪽.

63) 広島地判 1975. 8. 29, 判例時報 811号, 47쪽 ; 横浜地判 1979. 10. 31, 判例時報 947号, 35쪽.

64) 広島地判 1975. 9. 3, 判例時報 812号, 51쪽.

한 사례가 있다.

2. 감사 청구의 제외대상이 아닐 것

(1) 지방자치법은 주민감사청구의 대상에서 제외되는 사항에 대하여 규정을 두고 있다(21조 2항 참조). 즉, ①수사 또는 재판에 관여하게 되는 사항, ②개인의 사생활을 침해할 우려가 있는 사항, ③다른 기관에서 감사하였거나 감사중인 사항(다만, 다른 기관에서 감사한 사항이라도 새로운 사항이 발견되거나 중요 사항이 감사에서 누락된 경우와 22조 1항에 따라 주민소송의 대상이 되는 경우에는 그러하지 아니하다.), ④동일한 사항에 대하여 22조 2항 각호의 어느 하나에 해당하는 소송이 진행 중이거나 그 판결이 확정된 사항들이 그것이다. 이들 감사청구의 제외대상이 되는 사항들 가운데, "다른 기관에서 감사하였거나 감사중인 사항"의 경우, 주민소송의 대상이 되는 사항, 즉 일정한 재무회계사항에 대해서는 제외대상에서 배제하고 있다. 따라서, 주민소송의 대상이 되는 일정한 재무회계사항에 대해서는 다른 기관에서 감사하였거나 감사중인 경우에도 주민감사청구를 할 수 있다고 할 것이다. 그러나, 그 이외의 주민감사청구의 제외대상에 대해서는 주민감사청구를 할 수 없고, 따라서 주민소송의 대상적격성을 상실하게 되는 것이다[67].

(2) 그런데, 주민감사청구의 대상에서 제외된 사항임을 간과한 채 주민감사청구를 수리하여 그에 대한 결정이 이루어지고, 그에 대해 불복하여 주민소송을 제기한 경우에 어떻게 할 것인지가 문제된다.

---

65) 名古屋地判 1976. 2. 25, 行集 27巻 2号, 235쪽.

66) 大津地判 1982. 9. 27, 判例時報 1073号, 57쪽.

67) 주민감사청구의 제외대상과 관련된 자세한 내용은 '주민감사청구제도'의 관련부분을 참조.

주민소송이 지방자치단체에서의 재무회계사항의 적법성을 확보하기 위하여 설정된 민중소송의 하나임을 고려할 때, 그 요건을 지나치게 엄격하게 해석할 필요는 없다고 할 수 있고, 그러한 점에서 경미한 요건불비의 경우에는 사후에라도 보정의 기회를 주어 가능한 한 심판의 기회를 부여함이 바람직하다고 할 것이다. 그러나, 이들 감사청구 제외대상 사항들은 사후에 보정될 수 있는 성격의 것이 아닌 점에 비추어 볼 때, 주민감사청구의 대상에서 제외된 사항임을 간과한 채 주민감사청구를 수리하여 그에 대한 결정이 이루어지고, 그 결정에 대해서 불복하여 주민소송을 제기하였다고 하더라도, 법원은 이를 부적법함을 이유로 각하하여야 하리라 본다. 다만, 실제 적용에서는 감사청구의 제외대상에 해당하는지 여부가 다퉈지는 경우가 적지 아니할 것이다.

3. 대상의 특정의 정도

(1) 주민들은 지방자치단체의 재무회계사항에 대하여 잘 알지 못하는 경우가 일반적이며, 따라서 신문 등 매스컴의 보도를 인용한다든지 하여 추상적·포괄적으로 그 대상을 지정하여 주민소송을 제기하는 경우가 적지 아니할 것으로 예상된다. 물론, 정보공개법령에 근거하여 관련 재무회계사항에 대한 정보공개를 청구하여 다투고자 하는 사항을 특정할 수 있는 경우도 있겠지만, 정보공개 관련법령이 비공개대상정보를 광범위하게 규정하고 있는 결과(예컨대, 공공기관의 정보공개에 관한 법률 9조 1항 참조), 주민들은 자신이 원하는 정보를 충분히 얻을 수 있을 것이라고는 단정할 수 없다. 따라서, 주민소송의 대상과 관련된 문제로서 그 대상을 어느 정도로 특정하여 주민소송을 제기하여야 할 것인지가 주민소송의 이용과 관련하여 문제된다.

(2) 이와 관련한 일본 최고재판소의 판례를 살펴보면 다음과 같다[68].

먼저, 초기에는 "주민감사청구는 그 대상으로 하는 재무회계상의 행위 또는 게을리한 사실을 다른 사항으로부터 구별하여 특정해서 인식할 수 있도록 개별적·구체적으로 적시하고, 또한 위 행위 등이 복수인 경우에는 위 행위 등의 성질·목적 등에 비추어 이들을 일체로 보아서 그 위법 또는 부당성을 판단하는 것이 상당하다고 하는 경우를 제외하고, 각 행위를 다른 행위와 구별하여 특정해서 인식할 수 있도록 개별적·구체적으로 적시하지 않으면 안된다[69]."고 하여, "감사청구서에 「1980년도부터 1982년도까지의 동안에 수도기업 관리자, 수도부장, 동 총무과장의 직에 있었던 자는 위 각 년도에서 명의를 가장하여 회의접대를 하였다고 해서 회의접대비 또는 공사비의 명목으로 3년간 5,000만 엔 이상의 금액을 부당하게 지출하였거나 부하의 부당지출을 결재하였다」고 기재하여, 위법한 공금의 지출을 증명하는 서면으로 판시의 신문기사를 첨부하여 한 주민감사청구는 청구의 대상의 특정을 결하는 것으로서 부적법하다."고 하는 엄격한 입장을 취하였다. 최고재판소가 이러한 입장을 취한 이유로서는 ①일본 지방자치법이 주민감사청구와 사무감사청구의 2가지 제도를 준비하고 있고, 포괄적인 감사청구는 유권자총수의 50분의 1 이상의 연서를 제출한 자에게 이용될 수 있는 사무감사청구로서 제도화되었다고 해석되는 점, ②주민감사청구는 지방자치법에서 주민소송의 전치절차로서 자리잡고, 후행의 주민소송이 특정한 위법행위의 방지·시정을 구하는 제도인 점에 비추어 전치절차인 주민감사청구도 주민에 의한 대상의 특정을 예정하고 있는 것으로 해석되는 점 등이 들어 진다[70].

그러나, 이후에 최고재판소는, "주민소송 1호의 중지청구에서 복수

68) 다만, 일본의 경우에는 주민감사청구와 주민소송의 대상이 일치하기 때문에 주민감사청구의 대상의 특정이 주로 문제된다.

69) 最高判 1990. 6. 5, 民集 44巻 4号, 719쪽.

70) 薄井一成, 住民監査請求における対象の特定の程度, ジュリスト 1291号, 54쪽.

의 행위를 포괄적으로 파악하여 중지청구의 대상으로 하는 경우, 그 개개 행위를 개별적·구체적으로 적시할 것이 항상 필요한 것은 아니고, 해당 행위의 적부의 판단 이외에 해당 행위를 할 것이 상당한 확실성을 가지고 예측되는지 여부 및 해당 행위에 의해 지방자치단체에게 회복이 곤란한 손해가 발생할 우려가 있는지 여부의 점에 대해서 판단가능한 정도로 대상행위의 범위가 특정되어 있을 것이 필요하며, 또한 이로써 충분하다."고 하여, "시가 수행하는 항구내의 공유수면매립공사가 위법하다고 하여, 위 공사 등에 관하여 시장이 하는 일체의 공금의 지출의 포괄적인 중지를 요구하는 청구는 그 대상의 특정에 부족함이 없다[71]."고 하는 완화된 입장을 나타냈다.

이러한 입장은 이후의 판례에서도 재확인되고 있다. 즉, "주민감사청구에서는 대상으로 하는 재무회계상의 행위 또는 게을리한 사실을 다른 사항과 구별하여 특정해서 인식할 수 있도록 개별적·구체적으로 적시할 것을 요하지만, 감사청구서 및 이에 첨부된 사실을 증명하는 서면의 각 기재, 감사청구인이 제출한 그 밖의 자료 등을 종합해서 주민감사청구의 대상이 특정의 행위라는 것을 감사위원이 인식할 수 있는 정도로 적시되어 있는 것이면 족하며, 이러한 정도를 넘어서까지 해당 행위 등을 개별적·구체적으로 적시할 것을 요하는 것은 아니라고 하여야 할 것이다[72]."고 하는 것이 그것이다.

제2절 대상의 위법성

1. 논점의 정리

우선 대상의 위법성과 관련하여 논의되는 중요한 쟁점들을 정리해

71) 最高判 1993. 9. 7, 判例時報 1473号, 38쪽.
72) 最高判 2004. 11. 25, 民集 58巻 8号, 2297쪽.

보기로 한다.

첫째로, 주민감사청구가 "법령에 위반되거나 공익을 현저히 해친다고 인정되면"(법 21조 1항) 청구할 수 있는데 반하여, 주민소송은 "그 감사 청구한 사항과 관련이 있는 위법한 행위나 업무를 게을리한 사실에 대하여"(법 22조 1항) 제기할 수 있다. 즉, 주민감사청구는 '위법'하거나 '부당'한 지방자치단체의 사무 일반에 대해 청구할 수 있는데 대해, 주민소송은 '위법'한 재무회계상의 행위나 게을리한 사실에 대해 제기할 수 있다는 점에서 구별된다. 따라서, 이러한 양자의 관계를 어떻게 해석할 것인지가 문제된다.

둘째로, 주민소송은 주민감사청구와는 달리, 그 대상이 공금의 지출 등의 일정한 재무회계사항으로 한정된다. 즉, 주민감사청구에서는 "그 지방자치단체와 그 장의 권한에 속하는 사무의 처리"(법 21조 1항)가 그 대상인데 반하여, 주민소송에서는 "공금의 지출에 관한 사항, 재산의 취득·관리·처분에 관한 사항, 해당 지방자치단체를 당사자로 하는 매매·임차·도급 계약이나 그 밖의 계약의 체결·이행에 관한 사항 또는 지방세·사용료·수수료·과태료 등 공금의 부과·징수를 게을리한 사항"(법 22조 1항)이 그 대상으로 된다. 이러한 것은 주민소송이 객관소송으로서 민중소송의 하나이므로 법률이 정한 경우에 법률에 정한 자에 한하여 제기할 수 있기 때문에(행정소송법 45조 참조), 우리 입법자는 주민소송의 대상을 지방자치법 22조 1항이 규정하고 있는 일정한 재무회계사항으로 한정하는 정책을 취한 것이 된다.

그러나, 오늘날 다수의 행정이 일련의 복수의 행정작용의 연쇄에 의하여 이루어지고, 특히 거의 모든 행정에는 공금의 지출 등 재무회계상의 조치를 수반한다고 할 수 있는바, 이러한 일련의 행정작용에서 재무회계적 행위와 비재무회계적 행위가 서로 교착하는 경우에 이들 관계를 어떻게 해석할 것인지의 문제가 생긴다. 예컨대, 비재무회계적 사항으로 간주되는 행정의 경우(예컨대, 공무원의 임용)에도 재무회계적 사항이 수반되는 경우(예컨대, 급여의 지급)가 일반적인데, 주민소송의 대상을 후자인 재무회계적 사항에만 한정할 것인지 또는 그 원인을 이룬 비재무회계적 사항에까지 확장할 것인지 여부가 문제되고, 또한 대상 사항의 위법성은 해당 사항에 한정될 것인지 또는 선·후 재무회계적 사항(또는 재무회계적 사항과 비재무회계적 사항) 상호간에 승계된다고 해석하여야 할 것인지 여부가 문제된다.

셋째로, 나아가서 위법한 재무회계행위가 행하여진 후 사후적으로 적법한 조치를 취하여 보정한 경우에, 그 위법성이 치유된다고 볼 것인지 여부도 문제된다. 이러한 점들이 주민소송의 대상의 위법성에서 주로 논의되는 문제들이라 할 수 있다.

2. 대상의 '위법' 및 '부당'

(1) 위법 및 부당의 의의

주민감사청구가 "법령에 위반되거나 공익을 현저히 해친다고 인정되면"(법 21조 1항) 청구할 수 있는데 대하여, 주민소송은 "위법한 행위나 업무를 게을리한 사실에 대하여"(법 22조 1항) 제기할 수 있는 것과 관련하여 어떻게 해석할 것인지가 문제된다.

첫째로, 주민감사청구에서 '법령에 위반'되는 경우가 '위법'을 의미한다는 것은 명확하나, '공익을 현저히 해친다'는 경우를 어떻게 해석할 것인지가 문제된다. 이와 관련하여서는, 주민감사청구도 주민참여제도의 하나라는 것을 제외하면, 특별한 행정심판의 하나라고 보아야 하며, 이러한 점에서 우리 행정심판법이 "행정청의 위법 또는 부당한 처분(處分)이나 부작위(不作爲)"(1조)를 그 대상으로 함을 참고할 수 있다. 따라서, 우리 지방자치법이 주민감사청구와 관련하여 "법령에 위반되거나 공익을 현저히 해친다"고 할 때의 공익을 현저히 해치는 경우는 '부당'을 의미한다고 해석할 수 있다. 다만, 공익을 '현저히' 해치는 경우는 바로 '위법'에 해당하는 것이라는 반론이 존재할 수 있지만, 이는 주민감사청구가 주민참여제도의 하나이면서도, 지방자치단체의 사무처리와 관련하여 관련 공무원들의 적극적인 직무수행을 고려한 문언이라고 해석할 수 있을 것이다.

둘째로, 주민소송의 대상의 위법성에서는 원칙적으로 법적인 제한이 없다고 하여야 한다. 즉, 법원의 위법성 심사에서는 해당 지방자치단체의 장 등의 재무회계행위가 그 근거규범에 위반되는지 여부가 중요한 판단기준이 되지만[73], 여기에서의 근거규범에는 헌법·법률·명령·조례 등의 실정법은 물론, 법의 일반원칙(조리)등의 불문법도 경우에 따라서는 포함될 수 있다[74]. 우리 대법원도 "주민소송에서 다툼의 대상이 된 처분의 위법성은 행정소송법상 항고소송에서와 마찬가지로 헌법, 법률, 그 하위의 법규명령, 법의 일반원칙 등 객관적 법질서를 구성하는 모든 법규범에 위반되는지 여부를 기준으로 판단하여야 하는 것이지, 해당 처분으로 인하여 지방자치단체의 재정에 손실이 발생하였는지만을 기준으로 판단할 것은 아니다[75]"는 입장을 나타냈다.

셋째로, 대상의 위법성이 적법요건인지 본안(승소)요건인지가 문제된다. 이와 관련하여, 우리 대법원은 "지방자치법 제16조 제1항(현행 지방자치법 21조 1항 - 저자 주)에서 규정한 '해당 사무의 처리가 법령에 위반되거나 공익을 현저히 해친다고 인정되면'이란 감사기관이 감사를 실시한 결과 피감기관에 대하여 시정요구 등의 조치를 하기 위한 요건 및 주민소송에서 법원이 본안에서 청구를 인용하기 위한 요건일 뿐이고, 주민들이 주민감사를 청구하거나 주민소송을 제기하

73) 여기서의 근거규범으로서는 일반적인 것으로 지방재정법, 회계관계직원 등의 책임에 관한 법률, 국가를 당사자로 하는 계약에 관한 법률, 지방자치단체를 당사자로 하는 계약에 관한 법률, 공유재산 및 물품관리법, 지방재정법 등과 각 법률의 시행령 및 시행규칙 등을 들 수 있을 것이다.

74) 芝池義一, 住民訴訟における違法性(上), 法曹時報 51巻 6号, 5쪽 이하.

75) 대법원 2019. 10. 17. 선고 2018두104판결【도로점용허가처분무효확인등】

는 단계에서는 '해당 사무의 처리가 법령에 반하거나 공익을 현저히 해친다고 인정될 가능성'을 주장하는 것으로 족하며, '해당 사무의 처리가 법령에 반하거나 공익을 현저히 해친다고 인정될 것'이 주민감사청구 또는 주민소송의 적법요건이라고 볼 수는 없다. 왜냐하면 '해당 사무의 처리가 법령에 위반되거나 공익을 현저히 해친다고 인정되는지 여부'는 감사기관이나 주민소송의 법원이 구체적인 사실관계를 조사·심리해 보아야지 비로소 판단할 수 있는 사항이기 때문이다.(밑줄 저자) 만약 이를 주민감사청구의 적법요건이라고 볼 경우 본안의 문제가 본안 전(前) 단계에서 먼저 다루어지게 되는 모순이 발생할 뿐만 아니라, 주민감사를 청구하는 주민들로 하여금 주민감사청구의 적법요건으로서 '해당 사무의 처리가 법령에 위반되거나 공익을 현저히 해친다고 인정될 것'을 증명할 것까지 요구하는 불합리한 결과가 야기될 수 있다.[76]"고 하여, 적정한 판단을 내리고 있다.

(2) 관련사례

〔사실관계 개요〕

인천광역시 부평구의회는 2004, 2005년 부평구 유관기관 체육대회에 참여하면서 의정운영공통업무추진비 중에서 의원 및 의회 사무국 직원에게 단체체육복을 구입하여 지급하였다. 또한, 2004, 2005년에 의장 등의 의원들에게 국내외 비교시찰을 명목으로 기관운영추진비에서 6,900,000원과 4,900,000원을 각 지급하였다.

이에 부평구주민들이 200명 이상의 서명을 받아 인천광역시장에게 ①부평구의회의 공식행사도 아닌 유관기관 체육대회에 참여하면서 단체체육복 구입에 의정운영공통업무추진비를 과다지출한 행위는 대표적인 예산낭비의 사례이고, ②국내외 비교시찰시 공식적으로 지원되는 여행경비와는 별도로 기관운영업무추진비에서 의원들에게 현금

76) 대법원 2020. 6. 25. 선고 2018두67251판결【손해배상(기)】

으로 격려금을 지급하는 것은 부당하다는 이유로 주민감사청구를 하였다.

〔수소법원 판결[77]의 요지〕

지방자치단체 공무원들의 재무회계행위를 규율하는 법령으로는 지방재정법, 같은 법 시행령·시행규칙, 회계관계직원 등의 책임에 관한 법률, 같은 법 시행령, 각 지방자치단체의 재무회계관련 조례, 지방자치단체를 당사자로 하는 계약에 관한 법률, 같은 시행령·시행규칙, 공유재산 및 물품관리법, 같은 법 시행령 등이 있는바, 이처럼 일정한 재무회계행위를 규율하는 법령을 위반한 경우에는 그 재무회계행위는 위법하고, 나아가 당해 기관이나 직원의 직무를 규율하는 법령을 위반한 경우도 마찬가지이며, 어떠한 재무회계행위가 범죄행위 등 형사법 위반에 해당하는 경우에도 같은 결론에 이르게 된다.

'의정운영공통업무추진비'는 지방의회 또는 위원회 명의의 공적인 의정활동을 수행하는데 필요한 공통적인 경비를 말하는바, 부평구 관내 유관기관 친선 체육대회는 부평구통합방위협의회의 구성원인 관내 12개 기관의 상호유대를 강화하여 지역방위태세를 확립하고 유기적인 협조체계를 구축하기 위하여 개최되는 행사로서, 부평구의회가 위 체육대회에 참여하는 것을 가리켜 순수한 의정활동 그 자체라고 할 수는 없으나, 그 소속 의원들 및 사무국직원들이 단순히 개인 자격으로 참여하는 것이 아니라 부평구의회의 구성원으로서 기관간 상호유대 강화라는 공적인 목적으로 참여함이 분명한 이상 지방의회 명의의 공적인 외부 의정활동이라고 보지 않을 수 없고, 따라서 그 체육대회에 참여하면서 의정운영공통업무추진비로 매년 단체체육복을 구입하여 의원 및 사무국직원들에게 지급하였다고 하더라도 그러한 지출행위가 비록 예산을 부적절하게 사용한 경우에는 해당할지언정 위법

77) 인천지법 2007. 11. 29. 선고 2006구합4237【손해배상】

한 지출이라고 보기는 어렵다.

기관운영업무추진비는 지방의회 의장·부의장·상임위원장의 의정활동 및 직무수행을 위한 제 경비를 말하는 것으로서, 그 지출에 다소 예산낭비적 요소가 있다고 하더라도 직무수행과의 관련성이 인정되는 경우에는 그 지출을 위법하다고까지 평가할 수 없다(이상 밑줄 저자). 이 사건의 경우, 의원들에 대한 여비는 교통비(항공료), 숙박비, 식대 등으로 의원들 개인의 정액여비만 계상되어 있어 그 여비만으로는 기관 및 시설방문 등에 소요되는 경비를 모두 충당할 수 없어 이에 충당하기 위해 기관운영업무추진비를 지출·사용한 것이지, 의원들 개인의 사적인 이익을 위해 위 기관운영업무추진비를 지출한 것으로는 보이지 않는다. 결국 부평구의회 의장 등이 국내외 비교시찰을 떠나는 의원들에게 기관운영업무추진비로 격려금 명목의 금원을 지출하였다고 하더라도 이를 가리켜 위법하다고 할 수는 없다.

3. 원인행위의 위법성의 승계[78)]

(1) 문제의 소재

지방자치단체의 재무회계행정의 적법성을 확보하기 위하여 등장한 주민소송제도는 본래의 재무회계사항에 한하지 않고 비재무회계적 사항의 위법성을 추궁하는 제도로도 자주 이용되고 있다. 즉, 비재무회계적 행위가 위법하게 이루어지고, 이러한 행위에 기하여 재무회계적 행위가 이루어진 경우에, 원인행위인 비재무회계적 행위의 위법성이 적법하게 이루어진 재무회계적 행위에 승계되어 재무회계적 행위의 위법성을 다툴 수 있게 된다는 것이다[79)]. 이러한 경우가 인정되면,

78) 이 부분은 졸고, 주민소송에 있어서 이른바 '위법성의 승계'에 관한 검토 -일본의 학설·판례를 중심으로 하여-, 공법연구 42집 4호(2014. 6), 346쪽 이하를 토대로 하여 재구성한 것임.

79) 다만, 행정법총론 또는 취소소송상의 '위법성(하자)의 승계론'과는 그 내용에 차

재무회계적 사항만을 그 대상으로 하여 다투도록 설계된 주민소송제도는 비재무회계적 사항까지, 즉 지방자치단체의 대부분의 사무로 그 대상범위를 확장하게 되는 셈이다. 이러한 결과는 주민소송제도의 입법취지에 반드시 부합하는 것이라고 할 수 없을 것이다. 그렇다고 하여, 법원이 재무회계사항을 심사하면서 그 원인행위의 위법성을 참작하지 않고 완전히 배제하는 것도 지방재무행정의 적정한 운영 확보라는 주민소송제도의 취지를 지나치게 축소시키는 결과가 될 것이다. 이러한 점에서 주민소송에서의 위법성의 승계 문제는 양자의 요구를 어떻게 조화시켜, 주민소송의 역할(기능)을 충분히 발휘하게 할 것인가와 관련하여 중요한 의미를 가진다고 할 수 있다.

(2) 학설

1) 제1설

선행행위의 위법성을 무효원인과 취소원인으로 나누어, 전자의 경우에는 선행행위가 설령 비재무회계적 행위라 하더라도 선행행위의 위법성은 후행행위에 승계되지만, 후자의 경우에는 선행행위의 공정력 등을 이유로 1호 내지 3호소송에 대해서는 위법성의 승계가 인정되지 않으나 4호소송에 대해서는 선행행위의 효력을 다투는 것이 아니기 때문에 선행행위의 위법을 이유로 후행행위에 대한 주민소송을 제기할 수 있다고 하는 견해[80]이다.

이가 있음을 주의하지 않으면 안된다. 즉, 행정법상의 하자 승계론은 불가쟁력이 발생한 선행 행정행위의 하자를 적법하게 행하여진 후행 행정행위에의 승계를 인정함으로써 불가쟁력의 효력을 제한하여 행정처분의 취소 등에 의한 개인의 권리구제의 범위를 확장하고자 하는 것이나, 주민소송(특히 4호소송의 손해배상청구소송)에서의 위법성의 승계론은 이러한 구조와 다르다는 점에서 차이가 있다. 즉, 전자는 행정처분이 그 대상이 되나 후자는 행정처분에 한정하지 않는다는 점, 또한 전자는 항고소송과 관련하여 해당 행정처분의 효력이 문제되나, 후자의 경우에는 해당 행위로 인한 손해배상청구(4호소송)가 주로 문제된다는 점에서 차이가 있다.

80) 金子芳雄, 住民訴訟の諸問題, 慶応義塾大学法学研究会, 1985, 30쪽 이하.

2) 제2설

선행행위가 재무회계상의 행위인 경우와 비재무회계상의 행위인 경우로 나누어, 전자의 경우에는 위법성의 승계를 인정하는데 문제가 없다고 하고, 후자에 대해서는 후행의 재무회계상의 행위와의 사이에 직접적 관련이나 일체적 관계에 있거나 선행행위가 중대하고 명백한 하자를 가지는 경우에 위법성의 승계를 인정한다는 견해[81)]이다.

3) 제3설

선행행위의 위법성 승계에 관해서는 주민소송의 모든 청구유형에 대해 동일한 이론을 적용할 수 없고, 각 청구유형별로 논하여야 한다면서, ①선행행위가 재무회계상의 행위인지 여부, ②선행행위와 후행행위의 각 행위자가 동일한지 여부, ③선행행위가 행정처분인지 여부를 기준으로 할 것을 제시한다[82)].

이러한 입장에서 4호소송(손해배상청구 및 부당이득반환청구 등)의 경우에, (A)선행행위가 비재무회계상의 행위일 때, (a)선행행위와 후행행위의 권한기관이 다른 경우, ⓐ후행행위의 권한기관이 선행행위의 권한기관의 상급감독기관이거나 선행행위의 심사권을 가지는 경우에 선행행위의 위법성은 항상 후행행위에 승계된다. ⓑ선행행위의 권한기관이 후행행위의 권한기관의 상급감독기관이거나 독립적 지위를 가지는 경우에 선행행위의 위법성은 원칙적으로 후행행위에 승계되지 않지만, 선행행위에 중대하고 명백한 하자가 인정되는 경우에는 예외적으로 후행행위에 승계된다. (b)선행행위와 후행행위의 권한기관이 동일한 경우에는 선행행위의 위법성은 당연히 후행행위에 승계된다. (B)선행행위가 재무회계상의 행위일 때, (a)선행행위와 후행행위의

81) 園部逸夫 編, 『実務·自治体財務の焦点 4 住民訴訟』, 62쪽 이하(曽和俊文). 한편, 우리나라에서 같은 견해를 취한 것으로 보이는 것으로, 김용찬 외, 『주민소송』, 152쪽.

82) 関 哲夫, 住民訴訟論(新版), 勁草書房, 1997, 80쪽 이하.

권한기관이 다른 경우, ⓐ후행행위의 권한기관이 선행행위의 취소·정지권이나 심사권을 가지는 경우에 선행행위의 위법성은 후행행위에 승계된다. ⓑ선행행위의 권한기관이 후행행위의 권한기관에 대한 지휘감독권을 가지는 경우에 선행행위의 위법성은 원칙적으로 후행행위에 승계되지 않지만, 선행행위에 중대하고 명백한 하자가 인정되는 경우에는 예외적으로 후행행위에 승계된다. (b)선행행위와 후행행위의 권한기관이 동일한 경우에 주민은 선행행위 및 후행행위의 어느 일방이나 또는 쌍방 모두를 주민소송의 대상으로 할 수 있기 때문에 굳이 위법성의 승계를 논할 것까지도 없다고 한다.

또한 1호소송의 경우, 우선, 1호소송은 중지의 대상으로 되는 해당행위가 위법한지 여부가 아니라 중지청구권의 존부가 소송물이기 때문에 해당 행위가 위법하더라도 중지청구가 인정되지 않을 수 있으며, 이 경우에는 선행행위의 위법성은 후행행위에 승계되지 않는다. 다음으로, ⓐ선행행위가 행정처분인 경우에는 설령 그것이 위법하더라도 중대하고 명백한 하자에 의해 무효로 되는 경우를 제외하고는 공정력으로 인하여 위법성이 승계되지 않는다. ⓑ위법한 선행행위가 행정처분이 아닌 경우에도 선행행위가 무효가 아니고 지방자치단체가 후행행위의 이행의무를 지는 경우에는 위법성이 승계되지 않는다. ⓒ선행행위가 행정처분인지 여부를 묻지 않고, 그것이 무효인 경우에는 후행행위를 하는 것은 당연히 위법성을 가지며, 선행행위의 행위자와 후행행위의 행위자의 동일성 여부 또는 선행행위의 재무회계성 여부를 묻지 않고 위법성은 승계된다.

2호소송은 우선, (A)후행행위의 취소를 청구하는 경우에, ⓐ선행행위가 취소원인인 하자를 가지는 행정처분일 때는 그 공정력에 의하여 선행행위의 위법성은 후행행위에 승계되지 않는다. 그러나, 선행처분도 재무회계상의 행위이고, 후행행위와 공통의 목적을 가지며, 서로 결합하여 동일한 법률효과를 발생하는 경우에는 위법성의 승계가 인정되고, 선행행위에 대해서 2호소송의 제소기간이 경과된 후에라도 선행행위의 위법을 이유로 후행행위의 취소를 구하는 2호소송을 제기할 수 있다. ⓑ선행행위가 행정처분이 아닐 때는 그 위법성은 당연히 후행행위에 승계된다. 다음으로, (B)후행행위의 무효확인을 청구하는 경우에, 선행행위가 무효라면 후행행위인 재무회계상의 행위도 또한 무효이며, 선행행위의 위법은 무조건 후행행위에 승계된다.

4) 제4설

① 주민소송의 대상인 '재무회계상의 행위·사실'을 재무회계상의 처리를 직접 목적으로 하는 것에 한정하지 않고, 재무회계법규에 위반하는 행위는 당연히 포함된다고 해석하여, 설령 다른 행정목적에서 하는 행위라도 재무회계법규에 위반하는 경우에는 '재무회계상의 행위'로서 주민소송을 인정하여야 하며, 일정한 행위·사실의 성질이 재무회계적 사항인지 여부로 한정할 필요는 없다고 보는 견해[83]이다.

② 또한 선행행위도 포함할 수 있는 넓은 개념으로 주민소송의 대상을 파악하면 위법성의 승계문제는 회피할 수 있다고 보고, 지방자치법이 규정하는 일정한 재무회계상의 행위 또는 게을리한 사실을 주민소송의 대상으로 하여, 그 '재무회계법규상의 의무' 위반 여부를 본안심리하면 되고, '주민소송에서의 위법성의 승계문제'와 분리하여 논의하여야 한다고 하는 견해[84]도 있다. 즉, 주민소송제도는 지방재무행정의 적정한 운영을 확보하기 위하여 지방자치법이 규정하는 일정한 재무회계상의 행위 또는 게을리한 사실의 유형을 대상으로 하여, 재무회계법규 위반 여부를 본안 심리하는 소송이며, 행위 또는 게을리한 사실과 재무회계법규와의 사이에 위법성이 승계된다든지 할 이

83) 水野忠恒, 〔特殊問題〕住民訴訟,(『条解 行政事件訴訟法(南 博方 編)』, 弘文堂, 1987), 208·210쪽.

84) 高野修, 住民訴訟における違法性について, (『行政法の思考様式』(藤田宙靖博士東北大学退職記念), 青林書院, 2008), 440쪽 이하.

유는 없다고 보는 것이다.

5) 제5설

행정법총론 또는 취소소송론에서의 '위법성 승계론'이 주민소송에서 '선행행위의 위법성의 후속행위로의 승계'가 문제로 되지 않는다는 입장에서, 일반적으로 주민소송의 대상인 재무회계행위에 대하여 지방자치법상의 문언에 충실하게 해석하여, 이것을 '공금·재산의 관리'라 하고, 이 '공금·재산의 관리'의 원인 또는 목적으로 되는 행정의 행위 등이 위법한 경우에는 '공금·재산의 관리'가 위법하게 된다고 하는 견해[85]이다. 즉, 이러한 입장에서는 주민소송에서 원인·목적행위와 공금 지출과의 시간적 선후관계는 의미를 가지지 않고, 공금 지출은 원인·목적행위보다도 먼저 행하여질 수도 나중에 행하여질 수도 있지만, 공금 지출의 위법성 판단에서 그것은 의미를 가지지 않는다고 하여, 위법성 승계론 대신에 '원인·목적의 법리'라는 용어를 사용한다.

6) 학설의 검토

제1설은 선행행위의 위법성을 무효원인과 취소원인으로 나누고, 다시 주민소송의 청구유형에 따라 위법성의 승계를 논하고 있으며, 제2설은 선행행위를 재무회계상의 행위와 비재무회계상의 행위로 나누고, 특히 후자에 대해서는 후행행위(재무회계상의 행위)와의 사이에 직접적 관련이나 일체적 관계에 있거나 선행행위가 중대하고 명백한 하자를 가지는 경우에 위법성의 승계를 긍정한다. 그리고, 제3설은 그동안의 학설·판례의 축적을 분석하여, 위법성의 승계가 인정되는 경우와 부정되는 경우를 대단히 세분하여 이론을 정립하고 있음을 알 수 있다. 이러한 주장이 종래 일본의 학설·판례뿐만 아니라 우리나라 학설·판례에도 직·간접적인 영향을 미쳤다고 할 수 있다.

한편, 주민소송에서의 위법성의 승계론과 관련하여서는 종래부터

85) 芝池義一, 住民訴訟における違法性(上), 法曹時報 51巻 6号(1999), 12·20쪽.

의문을 제기하는 견해가 유력하였다. 즉, "위법성의 승계란 선행행위의 위법성에 대하여 후행행위를 하는 행정기관에 심사권이 없더라도 재판의 장면에서는 후행행위도 당연히 위법하게 된다고 하는 것으로 취소소송의 장면에서 적용되지만, 손해배상소송에서는 선행행위가 위법하면, 그 위법성이 후행행위에 승계된다고 하지 않더라도 선행행위의 위법을 이유로 하여 손해배상을 청구할 수 있기 때문에 위법성의 승계를 논할 필요는 없다[86]."고 하는 주장이 그 대표적인 예라고 할 수 있다[87]. 이로 인해 주민소송에 있어서 위법성의 승계론을 원용하는 대신에 등장한 것이 이른바 '재무회계법규상의 의무 위반'론이라고 할 수 있으며, 제4설의 주장들이 여기에 속한다고 할 수 있다. 제4설은 주민소송의 대상이 문제되는 개별적인 행위·사실의 성질이 재무회계적 사항에 속하는지 여부에 의해 그 대상적격성을 결정하지 말고, 그 행위·사실의 근거법규인 재무회계법규상의 의무의 위반 여부에 의하여 지방자치법상의 재무회계행위 해당 여부를 결정하자고 하거나(①), 주민소송은 지방자치법상의 일정한 재무회계상의 행위 또는 사실에 대하여, 그 근거로 되는 재무회계법규에의 위반 여부를 본안심리하면 충분하고, 그 이외에 굳이 위법성의 승계를 원용할 필요가 없다고 보는 것이다(②). 그러나, 제4설 중에서도 제4설①은 문제가 되는 일정한 행위·사실의 재무회계행위 해당 여부를 먼저 결정하려 하지 말고, 그들 행위·사실의 근거가 되는 재무회계법규상의 의무의 위반 여부에 의해 재무회계행위 해당성을 결정하자는 주장으로 종래의 위법성의 승계론적 관점과는 역방향의 사고에 입각하고 있는데 대해, 제4설②는 '재무회계행위' 개념의 선행적 결정을 인정하고, 그것이 근

86) 阿部泰隆, 住民訴訟における先行行為の違法の主張, 法学セミナー 381号(1986), 58쪽.

87) 이러한 주장은 당시 일본 주민소송의 제기건수의 약 7할 이상이 4호소송(손해배상청구 등)임을 감안하면 더욱 설득력이 있다고 할 수 있다.

거하고 있는 '재무회계법규'에의 위반 여부를 심사하자고 하는 점에서 차이가 있다. 이들 '재무회계법규'론적 접근방법이 '위법성의 승계'론이라는 주민소송에 있어서 그 타당성이 문제시되는 의제이론을 배제하고, 실정법 규정에 충실하고자 하는 점은 설득력을 가진다고 할 수 있다. 그러나, 이들 주장, 특히 제4설②는 문제가 되는 일정한 행위·사실이 '재무회계행위'에 해당하는지 여부의 문제가 여전히 존재하고, 그에 더하여 '재무회계법규'에의 위반 여부를 추가로 심사하게 된다. 그로 인하여 '위법성의 승계'론이 의도하고자 한 주민소송의 대상범위의 확장이라는 측면에서는 비판의 여지가 있으며, 무엇보다도 문제는 이 견해가 주장하는 '재무회계법규'가 구체적으로 무엇을 의미하는지 그 대상범위가 명확하지 않다는 점을 들 수 있다.

마지막으로, 제5설은 '위법성 승계론'에 대한 비판적 입장에서 지방자치법 규정에 충실하여 주민소송의 대상이 되는 재무회계행위를 '공금·재산의 관리'로 파악하고, 이러한 '공금·재산의 관리'의 원인 또는 목적이 되는 행위 등이 위법한 경우에 '공금·재산의 관리'도 위법하게 된다고 본다. 또한, 원인·목적이 되는 행위와 공금의 지출과의 시간적 선후관계에 대해서 유연하게 해석한다. 이러한 주장에 대해서는 지방자치법의 규정에 충실하고자 하는 점은 긍정적이지만, 재무회계행위=공금·재산의 관리의 원인 또는 목적이 되는 행위의 위법 여부에 의해 그 재무회계행위=공금·재산의 관리의 위법 여부를 결정하고자 하는 것은 경우에 따라서 '위법성 승계론' 보다 제한 없이 주민소송의 대상범위를 확장시키는 결과를 낳을 수 있으며, 또한 구체적으로 어떠한 경우에 공금·재산의 관리의 원인 또는 목적이 되는 행위의 위법성이 인정되는지, 그리고 왜 이들 원인 또는 목적이 되는 행위가 재무회계행위=공금·재산의 관리의 위법이 되는지에 대한 근거가 명확하지 않다는 비판이 가능할 것이다.

(3) 판례

1) 우리나라

주민소송에서의 위법성의 승계와 관련하여, 우리 대법원은 주목할 만한 판결을 하였다. 이는 우리 주민소송 사례에서 위법성의 승계론과 관련하여, 하나의 중요한 기준을 제시한 것으로 판단된다. 이하에서 구체적으로 살펴보기로 한다[88].

〔사실관계 개요〕

경기도 성남시장은 광주, 판교 개발에 따른 교통난을 해소하기 위하여 2001. 11. 탄천변도로확장공사계획을 수립하고, 공사도급계약을 체결하여 2005. 9. 위 도로확장공사를 완공하였다. 그런데, 확장도로구간의 인근에는 서울공항이 위치하여 있고, 동 확장도로구간은 비행안전구역을 통과하고 있었다. 이에 관할 공군비행단장이 2005. 10. 구 군용항공기지법 8조에 위반하여 개설되었다는 이유로 이 사건 도로 등의 제거와 노선변경을 요구하자, 이 사건 도로에 설치된 가로등, 교통표지판 등을 제거하고, 이 사건 도로를 흙으로 덮었다. 이후 이 사건 도로가 이러한 상태로 방치되었다가, 2008. 1. 성남시와 공군비행단간에 작전상 긴급출동을 요하는 경우에 작전도로로서 무상사용 등을 내용으로 하는 합의를 하고, 도로로서 이용되었다.

이에 성남참여자치시민연대 회원들은 2006. 5. "시장이 도로개설이 불법이라는 사실을 알면서도 178억 원을 들여 공사 강행을 지시했기

88) 동 사건과 관련하여 고찰한 것으로서, 문상덕, 주민소송의 대상 확장 : 위법성승계론의 당부 -수원지법 2006구합4586 판결 및 서울고법 2008누35943 판결을 소재로-, 지방자치법연구 10권 3호(2010), 297쪽 이하 ; 김태호, 지방자치법상 손해배상청구를 요구하는 주민소송의 대상과 위법사유의 심사 방법, 대법원판례해설 89호(2011), 1013쪽 이하 ; 김치환, 住民訴訟의 對象, 행정판례연구 18권 1호(2013), 303쪽 이하 ; 강현호, 주민소송으로서 손해배상청구소송에 대한 법적 고찰 -탄천변 도로공사 판례를 중심으로-, 지방자치법연구 16권 3호(2016), 171쪽 이하 참조.

때문에 이로 인해 시민이 입은 손해를 배상할 책임이 있다."고 주장하여, 주민감사청구를 거쳐 "도로 원상복구비로 들어간 예산 37억여 원을 손해배상하라"는 취지의 주민소송(4호소송)을 제기하였다.

〔판결 요지〕

① 제1심 판결[89] - 각하

이 사건 감사청구 및 이 사건 소송은 공금의 지출원인행위라고 볼 수 없는 이 사건 공사계약에 선행하는 이 사건 도로 개설사업을 추진하기로 한 성남시장의 결정, 결단에 관한 사항을 대상으로 한 것으로서 구 지방자치법 제13조의5 제1항(현행 지방자치법 22조 1항 - 저자)에서 주민소송의 대상으로 정한 '공금의 지출'에 관한 사항에 해당한다고 할 수 없고, 그 외에 구 지방자치법 제13조의5 제1항에서 주민소송의 대상으로 삼은 다른 사항에 해당되는 것으로 보이지도 아니한다.

따라서 이 사건 감사청구 및 이 사건 소송에서 문제삼은 성남시장의 행위는 공금의 지출 등 주민소송의 대상이 되는 사항에 관한 것이라고 할 수 없을 뿐만 아니라 이 사건 소송이 적법한 감사청구를 경유하여 제기된 것이라고 볼 수도 없으므로, 이 사건 소는 부적법하다고 할 것이다.

② 원심 판결[90] - 항소기각

공금의 지출과 직접 관련이 있는 지출원인행위, 지급명령 및 지출이 아니라 공금의 지출원인행위에 선행하여 그러한 지출행위가 수반되게 하는 행정청의 결정, 결단 등과 같은 비재무회계행위(이하 '선행행위'라 한다)는 위와 같은 공금의 지출에 관한 사항에 해당한다고 볼 수 없어 비록 그것이 위법한 것이라고 하더라도 주민소송의 대상으로는 할 수 없다고 할 것이다.

---

89) 수원지법 2008. 9. 24. 선고 2006구합4586 판결【손해배상청구】

90) 서울고법 2009. 7. 7. 선고 2008누35943 판결【손해배상청구】

그러나, 이 사건과 같이 선행의 비재무회계행위와 후행의 재무회계행위의 처리권한이 동일한 기관에 속하고, 선행행위와 후행행위 사이에 직접적인 원인관계가 존재하는 경우, 재무회계 권한자가 공금의 지출이라는 재무회계행위를 행함에 있어서 선행행위에 중대하고 명백한 위법사유가 있어서 그 행위가 무효임이 분명하거나, 그렇지 않더라도 선행행위에 위법이나 하자가 있음을 명백히 인식하였을 경우에는 예산집행의 적정성 확보차원에서 선행행위의 무효선언, 취소, 변경 등 시정조치를 취하여 부당한 공금의 지출을 막아야 할 의무가 있고, 이러한 조치를 취하지 아니한 채 선행행위가 존재한다는 이유만으로 공금을 지출하면 그 재무회계행위는 위법함을 면하지 못한다고 할 것이다."

"이 사건에 관하여 보건대, 이 사건 도로확장사업으로 인한 공사대금의 지출에 관한 사항은 이 사건 공사계약의 체결(지출원인행위)과 그에 따른 공사비 지급명령 및 지출과 같은 행위에 관한 사항을 의미하는 것이지 이 사건 도로확장공사를 추진하기로 결정하는 것과 같은 행위를 의미하지는 아니한다고 할 것인바, 이 사건 공사계약이나 이에 따른 공사비 지출과 관련하여 재무회계 자체적으로 어떠한 위법이 있다고 인정할 증거가 없다. (중략) 이 사건 선행행위에 중대하고도 명백한 위법성이 있었다고는 보기 어렵고, 가사 선행행위에 일부 위법성이 있었다고 하여도, 성남시장이 그러한 점을 시정하지 아니한 채 이 사건 공금 지출행위를 하였다고 해서 그러한 사유만으로 위 공금 지출행위가 당연히 위법하다고는 볼 수 없으므로, 원고들의 위 주장은 더 나아가 살필 여지없이 이유 없다."

③ 대법원 판결[91] - 상고기각

"구 지방자치법 제13조의5 제1항에 규정된 주민소송의 대상인 공금

91) 대법원 2011. 12. 22. 선고 2009두14309 판결【손해배상청구】

의 지출에 관한 사항에는 지출원인행위에 선행하는 당해 지방자치단체의 장 및 직원, 지방의회의원의 결정 등과 같은 행위가 포함되지 아니하므로 그 선행행위에 위법사유가 존재하더라도 이는 주민소송의 대상이 되지 아니한다.

그러나 지출원인행위 등을 하는 행정기관이 선행행위의 행정기관과 동일하거나 선행행위에 대한 취소·정지권을 갖는 경우 지출원인행위 등을 하는 행정기관은 지방자치단체에 직접적으로 지출의무를 부담하게 하는 지출원인행위 단계에서 그 선행행위의 타당성 또는 재정상 합리성을 다시 심사할 의무가 있는 점, 이러한 심사를 통하여 선행행위가 현저하게 합리성을 결하고 있다는 것을 확인하여 이를 시정할 수 있었음에도 그에 따른 지출원인행위 등을 그대로 진행하는 것은 부당한 공금의 지출이 되어 지방재정의 건전하고 적정한 운용에 반하는 점, 지출원인행위 자체에 고유한 위법이 있는 경우뿐만 아니라 선행행위에 간과할 수 없는 하자가 존재하고 있음에도 이에 따른 지출원인행위 등 단계에서의 심사 및 시정의무를 소홀히 한 경우에도 당해 지출원인행위를 위법하다고 보아야 하는 점 등에 비추어 보면, 선행행위가 현저하게 합리성을 결하여 그 때문에 지방재정의 적정성 확보의 견지에서 간과할 수 없는 하자가 존재하는 경우에는 지출원인행위의 단계에서 그 선행행위를 심사하여 이를 시정하여야 할 회계관계 법규상의 의무가 있다고 보아야 할 것이다. 따라서 이러한 하자를 간과하여 그대로 지출원인행위 및 그에 따른 지급명령 및 지출 등의 행위에 나아간 경우에는 그러한 지출원인행위 등 자체가 회계관계법규에 반하여 위법하다고 보아야 하고, 이러한 위법사유가 존재하는지 여부를 판단함에 있어서는 선행행위와 지출원인행위의 관계, 지출원인행위 당시 선행행위가 위법하여 직권으로 취소하여야 할 사정이 있었는지 여부, 지출원인행위 등을 한 당해 지방자치단체의 장 및 직원 등이 선행행위의 위법성을 명백히 인식하였거나 이를 인식할 만한 충분한 객관적인 사정이 존재하여 선행행위를 시정할 수 있었는지 여부 등을 종합적으로 고려하여야 한다."(밑줄 저자)

"앞서 본 법리 및 기록에 비추어 보면, 이 사건 선행행위인 도로확장계획 및 이에 관련된 결정에 일부 위법사유가 존재한다고 하더라도, 이러한 내용이 현저하게 합리성을 결하여 그 때문에 지방재정의 적정성 확보의 견지에서 이 사건 지출원인행위인 공사도급계약의 체결에 간과할 수 없는 하자가 존재한다고 보기 어려울 뿐만 아니라, 이 사건 공사도급계약 체결 단계에서 이 사건 선행행위를 다시 심사하여 이를 시정하여야할 회계관계법규상의 의무에 위배하여 그대로 지출원인행위 등의 행위로 나아간 경우에 해당한다고 볼 수 없으므로, 원고의 이 사건 청구를 배척한 원심의 결론은 결과적으로 정당하다."

〔판례의 검토〕

주민소송에서의 위법성의 승계와 관련한 위의 판례들을 살피건대, 제1심·원심·대법원 판결 모두 주민소송의 대상으로서의 '공금의 지출에 관한 사항'을 지출원인행위, 지급명령 및 지출 등에 한정하고, 특별한 사정이 없는 한 이러한 지출원인행위 등에 선행하여 그러한 지출원인행위를 수반하게 하는 해당 지방자치단체의 장 및 직원, 지방의회의원의 결정 등과 같은 행위는 포함되지 않는다고 보는 점에서는 공통된다.

그러나, 제1심판결은 이 사건 주민소송이 비재무회계사항인 도로개설사업을 추진하기로 한 성남시장의 결정, 결단에 관한 사항을 대상으로 한 것으로서 주민소송의 대상이 되는 사항에 관한 것이라고 할 수 없다는 등의 이유로 부적법하다고 각하하였다. 그에 대하여, 원심판결은 공금의 지출원인행위에 선행하여 그러한 지출행위가 수반되게 하는 행정청의 결정, 결단 등과 같은 비재무회계행위는 비록 그것이 위법한 것이라고 하더라도 주민소송의 대상으로 할 수 없다고 하면서도, 일정한 경우에는 그러한 비재무회계행위라고 할지라도 그 위법성이 후행의 재무회계행위에 승계되는 경우가 있음을 인정한다. 그러한 경우로서, 첫째로, 선행의 비재무회계행위와 후행의 재무회계행위의 처리권한이 동일한 기관에 속하고, 선행행위와 후행행위 사이에 직접적인 원인관계가 존재하는 경우, 둘째로, 재무회계 권한자가 공금의 지출이라는 재무회계행위를 하는 경우에 선행행위에 중대하고 명백한 위법사유가 있어서 그 행위가 무효임이 분명하거나, 그렇지 않더라도 선행행위에 위법이나 하자가 있음을 명백히 인식하였을 경우를 들고, 그러한 경우에는 예산집행의 적정성 확보차원에서 선행행위의 무효선언, 취소, 변경 등 시정조치를 취하여 부당한 공금의 지출을 막아야 할 의무가 있고, 이러한 조치를 취하지 아니한 채 선행행위가 존재한다는 이유만으로 공금을 지출하면 그 재무회계행위는 위법함을 면하지 못한다고 하여, 제1심판결과는 다른 입장을 보였다. 대법원 판결도 기본적으로 원심판결과 같은 입장이라고 할 것이다. 다만, 선행의 비재무회계행위의 위법성이 후행의 재무회계행위에 승계되는 논거로서, 첫째로, 지출원인행위 등을 하는 행정기관이 선행행위의 행정기관과 동일하거나 선행행위에 대한 취소·정지권을 갖는 경우 지출원인행위 등을 하는 행정기관은 지방자치단체에 직접적으로 지출의무를 부담하게 하는 지출원인행위 단계에서 그 선행행위의 타당성 또는 재정상 합리성을 다시 심사할 의무가 있는 점, 둘째로, 이러한 심사를 통하여 선행행위가 현저하게 합리성을 결하고 있다는 것을 확인하여 이를 시정할 수 있었음에도 그에 따른 지출원인행위 등을 그대로 진행하는 것은 부당한 공금의 지출이 되어 지방재정의 건전하고 적정한 운용에 반하는 점, 셋째로, 지출원인행위 자체에 고유한 위법이 있는 경우뿐만 아니라 선행행위에 간과할 수 없는 하자가 존재하고 있음에도 이에 따른 지출원인행위 등 단계에서의 심사 및 시정의무를 소홀히 한 경우에도 당해 지출원인행위를 위법하다고 보아야 하는 점 등으로 구체화하여 정리하고 있는 것을 알 수 있다. 또한, 대법원판결은 원심판결과 달리 선행의 비재무회계행위의 위법성 판단에 대한 구체적 기준을 제시하고 있다. 즉, 이러한 위법성 판단기준으로서, "선행행위와 지출원인행위의 관계, 지출원인행위 당시 선행행위가 위법하여 직권으로 취소하여야 할 사정이 있었는지 여부, 지출원인행위 등을 한 당해 지방자치단체의 장 및 직원 등이 선행행위의 위법성을 명백히 인식하였거나 이를 인식할 만한 충분한 객관적인 사정이 존재하여 선행행위를 시정할 수 있었는지 여부 등을 종합적으로 고려"할 것을 명백히 하고 있다.

생각건대, 주민소송에서 선행의 비재무회계행위의 위법성을 후행의 재무회계행위에로 승계를 인정할 것인지의 문제는 재무회계적 사항만을 그 대상으로 하여 다투도록 설계된 주민소송제도의 입법취지와 지방재무행정의 적법·적정한 운영의 확보라는 양자의 요구를 어떻게 조화시킬 것인가로 귀착된다고 할 수 있다. 이러한 관점에서 위의 대법원판결은 원칙적으로 수긍할 수 있을 것이다[92]. 따라서, 선행의 비재무회계행위의 위법성이 후행의 재무회계행위에로 승계될 수 있는지의 문제는 일응 다음과 같이 정리할 수 있다고 본다.

선행의 비재무회계행위의 위법성은 원칙적으로 후행의 재무회계행위에로 승계되지 아니한다. 그러나, 예외적으로 선행의 비재무회계행위의 위법이 중대하고 명백하여 무효인 경우에는 후행의 재무회계행위에 승계된다고 본다. 또한, 선행의 비재무회계행위의 위법이 무효인 정도가 아니라고 할지라도 선행행위의 권한기관과 후행행위의 권한

92) 위법성의 승계와 관련한 대법원의 입장은 기본적으로 수긍할 수 있다고 할지라도, 이 사건과 관련한 개별적 판단에 대해서는 의문이 없는 것은 아니다. 즉, 선행행위와 후행행위의 권한기관(성남시장)이 동일하고, 후행행위의 권한기관이 "선행행위의 위법성을 명백히 인식하였거나 이를 인식할 만한 충분한 객관적인 사정이 존재하여 선행행위를 시정할 수 있었는지 여부"의 판단에서 달리 볼 수도 있었기 때문이다.

기관이 동일하거나 동일하지 않다고 하더라도 후행행위의 권한기관이 선행행위의 권한기관에 대한 지휘감독권(취소·정지권 등)을 가지고 있는 경우에, 선행행위가 위법함에도 불구하고 후행행위의 권한기관이 이를 명백히 인식하였거나 이를 인식할 만한 충분한 객관적인 사정이 존재하여 선행행위의 위법을 시정할 수 있었을 경우에는 위법성의 승계를 인정할 수 있다고 할 것이다.

2) 일본

① 최고재판소 제3소법정 1992년 12월 15일[93](이하 '판례①')

〔사실관계의 개요〕

도쿄도(東京都) 교육위원회는 권장퇴직에 응한 도내 공립학교 교감직에 있는 29명에 대해 1983. 3. 31.자로 교장에 임명하여, 학교직원의 급여 등에 관한 도 조례·규칙을 적용하여 이들을 2호봉 승급시킨 다음, 동 일자로 퇴직승인처분하였다.

위 교육위원회의 소관사항에 관한 예산의 집행권한을 가지는 도쿄도지사는 위 처분에 응해 승급 후의 급여를 기초로 한 퇴직수당의 지급결정을 하고, 위 29명은 각각 퇴직수당을 지급받았다.

도쿄도 주민들은 교감을 교장으로 승진시킨 후 교장직에 해당하는 승급을 하여 즉일 퇴직시키는 것이 급여관련 법률·조례에 위반하여 위법하며, 이러한 위법처분을 전제로 하여 이루어진 퇴직금의 산정과 지급도 또한 위법하다고 주장하여, 도쿄도에 대위하여 도쿄도지사 개인에게 손해배상청구의 주민소송(구 4호소송)을 제기하였다.

〔최고재판소 판결 요지〕: 상고기각

"지방자치법 242조의 2 제1항 제4호의 규정에 근거한 대위청구에 관련된 당해 직원에 대한 손해배상청구소송은 이러한 주민소송의 한

---

93) 最高判 1992. 12. 15, 民集 46卷 9号, 2753쪽.

유형으로서 재무회계상의 행위를 할 권한을 가지는 당해 직원에 대해, 직무상의 의무에 위반하는 재무회계상의 행위에 의한 당해 직원의 개인으로서의 손해배상의무의 이행을 구하는 것에 다름 아니다. 그럼으로, 당해 직원의 재무회계상의 행위를 가지고 위 규정에 근거하는 손해배상책임을 물을 수 있는 것은 설령 이에 선행하는 원인행위에 위법사유가 존재하는 경우라 하더라도, 위 원인행위를 전제로 하여 이루어진 당해 직원의 행위 자체가 **재무회계법규상의 의무**에 위반하는 위법한 것일 때에 한정된다고 해석하는 것이 상당하다."

"교육위원회와 지방자치단체의 장과의 권한의 배분관계를 고려하면, 교육위원회가 행한 학교 그 밖의 교육기관의 직원의 임면 기타 인사에 관한 처분에 대해서는 지방자치단체의 장은 위 처분이 현저하게 합리성을 결하고, 그 때문에 예산집행의 적정 확보의 견지로부터 **간과할 수 없는 하자**가 존재하지 않는 한, 위 처분을 존중하여 그 내용에 응한 재무회계상의 조치를 취하여야 할 의무가 있고, 이것을 거부하는 것이 허용되지 않는 것으로 해석하는 것이 상당하다."

"이상의 사실관계 및 원심이 적법하게 확정한 본 건 처분의 경위 등에 관한 그 밖의 사실관계 하에서 본 건 처분들이 현저하게 합리성을 결하여 그 때문에 이에 예산집행의 적정 확보의 견지로부터 **간과할 수 없는 하자**가 존재하는 것으로 해석할 수 없기 때문에 도쿄도지사로서는 도쿄도교육위원회가 행한 본 건 처분들을 전제로 하여, 이에 수반하는 소요의 재무회계상의 조치를 취하여야 할 의무가 있는 것이라고 하여야 하므로, 도쿄도지사가 한 본 건 지출결정이 그 직무상 부담하는 **재무회계법규상의 의무**에 위반해서 이루어진 위법한 것이라고 할 수 없다."(이상 밑줄 저자)

② 최고재판소 제2소법정 2008년 1월 18일[94](이하 '판례②')

94) 最高判 2008. 1. 18, 民集 62卷 1号, 1쪽.

〔사실관계 개요〕

미야즈시(宮津市)시장 Y는 B토지개발공사와의 사이에서 토지를 선행취득하게 하는 위탁계약을 체결하고, 공사는 토지를 구입하였다. 그 후, 위탁계약에 근거하여, 공사와의 사이에서 토지를 매수하는 매매계약을 Y가 체결하였던 바, 주민들이 토지는 취득할 필요가 없었고 취득가격도 고액이기 때문에 위탁계약은 위법하며, 매매계약도 위법하다고 주장하여, Y에 대하여 매매계약대금 상당액의 손해배상을 청구하는 주민소송(구 4호소송)을 제기하였다[95].

〔최고재판소 판결 요지〕: 원심판결 파기환송

"당해 위탁계약이 사법상 무효인 때에는 당해 보통지방자치단체의 계약체결권자는 무효인 위탁계약에 근거하는 의무의 이행으로서 매수를 위한 매매계약을 체결해서는 안된다고 하는 재무회계법규상의 의무를 지고 있다고 해석해야 하며, 계약체결권자가 그 의무에 위반하여 매수를 위한 매매계약을 체결하면, 그 체결은 위법한 것으로 된다고 하여야 한다."

"본 건 토지에 대해 선행취득을 할 것을 본 건 공사에 위탁한 시의 판단에 재량권의 범위의 현저한 일탈 또는 남용이 있고, 본 건 위탁계약을 무효로 하지 않으면 지방자치법 2조 14항[96], 지방재정법 4조

95) 원심은 "시는 본 건 위탁계약에 근거하여 본 건 공사에 대해 본 건 토지를 선행취득 대금액에 차입의 이자를 더한 금액으로 2002년 3월 31일까지 매수할 의무를 졌다. 설령 본 건 위탁계약의 체결이 위법한 것이라고 하더라도 그에 의해 본 건 위탁계약이 사법상 당연히 무효로 되지 않는다. 시로서는 본 건 토지를 상기 금액으로 상기 기일까지 매수할 수밖에 없었기 때문에 본 건 매매계약의 체결을 재무회계법규상의 의무에 위반하는 위법한 것으로 평가할 수 없다. 또한, 본 건 매매계약 대금은 본 건 공사가 본 건 위탁계약에 근거하는 사무를 처리하기 위하여 필요한 비용과 일치하는 것이기 때문에 본 건 매매계약에 의해 시가 새롭게 손해를 입을 여지도 없다."고 하여, 주민들의 청구를 기각하였다.

96) 일본 지방자치법 제2조 제14항 "지방자치단체는 그 사무를 처리함에 있어서는 주민의 복지의 증진에 노력함과 함께 최소의 경비로 최대의 효과를 거두도록 하지 않으면 안 된다."

1항[97]의 취지를 몰각하는 결과로 되는 특단의 사정이 인정되는 경우에는 본 건 위탁계약은 사법상 무효가 되는 것으로서, 본 건 토지를 취득할 필요성 및 그 취득가격의 상당성의 유무와 관계없이 본 건 위탁계약은 사법상 무효로 되는 것이 아니라고 해서 본 건 매매계약의 체결이 위법하게 되는 일은 없다고 할 수 없다."

"또한, 선행취득의 위탁계약이 사법상 무효가 아니지만, 이것이 위법하게 체결된 것으로서 당해 보통지방자치단체가 그 취소권 또는 해제권을 가지고 있을 때나 당해 위탁계약이 현저하게 합리성을 결하여 그 체결에 예산집행의 적정 확보의 견지로부터 **간과할 수 없는 하자**가 존재하고, 그리고, 객관적으로 볼 때 당해 보통지방자치단체가 당해 위탁계약을 해소할 수 있는 특수한 사정이 있을 때에도 당해 보통지방자치단체의 계약체결권자는 이들 사정을 고려하지 않고 만연히 위법한 위탁계약에 근거하는 의무의 이행으로서 매수를 위한 매매계약을 체결해서는 안된다고 하는 재무회계법규상의 의무를 지고 있다고 해석하여야 하며, 계약체결권자가 그 의무에 위반하여 매수를 위한 매매계약을 체결하면, 그 체결은 위법한 것으로 된다고 하여야 한다."(밑줄 저자)

③ 일본 최고재판소 판례의 검토

최고재판소의 판례에서 '위법성의 승계'와 관련하여 큰 전환점을 이룬 것이 판례①이라고 할 수 있다. 즉, 최고재판소는 "당해 직원의 재무회계상의 행위를 가지고 위 규정에 근거하는 손해배상책임을 물을 수 있는 것은 설령 이에 선행하는 원인행위에 위법사유가 존재하는 경우라 하더라도, 위 원인행위를 전제로 하여 이루어진 당해 직원의 행위 자체가 **재무회계법규상의 의무**에 위반하는 위법한 것일 때에 한

97) 일본 지방재정법 제4조 제1항 "지방자치단체의 경비는 그 목적을 달성하기 위한 필요하고 최소의 한도를 넘어서 이를 지출해서는 안된다."

정된다"고 하여, 종래의 '위법성의 승계'와는 일응 단절을 시도한 것이다. 또한 처음으로 '재무회계법규상의 의무'를 명시하여 그것에의 위반 여부에 의하여 손해배상책임의 인정 여부를 결정하고자 하는 입장을 나타냈다. 특히 본 사례의 경우에는 선행행위의 권한기관(도쿄도 교육위원회)과 후행행위의 그것(도쿄도지사)이 다른 경우에 대하여 "교육위원회와 지방자치단체의 장과의 권한의 배분관계를 고려하면, 교육위원회가 한 학교·교육기관의 직원의 임면 기타 인사에 관한 처분에 대해서는 지방자치단체의 장은 위 처분이 현저하게 합리성을 결하여 그 때문에 이에 예산집행의 적정 확보의 견지로부터 **간과할 수 없는 하자**가 존재하지 않는 한, 위 처분을 존중하여 그 내용에 응한 재무회계상의 조치를 취하여야 할 의무가 있고, 이것을 거부하는 것이 허용되지 않는 것으로 해석하는 것이 상당하다."고 하여, "예산집행의 적정 확보의 견지로부터 간과할 수 없는 하자"라고 하는 기준을 최초로 제시하였다는 점에서도 주목된다.

이후, 주민소송의 대상의 위법성과 관련하여 판례①의 입장에 따라서 판단이 이루어지고 있다고 할 수 있다. 예컨대 판례②가 이러한 판례①의 입장에 충실한 것이라고 할 수 있다. 즉, 주민소송에서의 심사사항은 당해 재무회계행위 고유의 위법성 이외에, ⓐ원인행위가 무효인지 여부, ⓑ당해 재무회계행위의 권한자가 원인행위의 취소권 또는 해제권을 가지는지 여부, ⓒ원인행위에 예산집행의 적정 확보의 견지로부터 간과할 수 없는 하자가 존재하고, 그리고, ⓑ와 동일시할 수 있는 특수사정이 있는지 여부라고 파악하고[98], ⓐⓑⓒ의 사유가 인정되는 경우에는 후행의 재무회계행위가 그 재무회계법규상의 심사의무를 위반하여 그 자체로 위법하다고 인정하는 것이다.

98) 下井康史, 行政法, 法学教室 361号(2010), 123쪽.

3) 한·일 판례의 비교

2011년 대법원 판례의 입장은 다음과 같이 요약할 수 있을 것이다. (1)지방자치법상의 주민소송의 대상인 재무회계사항(공금의 지출에 관한 사항)의 선행행위의 위법은 주민소송의 대상이 되지 않음이 원칙이다. (2)그러나, 선행행위에 지방재정의 적정성 확보의 견지에서 간과할 수 없는 하자가 존재하는 경우에는 후행의 재무회계행위(지출원인행위)의 단계에서 그 선행행위를 심사하여 이를 시정하여야 할 회계관계법규상의 의무가 있기 때문에 이러한 하자를 간과하여 그대로 재무회계행위를 한 경우에는 그러한 재무회계행위 자체가 회계관계법규에 반하여 위법하고, 그러한 재무회계행위는 주민소송의 대상이 된다. 대법원이 (2)의 인정근거로 드는 사유로서는, ①지출원인행위 등을 하는 행정기관이 선행행위의 행정기관과 동일하거나 선행행위에 대한 취소·정지권을 갖는 경우 지출원인행위 등을 하는 행정기관은 지방자치단체에 직접적으로 지출의무를 부담하게 하는 지출원인행위 단계에서 그 선행행위의 타당성 또는 재정상 합리성을 다시 심사할 의무가 있는 점, ②이러한 심사를 통하여 이를 시정할 수 있었음에도 그에 따른 지출원인행위 등을 그대로 진행하는 것은 부당한 공금의 지출이 되어 지방재정의 건전하고 적정한 운용에 반하는 점, ③지출원인행위 자체에 고유한 위법이 있는 경우뿐만 아니라 선행행위에 간과할 수 없는 하자가 존재하고 있음에도 이에 따른 지출원인행위 등 단계에서의 심사 및 시정의무를 소홀히 한 경우에도 당해 지출원인행위를 위법하다고 보아야 하는 점이다. 또한, 위의 (2)의 경우에 있어서 위법사유의 판단기준으로서는 ⓐ선행행위와 지출원인행위의 관계, ⓑ지출원인행위 당시 선행행위가 위법하여 직권으로 취소하여야 할 사정이 있었는지 여부, ⓒ지출원인행위 등을 한 당해 지방자치단체의 장 및 직원 등이 선행행위의 위법성을 명백히 인식하였거나 이를 인식할 만한 충분한 객관적인 사정이 존재하여 선행행위를 시정할 수 있었는지 여부 등을 종합적으로 고려하여야 한다고 하고 있다.

위의 대법원 판례는 우선 일본 최고재판소의 판례①과 비교될 수 있을 것이다. 즉, 최고재판소의 판례①이 "당해 직원의 재무회계상의 행위를 가지고 위 규정에 근거하는 손해배상책임을 물을 수 있는 것은 설령 이에 선행하는 원인행위에 위법사유가 존재하는 경우라 하더라도, 위 원인행위를 전제로 하여 이루어진 당해 직원의 행위 자체가 재무회계법규상의 의무에 위반하는 위법한 것일 때에 한정된다"고 하여, '위법성의 승계'를 원칙적으로 부정하고 있는 것은 위의 대법원판례의 (1)의 입장과 유사하다고 할 것이다. 또한, 선행행위의 위법이 예외적으로 후행행위에 영향을 미치는 경우로서 판례①이 "예산집행의 적정 확보의 견지로부터 간과할 수 없는 하자"가 존재함에도 후행의 재무회계행위로 나아간 경우에는 재무회계법규상의 의무를 위반하는 것이 되어 후행의 재무회계행위 자체가 위법하게 됨을 판시하고 있는 것도 위 대법원 (2)의 ③과 유사하다고 할 수 있다. 나아가, 최고재판소 판례②가 "<u>당해 위탁계약이 사법상 무효인 때에는 당해 보통지방자치단체의 계약체결권자는 무효인 위탁계약에 근거하는 의무의 이행으로서 매수를 위한 매매계약을 체결해서는 안된다고 하는 재무회계법규상의 의무를 지고 있다</u>고 해석해야 하며, 계약체결권자가 그 의무에 위반하여 매수를 위한 매매계약을 체결하면, 그 체결은 위법한 것으로 된다고 하여야 (하며)", "또한, 선행취득의 위탁계약이 사법상 무효가 아니지만, <u>이것이 위법하게 체결된 것으로서 당해 보통지방자치단체가 그 취소권 또는 해제권을 가지고 있을 때나 당해 위탁계약이 현저하게 합리성을 결하여 그 체결에 예산집행의 적정 확보의 견지로부터 간과할 수 없는 하자가 존재하고, 그리고, 객관적으로 볼 때 당해 보통지방자치단체가 당해 위탁계약을 해소할 수 있는 특수한 사정이 있는 때에도</u>(이상 밑줄 저자) 당해 보통지방자치단체의 계약체결권자는 이들 사정을 고려하지 않고 만연히 위법한 위탁계약에 근거하는 의무의 이행으로서 매수를 위한 매매계약을 체결해서는 안된다고 하는 재무회계법규상의 의무를 지고 있다고 해석하여야 하며, 계약체결권자가 그 의무에 위반하여 매수를 위한 매매계약을 체결하면, 그 체결은 위법한 것으로 된다고 하여야 한다."고 하여, 주민소송에서의 심사사항이 해당 재무회계행위 고유의 위법성 이외에, ⓐ원인행위가 무효인지 여부, ⓑ당해 재무회계행위의 권한자가 원인행위의 취소권 또는 해제권을 가지는지 여부, ⓒ원인행위에 예산집행의 적정확보의 견지로부터 간과할 수 없는 하자가 존재하고, 그리고, ⓑ와 동일시할 수 있는 특수사정이 있는지 여부라고 파악하고, 그러한 경우에는 후행의 재무회계행위가 그 재무회계법규상의 심사의무를 위반하여 그 자체로 위법하다고 인정하고 있는 점도 대법원판례 (2)①②③과 유사함을 알 수 있다.

그러나, 대법원판례와 일본 최고재판소판례와의 차이점도 지적할 수 있을 것이다. 즉, 대법원판례는 후행의 재무회계행위가 예외적으로 위법성이 인정되는 위의 (2)의 경우에 있어서 위법사유의 판단기준으로서는 선행행위와 지출원인행위의 관계, 지출원인행위 당시 선행행위가 위법하여 직권으로 취소하여야 할 사정이 있었는지 여부, 지출원인행위 등을 한 당해 지방자치단체의 장 및 직원 등이 선행행위의 위법성을 명백히 인식하였거나 이를 인식할 만한 충분한 객관적인 사정이 존재하여 선행행위를 시정할 수 있었는지 여부 등을 종합적으로 고려하여야 한다고 하여, 그 판단기준을 구체적으로 들고 있는 점은 일본 최고재판소의 위의 판례들에서는 찾아볼 수 없다.

(4) 관련사례

이하에서는 원인행위를 비재무회계적 사항과 재무회계적 사항으로 나누어서 원고의 청구가 인용된 사례와 기각된 사례를 각각 살펴보기로 한다.

(가) 원인행위가 비재무회계적 사항인 경우

1) 원고의 청구가 인용된 사례

① 재직중인 지방자치단체의 장이 지방의회의 의결을 거쳐 지방자치단체의 비용으로 자신의 흉상을 건설한 것과 관련한 주민소송(구 4호소송)에서, 그것이 비록 지방의회의 의결을 거쳤다고 할지라도 이러한 흉상건립행위는 해당 지방자치단체의 장이 지방자치단체에 공적이 있다 하더라도 스스로 이에 관여함으로써 송덕의 취지에 반하고, 오히려 자기선전을 위한 행위로 평가되고, 또한 주민 전체의 봉사자인 지방자치단체의 장의 책무에 현저히 위배하므로 공금의 지출행위는 위법하다고 하였다[99].

② 시가 시가지재개발빌딩을 관리·운영하기 위하여 반액출자하여 설립한 주식회사형태의 제3섹터에 시직원을 파견하고 급여를 지급한 것이 위법한 공금의 지출에 해당한다고 하여 그 제3섹터에 대하여 제기한 주민소송(부당이득반환청구)에서, 사기업인 제3섹터에 직원을 파견하기 위하여 필요한 지방공무원법상의 직무전념의무 위반의 문제를 회피하기 위한 조치에 관한 조례·규칙상의 규정이 없기 때문에 직원의 파견은 위법하고, 시의 사무를 담당하지 않은 그 직원에 대한 급여 등의 지급을 가능하게 하는 법령상의 근거도 없었다고 하여 원고의 청구가 인용되었다[100].

③ 전국광역지방의회의원 연식야구대회에 참가하는 것은 동 대회의 내용이 단지 지방의원이 야구시합을 하여 우승을 다투는데 불과하고, 타 지방의회의원과의 의견교환이나 상호교류 등의 기회가 마련되어 있지도 않았고 경기시설의 시찰 등의 공식행사도 예정되어 있지 않았다는 사실관계에서는 지방의원으로서의 직무라고는 할 수 없고,

---

99) 広島地判 1968. 12. 18, 判例時報 560号, 43쪽.
100) 浦和地判 1992. 3. 2, 判例時報 1454号, 73쪽.

동 대회에 참가한 의원은 지방자치단체에 대하여 지급받은 여비 상당액의 부당이득반환의무를 진다고 하였다[101].

2) 원고의 청구가 기각된 사례

① 주민소송의 대상이 지방자치단체의 집행기관 등의 위법한 재무회계상의 행위 또는 게을리한 사실에 한정되는 것은 지방자치법 규정상 명백하지만, 위 행위가 위법하게 되는 것은 단지 그 자체가 직접 법령에 위반하는 경우뿐만 아니라 그 원인인 행위가 법령에 위반하여 허용되지 않는 경우의 재무회계상의 행위도 또한 위법하게 된다고 하여, 지방자치단체의 장이 공무원을 징계면직처분을 하여야 할 사유임에도 불구하고 직권면직처분을 하여서 그 공무원에게 퇴직금 등을 지급한 경우에, 직권면직처분이 위법하다면 퇴직금 지급도 또한 위법하게 되기 때문에 지방자치단체의 장 개인의 손해배상책임을 묻는 4호소송이 가능하다고 보면서도, 본 건의 경우에는 임명권자의 재량 범위 내의 행위로서 위법하지 않다고 하여 기각하였다[102].

② 지방자치단체가 해변을 매립하여 도시계획공원을 설치할 것을 계획하고, 관련법률에 근거한 매립면허를 얻어서 매립공사를 개시한

---

101) 最高判 2003. 1. 17, 判例時報 1813号, 64쪽.

102) 最高判 1985. 9. 12, 判例タイムズ 572号, 54쪽. "위의 행위(후행행위-저자)가 위법하게 되는 것은 단지 그 자체가 직접 법령에 위반하는 경우뿐만 아니라 그 원인이 되는 행위가 법령에 위반하여 허용되지 않는 경우의 재무행위도 또한 위법하게 된다." 이에 따라, 하급심판례도 같은 입장을 나타냈다. 예컨대, "지방자치단체의 집행기관 또는 직원이 한 재무회계상의 행위와 그 집행기관 또는 직원이 한 당해 재무회계상의 행위의 원인이 되는 행위 사이에 후자가 전자의 직접 원인을 이루는 일체적인 관계가 있는 경우에는 당해 원인이 되는 행위가 위법하면 당해 재무회계상의 행위도 당연히 위법하게 되는 것이다."(東京地判 1987. 11. 24, 判例自治 42号, 54쪽 참조)

그러나, 최고재판소는 이후 "당해 직원의 손해배상책임을 묻는 데에는 선행하는 원인행위에 위법사유가 존재하는 경우라고 하더라도, 원인행위를 전제로 해서 이루어진 당해 직원의 행위 자체가 재무회계법규상의 의무에 위반하는 위법한 것인 때에 한한다."고 하여 다른 입장을 나타냈다. 最高判 1992. 12. 15, 民集 46巻 9号, 2753쪽.

데 대하여, 주민들이 본 건 매립공사는 관련법률에 위배된 위법한 것이며, 따라서 매립공사를 위하여 하는 공금의 지출도 위법하다고 하여 제기한 주민소송(1호소송)에서, 본건 매립공사는 관련법률에 근거한 것으로서 위법하지 않다고 하여 공금의 지출의 중지청구를 기각하였다[103].

③ 구청장이 도로법에 근거하여 행한 노선의 설정 및 도로구역의 결정이 위법하다고 하더라도 그 위법이 중대하고 명백한 것이 아닌 한, 그 위법을 이유로 하여 당해 도로용지의 매수행위의 중지를 청구하거나 용지매수를 위하여 공금을 지출하는 것이 위법하지 않다고 하였다[104].

④ 주민소송에서의 심리의 대상은 재무회계상의 행위가 위법한지 여부에 한정되기 때문에 재무회계행위의 원인으로 된 비재무회계행위의 위법성이 후속행위(재무회계행위)에 승계되어 주민소송의 대상으로 되는 것은 원인행위가 현저하게 합리성을 결하여 예산집행의 적정한 확보의 견지로부터 간과할 수 없는 위법이 존재하는 경우에 한한다고 하여, 본 건 예산지출행위에 대하여 예산집행의 적정한 확보의 견지에서 간과할 수 없는 위법이 존재한다고는 인정되지 않는다고 하여 그 청구가 기각되었다[105].

(나) 원인행위가 재무회계상의 행위인 경우

원인행위와 후행행위 모두 재무회계상의 행위이며 행정기관이 동일한 경우에는 양자 모두 주민소송의 대상으로 할 수 있기 때문에, 양 행정기관이 동일한 경우에는 굳이 위법성 승계의 문제를 논할 필요가 없는 것이 원칙이다. 그러나, 원인행위가 감사청구기간을 도과한 경우 등에는 위법성의 승계를 논할 실익이 있다고 할 것이다.

---

103) 高松高判 1994. 6. 24, 判例タイムズ 851号, 80쪽.
104) 東京高判 1981. 5. 27, 行集 34巻 2号, 138쪽.
105) 神戸地判 2004. 3. 30, 判例自治 260号, 13쪽.

1) 위법성의 승계가 인정되는 경우

예컨대, 지방자치단체의 장으로부터 위임을 받은 공무원이 위법한 계약을 체결하고, 지방자치단체의 장이 그 계약에 기한 지급명령을 발한 경우를 들 수 있다. 지방자치단체의 장이 수임공무원에 대하여 지휘감독권을 가지고 있으므로, 그 계약의 효력 유무를 불문하고 지방자치단체의 장의 지급명령은 해당 지방자치단체에 대한 관계에서 위법성을 가진다고 본다.

2) 위법성의 승계가 부정되는 경우

원인행위가 위법한 경우에도 당연무효가 아닌 한 후행행위를 이행할 의무가 있는 경우, 예컨대, 지방자치단체의 장이 지방자치단체 소유의 산림을 수의계약에 의해 매각한 것에 대하여, 주민들이 그 계약이 관계법령에 위반해서 체결된 것이라고 주장하여 지방자치단체의 장을 피고로 해서 해당 산림의 소유권이전등기절차의 중지를 청구한 주민소송(1호소송)에서, 위 계약은 위법하지만 사법상 당연무효로 되는 것은 아니고, 지방자치단체는 계약의 상대방에게 당해 계약에 기한 채무를 이행하여야 할 의무를 부담하는 것이기 때문에 의무이행행위인 등기절차 자체는 위법하지 않고, 그 중지청구는 허용되지 않는다[106]고 하였다.

4. 위법성의 치유

(1) 문제의 소재

본래 행정행위의 하자의 치유란 행정행위의 발령 당시에는 그 요건을 완비하지 못하였으나, 사후에 결여된 요건을 보완함으로써 그 하자가 치유된 것으로 인정한다는 법이론이라고 할 수 있다. 이러한 하

106) 最高判 1987. 5. 19, 判例時報 1240号, 62쪽.

자의 치유의 논리가 주민소송에서도 인정될 수 있을 것인지의 문제이다. 주민소송에서 위법성의 치유가 인정되는지 여부는 실체법규의 해석문제로서, 위법성의 종류·정도, 치유의 원인이 다양하기 때문에 치유가 인정되는 경우의 일반적인 기준을 설정하는 것은 곤란한 측면이 있다[107]. 그러나, 일반적으로 행정행위의 하자의 치유는 매우 예외적으로 인정되는 데 반하여, 주민소송에서는 상대적으로 더 완화해서 인정된다고 할 수 있다.

(2) 관련사례

1) 위법성의 치유를 긍정한 사례

① 지방자치단체가 디자인박람회의 준비·운영을 위하여 설립한 재단법인(지방자치단체장이 이사장)과 지방자치단체의 장이 해당 지방자치단체를 대표하여 계약을 체결한 경우에, 의회가 지방자치단체의 장에 의한 행위(계약 체결)를 추인했을 때에는 민법상의 무권대리행위의 추인에 관한 규정의 유추적용에 의하여 해당 지방자치단체에 법률효과가 귀속하게 된다고 하였다[108].

② 지방자치단체의 장이 조례에 규정된 승급요건을 고려하지 않고 직원을 승급·승격시키는 특별조치를 취한 후, 위 특별조치와 동일한 내용의 조례가 제정된 경우에, 위 특별조치는 소급적으로 적법하게 된다고 해석함이 상당하다고 하여, 위법성의 치유를 인정하였다[109].

③ 지방자치단체의 장이 예산에 근거하지 않고 공공용지 취득을 위하여 매매계약을 체결하여 지출원인행위를 하였지만, 위 계약에 근거한 공금 지출의 시점에서는 지방의회의 의결을 거쳐서 예산조치가 행하여진 경우에, 위 지출원인행위의 위법성은 치유되고 공금 지출은

---

107) 大藤 敏 編, 『現代裁判法大系 28 住民訴訟』, 新日本法規出版, 1999, 42쪽(竹野下 喜彦).

108) 最高判 2004. 7. 13, 判例時報 1872号, 32쪽.

109) 最高判 1993. 5. 27, 判例時報 1460号, 57쪽.

적법하게 된다고 하였다[110].

④ 지방자치단체가 매도인에게 추가 지출한 매수대금의 일부의 지출행위에 대하여, 조례 소정의 지방의회의 의결을 거치지 않은 하자가 제1심판결 후 지방의회가 추인의 특별의결을 한 경우에는 그 위법성이 치유된다고 하였다[111].

⑤ 지방자치단체가 공유지상의 자갈을 제3섹터인 기업에 매각한 가격이 현저히 저렴하다고 하여 손해배상을 청구한 주민소송(구 4호소송)에서, 본 건 매각이 설령 적정한 매각대금에 의하지 않은 양도에 해당한다고 하더라도, 매각 후의 보정예산의 심사에서 지방의회는 본 건 매각의 필요성·타당성에 대해 심사하여 이를 타당한 것으로 의결하였기 때문에, 지방의회의 의결을 결여한 하자는 치유되었다고 하여 청구가 기각되었다[112].

2) 위법성의 치유를 부정한 사례

① 지방자치단체의 장이 지방공무원 전원에 대하여 일률적으로 승급기간을 단축하여 승급발령을 한 것이 급여조례주의에 위반한다고 하여 제기된 손해배상청구의 주민소송(구 4호소송)에서, 이러한 지방자치단체의 장의 승급조치는 급여조례상 적법하지 않고, 지방자치단체의 장이 그 시정조치로서 한 승급연장조치는 본 건 승급이 없었던 것과 같은 상태로 되돌렸다고 할 수 있지만, 이미 지급된 위법승급분의 손해까지 회복시키는 것은 아니라고 하여 위법성의 치유를 부정하였다[113].

② 지방자치단체의 장이 예산에 근거하지 않고 교제비를 지출한 위법은 당해 회계연도 경과 후에 위 교제비를 계상한 보정예산이 성립

110) 大阪高判 1983. 6. 29, 行集 34巻 6号, 1106쪽.

111) 大阪高判 1978. 10. 27, 判例タイムズ 377号, 127쪽.

112) 山形地判 2002. 10. 22, 判例タイムズ 1140号, 147쪽.

113) 東京高判 1991. 10. 15, 判例時報 1414号, 42쪽.

하였다고 하더라도 그 위법성이 치유되지 않는다고 하였다[114].

③ 지방자치단체가 한 차고 건축공사 도급계약의 성립 후에 동일 회계연도 내에서 차고 건축 직영공사를 위한 예산이 성립하였다고 하더라도, 위 계약이 그 당시 예산에 근거하지 않았던 위법이 치유되는 것은 아니라고 하였다[115].

---

114) 松山地判 1973. 3. 29, 判例時報 706号, 18쪽.

115) 東京高判 1977. 8. 9, 行集 28巻 8号, 823쪽.

제5장
주민소송의 유형

제1절 주민소송의 유형 개설

1. 주민소송 유형의 의의

(1) 주민소송은 객관소송으로서의 민중소송의 하나인데, 민중소송은 법률이 정한 경우에 법률에 정한 자에 한하여 제기할 수 있다(행정소송법 45조 참조). 그런데, 지방자치법은 주민소송으로 제기할 수 있는 소송유형을 명시하고 있다. 즉, 법 22조 2항은 주민이 제기할 수 있는 소송으로서 "1. 해당 행위를 계속하면 회복하기 어려운 손해를 발생시킬 우려가 있는 경우에는 그 행위의 전부나 일부를 중지할 것을 요구하는 소송, 2. 행정처분인 해당 행위의 취소 또는 변경을 요구하거나 그 행위의 효력 유무 또는 존재 여부의 확인을 요구하는 소송, 3. 게을리한 사실의 위법 확인을 요구하는 소송, 4. 해당 지방자치단체의 장 및 직원, 지방의회의원, 해당 행위와 관련이 있는 상대방에게 손해배상청구 또는 부당이득반환청구를 할 것을 요구하는 소송. 다만, 그 지방자치단체의 직원이 「회계관계직원 등의 책임에 관한 법률」 제4조에 따른 변상책임을 져야 하는 경우에는 변상명령을 할 것을 요구하는 소송을 말한다."라고 규정하고 있는 것이 그것이다. 이들 소송유형을 요약하면, ①중지소송, ②취소(변경)소송, 무효(유효)확인소송, 부존재(존재)확인소송, ③부작위위법확인소송, ④손해배상청구·부당이득반환청구소송이 될 것이다(이하에서는, 이들 명칭과 함께 각 소

송유형에 대응하여 '1호소송', '2호소송', '3호소송', '4호소송'이라는 명칭을 사용하기로 한다.).

이들 소송유형을 주민소송의 목적과의 관련에서 살펴보면, 주민소송의 목적은 크게 나누어 지방자치단체의 재무회계행정의 적법성·공정성의 확보와 재산상의 손실의 방지·회복에 있다고 할 수 있고, 주민소송 유형 가운데 1호소송부터 3호소송은 전자의 목적에 보다 적합하고, 4호소송은 후자의 목적에 보다 적합하다고 할 수 있다[1].

(2) 한편, 주민소송으로서 다툴 수 있는 대상과 당사자가 제한되어 있는 것과 마찬가지로, 주민소송으로 제기할 수 있는 소송유형도 제한되어 있다고 할 수 있다. 즉, 위의 4가지 소송유형 이외의 소송유형으로 주민소송을 제기하는 것은 부적법하게 된다. 따라서, 이들 소송유형에 관하여 각 유형별 특징·내용을 검토할 필요가 있다. 다만, 지방자치법은 주민소송에 관하여 동법에 규정된 것 이외에는 행정소송법에 따르도록 규정하고 있으므로(법 22조 18항 참조), 주민소송의 유형을 고찰하기에 앞서, 먼저, 행정소송법과의 관계를 좀 더 명확히 할 필요가 있다.

2. 행정소송법과의 적용관계

(1) 행정소송법은 민중소송에 관한 규정을 두면서, 항고소송 또는 당사자소송에 관한 규정을 준용하도록 하고 있다(동법 46조 참조). 즉, 민중소송으로서 ①처분등의 취소를 구하는 소송에는 그 성질에 반하지 아니하는 한 취소소송에 관한 규정, ②처분등의 효력 유무 또는 존재 여부나 부작위의 위법의 확인을 구하는 소송에는 그 성질에 반하지 아니하는 한 각각 무효등 확인소송 또는 부작위위법확인소송에 관한 규정, ③①·②에 규정된 소송외의 소송에는 그 성질에 반하지 아니

1) 園部逸夫編, 『実務·自治体財務の焦点 4 住民訴訟』, 48쪽(曽和俊文).

하는 한 당사자소송에 관한 규정을 각각 준용하도록 하고 있다.

(2) 이상과 같은 주민소송 관련규정을 전제로 하여, 지방자치법 및 행정소송법의 적용에서 중요한 내용을 정리하여 보면 다음과 같다.

1) 주민소송을 제기하기 위하여서는 반드시 주민감사청구를 거칠 것이 요구된다(필수적 주민감사청구전치주의). 이에 대해, 행정소송법은 항고소송(취소소송 및 부작위위법확인소송)에서는 이른바 임의적 행정심판전치주의를 취하고 있다(동법 18조 1항, 38조 2항 참조).

2) 주민소송의 청구대상은 "공금의 지출에 관한 사항, 재산의 취득·관리·처분에 관한 사항, 해당 지방자치단체를 당사자로 하는 매매·임차·도급 계약이나 그 밖의 계약의 체결·이행에 관한 사항 또는 지방세·사용료·수수료·과태료 등 공금의 부과·징수를 게을리한 사항"(법 22조 1항)으로 한정되는데 대하여, 행정소송법은 "행정청의 처분등이나 부작위"(동법 3조 1호 ; 항고소송), "공법상의 법률관계"(동법 3조 2호 ; 당사자소송) 등을 그 대상으로 하여 제기되는 소송으로서 규정하고 있다.

3) 제소기간과 관련하여, 지방자치법은 주민소송의 제소사유를 규정하고(22조 1항 참조), 일정한 법정사유에 해당하는 날부터 90일 이내에 제기하도록 규정하고 있는 데 대하여(22조 4항 참조), 행정소송법은 항고소송(취소소송)에서 처분등이 있음을 안 날부터 90일 이내, 처분등이 있은 날로부터 1년 이내에 제기하도록 규정하고 있다(동법 20조 1, 2항 참조).

4) 피고적격과 관련하여, 주민소송에서는 "해당 지방자치단체의 장(해당 사항의 사무처리에 관한 권한을 소속 기관의 장에게 위임한 경우에는 그 소속 기관의 장을 말한다.)"(법 22조 1항)을 피고로 하는데 대하여, 행정소송법은 "처분등을 행한 행정청"(동법 13조 1항, 38조 ; 항고소송), "국가·공공단체 그 밖의 권리주체"(동법 39조 ; 당사자소송)를 피고로 하는 것이 원칙이다.

5) 또한 주민소송에 대해서는 행정소송법상의 민중소송에 관한 규정이 준용되는 결과, 주민소송의 소송유형 상호간의 병합이나 이송이 허용된다고 해석된다(동법 10조, 38조, 44조 2항 참조).

6) 4호소송과 관련된 민사소송(손해배상청구, 부당이득반환청구)에는 행정소송법상의 당사자소송에 관한 규정이 준용되어(동법 46조 3항 참조), 제3자의 소송참가(16조), 행정청의 소송참가(17조 1항), 직권심리(26조), 취소판결의 기속력(30조), 소송비용에 관한 재판의 효력(33조)이 적용된다. 그 결과, 실질은 민사소송이면서도 특수한 취급을 받는다고 할 수 있다.

제2절 1호소송[2)]

1. 1호소송의 의의와 법적 성격

가. 1호소송의 의의

1호소송(중지소송)이란 "해당 행위를 계속하면 회복하기 어려운 손해를 발생시킬 우려가 있는 경우에는 그 행위의 전부나 일부를 중지할 것을 요구하는 소송"(법 22조 2항 1호)을 말한다. 주민소송제도는 지방재정 운영의 공정성을 확보하고 지방자치단체가 손실을 받는 것을 방지하여 주민 전체의 이익을 지키는 것을 목적으로 하는 것이지만, 특히, 1호소송은 해당 행위를 중지시킴으로써 지방자치단체의 손해를 사전에 방지하고자 하는 것이다. 따라서, 가령 1호소송이 온전히 그 기능을 달성하는 경우에는 원래부터 지방자치단체에 대한 손해는 발생하지 않게 되고 4호소송 등의 제기의 문제도 발생하지 않게 되기

2) 이하는 졸고, 주민소송에서의 1호소송에 대한 법적 검토 -일본의 학설·판례를 중심으로 하여-, 공법학연구 9권 2호(2008. 5) 313쪽 이하를 토대로 하여 재구성한 것임.

때문에, 1호소송의 운용 여하에 따라서 주민소송제도 전체에도 커다란 영향력을 미친다고 할 수 있다[3].

1호소송에 관한 규정으로부터 살펴보면, 그 대상은 '해당 행위'이며, 그 상대방(피고)은 '해당 지방자치단체의 장(해당 사항의 사무처리에 관한 권한을 소속 기관의 장에게 위임한 경우에는 그 소속 기관의 장을 말한다.)'이 된다. 또한, 청구의 내용은 "그 행위의 전부나 일부를 중지할 것"이다. 위법한 '해당 행위'가 행하여지기 이전에 이러한 행위를 사전에 방지할 수 있다면, 그것이 해당 지방자치단체에게는 이익이 되기 때문이다.

나. 1호소송의 법적 성격

(1) 1호소송은 지방자치단체의 집행기관 등의 위법한 재무회계상의 행위를 사전에 전부 또는 일부 중지할 것을 요구하는 소송유형으로서 소송의 성격은 부작위의 이행소송이고[4], 실질적인 내용은 집행기관 등에 대하여 일종의 소극적 직무집행을 명하는 것이라고 할 수 있다. 이러한 1호소송은 주식회사에서 주주에게 인정되는 유지청구권(상법 402조 참조)과 유사한 성질을 갖는다.

그런데, 이러한 중지청구의 허용범위에 대해 부작위급부로 한정하는 견해와 작위급부도 포함시키는 견해로 나뉜다[5]. 전자는 중지라는 어의 자체에 적극적 직무집행명령을 포함시키기 어렵고, 재량적 공법상의 행위 또는 사적 자치에 속하는 사법행위에 대해 특정한 작위의무를 인정하는 것은 소송법상 법원의 권한에 속하지 않는다고 하는

---

3) 小幡純子, 住民訴訟における一号請求の重要性, 法律のひろば(2002. 8), 22쪽.

4) 이에 대하여, 1호소송이 권리능력을 가지지 않는 기관을 피고로 하는 점에서 이행소송으로 해석하는 것에 의문을 나타내고, 1호소송의 법적 성격을 그 대상인 재무회계행위에 관하여 해당 지방자치단체의 장 등의 권한을 제한한다고 하는 법적 효과를 형성하기 위한 형성소송으로 해석하여야 한다고 하는 견해가 있다. 園部逸夫編, 『最新地方自治法講座 4 住民訴訟』, 305쪽(石津廣司).

5) 園部逸夫 編, 『最新地方自治法講座 4 住民訴訟』, 190쪽(佐藤英善).

점을 그 논거로 한다. 그러나, 1호소송이 허용되는 것은 "해당 행위를 계속하면 회복하기 어려운 손해를 발생시킬 우려가 있는 경우"로 한정되기 때문에 행정기관에 작위의 급부를 명한다고 하더라도 행정의 재량권의 행사 등을 곧바로 침해하는 것으로는 생각되지 않는다는 점, 위법행위의 전부 또는 일부를 중지시키기 위해서 필요한 조치를 강구할 것을 명할 수 없다면 중지청구의 목적을 충분히 달성할 수 없는 경우가 있을 수 있다는 점 등을 고려하여 볼 때, 후자가 보다 타당하다고 생각된다.

(2) 또한 1호소송은 미국의 납세자소송에서 널리 이용되고 있는 금지명령(injunction)을 그 모델로 한다[6]. 미국에서는 연방정부의 행정청의 행위에 대한 비제정법상의 구제로서, 법에 의한 적절한 구제를 받을 수 없어서 회복하기 어려운 손해가 발생할 우려가 있는 경우에 금지명령을 구하는 소송이 인정되고 있다. 이러한 금지명령에는 영구적 금지명령(perpetual injunction)과 잠정적 금지명령(temporary injunction)이 있는 바, 1호소송에서의 중지청구에는 양자, 즉 본안판결상의 중지청구와 가구제로서의 중지청구(=보전처분)가 모두 포함되어 있다고 본다.

2. 1호소송의 요건

가. 해당 행위가 완료되지 않았을 것

(1) 1호소송은 중지청구의 대상행위가 행해지기 이전이나 행해지고 있는 때에만 가능하고, 해당 행위가 완료된 후에는 청구할 수 없다. 따라서, 1호소송 계속중에 해당 행위가 완료되어버리면 소의 이익이

6) 미국의 납세자소송에서의 청구유형은 금지명령이 사용빈도가 가장 많고 원칙형이라 할 수 있다. 山村恒年, 差止め請求の意義と対象, 民商法雑誌 93巻 3号, 398쪽 이하.

소멸되고, 그 소는 각하된다[7]. 그러나, 예컨대, 매매계약의 체결과 그 이행의 중지청구의 소송 계속중에 매매계약만이 체결된 경우에는 소의 이익을 상실하지 않는다고 하여야 할 것이다[8].

(2) 그런데, 1호소송 계속중에 해당 행위가 완료된 경우에는 해당 행위로 인하여 지방자치단체가 손해를 입었다고 하여 4호소송을 관련청구로서 추가적 병합을 할 수 있고(행정소송법 46조 3항, 44조 2항, 10조 2항 참조), 또는 1호소송을 취하해서 소의 교환적 변경을 할 수도 있다.

이와 관련하여, 몇 가지 논점이 있다. 첫째로, 해당 행위의 중지를 구하여 주민감사청구를 한 경우에, 감사 결과에 불복하여 1호소송을 제기하였는데 1호소송 계속중에 해당 행위가 완료되었을 때, 4호소송으로 추가적 병합 등을 할 수 있을 것인가이다. 이에 대해서는, 주민감사청구의 대상사항으로부터 파생·후속하는 것으로 예측되는 사항에 대해서는 감사청구와 주민소송의 관련성이 인정된다고 해석할 수 있기 때문에, 1호소송의 주민감사청구에 의하여 4호소송에 대해서도 주민감사청구를 거친 것으로 보는 것이 타당하다. 대법원도 “주민감사를 청구한 사항과 관련성이 있는지 여부는 주민감사청구사항의 기초인 사회적 사실관계와 기본적인 점에서 동일한지 여부에 따라 결정되는 것이며 그로부터 파생되거나 후속하여 발생하는 행위나 사실은 주민감사청구사항과 관련이 있다고 보아야 한다.[9]”고 하였다.

둘째로, 제소기간과 관련하여, 어느 시점을 기준으로 기산하여야 할 것인지가 문제된다. 소의 변경도 새로운 소의 제기나 다름없기 때문에 제소기간의 기산점을 판단하는 경우에 원칙적으로 소의 변경시를

7) 이러한 입장에 대해서는 객관소송인 주민소송에서 소의 이익을 운운할 여지가 없다고 하는 견해가 있다. 三好 達, 住民訴訟の諸問題(『新·実務民事訴訟講座9』, 日本評論社, 1983), 329쪽.

8) 東京地判 1970. 1. 19, 判例時報 580号, 28쪽.

9) 대법원 2020. 7. 29. 선고 2017두63467판결【주민소송】

기준으로 하여야 할 것이다. 그러나, 변경 전후의 청구 간에 소송물의 동일성(관련성)이 인정될 때, 또는 변경 후의 소를 당초의 소의 제기시에 제기된 것으로 동일시하여 제소기간이 준수된 것으로 해석해야 할 특별한 사정이 있을 때에는, 변경 후의 소가 제소기간을 도과하더라도 변경 전의 소가 제소기간을 준수하였으면 족하다고 해석할 수 있을 것이다.

나. 회복하기 어려운 손해를 발생시킬 우려가 있을 것

(1) 1호소송은 "회복하기 어려운 손해를 발생시킬 우려"가 있을 것을 요한다[10]. 무엇을 기준으로 하여 이 요건의 존부를 판단할 것인지가 문제된다. 이에 대해서는 크게 2가지 기준을 가지고 판단하는 것이 일반적이다. 즉, ①해당 행위에 의해 지방자치단체에 발생할 손해의 정도와, ②사후적으로 4호소송에 의한 손해배상청구 또는 부당이득반환청구를 제기함에 의한 손해의 방지나 회복의 가능성 여부이다. 이에 대해, 좀 더 부연설명하면 다음과 같다[11].

첫째로, 해당 행위에 의해 지방자치단체에 발생할 손해의 정도와 관련하여서는, 일반적으로 예상되는 손해가 소액이라면 회복이 어려운 손해가 발생할 우려가 있다고 할 수 없지만, 손해가 다액에 이르는 경우라도 사후적 손해배상이나 부당이득반환의 청구에 의하여 보전될 수 있는 범위의 손해(즉, 4호소송에 의하여 피고가 될 집행기관 등의 부담능력을 초과하지 않는 범위의 손해)를 발생하는데 지나지 않는 경우에는 회복이 어려운 손해에 해당하지 않는다고 볼 수 있다. 또한, 손해가 해당 지방자치단체의 예산규모에서 차지하는 비율이 현저히 크고 사후적인 청구에 의하여 보전될 수 있는 범위를 초과하는 경

10) 여기서 '회복하기 어려운 손해'란 개념은 타 법률에서도 사용되는 경우가 있다. 예컨대, 행정소송법 23조 2항은 "회복하기 어려운 손해"를 집행정지의 한 요건으로 하고 있다.

11) 大藤 敏 編, 『現代裁判法大系 28 住民訴訟』, 126쪽 이하(森田浩美).

우에는 ‘회복하기 어려운 손해를 발생시킬 우려’를 인정할 수 있을 것이다. 그에 반하여, 법리상 사후적 청구를 할 수 없는 경우에는 설령 예상되는 손해가 소액이라 하더라도 회복하기 어려운 손해를 발생시킬 우려를 인정할 수 있을 것이다[12].

둘째로, 사후적으로 4호소송을 제기함으로써 손해를 방지하거나 회복할 가능성이 있는지 여부를 그 기준으로 할 것인가와 관련하여서는 견해가 나뉜다. 즉, 소극설은 사전적 중지와 손해배상 등과는 재무회계상의 손실의 회복이라는 면에서 동일하다고 말할 수 없고, 사회경제적인 손실이나 위법상태가 잔존하기 때문에 금전배상만으로는 회복이 어려운 손해도 있다는 점 등을 그 논거로 한다. 적극설은 1호소송이 지방자치단체 사무 일반을 그 대상으로 하는 것이 아니라 위법한 재무회계행위의 시정 또는 방지를 하면 그 목적을 달성할 수 있기 때문에 해당 행위의 금전배상이 가능할 때에는 회복하기 어려운 손해를 발생시킬 우려를 인정하기 어렵다는 점을 그 논거로 한다. 생각건대, 지방자치단체에 손해의 방지 내지 회복이 중요한 기준이 될 수 있겠지만, 그에 그치지 않고 주민소송의 목적이 지방자치단체의 재무회계행위의 적법성을 주민의 참여에 의하여 확보한다는 측면도 중요한 요소임을 고려하면 소극설이 보다 타당하다고 하여야 할 것이다[13].

(2) 1호소송은 “해당 행위를 계속하면 회복하기 어려운 손해를 발생시킬 우려가 있는 경우”가 그 요건이지만, 이것이 소송요건인지 또는 본안요건인지에 대하여 견해가 나뉜다. 소송요건설[14]은 주민소송은

---

12) 예컨대, 소유권이전등기절차의 중지청구(1호소송)에서 소유권이전등기절차가 완료하여 버리면 소유권의 회복이 불가능하게 될 가능성이 있고, 따라서 원칙적으로 회복하기 어려운 손해를 발생시킬 우려가 있다고 한 사례로서, 大阪高判 1981. 5. 20, 判例タイムズ 459号, 106쪽.

13) 또한, 4호소송이 성립하기 어려운 경우도 있을 수 있다. 예컨대, 지방자치단체의 발의에 의한 임의적 기부의 경우가 그것이다. 東京地判 1980. 6. 10, 判例時報 968号, 18쪽.

14) 関 哲夫, 『住民訴訟論(新版)』, 179쪽 ; 三好 達, 住民訴訟の諸問題, 328쪽.

법률에 의하여 특별히 규정된 민중소송인 점, 지방자치법상의 문언으로 볼 때 주민소송을 제기할 수 있는 경우를 한정한 취지로 해석하는 것이 타당하다는 점 등을 그 논거로 한다. 이에 대해, 본안요건설[15)]은 "회복하기 어려운 손해를 발생시킬 우려"라는 문언은 일반적으로 행정처분의 취소소송에서의 집행정지의 요건으로서의 "회복하기 어려운 손해"(행정소송법 23조 2항)와 마찬가지로 실체요건으로 해석하는 것이 타당하다는 점, 회복하기 어려운 손해 발생의 유무는 손해의 실태를 심사하여야 알 수 있고 중지의 대상행위와의 인과관계의 판단이나 비교형량도 필요하기 때문에 본안의 문제로 해석하여야 한다는 점을 그 논거로 한다. 생각건대, 본안요건설의 논거 이외에도 1호소송의 주민소송에서의 중요성을 감안할 때, 가능한 한 그 요건을 완화하여 해석할 필요가 있기 때문에, 이를 본안요건으로 해석함이 타당하다고 할 것이다.

(3) 다음으로, 회복하기 어려운 '손해'에는 재산상의 손해에 한정되는 것인지 아니면 비재산상의 손해도 포함되는지가 문제된다. 적극설[16)]은 중지청구의 '손해'에는 재산상의 구체적인 손해에 한정되지 않고, 지방자치단체의 재무회계의 관리·운영의 공정성의 침해라고 하는 추상적인 비재산상의 손해(예컨대, 환경보전의 이익 상실)도 포함된다고 한다. 이에 대하여, 소극설[17)]은 주민소송은 지방자치단체가 위법한 재무회계행위로 인하여 재산상의 손해를 입거나 입을 우려가 있는 것의 회복 또는 예방을 목적으로 하는 것이며, 그 대상은 법률상 재무회계행위로 한정되어 있는 점을 고려하면, '손해'에 비재산적인 손해를 포함시키는 것은 주민소송의 목적으로부터 일탈하는 것이라고 한다. 생각건대, 주민소송의 목적이 주민의 참여에 의한 지방자치단체

---

15) 山村恒年, 差止め請求の諸問題, 民商法雑誌 95巻 4号(1987), 547쪽.
16) 山村恒年, 差止め請求の諸問題, 552쪽 ; 大和勇美, 住民訴訟の諸問題, 51쪽.
17) 大藤 敏 編, 『現代裁判法大系 28 住民訴訟』, 128쪽(森田浩美).

재무회계행위의 적법성·공정성의 확보라고 하는 점을 고려하여 볼 때, 원칙적으로 '손해'에는 재산상의 손해로 한정하여야 할 것이다[18]. 그러나, 위법성의 승계 등에 의하여 지방자치단체의 재산상의 손해를 초래한 원인행위를 재무회계행위로 한정하지 않는 경우에는 결과적으로 비재산상의 손해도 포함되는 경우가 있을 수 있을 것이다.

또한 '회복하기 어려운' 여부의 판단과 관련하여, 지방자치단체의 공유지의 매각중지청구에 대해서 지방자치단체의 장이 소유권이전등기절차를 경료하면 매수인이 타인에게 전매해서 제3자 명의로 이전등기될 가능성이 있고, 또한 매수인이 토지를 어떻게 이용할 것인지가 분명하지 않기 때문에 회복하기 어려운 손해가 발생할 우려가 있다고 한 사례[19]가 있다.

다. 해당 행위를 중지할 경우 생명이나 신체에 중대한 위해가 생길 우려가 없거나 그 밖에 공공복리를 현저하게 해칠 우려가 없을 것[20]

(1) 이 요건은, 지방자치단체의 재무회계상의 행위가 용이하게 중지됨으로써 주민의 중대한 권리이익을 침해하는 사태, 예컨대, 감염병

18) 이와 관련된 것으로, 지난 연도의 회계장부서류를 폐기하는 것과 같은 행위에 대해서는 그것이 지방자치단체에 발생한 재산상의 손해의 은폐를 의심하게 할 여지가 있는 한, 위 폐기에 의해 손해의 입증이 곤란하게 되기 때문에 그러한 의미에서 지방자치단체에 회복하기 어려운 손해를 발생시킬 우려가 있다고 하여 제기한 중지청구를 시인할 수 있다고 하더라도, 재산적 손해와는 직접 관련이 없는 것에 대해서는 구체성을 결하여 회복하기 어려운 손해에 포함되지 않고, 위 손해란 추상적·비재산적인 것은 포함되지 않으며 재산상의 것만을 의미한다고 한 사례가 있다. 千葉地判 1983. 3. 23, 行集 34卷 3号, 460쪽 ; 東京高判 1983. 6. 2, 行集 34卷 6号, 1003쪽.

19) 大阪地判 1980. 6. 18, 行集 31卷 6号, 1334쪽.

20) 이 요건에 대해서는, 2002년 일본 지방자치법 개정시에 '회복이 어려운 손해'의 요건을 삭제한 대신에, 이로 인해 사람의 생명·신체에 중대한 위해가 미친다든지 공공의 복지를 현저히 해쳐서는 안되겠다는 고려에서 신설한 것으로 알려진다. 그런데, 우리 주민소송에서는 일본 주민소송제도의 구 요건과 신 요건을 모두 규정하는 방식을 취하고 있다.

대책 등에 대한 공중위생비의 지출, 재해시의 긴급한 지출이나 장기계획에 근거하여 실시중인 사업을 위한 지출 등이 재무회계상의 행위의 위법을 이유로 중지된 경우에 공공복리를 현저하게 해칠 사태도 상정되기 때문에 위법행위의 중지와 공공복리와의 조정을 도모하기 위한 것이라고 할 수 있다. 다만 이들 요건은 해당 재무회계행위를 중지하는 경우, 사람의 생명·신체에 관한 경우나 생명·신체와 관련된 경우에 필적하는 중대한 이익이 침해될 우려가 있는 것과 같은 한정적인 경우를 가리킨다고 해석된다.

"공공복리를 현저하게 해칠 우려"라는 추상적인 법문의 해석과 관련하여서는, "생명이나 신체에 중대한 위해가 생길 우려"라고 하는 것이 예시되어 있기 때문에 단순히 공공복리에 대한 해침으로는 부족하고, 사람의 생명·신체에 대한 중대한 위해의 발생에 필적하는 것과 같은 대단히 예외적인 경우에 한정된다고 해석된다[21]. 따라서, 위법한 재무회계행위를 적법한 절차에 따라서 시정할 시간적 여유가 있는 경우나 위해의 발생을 방지하기 위하여 다른 대체적 수단이 있고, 그것을 행할 시간적 여유가 있는 경우 등은 중지청구가 인정된다고 해석된다.

(2) 한편, 이 요건에 대해서도 소송요건인지 본안요건인지가 문제된다. 이에 대해서는 규정의 방식이나 내용의 성질상 실체 판단이 필요하므로 소송요건이 아니라 본안에서 지방자치단체측이 주장·입증해야할 항변사유로 해석하는 견해가 있다[22]. 그러나, 우리 지방자치법상의 규정형태는 일본의 그것과 달리, "중지청구소송은 해당 행위를 중지할 경우 생명이나 신체에 중대한 위해가 생길 우려가 있거나 그 밖에 공공복리를 현저하게 해칠 우려가 있으면 제기할 수 없다."(22조

21) 成田頼明, 住民監査請求·住民訴訟制度の見直しについて(下), 自治研究 77巻 6号, 12쪽.

22) 小幡純子, 住民訴訟における一号請求の重要性, 法律のひろば(2002. 8), 25쪽.

3항)고 하여, 이 요건이 결여되는 경우에는 중지청구소송을 "제기할 수 없다"고 규정하고 있기 때문에 소송요건이라고 해석하여야 할 것이다.

3. 1호소송의 대상

(1) 지방자치법은 1호소송의 대상과 관련하여, '해당 행위'라고만 규정하고 있어서, 여기에서의 해당 행위란 구체적으로 무엇을 의미하는지 문제된다. 그런데, 주민소송의 대상은 ①위법한 공금의 지출, ②위법한 재산의 취득·관리·처분, ③위법한 계약의 체결·이행이라는 3종류의 위법한 '행위'와, ④위법한 공금의 부과·징수를 게을리한 사실이라고 하는 1종류의 위법한 '사실'이다. 따라서, 1호소송의 대상으로서의 '해당 행위'란 위의 3종류의 위법한 '행위'만을 의미한다고 해석하여야 할 것이다. 이들 각 대상의 자세한 검토는 '제4장 주민소송의 대상'에서 하였으므로, 여기서는 1호소송의 대상에 특유한 논점을 중심으로 하여 검토하도록 한다.

(2) 1호소송은 지방자치단체의 집행기관 등에 대한 해당 행위의 전부 또는 일부의 중지의 청구이지만, 중지의 대상으로 되는 해당 행위의 특정을 어느 정도로 해야 할 것인지가 문제이다. 사전적·예방적 중지청구에서는 해당 행위의 적부(適否), 해당 행위에 의하여 그 지방자치단체에게 회복이 어려운 손해를 발생시킬 우려가 있는지 여부에 대해서 판단하는 것이 가능할 정도로 그 대상행위의 범위 등이 특정되어 있으면 충분하다고 본다.

예컨대, 특정한 공사의 완성을 위한 일련의 재무회계행위에 대한 중지청구에서는 해당 공사를 특정하면 충분하고, 공사와 관련된 개별행위를 개별적·구체적으로 적시하지 않더라도 중지청구의 대상의 특정으로서 적법하다고 해석된다. 주민으로서 일련의 재무회계행위의 어떠한 행위를 중지의 대상으로 하여야 할 것인지의 판단은 곤란하다는 점을 고려한다면, 중지청구의 대상의 특정을 엄격하게 요구하지 않는 것이 타당하다고 해야 할 것이다[23].

(3) 중지청구인 이상 청구 대상이 특정되어 있을 것이 필요하지만, 주민소송 실제에서는 통상 소장의 취지가 불명확하거나 적절하지 않은 경우가 적지 아니한 바, 이러한 경우에는 변론의 전취지로부터 이를 선해(善解)하게 된다.

예컨대, 지방자치단체의 쓰레기처리시설 사용에 대한 중지청구소송에서, 그 사용은 행정작용으로서의 영조물 이용행위에 불과하고, 금전의 지출원인행위나 지출행위 등의 재무회계상의 행위에 해당하지 않기 때문에 부적법하다고 할 수 있지만, 감사청구의 요지의 문언도 함께 고려하여 소의 내용은 쓰레기처리시설에 관여하는 자에 대한 급여 기타 운영비의 지출의 중지를 청구하는 취지라고 해석한 사례[24]와, 지방자치단체의 장이 공립도매시장 개설사업과 관련하여 공금을 지출하고, 계약을 체결·이행하거나 지방채 기채절차를 진행하는 것의 중지를 구하는 주민소송(1호소송)에서, 이러한 청구의 취지가 위 사업 실행을 위한 재무회계상의 여러 행위의 유형별로 포괄적으로 표시하여 중지청구의 대상으로 한다 하더라도, 청구대상의 특정성을 결하는 것은 아니라는 사례[25] 등을 들 수 있다. 후자의 사례는 그 이유를 "이러한 사전적인 중지청구에서는 중지의 대상으로 되는 행위의 특정에 스스로 한계가 있고, 본 건 도매시장개설계획과 같이 하나의 사업계획의 실행으로서 다수의 행위가 수반되는 경우에까지 보다 개별적·구체적인 재무회계상의 행위의 특정을 주민에게 요구할 때에는 사전적·예방적인 중지청구는 현저히 곤란하게 되고 사실상 1호소송의 길을

23) 小幡純子, 住民訴訟における一号請求の重要性, 23쪽.
24) 広島高判 1983. 10. 11, 行集 34巻 10号, 1757쪽.
25) 大分地判 1983. 1. 24, 行集 34巻 1号, 71쪽.

막아버리는 결과가 되는 것이며, 다른 한편, 중지청구의 대상으로 되는 개별적·구체적 행위는 기본인 계획 자체에 의해서 일응 판별할 수 있는 것으로 되기 때문에, 지방자치단체의 집행기관 등의 방어에 지장을 초래하지 않기 때문이다."라고 하였다.

4. 그 밖의 관련문제

가. 민사집행법상의 가처분 규정의 준용 여부

1호소송은 해당 행위의 사전 중지를 청구하는 것이기 때문에, 제소 후 중지판결이 나오기 전에 공금의 지출 등의 재무회계행위가 이루어지면 1호소송의 목적은 달성될 수 없게 된다. 이러한 문제와 관련하여, 보전처분에 관한 민사집행법상의 규정이 1호소송에 준용될 수 있을 것인가에 대해서 견해가 나뉜다.

긍정설은 지방자치법이 주민소송에 관하여 동법에 규정된 것 외에는 행정소송법에 따른다고 규정하고 있고, 행정소송법이 당사자소송에서는 취소소송에 관한 집행정지 규정을 준용하고 있지 아니한 것은 민사집행법상의 가처분절차의 준용에 의하도록 하고자 하는 취지라고 한다[26].

부정설은 주민소송은 본소의 소가 개인적 이익의 보호를 목적으로 하는 것이 아니기 때문에 가처분에서의 피보전이익의 유무에 관하여 의문이 있다는 점, 소의 피고로 되는 것은 권리능력을 가지는 지방자치단체 자체가 아니라 민소법상 당사자능력을 가지지 않는 그 집행기관 등이기 때문에 이를 피신청인으로 하여 가처분을 인정하는 것은 의문일 뿐만 아니라 원래 1호소송이 보전소송적 성격을 가진 것인데도 그 보전처분을 인정하는 것이 법의 취지에 합치하는지는 의문이라

---

26) 山村恒年, 差止め請求の諸問題, 571쪽 ; 佐藤英善, 『住民訴訟の実務と理論』, 125쪽 ; 関 哲夫, 『住民訴訟論(新版)』, 159쪽.

는 점 등을 들고 있다[27].

생각건대, 주민소송의 관련규정을 살펴보면, 우리나라 지방자치법은 일본의 그것과 달리 가처분의 배제에 관한 명시적인 규정을 두고 있지 아니한 점, 행정소송법이 취소소송이나 무효등 확인소송에서는 집행정지제도의 적용을 규정하고 있으나(동법 23조, 38조 1항 참조), 부작위위법확인소송이나 당사자소송에서는 그에 관한 준용규정이 없다는 점(동법 38조 2항, 44조 1항 참조), 집행정지제도에 관한 규정이 적용되지 않는 소송유형에서도 가구제를 인정할 필요가 있다는 점, 1호소송에서도 본안판결이 나오기 전에 필요가 있는 경우에는 가구제를 인정하여야 한다는 점 등을 고려할 때, 1호소송에서도 민사집행법상의 가처분제도의 준용을 인정하여야 할 것이다.

나. 행정소송법상의 사정판결 규정의 준용 여부

1호소송에 행정소송법 28조의 사정판결에 관한 규정을 준용할 수 있는가에 대하여, 명문의 규정이 없는 한 부정하여야 한다는 견해[28]와 공공복리 우선의 원칙에 따라 준용하여야 한다는 견해[29]로 나뉜다. 생각건대, 1호소송의 요건인 '회복하기 어려운 손해'를 엄격하게 해석하는 입장에서는 준용을 인정할 필요가 없겠지만, 그 정도로 엄격하게 해석하지 않는 입장에서는 준용을 인정하여도 좋다고 생각한다.

다. 정보공개제도 등의 활용문제

사전적·예방적 중지청구인 1호소송이 그 기능을 실효성 있게 발휘할 수 있으려면 지방자치단체의 사무처리를 주민이 알 필요가 있다.

---

27) 成田頼明, 住民訴訟(納税者訴訟)(田中二郎 外 編, 『行政法講座 3巻』, 有斐閣, 1979), 225쪽 ; 三好 達, 住民訴訟の諸問題, 328쪽.

28) 木佐茂男, 『地方自治判例百選』, 有斐閣, 213쪽.

29) 大和勇美, 住民訴訟の諸問題, 51쪽.

이를 위해서는 지방자치단체의 행정·재정 운영이 항상 주민에게 공개되고, 투명성이 확보되어 있을 것이 필요하다. 우리나라에서도 정보공개제도, 행정·재정 운영에의 주민참여제도 등이 적극적으로 도입되고 있지만, 이처럼 정보의 적극적인 공개 및 공유와 각종 주민참여제도의 활용에 의하여 지방자치단체의 사무처리를 주민의 감시 하에 둠으로써 지방자치단체의 위법한 재무회계행위 등에 대하여 사전적·예방적인 중지청구가 더욱 활성화될 수 있도록 하여야 할 것으로 생각된다.

제3절 2호소송

1. 2호소송의 의의와 법적 특색

(1) 2호소송은 "행정처분인 해당 행위의 취소 또는 변경을 요구하거나 그 행위의 효력 유무 또는 존재 여부의 확인을 요구하는 소송"(법 22조 2항 2호)을 말한다. 여기서 2호소송의 대상은 '행정처분인 해당 행위'라는 점, 그 청구내용이 해당 행위의 '취소 또는 변경', '효력 유무 또는 존재 여부의 확인'을 요구하는 소송이라는 점에서 행정소송에서의 항고소송유형과 유사한 점이 2호소송의 커다란 특징이라고 할 수 있다[30].

(2) 이러한 2호소송의 특징과 관련하여, 4호소송의 선행청구로서 또는 4호소송과의 병합청구로서 2호소송의 의의가 강조된다. 즉, 손해배상청구를 할 것을 요구하는 4호소송의 경우에는 처분의 효력 그 자체를 다투는 것이 아니기 때문에 미리 그 처분의 취소를 구할 필요가

30) 다만, 항고소송의 일종인 무효등 확인소송에는 제소기간의 규정이 없지만, 2호소송에 의한 무효등 확인소송에는 제소기간의 규정이 있다는 점에서, 취소와 구별하여 인정할 실익이 있는지에 대한 의문을 제기하는 견해가 있다. 芝池義一, 住民訴訟の対象, 596쪽.

없지만, 부당이득반환청구를 할 것을 요구하는 4호소송의 경우에는 위법한 행정처분이라 하더라도 공정력을 가지는 이상 처분의 효력을 부정하여야 할 것이 필요하고, 4호소송에 선행하여 또는 병합하여 2호소송을 제기할 필요가 있기 때문이다[31].

(3) 한편, 2호소송의 이러한 특징으로 인하여 2호소송을 인정할 필요성에 대하여 의문을 제기하는 견해도 있지만, 다음과 같은 점에서 2호소송의 인정실익은 존재한다고 하여야 할 것이다[32].

첫째로, 전술한 바와 같이, 부당이득반환청구를 할 것을 요구하는 4호소송의 경우에는 해당 처분이 취소되지 않으면 공정력에 의하여 반환청구할 수 없기 때문에 그 전제로서 2호소송을 제기할 필요성이 인정된다는 점이다.

둘째로, 타 소송유형과 비교하여 볼 때, 그 필요성이 인정될 여지가 있다는 점이다. 예컨대, 1호소송은 '회복하기 어려운 손해를 발생시킬 우려가 있는 경우'라는 제약요건이 부과되어, 이 요건의 충족이 곤란하다는 점, 또한 손해배상청구를 할 것을 요구하는 4호소송의 경우라면 집행기관 등의 주관적 요건(고의, 과실) 등 손해배상청구권 성립의 요건이 문제되고, 부당이득반환청구를 할 것을 요구하는 4호소송의 경우라면 "그 받은 이익이 현존한 한도"(민법 748조 1항)라는 요건이나 선의의 수급자의 반환청구의 가부 등 부당이득반환청구권의 범위가 문제된다는 점이다. 따라서, 2호소송도 이러한 점에서 그 존재의의가 인정될 수 있다.

셋째로, 2호소송이 인정되면 장래 지방자치단체의 집행기관 등이 동일한 처분을 할 가능성이 적어진다는 점을 들 수 있다. 예컨대, 보조

---

31) 佐伯彰洋, 住民訴訟2号請求の対象性, 同志社法学 56巻 6号, 285쪽.

32) 白井皓喜, 取消し, 無効確認請求(二号請求)の対象, 民商法雑誌 93巻 2号, 243쪽 이하 ; 川内 協, 2号請求の「行政処分」概念と補助金交付決定, 修道法学 11巻 2号, 271쪽.

금 교부결정이 2호소송의 대상으로 인정된다면, 주민은 그 교부 전의 취소를 청구할 수 있을 뿐만 아니라 보조금 교부결정의 취소가 이루어지면 동일한 보조금 교부결정이 그 후에 불가능하게 되는 규범통제 기능을 달성할 수 있게 된다는 점을 들 수 있다.

넷째로, 4호소송의 경우 사안에 따라서는 집행기관 등에 대한 손해배상액이 막대한 금액에 이르기 때문에 법원이 청구인용판결을 내리기가 망설여지는 경우에도, 2호소송에서는 법원이 인용판결을 내리기가 보다 수월해 질 수 있다는 점이다.

2. 2호소송에서의 '행정처분' 개념

(1) 2호소송의 대상은 '행정처분인 해당 행위'이다. 여기서 '해당 행위'란 이미 살펴본 바와 같이 주민소송의 대상인 공금의 지출, 재산의 취득·관리·처분, 계약의 체결·이행에 관한 것을 말한다. 그런데, 이들 '해당 행위'를 한정하는 '행정처분'이라는 개념을 어떻게 파악할 것인지가 문제된다. 다시 말하면, 행정소송법 2조에서 규정하고 있는 '처분' 개념과 같은 것인지 또는 주민소송 고유의 개념인지가 문제인 것이다.

(2) 이러한 논의와 관련하여서는 양자의 개념을 동일한 것으로 보는 견해와 구별하여 보는 견해가 있다. 전자의 견해[33]는 그 논거로서, 지방자치법이 주민소송에 대하여 동법에 규정된 것 외에는 행정소송법의 적용을 인정하고 있는 점, 2호소송의 대상을 항고소송의 처분으로 한정한다 하더라도 그로 인하여 발생한 법적 결과는 4호소송으로 다툴 수 있기 때문에 지방재정의 적법성·공정성을 확보하기 위한 주민

33) 三好 達, 住民訴訟の諸問題, 331쪽. 이러한 입장에 대해서는, 행위 전이라면 1호소송에 의한 중지청구로, 행위 후라면 4호소송에 의한 손해배상청구로 되어서 2호소송의 대상으로서는 독립적으로 주민소송을 제기할 실익이 적다고 하는 견해로서, 白井皓喜, 取消し, 無効確認請求(二号請求)の対象, 250쪽.

의 권리가 축소되는 것은 아니라는 점을 든다. 이에 대하여, 후자의 견해[34]는 그 논거로서, 2호소송에서의 '행정처분' 개념을 항고소송에서의 '처분' 개념과 같이 한정하여 해석한다면 그 적용범위가 대단히 협소하게 되어 동조의 취지가 충분히 달성될 수 없다는 점, 2호소송은 행정처분의 취소 또는 무효등확인을 구하는 것인 점에서 항고소송 중의 취소소송 또는 무효등 확인소송에 유사하기 때문에 이들 소송에 관한 규정들이 준용되는 것은 당연하지만, 항고소송은 주로 처분의 상대방이 그 처분의 효력을 다투는 것인데 대하여 2호소송의 원고는 처분의 상대방의 입장에 서는 것이 아니기 때문에 양자는 전혀 성질을 달리 하며, 2호소송은 오히려 기관소송적인 성격을 가진다고 할 수 있는 점 등을 들어, 2호소송의 '행정처분' 개념을 항고소송의 대상인 '처분' 개념과 동일하게 해석할 필요가 없다고 한다.

(3) 2호소송에서의 '행정처분' 개념을 둘러싼 이러한 논의는, 처분성의 유무의 판단에 따라 그 대상이 아니어서 부적법하다고 하는 경우가 나올 수 있기 때문에 2호소송의 대상범위와 관련하여 중요한 의미를 가지게 된다. 생각건대, 행정소송법상의 '처분'에 해당하는 것은 원칙적으로 2호소송에서의 '행정처분'에 해당하겠지만, 다음과 같은 점에서 양자는 상이하다고 본다[35].

첫째로, 처분을 둘러싼 당사자관계가 상이하다는 점이다. 항고소송의 당사자는 처분청과 처분의 상대방인데 대하여, 2호소송의 당사자(원고)는 해당 처분을 둘러싸고 직접적인 이해관계가 없는 제3자인 주민이다. 즉, 주민소송은 객관소송으로서의 민중소송의 일종이기 때문에 그 원고는 주민감사청구를 거친 주민이면 되고, 항고소송상의 상

---

34) 大和勇美, 住民訴訟の諸問題, 51쪽 ; 川内 協, 2号請求の「行政処分」概念と補助金交付決定, 289쪽 이하.

35) 園部逸夫 編, 『最新地方自治法講座 4 住民訴訟』, 210쪽 이하(佐藤英善) ; 川内 協, 2号請求の「行政処分」概念と補助金交付決定, 293쪽 이하.

대방과 같이 '법률상의 이익'을 가질 필요도 없다. 따라서, 2호소송의 원고인 주민은 처분의 상대방으로서가 아니라, 역으로 처분을 행한 지방자치단체의 집행기관의 입장에 대신하여 등장하는 것이라고도 할 수 있다.

둘째로, 항고소송의 대상 여부를 판단하는 경우에는 '처분'에 해당하는지가 관건이고, '처분' 개념의 핵심적인 구성요소는 '직접 국민의 권리의무를 형성하거나 그 범위를 확정하는 것인지 여부'에 있는데 대하여, 주민소송은 객관소송이므로 주민소송의 대상 여부를 판단할 때 이러한 요소에 기속될 필요가 없다는 점이다. 따라서 2호소송의 '행정처분' 개념의 해석에서 항고소송상의 '처분' 개념에 기속될 필요 없이 주민소송제도의 취지에 적합하도록 해석하는 신축적인 자세가 요구된다.

셋째로, 주민소송의 실제에서 2호소송의 대상인 '해당 행위'의 다수는 사법적 행위나 사실행위와 같이 '행정처분'과의 경계선상에 위치하는 행위이고, 행정소송상의 '처분'에 해당하는 '해당 행위'는 예외적으로 존재한다는 것이다. 따라서, 그 점을 무시하고 항고소송상의 '처분' 개념을 기준으로 하여 2호소송의 대상 여부를 판단하게 되면, 2호소송의 대상은 대단히 한정되게 된다. 결과적으로, 항고소송의 배타적 관할이라는 소송기술적 개념에 의하여, 그것과는 이질적인 주민소송의 관할을 '배타적'으로 한정하여 해석하게 되어 주민소송제도의 취지에 반하게 될 우려가 있다.

(4) 그러나, 지방자치단체의 주민이 지방자치단체의 집행기관 등의 행정처분의 위법을 이유로 하여 주민소송을 제기하는 경우에는 반드시 2호소송에 의하여 행정처분의 취소 또는 무효등확인의 청구를 하여야 하는 것은 아니고, 가령 그 처분에 의하여 지방자치단체에 손해가 발생하였다든지 하는 경우에는 곧바로 손해배상청구 또는 부당이득반환청구를 할 것을 요구하는 4호소송을 제기할 수도 있다고 해석된다.

한편, 2호소송에서의 행정처분의 존재는 적법요건이기 때문에, 행정처분이 존재하지 아니한 경우에는 부적법하여 각하하여야 한다고 본다[36].

3. 2호소송의 대상

2호소송의 대상은 "행정처분인 해당 행위"가 된다. 여기서 '해당 행위'라고 함은 공금의 지출 등 재무회계상의 행위를 의미한다. 이에 대해서는 '제4장 주민소송의 대상'에서 검토한 것이 원칙적으로 그대로 타당하다고 할 수 있다. 2호소송상의 '행정처분'에 대해서는 일반적으로 주민감사청구 및 주민소송에서 대상으로 되는 '해당 행위'가 재무회계상의 행위로 한정되기 때문에 동 조에 근거하여 취소 및 무효등 확인을 구하는 대상행위가 재무회계상의 행위에 해당하지 않는 경우에는 2호소송의 대상인 '행정처분인 해당 행위'가 아니다. 주민소송 실제에서 재무회계행위이며 동시에 행정처분으로서의 성질을 가지는 예는 많지 않다. 그러한 구체적인 예로서는 지방세나 사용료 등의 부과·징수, 법령이나 조례가 보조금의 교부결정을 규정한 경우의 보조금 교부결정, 지방자치법 24조 1항에 근거한 변상명령 등을 들 수 있다[37].

이하에서는 2호소송의 대상에 특유한 사항을 관련사례를 중심으로 하여 살펴보기로 한다.

가. 공금의 지출

지방자치단체의 공금 지출과정은, 우선, 지방자치단체의 장 또는 그 위임을 받은 공무원(재무관)의 계약 등의 지출원인행위가 있고(지방

36) 最高判 1975. 5. 27, 判例時報 780号, 36쪽.

37) 大藤 敏 編『新版·裁判住民訴訟法』, 208쪽(廣澤 論).

회계법 29조 참조), 이어서 지출원의 지급명령에 근거하여(동법 32조 참조) 출납원이 현실적으로 지출행위를 하게 된다(동법 34조 참조). 이와 관련하여, 2호소송이 문제되는 사례는 다음과 같다.

(1) 지출원인행위인 매매계약이나 공사도급계약은 사법상의 행위이므로 2호소송의 '행정처분'에 해당하지 않는다고 하여 각하하였다[38].

(2) 지방자치단체의 장이 대학유치활동의 일환으로서 행한 학교법인에 대한 기부금 지출결정 등에 대한 주민소송(2호소송)에서, 지방의회의 기부금 등을 계상한 예산 및 학교법인에 대한 공유지의 무상양도에 관한 의결, 지방자치단체의 장이 학교법인과의 사이에서 한 공유지 무상양도계약의 체결, 지방자치단체의 장에 의한 학교법인에 대한 기부금의 지출명령, 출납원에 의한 기부금의 지출행위는 각각 사법상의 행위, 행정청의 내부행위, 사실행위로서 모두 2호소송의 대상인 '행정처분'에 해당하지 아니하여 부적법하다고 각하하였다[39].

(3) 보조금 지급결정과 관련하여, 그 근거를 법령이나 조례에 두는 경우에는 행정처분성을 인정하나[40], 훈령 등 행정청 내부의 행정규칙에 근거하거나 아무런 근거 없이 이루어진 경우에는 행정처분성을 부정[41]하는 사례가 일반적이다.

(4) 지방자치단체의 장이 관리규칙에 근거하여 지방자치단체의 행정재산인 토지의 용도를 어린이놀이터에서 복지작업소 등으로 변경한 것에 대한 2호소송에서, 위 용도변경은 지방자치단체의 장의 공유재산관리상의 내부적인 행위에 불과하여 직접적으로 국민의 권리의

---

38) 岡山地判 2000. 3. 23, 判例自治 214号, 79쪽.

39) 新潟地判 1992. 11. 22, 判例タイムズ 823号, 187쪽 ; 東京高判 2003. 7. 20, 行集 44巻 6·7号, 627쪽.

40) 福岡高判 1978. 3. 29, 行集 29巻 3号, 453쪽 ; 名古屋高判 1978. 1. 31, 行集 29巻 1号, 88쪽.

41) 東京地判 2000. 3. 23, 判例自治 213号, 33쪽 ; 札幌高判 1997. 5. 7, 判例自治 168号, 9쪽 ; 浦和地判 1993. 10. 18, 判例自治 124号, 21쪽 ; 東京高判 1989. 7. 11, 判例タイムズ 717号, 135쪽.

무 내지 법률상의 지위에 변동을 미치는 것이 아니기 때문에 행정처분에 해당하지 아니하여 부적법하다고 하여 각하하였다[42].

나. 재산의 취득·관리·처분

이와 관련하여서는 행정처분의 형식으로 행하여진 재산의 취득·관리·처분이 주민소송의 대상으로 되는지 여부가 문제된다. 예컨대, 공물의 점용허가나 행정재산의 목적 외 사용허가가 행정처분인 것은 일반적으로 인정되지만, 이들 행위가 주민소송의 대상인 재무회계행위에 해당하는지 여부가 문제인 것이다. 전술한 바와 같이(제4장 제1절 참조), '재산의 관리'와 '공물의 관리'로 나누어 접근하고자 하는 방법이 유력하다. 이하에서 관련사례를 살펴보도록 한다.

(1) 도시공원의 일부에 대해 전력회사에게 철탑부지로서의 사용을 인정한 점용허가의 취소를 요구하여 제기한 2호소송에서, 법령상의 점용허가는 공원관리자가 공공성이 강한 일정한 물건이나 시설 등에 관하여 그 점용이 공중의 도시공원의 이용에 현저한 지장을 미치지 아니하며 필요불가결한 것인지 여부를 검토한 후에 결정하는 것으로서, 순전히 공원관리상의 관점에서 도시공원과 그 밖의 공공시설 등의 조화를 도모하기 위하여 이루어지는 것이 명백하고, 해당 공원부지의 재산적 가치에 착안하여 순전히 재산적 가치의 유지나 보전 등의 재무적 처리를 목적으로 하는 것이 아니기 때문에 재무회계상의 행위라고 할 수 없다고 하여 2호소송을 부적법하다고 하였다[43].

(2) 지방자치단체의 장이 결혼예식장업자에게 행한 시민회관의 목적 외 사용허가의 취소를 구하여 제기한 2호소송에서, 공공시설의 관리에는 그 본래의 설치목적을 달성하기 위한 관점에서 이루어진 행정

42) 東京地判 1987. 6. 25, 判例時報 1261号, 61쪽 ; 東京高判 1988. 6. 30, 行集 39巻 5·6号, 690쪽.

43) 東京地判 1989. 10. 26, 判例時報 1333号, 87쪽.

상의 관리와 그 재산적 가치에 착안하여 이루어진 재산상의 관리가 있는 바, 후자에 대한 행위 또는 게을리한 사실만이 주민소송의 대상으로 되고, 일반적으로 목적 외 사용허가처분은 법상으로도 명백한 것처럼 본래의 목적을 달성하기 위한 것이 아니라 그 목적을 방해하지 않는 한도에서 말하자면 재산의 운용으로서 이루어진 것으로 후자의 성격을 가지는 것이라고 해석하여야 한다. 따라서, 그것이 운용상 적정성이 결여되면 지방자치단체는 이의 자유로운 운용이 방해받는 등 손해를 입을 우려가 있기 때문에, 목적 외 사용허가처분은 주민소송의 대상인 재무회계행위라고 하여야 한다고 하여 청구를 인용하였다[44].

(3) 지방자치단체의 장이 시립병원을 특정업자에게 부분적인 목적 외 사용허가를 하고, 업자가 선불카드식의 텔레비전·냉장고·다목적 콘센트를 설치하여 입원환자들에게 이용하게 한 것은 위법한 재무회계행위라고 주장하여 그 무효확인의 2호소송을 제기한 사안에서, 일정한 행정목적 실현을 위하여 한 행위가 재무회계행위로서의 '재산의 관리'에 해당하는지 여부는 해당 행위가 주로 일정한 행정목적 실현을 위하여 결정되는지 그렇지 않으면 주로 재무회계상의 관점에서 결정되는지에 의하여 개별적으로 판단하여야 한다고 하면서, 본 건 처분은 병원시설의 관리라고 하는 행정목적에서 결정된 것이며 본 건 사용부분의 재산적 가치에 착안하여 그 유지 및 보전을 도모하는 것을 목적으로 하는 재산관리행위라고는 말하기 어렵기 때문에 주민소송의 대상인 재무회계상의 행위라고 할 수 없다고 하여 각하하였다[45].

(4) 법률에 근거한 가환지(假換地)의 지정을 하지 않은 보류지 예정지에 대하여 사업시행자가 관리하는 행위는 사법상의 계약이 아니라 행정청의 우월적 지위에서의 의사의 발동으로서 행정행위의 성질을 가지므로 행정처분에 해당한다고 하였다[46].

---

44) 浦和地判 1986. 3. 31, 判例時報 1201号, 72쪽.

45) 大阪地判 1998. 2. 12, 判例時報 1670号, 7쪽.

(5) 지방자치단체의 장이 사업자에 대하여 행한 지방자치단체의 저작물인 해양조사결과의 사용허락이 행정처분이라고 하여 그 취소를 구한 2호소송에서, 위 조사결과는 지방자치단체의 일반재산이며 그 사용관계는 사법관계로서 위 사용허락은 행정처분에 해당하지 아니한다고 하여 각하하였다[47].

(6) 사업시행자가 환지처분에 의해 소유권을 취득할 것을 정지조건으로 하여 보류지 예정지를 불하한 행위는 2호소송의 '행정처분'에 해당하지 아니한다고 하였다[48].

다. 계약의 체결·이행

계약의 체결·이행과 관련하여서는 계약의 체결에 근거하여 공금의 지출이 이루어지고 그 공금의 지출을 2호소송으로 다투는 경우가 일반적이고, 계약의 체결·이행 그 자체는 사법상의 행위로 간주되기 때문에 2호소송으로 인용된 사례는 거의 존재하지 않는다. 따라서, 계약의 체결·이행에 대해서는 그 계약이 체결·이행되기 전의 경우라면 그 행위의 전부나 일부를 중지할 것을 요구하는 1호소송으로 해결하고, 계약이 체결·이행된 후라면 손해배상청구 또는 부당이득반환청구를 할 것을 요구하는 4호소송으로 해결하도록 하는 것이 입법자의 의도라고 해석하여야 할 것이다. 다만, 계약의 체결·이행과 관련된 다른 소송유형에 의한 해결이 곤란한 경우도 발생할 수 있다는 점을 고려할 필요가 있을 것이다[49](이에 대해서는 「1. 2호소송의 의의와 법적

46) 横浜地判 1969. 10. 24, 行集 20巻 10号, 1281쪽.

47) 金沢地判 1991. 3. 22, 判例自治 85号, 50쪽.

48) 東京高判 1971. 4. 27, 行集 22巻 4号, 582쪽.

49) 이와 관련하여서는 입법론적 관점에서 해결을 모색하는 견해가 있다. 예컨대, 계약의 취소·해제의 의무이행소송의 입법화의 제안(安本典夫, 住民訴訟·新四号訴訟の構造と解釈, 390쪽 이하)이나, 계약 등의 비권력적 행위에 대한 중지청구와 행정처분에 대한 취소청구를 통합하여 하나의 청구를 설치할 것을 주장하는 견해(芝池義一, 住民訴訟の対象, 596쪽)가 그것이다.

특색」부분에서 다룬 바 있다.). 이하에서 계약의 체결·이행과 관련하여 문제된 사례를 살펴보도록 한다.

(1) 지방자치단체조합이 쓰레기처리시설 건설의 도급계약을 체결한 것이 위법하다고 하여 그 취소를 구하여 청구된 2호소송에서, 본 건 도급계약의 체결은 취소소송의 대상인 행정처분이 아니라고 하여 각하하였다[50].

(2) 지방자치단체가 그 소유에 속하는 공도(公道)의 일부를 용도폐지하여 매각한 것이 위법하다고 하여 제기된 2호소송(무효확인소송)에서, 위 매각행위는 사법상의 행위로서 행정처분에 해당하지 아니하고, 또한 용도폐지는 재무회계상의 행위에 해당하지 아니한다고 하여 각하하였다[51].

(3) 시청사 건설용지의 취득에 관한 시장의 매매계약의 체결 및 계약금의 지출은 상대방과 대등한 입장에서 체결한 사법상의 매매계약 및 그 이행으로서 2호소송의 대상으로 되지 않는다[52]고 하였다.

제4절 3호소송

1. 3호소송의 의의

3호소송은 "지방세·사용료·수수료·과태료 등 공금의 부과·징수를 게을리한 사항을 감사 청구한 주민"이 그 "게을리한 사실의 위법 확인을 요구하는 소송"이다(법 22조 1·2항 참조). 즉, 3호소송은 공금의 부과·징수를 게을리한 사실에 대한 위법확인청구이다. 이러한 3호소송의 입법취지는 지방자치단체의 집행기관 등이 직무를 게을리한 사실

50) 岡山地判 2000. 3. 23, 判例自治 214号, 79쪽.

51) 高知地判 1993. 4. 23, 判例自治 119号, 78쪽.

52) 名古屋高判 1969. 3. 31, 行集 20巻 2·3号, 317쪽.

의 책임을 추궁하는데 있는 것이 아니라, 지방세 등 공금의 부과·징수를 게을리한 사실이 지방재정에 손실을 초래할 뿐만 아니라 행정의 공정성을 저해하기 때문에, 주민에 의하여 그러한 직무를 게을리한 사실의 위법을 확인함으로써 그 위법상태를 제거시켜 지방자치단체의 재무회계상의 이익을 보호하기 위한 제도라고 할 수 있다.

3호소송은 지방자치단체의 집행기관 등이 공금의 부과·징수를 게을리한 사실, 즉 부작위를 그 대상으로 한다는 점에서 다른 소송유형이 적극적 행위인 공금의 지출, 재산의 취득·관리·처분, 계약의 체결·이행을 주로 그 대상으로 하는 것과 성격을 달리한다. 행정청의 행위에 게을리한 사실이 있는 경우, 영미법상의 직무집행명령(mandamus)과 같이 적극적인 제도를 취할 수도 있지만, 우리 주민소송제도는 직무이행을 명하는 것과 같은 적극적인 제도 대신에 그 부작위를 위법하다고 하여 모종의 대응을 지방자치단체의 집행기관 등에게 촉구하는 소극적인 형태의 3호소송을 도입하였다.

2. 행정소송법상의 부작위위법확인소송과의 차이

3호소송은 그 형태가 "행정청의 부작위가 위법하다는 것을 확인하는 소송"(행정소송법 4조 3호)인 항고소송으로서의 부작위위법확인소송과 행정청의 '부작위'를 그 대상으로 한다는 점에서 유사한 측면이 있지만, 양자는 다음과 같은 점에서 차이가 있다[53].

첫째로, 부작위위법확인소송은 개인의 '법률상의 이익'의 구제를 제1차적 목적으로 하는 주관소송인데 반하여, 3호소송은 지방자치단체의 재무회계행정의 적법성·공정성을 확보하기 위하여 지방자치법이 특별히 규정한 객관소송으로서의 민중소송에 속한다는 점에서 양자의 입법목적은 본질적으로 차이가 있다.

53) 曽和俊文, 三号請求の法的性質, 民商法雑誌 93巻 3号, 383쪽 이하.

둘째로, 부작위위법확인소송은 주관소송으로서 '법규상 또는 조리상의 신청권'을 가진 자만이 원고적격이 있는 것으로 해석되는데 대하여[54], 3호소송은 지방자치법에서 규정한 자라면 누구라도 지방자치단체의 주민이라는 지위에서 주민감사청구를 거쳐서 원고가 될 수 있다는 점에서 양자는 원고적격을 달리 한다.

셋째로, 부작위위법확인소송의 대상은 '행정처분'으로 한정되고 있는데 대하여, 3호소송은 그 대상을 '공금의 부과·징수'로 한정하고, 그러한 공금의 부과·징수는 공법상의 행위는 물론 사법상의 행위, 나아가서 사실행위까지도 포함하는 것으로 해석된다.

넷째로, 부작위위법확인소송은 당사자의 신청에 대하여 응답의무가 있는 것을 전제로 해서 그것이 상당기간 내에 행사되지 않는 것을 가지고 위법이라고 하고 있으나, 3호소송은 공금의 부과·징수에서 실체법상의 어떠한 작위의무가 발생하였음에도 불구하고, 이를 행사하지 않는 것이 위법하다는 평가를 받는 점이다[55].

다섯째로, 부작위위법확인소송은 국민으로부터의 신청에 아무런 응답을 하지 않는 행정청의 부작위의 위법을 확인하는 소송으로서 분쟁을 법원에 의해서 최종적으로 해결하고자 하는 것이 아니라 중간적·절차적 성격을 가지는 소송이라고 할 수 있는데 반하여, 3호소송은 '게을리한 사실'의 위법성이 실체적으로 판단되는 것이 일반적이다. 따라서, 양자는 모두 행정기관의 부작위의 위법을 시정하는 제도이지만, 법원의 심사범위 또는 소송의 기능면에서 차이가 있다고 할 수 있다.

---

54) 예컨대, 대법원 1999. 12. 7. 선고 97누17568 판결【건축허가및준공검사취소등에 대한거부처분취소】; 대법원 2007. 10. 26. 선고 2005두7853 판결【어장시설물등 철거명령취소】등 참조.

55) '게을리한 사실'이 "반드시 '상당한 기간' 계속될 필요도 없다"는 견해로서, 김병기, 주민소송·주민투표·주민소환을 중심으로 한 주민참여법제 小考, 지방자치법연구 11권 3호(2011), 41쪽.

3. 3호소송의 대상

3호소송은 '위법한 공금의 부과·징수를 게을리한 사실'을 그 대상으로 한다. 이하에서 이들을 '위법성'과 '공금의 부과·징수를 게을리한 사실'로 나누어 살펴보기로 한다.

가. 3호소송에서의 '위법성'

위에서 살펴본 바와 같이, 3호소송은 공금의 부과·징수에서 실체법상의 어떠한 작위의무가 발생하였음에도 불구하고, 이를 행사하지 않는 것이 위법하다는 평가를 받는 것이어야 한다. 여기서 실체법상의 작위의무는 최종적인 행정처분발동의무에 한하지 않고, 처분발동의 전단계인 요건사실인정절차에서의 적절한 조사의무나 사법상의 행위의무를 포함하는 광의의 것으로서, 오히려 일련의 행정과정 전체의 평가와의 관련에서 현재의 부작위상태의 위법성 여부가 판단된다고 할 수 있다[56].

나. 공금의 부과·징수를 게을리한 사실

이와 관련하여서는 '제4장 주민소송의 대상'에서 살펴본 바와 같다. 여기에서는 특히 3호소송에 특유한 점을 중심으로 하여 검토하기로 한다[57].

(1) '공금의 부과·징수를 게을리한 사실'의 의의

1) '공금의 부과·징수를 게을리한 사실'이란 부과·징수하여야 하는 지방세·사용료·수수료·과태료·분담금 등 공금의 부과·징수의 결정을 하지 않는 것, 이들에 대해 법령이나 조례에 근거하지 않고 감면조치를 결정하는 것, 잊어버리고 징수를 하지 않는 것, 또는 이들의 체납

---

56) 曽和俊文, 三号請求の法的性質, 392쪽.

57) 園部逸夫 編, 『最新地方自治法講座 4 住民訴訟』, 216쪽 이하(佐藤英善).

에 대하여 아무런 조치도 강구하지 않는 것 등을 말한다[58]. 공금의 부과·징수를 게을리한 사실과 관련한 주민소송의 유형은 주로 게을리한 사실의 위법 확인을 요구하는 소송인 3호소송과, 그 지방자치단체의 장 및 직원, 지방의회 의원, 해당 행위와 관련이 있는 상대방에게 손해배상청구 또는 부당이득반환청구를 할 것을 요구하는 소송인 4호소송이 된다.

2) 공금의 부과·징수를 '게을리한 사실'은 예컨대 공금을 부과해야 할 구체적 요건을 충족하고 있는데도 부과하지 아니한 경우 또는 구체적 공금채권이 발생하고 있는 데도 징수하지 아니한 경우 등을 말한다. 그러나, 공금의 부과·징수와 관련하여, 그것을 할 것인지 여부의 권한 행사가 부과·징수권한자의 재량사항인 경우에는 설령 그 재량권의 불행사가 있다고 하더라도 곧바로 3호소송의 요건을 충족하는 것은 아니다. 다만, 공금의 부과·징수는 그 재량권의 행사가 법령에 의하여 어떠한 형태로든 규제를 받고 있는 경우가 많다(법규재량). 따라서, 이들 법령의 취지·목적에 배치되는 재량권의 불행사는 '게을리한 사실'에 해당하고, 그것이 위법한 경우에는 3호소송의 요건을 충족하게 된다.

3) 3호소송의 주된 입법취지는 지방자치단체의 집행기관 등이 직무를 게을리한 사실의 책임을 추궁하는데 있기 보다는, 그렇게 직무를 게을리한 사실의 위법을 주민에 의하여 감시하게 함으로써 그 위법상태를 제거시켜 지방자치단체의 재무회계상의 이익을 보호하기 위한 것이라고 할 수 있다. 따라서, 현재 '게을리하고 있는 사실'이 있을 것을 그 요건으로 하고, 이를 '게을리했던 사실'에까지 확장해석할 수 없다는 것이 일반적이다. 즉, 과거에 직무를 게을리한 사실이 있었다고 하더라도 사실심 변론종결시까지 그 부작위의 위법상태를 제거

58) 高田敏·村上武則編, 『ファンダメンタル地方自治法』, 法律文化社, 2004, 117쪽(寺田友子).

할 여지가 없어진 경우에는 3호소송은 부적법하게 된다고 본다[59].

(2) '공금의 부과·징수를 게을리한 사실'의 포섭범위

3호소송의 법적 쟁점으로서는 먼저 '공금의 부과·징수를 게을리한 사실'에 포함되는 범위와 관련하여 논란이 있다[60]. 즉, 제1설은 공권력으로 징수할 수 있는 지방자치단체의 금전채권 등에 대해 지방자치단체의 장 등이 정당한 이유없이 강제징수를 하지 않고 있는 상태를 말한다고 한다. 즉, 지방세·사용료·수수료·과태료 또는 행정대집행비용 등은 지방자치단체의 장 등이 행정처분의 형식으로 특정인에 대해 부과할 수 있기 때문에 그것을 게을리한 것은 공금의 부과를 게을리한 사실에 해당하고, 3호소송의 대상으로 될 수 있다고 본다[61]. 이에 대해, 제2설은 보다 광범위하게 금전의 급부 등을 목적으로 하는 지방자치단체의 권리에 근거하는 부과·징수를 지방자치단체의 장 등이 하지 않고 있는 상태를 말한다고 한다. 즉, 이에 의하면, 부과·징수해야 할 대상은 공권력에 의해 일방적으로 부과된 금전채권에 한하지 않고 강제징수를 할 수 없는 손해배상청구권이나 부당이득반환청구권 등의 권리를 행사하지 않는 경우도 여기에 해당한다고 본다[62].

생각건대, 일본 지방자치법상의 주민소송에서는 '게을리한 사실'에 대해서 '공금의 부과·징수' 이외에도 '재산의 관리'를 게을리한 사실도 그 대상으로 규정하고 있다는 점이 우리나라의 경우와 차이가 있다. 따라서, 일본의 경우에는 제1설에서는 손해배상청구권 등의 행사를 게을리한 것은 공금의 부과·징수를 게을리한 사실이 아니게 되지만, '재산의 관리를 게을리한' 경우에 해당하게 되기 때문에 어느 설에 의하더라도 3호소송의 대상 범위에 똑같이 포함하게 되어 논의의 실익

59) 三好 達, 住民訴訟の諸問題, 333쪽.

60) 園部逸夫 編, 『最新地方自治法講座 4 住民訴訟』, 172쪽 이하(関哲夫).

61) 横浜地判 1981.4.27., 行裁集 32卷 4号, 698쪽.

62) 大阪高判 1984.5.31., 行裁集 35卷 5号, 679쪽.

이 그다지 크지 않다고 할 수 있으나[63], 우리나라의 경우에는 '공금의 부과·징수를 게을리한 사실'만을 규정하고 있는 관계로 그 포섭범위를 결정함에 있어서 논의의 실익이 인정된다고 할 것이다. 지방자치단체의 장 등의 소극적인 부작위에 대한 통제범위를 확장한다는 의미에서도 3호소송의 활성화를 위하여 제2설이 타당하다고 본다[64].

(3) '게을리한 사실'과 손해의 발생

어느 정도의 '게을리한 사실'이 존재하는 경우에 3호소송의 대상이 되는 위법성을 가지게 되는지 문제된다. 경미한 '게을리한 사실'에 대하여 곧바로 위법이라고 할 수는 없기 때문이다. 이러한 '게을리한 사실'이 3호소송의 요건을 충족하기 위해서는 한편으로 '게을리한 사실'이 위법하여야 되고, 다른 한편으로는 손해 발생의 회피가능성이 있어야 할 것이다. 위법의 정도는 대개의 경우 '게을리한 사실'을 문제삼을 정도의 손해 발생이 있는지 여부에 의하여 결정되는 경우가 많을 것이다. 나아가 그 손해 발생을 회피하는 것이 가능하였는지 여부도 관련하게 된다. 결과 회피의 가능성이 없는데도 그것을 '게을리한 사실'로서 추궁해서도 안되기 때문이다. 손해 발생의 회피가 가능하였는데도 그에 대하여 아무런 조치도 하지 않았던 것이 위법성을 구성하게 되겠지만, 결국 이는 객관적으로 손해의 발생으로서 파악되게 될 것이다.

이와 관련된 사례로서, 미군기지내에 있는 고정자산에 대한 자산세의 부과·징수를 하지 않는 것에 대하여 공금의 부과·징수를 게을리하

63) 일본 판례에서는 손해배상청구권 등의 행사를 게을리한 것이 공금의 징수를 게을리한 사실과 재산의 관리를 게을리한 사실의 어디에 해당하는지를 명확히 하지 않은 채 판단하고 있는 것도 적지 않다.

64) 일본 하급심 판례 가운데에는 시의 납세과 직원이 시민세의 징수를 게을리 하여, 그 후 징수권을 시효소멸시킨 것에 대해 시장에게 중과실이 있었다고 하여 시장에 대한 손해배상청구를 인용한 것이 있다. 浦和地判 2000.4.24., 判例自治 210号, 35쪽.

고 있다고 해서 다툰 주민소송에서, 미군기지사령관의 출입허가거부로 실지조사가 불가능하고, 과세요건사실의 파악이 불가능한 경우에는 '게을리한 사실'에 해당하지 않는다고 한 사례[65]가 있다.

(4) 그 밖의 관련문제

1) 공금의 '부과'와 '징수'는 그 대상·성질을 달리 한다는 점이다. '부과'는 잠재적·추상적 납세의무나 부담의무 등을 구체화시키는 행정처분이며, '징수'는 부과에 의하여 성립된 공법상의 채권이나 계약 등에 의하여 발생한 사법상의 채권의 행사를 의미하기 때문이다.

'공금의 부과'의 전형적인 예는 조세의 부과이며, 그것을 '게을리한 사실'의 형태는 조세의 부과를 게을리한 경우와 조세의 감면·연납 또는 연납에 대한 연체금의 면제 등의 조치가 조세의 부과·징수를 '게을리한 사실'로 되는 경우가 있을 수 있다. 전자의 경우, 조세의 부과권한의 행사를 게을리하고 있는 경우(추상적·잠재적 납세의무의 차원)와 조세의 부과처분은 행하였지만 체납되고 있는데 대하여 아무런 수단도 강구하지 않고 방치하고 있는 경우(구체적 납세의무의 차원)등을 상정할 수 있다.

2) '추상적' 조세채권·채무관계는 존재하였지만 그 확정절차가 행하여지지 않았기 때문에, 결과적으로 '구체적' 조세채권·채무관계가 불성립으로 끝난 경우에 어떻게 취급할 것인지가 문제된다. 예컨대, 조세의 부과·징수를 게을리하여 소멸시효가 완성된 것과 같은 경우이다. 이러한 경우에 대해서는 그 조세채권은 아직 지방자치단체의 '재산'이라고 할 수 없다는 점에서 주민소송의 대상으로 되지 않는다고 하여, 주민소송의 대상이 될 수 있는 '재산'을 이미 형성된 것에 한정해서 해석하고자 하는 것이 일반적이다.

---

65) 横浜地判 1979. 10. 31, 行集 30卷 10号, 1795쪽 ; 東京高判 1981. 10. 21, 行集 32卷 10号, 1845쪽.

3) 조세의 감면조치는 일단 유효하게 성립된 조세채권을 전부 또는 일부 소멸시키는 행정처분이다. 3호소송과의 관련에서는 법령이나 조례에 근거가 없는 감면조치나 법령의 근거는 있어도 법령에 위반한다든지 그 운용에 남용이 있는 것과 같은 감면조치는 '징수를 게을리한 사실'을 구성하게 될 것이다.

4) 부당이득반환청구권의 불행사가 3호소송에서의 '징수를 게을리한 사실'에 해당하는지가 문제된다. 이와 관련하여서는, 시가 학교용지 매수를 위하여 토지소유자와 체결한 매매계약에 붙여진 "매수사업계획 완료까지 다른 토지의 가격에 변동이 있는 경우에는 마찬가지로 증감한다."고 하는 특약에 근거하여 시가 차액을 지급한 것 및 특약이 없는 그 밖의 지주에 대해서도 보상금을 지급한 것이 위법하여, 그 부당이득반환청구를 했어야 함에도 불구하고 청구하지 않은 것은 공금의 징수를 게을리한 사실에 해당한다고 하여 3호소송을 제기한 사안에서, 본 건의 부당이득반환청구는 공금의 징수에 해당하지 않는다는 이유로 청구를 각하하였다[66].

5) 3호소송에는 지방자치법 22조 18항에 의해 행정소송법이 준용되는바, 행정소송법 46조 2항은 부작위의 위법의 확인을 구하는 민중소송에 대하여서는 부작위위법확인소송의 규정을 준용하도록 하고 있다. 따라서, 3호소송에 관해서는 지방자치법 21조 3항의 감사청구기간의 제한(3년)이 적용되지 않는다[67]고 하여야 할 것이다. 동 조항이 '사무의 처리'만을 규정하고 있는 점, '게을리한 사실'에서는 "사무처리가 있었던 날이나 끝난 날"의 기산점을 확정하기가 곤란하다는 점 등에 의한다.

6) 3호소송 계속중에 직무수행에 의하여 게을리한 사실의 상태가 해소되거나 또는 이행불능의 상태로 되어 '게을리한 사실'의 위법 확

---

66) 浦和地判 1981. 10. 28, 判例時報 1027号, 21쪽.

67) 동지, 김용찬 외, 『주민소송』, 192쪽.

인을 구할 필요성이 소멸한 경우에 어떻게 할 것인지가 문제된다. 전자의 경우, 그 직무수행이 '게을리한 사실'의 해소에 해당하면 3호소송의 취지는 달성된 셈이 되어 청구의 이익은 소멸될 것이다. 다만, 직무수행은 있었지만 그동안에 손해의 발생이 있었다면 4호소송 등의 문제로 될 것이다. 후자의 경우, 이행불능으로 된 '게을리한 사실'의 위법 확인이 가능한 경우도 있겠지만, 이행불능으로 된 후에 지방자치단체의 집행기관 등이 어떠한 대응조치를 강구하였는지에 따라서 다른 소송유형으로 변경할 수 있는지 여부가 결정된다.

4. 관련사례

(1) 우리나라

〔사실관계 개요〕

주식회사 신세계는 1984. 4. 27.부터 사용승인을 받아 신세계 백화점 영등포점(이하 '백화점'이라 한다)을 건립하였던바, 영등포구청장(피고)으로부터 1996. 2. 23. 지하 1, 2층 부설주차장 중 일부를 판매시설로 용도변경하는 허가를 받았고, 그 후 2008. 10. 24. 증축허가를 받았으며, 2009. 8. 11. 최종사용승인을 받았다. 현재 백화점의 부설주차장은 옥외 5대, 기계식 주차타워 126대로 합계 131대를 수용하고 있다. 또한, 주식회사 신세계는 백화점 바로 맞은편에 인접지인 서울 영등포구 영등포동 4가 431-6 지상에 주차전용건물을 건립하였는데, 2000. 9. 7. 최종사용승인을 받았으며 옥내 자주식 주차장으로 총 109대를 수용할 수 있다.

원고는 2011. 6. 27. 서울특별시 영등포구 주민 210명과 함께 서울특별시에 피고가 위 백화점 리모델링 과정에서 주차장법과 도시교통정비촉진법을 위반하여 부설주차장에 계획주차대수인 231대가 아닌 121대 주차공간만 확보하였음에도 사용승인을 함으로써 주변지역의 교통체증 및 주변 상권에 지장을 주고 있다며 주민감사청구를 하였던 바, 감사 결과에 따라 피고가 보완조치를 하자 서울특별시장은 2012. 2. 7. 위 주민감사결과 조치요구에 대한 조치결과 통지 및 공표를 하였다.

이에 대해, 원고는 건축법 위반에 따른 이 사건 사용승인의 취소, 시정명령, 이행강제금 부과, 건축물대장에 위반내용 기재의 처분 또는 행위를 하여야 하므로, 이러한 행위를 하지 않은 것은 위법하다는 등의 주장을 하며 주민소송을 제기하였다.

〔하급심 판결의 요지〕

제1심판결[68]은 원고가 주민소송으로 구하는 이 사건 사용승인처분 등은 그 자치단체의 재산, 재정, 예산 및 회계와는 전혀 관련 없는 처분으로서 지방자치법 제17조 제1항(현행 지방자치법 22조 1항 - 저자 주)에서 정한 재무회계행위에 해당한다고 볼 수 없음이 명백하고, 나아가 건축법 등을 위반한 위법 건축물에 대한 이행강제금 부과 등을 게을리하고 있다는 원고의 주장에 대해, 지방자치법 제17조 제1항에서 정한 지방세·사용료·수수료·과태료 등과 달리 이행강제금은 행정상 간접강제의 수단으로서 위반내용이나 위반자의 시정의지 등을 고려하여 부과여부가 결정되거나 대집행 등 적절한 다른 강제수단으로 선택될 수 있는 등 재량처분으로서의 성격이 있는 점, 백화점이 건축법 등을 위반하여 이행강제금 부과처분을 받은 바 없고, 위 증축허가처분이나 사용승인처분이 당연무효가 되었다거나 취소되지도 아니한 상황에서 이행강제금이 부과되어야 할 위법사항이 당연히 존재한다고 보기도 어려운 점에 비추어 볼 때, 지방자치법 제17조 제1항에서 정한 지방세·사용료·수수료·과태료 등 공금의 부과·징수를 게을리한 경우에 해당한다고 볼 수 없다고 하여 모두 각하하였으며, 원심판

68) 서울행정법원 2012. 11. 1. 선고 2012구합7950 판결【행정부작위위법】

결[69]도 항소를 기각하였다. 다만, 원심판결은 주민소송 요건은 피고가 이행강제금의 부과를 게을리하였다는 것을 원고가 주장함으로써 충족되고, 나아가 이행강제금의 부과 대상인지는 본안에서 판단할 사항이라는 입장을 나타냈다.

〔대법원 판결[70]의 요지〕

주민소송의 대상이 되는 '재산의 관리·처분에 관한 사항'이나 '공금의 부과·징수를 게을리 한 사항'이라 함은, 지방자치단체의 소유에 속하는 재산의 가치를 유지·보전 또는 실현함을 직접 목적으로 하는 행위 또는 그와 관련된 공금의 부과·징수를 게을리한 행위를 말하고, 그 밖에 재무회계와 관련이 없는 행위는 설령 그것이 지방자치단체의 재정에 어떤 영향을 미친다고 하더라도, 주민소송의 대상이 되는 '재산의 관리·처분에 관한 사항' 또는 '공금의 부과·징수를 게을리 한 사항'에 해당하지 않는다.

지방자치법 제17조 제1항, 제2항 제3호의 주민소송 요건인 위법하게 공금의 부과·징수를 게을리 한 사실이 인정되기 위해서는 그 전제로서, 관련 법령상의 요건이 갖추어져 지방자치단체의 집행기관 등의 그 공금에 대한 부과·징수가 가능하여야 한다. 한편 건축법상의 이행강제금과 그 전제가 되는 시정명령은 그 건축물 등이 건축법이나 건축법에 따른 명령이나 처분에 위반되는 경우에 한하여 할 수 있다(건축법 제79조 제1항, 제80조).

원심판결 이유와 기록에 의하면, 이 사건 백화점 건물의 부설주차장 일부를 판매시설로 용도변경한 데에 관하여 신세계가 당시 건축법령의 규정에 따라 관할 행정청의 적법한 허가를 받아 용도변경의 사

69) 서울고등법원 2013. 7. 17. 선고 2012누39126 판결【행정부작위위법】

70) 대법원 2015. 9. 10. 선고 2013두16746 판결【행정부작위위법】 이 판결과 관련한 문헌으로서, 조경애, 주민소송제도의 문제점 및 최근 판례에 관한 검토 - 일본 주민소송제도와의 비교를 바탕으로-, 일감법학 39호(2018), 194쪽 이하 참조.

용승인을 얻은 사실을 알 수 있으므로, 신세계가 건축법이나 건축법에 따른 명령 등을 위반한 사실이 있다고 보기 어렵다.

원심의 이유 설시에 일부 미흡한 부분이 있기는 하나, 피고가 신세계에 대하여 건축법상 이행강제금을 부과하지 않은 행위가 위법하게 공금의 부과를 게을리 한 사실에 해당하지 않는다고 한 원심의 결론은 정당하고, 거기에 주민소송의 인정 요건이나 건축법상 이행강제금 부과 요건에 관한 법리를 오해하는 등의 잘못이 없다.

〔대법원 판결의 의의〕

대법원 판결은 '공금의 부과·징수를 게을리 한 사항'이라 함은 지방자치단체의 소유에 속하는 재산의 가치를 유지·보전 또는 실현함을 직접 목적으로 하는 행위 또는 그와 관련된 공금의 부과·징수를 게을리한 행위를 말하고, 그 밖에 재무회계와 관련이 없는 행위는 설령 그것이 지방자치단체의 재정에 어떤 영향을 미친다고 하더라도, 이에 해당하지 않는다고 하였다. 또한, 3호소송의 요건인 위법하게 '공금의 부과·징수를 게을리 한 사실'이 인정되기 위해서는 관련 법령상의 요건이 갖추어져 지방자치단체의 집행기관 등의 그 공금에 대한 부과·징수가 가능하여야 하며, 건축법상의 이행강제금과 그 전제가 되는 시정명령은 그 건축물 등이 건축법이나 건축법에 따른 명령이나 처분에 위반되는 경우에 한하여 할 수 있다는 입장에서 이 사건 백화점 건물의 부설주차장 일부를 판매시설로 용도변경한 데에 관하여 신세계가 당시 건축법령의 규정에 따라 관할 행정청의 적법한 허가를 받아 용도변경의 사용승인을 얻은 사실을 알 수 있으므로, 신세계가 건축법이나 건축법에 따른 명령 등을 위반한 사실이 있다고 보기 어렵다고 하여 원고의 청구를 기각하고 있다. 이러한 대법원 판결의 입장은 수긍할 수 있는 것이다. 본 판결에 있어서는 '공금의 부과·징수를 게을리 한 사실'이 인정되기 위해서는 관련 법령상의 요건이 갖추어져 지방자치단체의 집행기관 등의 그 공금에 대한 부과·징수가 가능하여야 한다는 점을 명시적으로 언급한 점에 그 의의가 있다고 할 수 있다.

(2) 일본

1) 주민소송의 대상이 되는 게을리한 사실은 현재의 작위의무를 게을리한 것을 의미한다고 해석하는 것이 상당하므로, 시장이 과거에 행한 등기말소절차의 위법 확인을 청구하는 3호소송은 현재의 게을리한 사실을 그 대상으로 하는 것이 아니어서 부적법하다[71]고 각하하였다.

2) 기초자치단체의 장(시장)이 광역자치단체의 장(도지사)으로부터 광역자치단체의 시설 일부를 '아동클럽실'로 사용하기 위한 사용허가를 받고 사용료의 면제를 받았지만, 실제로는 장애자시설로 사용하였기 때문에 광역자치단체로부터 사용료 상당액의 손해배상청구를 받고 기초자치단체가 이를 배상한 바, 시장이 사용허가 또는 그 갱신 시에 사용조건의 변경을 청구하는 등의 조치를 취하지 않고 방치한 것은 시에 대한 불법행위 또는 채무불이행을 구성하고, 시는 사용료 상당액의 손해를 입었지만 그 손해배상청구권의 행사를 위법하게 게을리하고 있다고 하여 그 위법 확인을 청구한 주민소송(3호소송)에서, 시장이 위와 같은 조치를 취하였다고 하더라도 시는 동액의 사용료를 납부하게 되었을 것으로 추인되기 때문에 위의 금액을 시의 손해라고 하는 것은 상당하지 않다고 하여 청구가 기각되었다[72].

3) 기초자치단체(시)와 광역자치단체(도)가 발주한 관급공사에서 담합이 있었다고 하여 공정거래위원회가 수주 각사에 배제권고를 한 경우에, 수주 각사에 대하여는 손해배상청구(구 4호소송)를, 시장·도지사 등에 대하여는 수주 각사에 손해배상청구권의 행사를 게을리한 사

71) 大阪地判 2004. 1. 20, 判例自治 267号, 102쪽.
72) 東京高判 2003. 6. 16, 判例時報 1856号, 89쪽.

실의 위법 확인을 청구한 주민소송(3호소송)에서, 담합사실과 그에 의한 손해 발생을 인정하여 위 청구가 인용되었다[73].

4) 기초자치단체의 장(Y)이 선거 시에 상대후보를 후원하였던 업자를 지명경쟁입찰에 참가시키지 않음으로써 기초자치단체 발주의 공공토목공사의 적정가격이 파괴되어 지방자치단체가 적어도 100만 엔의 손해를 입었다고 하여 Y에 대하여 Y 개인에게 100만 엔을 지급하라는 청구를 게을리한 사실의 위법 확인을 청구한 3호소송에서, 입찰결과가 높은 낙찰률(96.91%에서 99.33%까지)을 보이고 있는 점, Y 개인의 불법행위에 대하여 원고는 구체적인 주장을 결여하고 있는 점에서 지방자치단체에 손해가 발생한 사실이 인정될 수 없다고 하여 청구가 기각되었다[74].

5) 3호소송과 4호소송이 병합 제기되어 있는 경우에, 지방자치법이 3호소송과 4호소송 간에 우선순위를 규정하고 있지 아니한 점, 양 소송의 당사자·효과가 상이한 점 등을 고려하면 4호소송과의 관계에서 3호소송을 보충적인 것으로 해석할 근거는 없기 때문에, 4호소송 청구를 게을리한 사실의 위법 확인을 청구한 3호소송에 4호소송이 병합 제기된다고 하여 3호소송이 부적법한 소로 되는 것은 아니라고 하였다[75].

6) 지방자치단체가 문화회관용지로서 임차하고 있는 토지의 고정자산세를 면제해 고정자산세를 징수하지 않는 것이 위법하다고 하여, 지방자치단체의 장(Y)을 피고로 하여 게을리한 사실의 위법 확인을, 그리고 Y 개인에게 손해배상을 청구한 주민소송(3호소송, 구 4호소송)에서 지방자치단체의 조세조례는 유료로 사용하는 고정자산에 대해서는 고정자산세의 면제를 금지하고 있기 때문에 고정자산세를 면제

73) 前橋地判 2003. 6. 13, 判例タイムズ 1163号, 188쪽.

74) 福島地判 2003. 3. 11, 判例自治 247号, 89쪽.

75) 最高判 2001. 12. 13, 判例時報 1776号, 46쪽.

한 것은 위법하다고 하여 Y에 대한 게을리한 사실의 위법확인청구(3호소송)는 인용되었지만, 고정자산세를 면제하는 조치를 취한 것을 전제로 해서 당초는 고정자산세 상당액을 가산한 금액으로 되었던 계약상의 임차료가 동액을 공제한 금액으로 되었기 때문에 지방자치단체는 고정자산세 상당액의 임료의 지급이 면제된 것이므로 지방자치단체에 손해가 발생하지는 않았다고 하여, Y 개인에 대한 손해배상청구(구 4호소송)는 기각되었다[76].

7) 공원 내의 전쟁재판기념비를 철거하지 않는 것의 위법 확인을 청구한 3호소송에서, 사용대차에 의한 권리는 지방자치법상의 '재산'에 포함되지 않고, 기념비를 철거하여야 하는지 여부는 행정관리상의 문제이기 때문에 이를 철거하지 않은 것은 재무적 관리에 대한 게을리한 사실에도 해당하지 않는다고 하여 청구가 각하되었다[77].

제5절 4호소송

1. 4호소송의 의의·기능·법적 성질

(1) 4호소송이란, "해당 지방자치단체의 장 및 직원, 지방의회의원, 해당 행위와 관련이 있는 상대방에게 손해배상청구 또는 부당이득반환청구를 할 것을 요구하는 소송"(법 22조 2항 4호 본문)을 말한다. 다만, 그 지방자치단체의 직원이 「회계관계직원 등의 책임에 관한 법률」 4조에 따른 변상책임을 져야 하는 경우에는 변상명령을 할 것을 요구하는 소송을 말한다(법 22조 2항 4호 단서).

4호소송은 그 실체법적 성격에서는 민사법상의 청구이지만, 민중소

76) 東京高判 1999. 9. 21, 判例時報 1701号, 56쪽.
77) 東京高判 1993. 9. 28, 判例時報 1479号, 11쪽.

송인 주민소송에 의하여 처리하고 있는 점 등에서 다른 소송유형과는 구별되는 법적 특징을 가지고 있다[78].

(2) 우리나라 주민소송은 2006년 1월부터 시행된 이래, 2020년 12월 말 현재 45건이 제기되었다[79]. 제기된 주민소송의 유형을 살펴보면, 그 가운데 4호소송이 30건을 차지하여, 우리나라 주민소송의 다수가 4호소송 위주로 운용되고 있다고 할 수 있다[80].

이처럼 4호소송이 많이 이용되어 온 원인으로는, 첫째, 지방정치에 적지 않게 보이는 이권의 구조에 파고들어, 주민이 정치개혁을 추구하는 유효한 수단으로 활용할 수 있었다는 점, 둘째, 그 소송구조의 측면에서 사용하기 쉬운 점을 들 수 있다. 1호소송은 사전의 중지청구소송이지만, 공금의 지출이나 재산의 관리에 관한 문제의 정보는 대개의 경우 사후에 입수되고, 또한 법률상 '회복하기 어려운 손해를 발생시킬 우려가 있는 경우'의 요건을 충족하여야 한다. 2호소송은 대상이 재무회계행위이며, 또한 행정처분인 성질을 가지는 것에 한정된다. 3호소송은 '게을리한 사실'의 위법 확인의 청구이지만, 그 경우에는 작위의무가 존재하여야 하고, 위법하게 게을리하고 있다는 요건을 충족하여야 한다. 또한, 3호소송은 어디까지나 '위법 확인'에 지나지 않는 우회적인 수단으로 인식되는 경향이 있다.

위와 같은 이유로, 4호소송은 본래 다른 소송유형이 분담해도 좋을 기능까지도 담당하여 왔고, 주민자치의 측면에서는 매우 중요한 역할을 담당하여 왔다고 할 수 있다. 그러한 이유로서는 4호소송의 실질적인 쟁점이 협의의 재무회계상의 위법을 초과하여, 지방자치단체의 행

---

78) 園部逸夫 編, 『最新地方自治法講座 4 住民訴訟』, 235쪽 이하(佐藤英善).

79) 행정안전부, 주민소송 운영 현황(2020. 12. 31. 현재)

80) 우리나라에 앞서 주민소송제도를 시행하여 온 일본의 경우, 2002년 9월부터 2016년 3월까지의 주민소송 통계를 보면, 총 2,805건 중 2,275건의 4호소송이 제기되어 약 81%를 차지하였다. 総務省自治行政局行政課, 地方自治法等の一部を改正する法律について, 2017. 12, 19쪽.

정 일반에 관련된 위법, 예컨대 재무회계행위의 원인으로 되는 환경관련법령에 저촉하는 행정활동, 종교관련행사, 제3섹타 등의 적자 보전, 관광성 외유, 방만한 공공사업 등에 미치고 있는 점을 들 수 있다[81].

(3) 4호소송은 '해당 지방자치단체의 장 및 직원, 지방의회의원, 해당 행위와 관련이 있는 상대방'에 대한 손해배상청구 또는 부당이득반환청구를 할 것, 그리고 변상명령의 대상으로 되는 경우에는 변상명령을 할 것을 요구하는 소송제도이다. 이 가운데, 변상명령을 요구하는 소송은 변상명령이라는 행정처분, 즉 공권력의 행사를 구하는 의무이행소송과 같은 성격의 것이라고 할 수 있다. 그에 대하여, 손해배상청구 또는 부당이득반환청구를 할 것을 요구하는 소송은 민사법상의 청구를 할 것을 요구하는 것이며, 이 소송에 대해서는 지방자치법상의 규정 이외에 행정소송법상의 당사자소송의 규정이 준용된다(법 22조 18항, 행정소송법 46조 3항 참조). 이 경우에는 적어도 일방적으로 법관계의 변동을 생기게 한다는 의미에서의 공권력의 행사를 직접 공격하는 취소소송과는 다르고, 이 때문에 당사자소송의 규정이 준용되는 것이다.

한편, 4호소송의 법적 성질과 관련하여서는 형성소송설과 이행소송설이 있다. 전자는 4호소송이 의무를 창설하기 때문에 직접 법률관계를 변경하는 형성판결을 구하는 소송에 해당한다고 한다[82]. 그러나, '해당 지방자치단체의 장 및 직원, 지방의회의원, 해당 행위와 관련이 있는 상대방'에 대한 지방자치단체의 청구권은 청구·명령 전에 이미 존재하고, 청구·명령을 할 것을 명하는 판결은 오히려 이행판결이라고 파악하여, 4호소송은 '제3자에 대하여 일정한 행위를 할 것을 명한다'는 의미에서의 이행판결을 구하는 소송이라고 해석하여야 할 것이다[83].

81) 安本典夫, 住民訴訟·新4号訴訟の構造と解釈, 383쪽 이하.
82) 園部逸夫 編, 『最新地方自治法講座 4 住民訴訟』, 299쪽(石津廣司).

2. 2단계의 소송구조

가. 처음에

4호소송은 2단계의 형태로 설정되어 있다는 점도 다른 소송유형과 구별되는 법적 특징을 가지고 있다. 제1단계의 소송은 주민감사청구를 거친 주민(=원고)이 그 감사 청구한 사항과 관련이 있는 위법한 재무회계사항에 관하여 지방자치단체의 장 등을 상대방(=피고)으로 하여 해당 지방자치단체의 장 및 직원, 지방의회의원, 해당 행위와 관련이 있는 상대방에 대하여 손해배상 또는 부당이득반환의 청구(이하 '제1유형'이라 한다.)나 일정한 경우에는 변상명령(이하 '제2유형'이라 한다.)을 할 것을 요구하는 소송의 형식이다. 제2단계는 제1단계에서 인용판결이 확정된 경우에 해당 지방자치단체가 지방자치단체의 장 및 직원, 지방의회의원, 해당 행위와 관련이 있는 상대방 개인에 대하여 손해배상청구 또는 부당이득반환청구의 소송이나 변상명령을 하는 형식이 된다.

나. 제1단계의 소송

(1) 4호소송의 제1단계는 주민감사청구를 거친 주민(=원고)이 그 감사 청구한 사항과 관련이 있는 위법한 재무회계사항에 관하여 지방자치단체의 장 등을 상대방(=피고)으로 하여, 해당 지방자치단체의 장 및 직원, 지방의회의원, 해당 행위와 관련이 있는 상대방에 대하여 손해배상청구 또는 부당이득반환청구를 할 것을 요구하거나 일정한 경우에는 변상명령을 할 것을 요구하는 소송이다.

(2) 4호소송이 제기된 경우에, 해당 지방자치단체의 장은 그 직원, 지방의회의원 또는 상대방에 대하여 소송고지를 하여 줄 것을 법원에

83) 安本典夫, 住民訴訟·新4号訴訟の構造と解釈, 391쪽 이하.

신청하여야 한다(법 22조 10항 참조). 4호소송의 인용판결이 내려진 경우에도 불구하고, 여전히 손해배상 등이 이루어지지 않을 때 제기될 가능성이 있는 제2단계의 소송과의 사이에서 모순이 생기는 것을 방지하고, 제1단계의 4호소송판결의 효력을 원칙적으로 제2단계의 소송에 미치게 하여 소송경제에 이바지하기 위해서이다[84].

다. 4호소송(제1유형) 후의 제2단계의 소송

4호소송(제1유형)의 인용판결이 확정되면, 지방자치단체의 장(해당 사항의 사무처리에 관한 권한을 소속 기관의 장에게 위임한 경우에는 그 소속 기관의 장)은 그 판결이 확정된 날부터 60일 이내를 기한으로 하여 당사자에게 그 판결에 따라 결정된 손해배상금이나 부당이득반환금의 지급을 청구하여야 한다(법 23조 1항 본문 참조). 다만, 손해배상금이나 부당이득반환금을 지급하여야 할 당사자가 지방자치단체의 장이면 지방의회의 의장이 지급을 청구하여야 한다(법 23조 1항 단서 참조).

지방자치단체는 지급청구를 받은 자가 그 기한 내에 손해배상금이나 부당이득반환금을 지급하지 아니하면 손해배상·부당이득반환의 청구를 목적으로 하는 소송을 제기하여야 한다. 다만, 그 소송의 상대방이 지방자치단체의 장이면 그 지방의회의 의장이 그 지방자치단체를 대표한다(법 23조 2항 참조). 이 경우의 소송은 민사소송법에 의한 민사소송의 형식으로 제기된다.

라. 4호소송(제2유형) 후의 경우

4호소송(제2유형)의 인용판결이 확정되면, 지방자치단체의 장은 그 판결이 확정된 날부터 60일 이내를 기한으로 하여 당사자에게 그 판

84) 園部逸夫 編, 『最新地方自治法講座 4 住民訴訟』, 261쪽 이하(佐藤英善).

결에 따라 결정된 금액을 변상할 것을 명령하여야 한다(법 24조 1항 참조)[85]. 변상할 것을 명령받은 자가 그 기한까지 변상금을 지급하지 아니하면 지방세 체납처분의 예에 따라 징수할 수 있다(법 24조 2항 참조).

변상할 것을 명령받은 자는 이에 불복하는 경우 행정소송을 제기할 수 있다(법 24조 3항 본문 참조). 지방자치법은 변상명령에 대한 행정소송이 제기 가능함을 명문으로 규정하고 있지만, 이러한 규정이 없다 하더라도 변상명령은 항고소송의 대상이 되는 '처분'에 해당하기 때문에 당연히 행정소송을 제기할 수 있다고 본다. 이 경우에 체납처분에 의한 강제징수절차가 중지될 것인지 여부가 문제되나, 행정소송법상의 집행부정지의 원칙(동법 23조 1항 참조)에 따라서 집행절차가 중지되지 않는 것이 원칙이라고 하여야 할 것이다. 다만, 그 집행 또는 절차의 속행으로 인하여 생길 회복하기 어려운 손해를 예방하기 위하여 긴급한 필요가 있다고 인정할 때에 법원은 당사자의 신청 또는 직권에 의하여 그 집행 또는 절차의 속행의 전부 또는 일부의 정지를 결정할 수 있다(동법 23조 2항 참조).

한편, 변상명령에 대한 행정소송에는 행정심판법에 따른 행정심판청구를 제기할 수 없다(법 19조 3항 단서 참조). 이는 이미 4호소송의 인용판결이라는 사법적 판단이 내려진 상태에서 지방자치단체의 장은 변상명령을 발할 수밖에 없어서 행정심판을 인정할 의미가 없기 때문이다.

마. 해당 지방자치단체가 제2단계의 소송제기 등을 게을리하는 경우

지방자치단체가 제2단계의 소송 제기나 변상명령의 발령을 게을리

85) 주민소송의 후속절차로서의 변상명령과 회계관계직원 등의 책임에 관한 법률에 의한 변상명령과의 차이점에 대해서는, 선정원, 주민소송과 변상명령, 지방자치법연구 5권 1호(2005), 290쪽 이하 참조.

한 경우에 해당 지방자치단체의 주민들은 어떠한 법적 조치를 취할 수 있는지가 문제된다. 이러한 경우에는 주민감사청구를 할 수 있고, 이러한 감사의 결과에 불복하는 경우에는 다시 게을리한 사실의 위법 확인청구(3호소송)를 할 수 있으며, 제2단계의 소송을 제기하지 않아서 소멸시효 등으로 관련 청구권이 소멸함으로써 지방자치단체에게 손해가 발생하였을 때에는 새롭게 4호소송을 제기할 수 있다고 할 것이다[86].

바. 제1단계의 4호소송과 제2단계의 소송의 상호관계

제1단계의 4호소송은 '원고=주민', '피고=지방자치단체의 장 등'으로 되지만, 그 판결 후 제기될 가능성이 있는 제2단계의 소송은 '원고=지방자치단체', '피고=해당 지방자치단체의 장 및 직원, 지방의 회의원, 해당 행위와 관련이 있는 상대방'의 민사소송으로 진행되기 때문에 2개의 소송의 당사자가 서로 다르게 된다. 이와 관련하여, 전자의 4호소송의 참가적 효력이 후자의 소송에 미치는지 여부 등이 문제된다. 지방자치법은 이에 대하여 직접적인 규정을 두고 있지 않아서 의문이 생길 수 있다. 생각건대, 주민소송에 관하여서는 지방자치법에 규정된 것 이외에는 행정소송법에 따르도록 규정되어 있기 때문에(법 22조 18항 참조), 행정소송법의 규정을 검토하여야 한다. 그런데, 행정소송법은 소송에 참가한 제3자에 대하여는 필수적 공동소송에 관한 민사소송법의 규정을 준용하도록 하고 있다(동법 16조 4항 참조). 따라서, 4호소송의 참가적 효력이 제2단계의 소송에 미치게 된다고 해석하여야 할 것이다(민사소송법 67조 2항 참조).

또한, 4호소송 계속중에 손해배상청구권 등의 소멸시효가 완성되는 것을 방지하기 위하여 지방자치단체의 장이 한 소송고지신청은 그 소

86) 最高裁判所事務総局行政局監修, 『主要行政事件裁判例概観3(第3版) - 地方自治関係編 - 』, 法曹会, 2007, 480쪽.

송에 관한 손해배상청구권 또는 부당이득반환청구권의 시효중단에 관하여 민법 168조 1호에 따른 '청구'로 간주된다(법 22조 11항 참조). 이러한 시효중단의 효력은 그 소송이 끝난 날부터 6개월 이내에 재판상 청구, 파산절차참가, 압류 또는 가압류, 가처분을 하지 아니하면 효력이 생기지 아니한다(법 22조 12항 참조).

사. 제2단계의 소송에서의 소의 취하, 소송의 화해 및 청구의 포기 문제

제2단계의 소송에서 원고인 지방자치단체는 소의 취하, 소송의 화해 또는 청구의 포기를 할 수 있을 것인지가 문제된다. 제1단계의 주민소송에서는 명문의 규정으로 "당사자는 법원의 허가를 받지 아니하고는 소의 취하, 소송의 화해 또는 청구의 포기를 할 수 없다"(법 22조 14항)고 규정하고 있는데 대하여, 제2단계의 소송과 관련하여서는 명문의 규정을 두고 있지 않기 때문이다. 제1단계의 주민소송은 객관소송으로서의 민중소송의 하나인데 반하여, 제2단계의 소송은 민사소송으로서의 성격을 가진다는 점에서 차이가 있다. 전자는 지방재무회계의 적법성·공정성의 확보라는 공익목적을 위하여 인정된 제도라는 관점에서, 소의 취하 등을 하는 경우에 법원의 허가를 받도록 규정한 것이라고 해석된다. 그러나, 지방자치법이 지방자치단체의 권리의 포기나 채무의 면제에는 지방의회의 의결을 거치도록 하고 있는 점(법 47조 1항 8호, 139조 5항 참조)에 비추어 볼 때, 후자의 경우에도 원고인 지방자치단체가 소의 취하, 소송의 화해나 청구의 포기를 하는 경우에는 지방의회의 의결을 요한다고 해석하여야 할 것이다. 다만, 이를 위반하여 이들 소송종료행위를 하였을 경우에는 그대로 소송상 효력을 가진다고 하여야 할 것이다. 이로 인하여 지방자치단체에 손해를 발생시켰을 경우에는 주민감사청구를 거쳐 4호소송을 제기할 수 있다. 그 경우에는 해당 지방자치단체를 대표하는 지방자치단체의 장에 대한 손해배상청구를 할 것을 요구하는 소송이 될 것이다.

3. 4호소송의 내용

4호소송의 청구의 내용은 일정한 자(해당 지방자치단체의 장 및 직원, 지방의회의원, 해당 행위와 관련이 있는 상대방)에게 '손해배상청구 또는 부당이득반환청구를 할 것을 요구'하는 것이다. 다만, 그 지방자치단체의 직원이 회계관계직원 등의 책임에 관한 법률 4조에 따른 변상책임을 져야 하는 경우에는 '변상명령을 할 것을 요구'하는 것이다(법 22조 2항 4호 참조).

가. 손해배상청구의 요구

(1) 손해의 발생

1) 4호소송에 의해 손해배상청구를 하기 위해서는 해당 지방자치단체에 손해가 발생할 것이 필요하다. 여기에서 객관적으로 보아 지방자치단체에 손해가 발생할 여지가 없는 경우에도 4호소송의 대상으로 할 수 있을지가 문제된다. 다시 말하면, 수입을 발생시킬 뿐 손해를 초래하지 않은 위법한 재무회계행위에 대하여도 4호소송의 제기가 가능할 것인지가 문제된다.

이에 대해서는, 주민소송이 법률이 정한 경우에 법률에 정한 자에 한하여 제기할 수 있는 객관소송으로서의 민중소송이라는 점에서, 공금의 지출이나 재산상의 손실을 수반하지 않고 단순히 수입을 발생시킬 뿐인 행위는 설령 그것이 위법하다고 하더라도 4호소송의 대상으로 할 수 없다고 한 사례[87]가 있다.

2) 지방자치단체에 청구권이 존재하는 경우에 해당 지방자치단체에

87) 最高判 1973. 11. 27, 民集 110号, 545쪽. 본 건은 지방자치단체를 수증자로 하는 증여계약이 위법하다고 하여 제기된 동 계약의 무효확인을 청구한 주민소송에서, 동 계약은 단지 지방자치단체에 수입을 발생시키는데 그치는 것이기 때문에, 동 계약이 설령 위법하다고 하더라도 주민소송의 대상으로 할 수 없다고 한 사례이다.

손해가 발생하였다고 할 수 있는지가 문제된다.

이에 대해서는 ①시장이 지난 연도분의 고정자산세를 부과하지 않은 것이 위법하다고 하여 손해배상의 4호소송을 청구한 사안에서, 고정자산세를 부과하지 않은 것은 위법하지만 부과처분을 할 수 있는 기간이 경과하지 않는 한, 시에 손해가 발생하였다고 할 수 없다고 하여 청구를 기각한 사례[88], ②행정시찰여비를 수령하고서도 실제로는 행정시찰을 가지 않았기 때문에 위 여비를 반환한 지방의회의원들이 위 수령에서 반환까지의 기간의 이자의 지급을 하지 않은 것이 위법하다고 하여, 이를 게을리한 지방자치단체의 장에 대하여 이자 상당액의 손해배상을 청구한 주민소송(구 4호소송)에서, 지방자치단체가 위 지방의회의원에게 이자채권을 가지고 있고, 그 채권을 회수하는 것이 법률상·사실상 불가능하지 않는 한, 해당 지방자치단체에는 지방자치단체의 장의 위법행위에 의한 손해가 발생하지 않은 것으로 본 사례[89] 등이 있다.

3) 지방자치단체가 동일한 사유에 의하여 손해를 입음과 동시에 이익도 얻은 경우에는 손해액의 산정에서 손익상계를 할 수 있는지가 문제된다.

이와 관련하여서는 다음과 같은 사례가 있다. 즉, ①공공용지의 매수대금의 지급을 위하여 장기자금의 차입을 필요로 하는 지방자치단체가 지방채를 기채하는 대신에 금융기관으로부터 자금을 차입하여 충당하였기 때문에 위 차입에 대한 이자 상당액의 손해를 입었다고 하여 제기된 손해배상청구의 4호소송에서, 위 차입으로 인한 이자의 지급은 위법하지만 지방자치단체가 지방채 발행의 방법에 의하여 자금을 조달하였다 하더라도 이자 등의 비용을 부담하지 않을 수 없기 때문에 위 차입에 근거한 이자의 전액을 지방자치단체가 받은 손해로 해

---

88) 東京地判 1991. 3. 27, 行集 42巻 3号, 456쪽.

89) 大阪高判 1995. 10. 25, 判例タイムズ 920号, 174쪽.

석하여서는 안되고, 지방채의 발행에 수반하여 해당 지방자치단체가 통상 부담하였을 이자 등의 비용에 상당하는 금액은 손해에 해당하지 않는다고 한 사례[90], ②삼림조합의 조합장을 겸직하는 지방자치단체의 장이 순전히 삼림조합의 사무에 종사시킬 것을 예정해서 지방공무원을 채용하여 삼림조합에 근무하게 한 후, 지방자치단체 예산에서 그 급여를 지급한 것이 위법하다고 하여 제기된 손해배상청구의 4호소송에서, 그 공금의 지출은 위법하다고 하면서 설령 삼림조합이 지방자치단체에 대행하여 그 행정사무를 행하고, 이로써 지방자치단체가 그 부분만큼의 비용의 지출을 면한 것으로 볼 수 있다 하더라도, 이러한 이익과 위 지방공무원에 대한 급여의 지급과의 사이에 직접의 인과관계는 없기 때문에 손익상계의 여지는 없다고 한 사례[91] 등이 있다.

(2) 손해배상청구의 상대방

손해배상청구를 할 것을 요구하는 4호소송에서, 손해배상청구의 상대방은 '해당 지방자치단체의 장 및 직원, 지방의회의원, 해당 행위와 관련이 있는 상대방'이다. 여기에서 '해당 지방자치단체의 장 및 직원, 지방의회의원'(이하 '지방자치단체의 장 등'이라고 한다.)과 '해당 행위와 관련이 있는 상대방'으로 나누어 살펴보도록 한다.

1) 해당 지방자치단체의 장 등

주민소송제도가 지방자치단체의 장 등의 위법한 재무회계행위를 예방하거나 시정하여 지방재무행정의 적정한 운영을 확보함을 목적으로 하는 것이기 때문에, '해당 지방자치단체의 장 등'이란 주민소송에서 그 위법 여부가 문제되고 있는 재무회계행위를 할 권한을 법령상 본래적으로 가지는 것으로 되어 있는 자와, 이들로부터 권한의 위임 등을 받아서 그 권한을 갖기에 이른 자를 포함하는 의미로 해석된다.

---

90) 最高判 1980. 2. 22, 判例時報 962号, 50쪽.

91) 最高判 1983. 7. 15, 民集 37巻 6号, 849쪽.

이하에서 이와 관련된 구체적 사례를 검토하기로 한다.

(가) 권한의 위임이 있는 경우

①지방자치단체의 규칙에 의해 공유재산인 시청사회의실, 마이크로 버스, 승용차 및 사무용품의 관리권한이 지방자치단체의 장으로부터 담당 과장에게 위임되어 있는 경우에, 지방자치단체의 장이 이들 공유재산을 위령제의 준비를 위하여 사용함으로써 그 관리를 게을리하였다고 하여 제기된 주민소송(구 4호소송)에서, 지방자치단체의 장은 지방자치법상의 여러 규정에 비추어 그 권한에 속하는 일정한 범위의 재무회계행위를 사전에 특정한 지방공무원에게 위임한 경우라 하더라도 그 재무회계행위를 할 권한을 법령상 본래적으로 가지는 것으로 되어 있는 이상 손해배상청구의 상대방이 된다고 하였다[92].

②지방자치단체의 규칙에 의하여 지방자치단체의 장으로부터 권한의 위임을 받아서 특정한 종교단체(야스쿠니신사)에 봉납하는 제사비용을 공금에서 지출한 담당 간부공무원이 손해배상청구의 상대방이 될 수 있는지 문제가 된 사안에서, 그 해당 여부의 판단은 법이 예정한 소송유형에 해당하는지 여부의 판단이기 때문에 유형적·정형적으로 이루어져야 하고, 또한 주민소송제도가 지방자치단체의 장 등의 위법한 재무회계행위의 예방 또는 시정을 청구함으로써 지방재무행정의 적정한 운영을 확보함을 그 목적으로 하는 것이라는 점을 고려하면, 법령상 본래적으로 재무회계행위를 할 권한을 가지는 것으로 되어 있는 자, 그 자로부터 지방자치법 소정의 위임을 받아서 재무회계행위를 할 권한을 갖기에 이른 자, 위임을 받지 않았다 하더라도 전결과 같이 그 지방자치단체 내부의 제도상 본래적 권한자에 대신하여 재무회계행위를 할 것인지 여부의 의사결정을 하도록 되어 있는 자는 모두 손해배상청구의 상대방이 될 수 있다고 하였다[93].

---

92) 最高判 1993. 2. 16, 民集 47卷 3号, 1687쪽.

(나) 전결이 있는 경우

①지방공기업의 관리자로부터 훈령에 의하여 전결권한을 부여받은 보조직원이 실제로는 하지 않은 회의접대를 한 것으로 가장하여 허위 내용의 경비지출서를 작성시켜서 스스로 결제를 전결하여 지출한 사안에서, 지방공기업관리자는 지방공기업의 업무집행에 관하여 해당 지방자치단체를 대표하는 자이며, 그 재무회계상의 행위를 할 권한을 법령상 본래적으로 가지는 것으로 되어 있는 자라는 사실을 고려하면, 지방공기업의 업무집행에 관하여는 지방자치단체의 장과 동일한 지위에 있는 것으로 보아야 한다고 하고서, 지방공기업의 관리자는 훈령 등에 의하여 그 권한에 속하는 일정한 범위의 재무회계행위를 사전에 특정한 보조직원에게 전결시키는 경우라 하더라도 지방공기업법상 그 재무회계행위를 할 권한을 법령상 본래적으로 가지고 있는 것으로 되어 있는 이상, 4호소송에 의한 손해배상청구의 상대방이 될 수 있다고 하였다[94].

②위 사례에서, 전결에 대하여 담당 부장은 1건 100만 엔 이상의 예산의 집행에 관한 전결권한을, 담당 차장은 담당 부장의 전결사항 가운데 미리 담당 부장이 지정한 것과 정례적인 것에 관한 전결권한을, 담당 과장은 1건 100만 엔 미만의 예산의 집행에 관한 전결권한을 각각 가지는 것으로 되어 있는 경우에, 전결권자들 가운데 현실적으로 전결을 한 자는 물론, 현실적으로 전결을 하지 않은 자에 대해서도 4호소송에 의한 손해배상청구의 상대방이 될 수 있다고 하고, 다만, 현실적으로 재무회계행위의 전결을 한 것으로 인정되지 않은 자에 대해서는 손해배상청구는 이유가 없어서 기각되어야 한다고 하였다[95].

93) 松山地判 1989. 3. 17, 行集 40巻 3号, 188쪽 ; 高松高判 1992. 5. 12, 行集 43巻 5号, 717쪽 ; 最高判 1997. 4. 2, 民集 51巻 4号, 1673쪽.

94) 最高判 1991. 12. 20, 民集 45巻 9号, 1455쪽.

95) 最高判 1991. 12. 20, 民集 45巻 9号, 1503쪽.

2) 해당 행위와 관련이 있는 상대방

여기서의 '상대방'에는 해당 행위의 직접 상대방만으로 한정할 것인지 또는 직접 상대방으로부터 권리 등을 전득한 제3자도 포함할 것인지가 문제이다.

이와 관련하여서는, 지방자치단체의 장(Y)이 공유지를 A에게 불하하고, A는 Y1에게 전매하고, Y1은 중간생략등기에 의하여 소유권이전등기를 완료하였던 바, 본 건 불하는 위법무효라고 하여 Y, Y1에 대한 손해배상청구를 한 주민소송(구 4호소송)에서, 지방자치단체가 원래 실체법상 가지는 청구권으로서 그 청구권의 행사에 의하여 거래의 안전을 해친다고 볼 수도 없기 때문에, 4호소송에 의한 손해배상청구의 상대방을 해당 행위의 직접의 상대방에 한정해서 해석할 합리적인 이유는 없다고 하여, 직접의 상대방으로부터 권리 등을 전득한 제3자도 포함한다고 한 사례[96]가 있다.

(3) 관련사례

〔사실관계 개요〕

1) 용인경전철 민간투자사업(이하 '이 사건 사업')은 구 사회간접자본시설에 대한 민간투자법(2005. 1. 27. 법률 제7386호 「사회기반시설에 대한 민간투자법」으로 개정되기 전의 것, 이하 '구 민간투자법') 제4조 제1호의 '사회간접자본시설의 준공과 동시에 당해 시설의 소유권이 국가 또는 지방자치단체에 귀속되며 사업시행자에게 일정기간의 시설관리운영권을 인정하는 방식'(BTO 방식)으로 기흥역에서 전대·에버랜드역까지 15개 역 약 18km 구간에 경량 도시철도를 건설하여 운영하는 사업이고, 용인시장(피고)이 주무관청이다.

2) 기획예산처장관은 1999. 12. 31. 이 사건 사업을 민간투자사업으로 지정·고시하였다. 용인시장은 2000. 9. 6. 구 교통개발연구원(2005.

96) 最高判 1975. 5. 27, 判例時報 780号, 36쪽.

8. 17. '한국교통연구원'으로 명칭이 변경되었다. 이하 명칭 변경 전후를 불문하고 '한국교통연구원')에 이 사건 사업의 '건설 타당성 분석 및 실행플랜 수립'에 관한 용역을 의뢰하였다(이하 용인시와 한국교통연구원 사이에 체결된 용역계약을 '이 사건 용역계약'이라고 한다). 한국교통연구원은 2001. 9. 5. 피고에게 용역보고서를 제출하였다(이하 '2001년 한국교통연구원 용역보고서').

3) 피고는 2001. 12. 31. 이 사건 사업의 '민간투자시설사업기본계획'을 고시하였고, 2002. 9. 3. 캐나다 건설회사인 B사 등으로 구성된 컨소시엄을 우선협상대상자로 지정하였다. 그 후 2004. 4. 22. 위 컨소시엄이 설립한 특수목적법인인 '용인경전철 주식회사'가 우선협상대상자의 지위를 승계하였다(이하 설립 전후를 불문하고 '용인경전철'이라고 한다).

4) 피고는 2004. 7. 27. 용인경전철과 이 사건 사업의 실시협약을 체결하였다(이하 '이 사건 실시협약'). 그에 따르면, 이 사건 사업의 총사업비는 2001. 12. 31. 불변가격기준으로 6,970억 원이고, 그중 주무관청 보조금은 2,997억 원, 민간투자금은 3,973억 원이며(제12조), 민간투자금의 사업수익률은 8.86%이다(제54조). 사업시행자는 경전철을 건설하는 공사를 시행하여 그 소유권을 용인시에 귀속시킨 후 30년간 운영·관리하면서 운임수입을 징수하고 그 밖에 부대사업과 경미한 수익사업을 시행하여 투자원리금을 회수한다(제6조 제1항). 운영개시일로부터 30년간 그해 실제운임수입이 예상운임수입의 90%보다 적을 경우 주무관청은 사업시행자에게 운임수입보조금을 지급한다(제63조 제1항, 이하 '최소운영수입보장 약정'이라고 한다). 주무관청은 분당선 연장 전 구간이 2011. 12. 31.까지 준공·운영되도록 최선의 노력을 하여야 하고, 이 사건 사업의 운영개시일까지 준공·운영되지 않는 경우 주무관청이 사업시행자에게 분당선 연장구간 개통지연에 따른 운임수입감소 손실금을 2012. 1. 1.부터 지급하여야 한

다(제75조, 제63조 제6항, 이하 '분당선 연장구간 개통지연 손실보상 약정').

5) 피고는 2005. 11. 15. 이 사건 사업의 실시계획을 승인·고시하였고, 용인경전철은 2005. 12. 16. 건설공사에 착수하였다. 피고와 용인경전철은 2009. 7. 8. 변경특약을 통해 최소운영수입보장 약정의 보장비율을 예상운영수입의 90%에서 79.9%로 하향 조정하고, 분당선 연장구간 개통지연 손실보상 약정 조항을 삭제하였다.

6) 용인경전철은 건설공사를 완료한 뒤 2010. 7. 5., 2010. 11. 10. 및 2010. 12. 10. 3회에 걸쳐 용인시에 준공보고서를 제출하였으나, 피고는 서류 미비 등의 사유로 위 준공보고서를 모두 반려하였다. 이에 용인경전철은 2011. 1. 11. 이 사건 실시협약을 해지한 뒤, 2011. 2. 18. 국제상업회의소(ICC) 산하 국제중재법원(ICA)에 국제중재를 신청하였고, 국제중재법원은 2011. 9. 26.(1차)과 2012. 6. 11.(2차)에 '용인시는 용인경전철에게 미지급 공사비 5,158억 9,100만 원과 기회비용 명목 2,627억 7,200만 원을 지급하라'는 내용의 중재판정을 하였다.

7) 피고와 용인경전철은 2차 중재판정 직전인 2012. 4. 19. '이 사건 실시협약 해지를 철회하고, 최소운영수입보장 방식에서 연간사업운영비 보전방식으로 사업구조를 변경하며, 주무관청이 재가동 업무비용 350억 원을 부담한다'는 내용의 양해계약 및 재가동약정을 체결하고, 2013. 7. 25. 이를 구체화하는 내용의 실시협약 변경계약을 체결하였다. 용인경전철은 2013. 4. 26.부터 경전철 운행을 개시하였는데, 운영 첫해인 2013년의 실제 이용수요는 1일 평균 약 9천 명에 불과하였고, 2017년의 실제 이용수요는 1일 평균 2만 7천 명이었다.

8) 원고들을 비롯한 용인시 주민들은 2013. 4. 11. 경기도지사에게 이 사건 사업과 관련하여 '추진과정의 문제점', '이 사건 실시협약의 문제점', '이 사건 실시협약 체결 이후의 문제점', '공사완료 이후의 문

제점' 등에 관하여 주민감사를 청구하였다.

9) 경기도지사는 2013. 6. 5.부터 2013. 7. 22.까지 48일간 용인시에 대한 감사를 실시한 후, 2013. 7. 30. ①경전철 운영 활성화 프로젝트 팀 설치·운영의 부적정, ②계약직 임용 부적정, ③상업광고 협약체결 당시 경제성 분석 소홀, ④출자자 지분변경에 관한 업무처리 소홀을 지적하고, 위 지적사항에 관한 '주의 촉구' 등 4건의 행정조치 및 관련 공무원 9명에 대한 '훈계'처리를 하였다는 내용의 감사 결과를 공고하였다.

10) 이에 원고들은 2013. 10. 10. 피고를 상대로 주민소송(4호소송)을 제기하였다.

[대법원 판결[97]]

(1) 구 지방자치법 제17조 제2항 제1호부터 제3호까지의 주민소송은 해당 지방자치단체의 장을 상대방으로 하여 위법한 재무회계행위의 방지, 시정 또는 확인 등을 직접적으로 구하는 것인 데 반하여, 제4호 주민소송은 감사 청구한 사항과 관련이 있는 위법한 행위나 업무를 게을리한 사실에 대하여 지방자치단체의 장 및 직원, 지방의회의원, 해당 행위와 관련이 있는 상대방에게 손해배상청구, 부당이득반환청구, 변상명령 등을 할 것을 요구하는 소송이다. 따라서 제4호 주민소송 판결이 확정되면 지방자치단체의 장인 피고는 상대방에 대하여 판결에 따라 결정된 손해배상금이나 부당이득반환금의 지불 등을 청구할 의무가 있으므로, 제4호 주민소송을 제기하는 자는 상대방, 재무회계행위의 내용, 감사청구와의 관련성, 상대방에게 요구할 손해배상금 내지 부당이득금 등을 특정하여야 한다.

97) 대법원 2020. 7. 29. 선고 2017두63467 판결【주민소송】이 판결과 관련된 연구로서, 김대인, 용인경전철 주민소송 사건에 대한 고찰, 행정판례연구 26권 1호(2021), 201쪽 이하 ; 이태정, 주민소송의 대상 - 대법원 2020. 7. 29. 선고 2017두63467 판결-, 법조 70권 1호(2021), 339쪽 이하 참조.

(2) 지방자치단체의 장은 구 지방자치법 제17조 제2항 제4호 주민소송에 따라 손해배상청구나 부당이득반환청구를 명하는 판결 또는 회계관계직원 등의 책임에 관한 법률(이하 '회계직원책임법')에 따른 변상명령을 명하는 판결이 확정되면 위법한 재무회계행위와 관련이 있는 상대방에게 손해배상금이나 부당이득반환금을 청구하여야 하거나 변상명령을 할 수 있다. 그리고 이에 더 나아가 상대방이 손해배상금 등의 지급을 이행하지 않으면 지방자치단체의 장은 손해배상금 등을 청구하는 소송을 제기하여야 한다(구 지방자치법 제18조 제2항). 이때 상대방인 지방자치단체의 장이나 공무원은 국가배상법 제2조 제2항, 회계직원책임법 제4조 제1항의 각 규정 내용 및 취지 등에 비추어 볼 때, 그 위법행위에 대하여 고의 또는 중대한 과실이 있는 경우에 제4호 주민소송의 손해배상책임을 부담하는 것으로 보아야 한다. (이상 밑줄 저자)

나. 부당이득반환청구의 요구

(1) 4호소송에 근거한 해당 지방자치단체의 장 및 직원, 지방의회의원, 해당 행위와 관련이 있는 상대방에 대한 부당이득반환청구권에 대해서는 법률상 원인 없이 타인의 재산 또는 노무로 인하여 이익을 얻고 이로 인하여 타인에게 손해를 가한 것이 그 요건으로 되어 있다.

여기에서 부당이득반환청구는 법률상 원인 없이 이득한 경우에 성립하기 때문에 4호소송의 상대방과 관련된 '해당 행위'가 통상은 무효일 것을 요한다. 해당 행위가 유효라고 하더라도 그 원인행위가 무효라면 부당이득반환청구는 성립할 수 있다[98].

(2) 해당 행위가 행정처분이거나 또는 그 원인행위가 행정처분일 때는 행정행위의 하자론과 마찬가지로, 행정처분에 하자가 있고 그 하자가 중대하고 명백한 때에 무효로 되며, 이러한 무효원인을 가지는

98) 最高判 1985. 9. 12, 判例時報 1171号, 62쪽.

처분에 근거해서 일정한 이득을 한 경우에 부당이득에 해당하게 될 것이다. 문제는 해당 행위가 사법상의 행위인 경우이다. 이 경우에는 원칙적으로 민사상의 부당이득과 마찬가지로 해석하여야 할 것이지만, 사법상의 행위라 하더라도 행정과 관련되는 것이기 때문에 특별한 법적 규제(예컨대, 지방의회의 의결을 요한다든지 계약체결의 방식이 법정되어 있는 경우)의 존재 때문에 무효원인이 발생하게 되는 경우가 있을 수 있다. 이러한 경우에 상대방은 부당하게 이득한 것이 된다. 그런데, 여기에서 상대방의 선의·악의 등의 귀책사유가 그 요건이 되는지 여부가 문제된다. 일반적으로 부당이득은 법률상의 원인을 결하기에 이르면 성립하는 것으로서, 그 선의·악의 등은 묻지 않는다. 선의·악의는 단지 이득자의 반환의무의 범위[99]에 영향을 줄 뿐이다(민법 748조 참조).

(3) 해당 행위가 무효이지만 손해가 발생하지 않은 경우는 어떻게 될 것인지도 문제이다. 부당이득반환청구는 일반적으로 '그 받은 이익이 현존하는 한도'에서 반환책임이 있으나, 악의의 경우는 받은 이익에 이자를 붙여서 반환하지 않으면 안되기 때문에 손해가 존재하는지 여부의 판단에 그치지 않고 선의·악의의 판단을 하여야 하는 것으로도 생각할 수 있다. 그러나, 4호소송은 원칙적으로 손해보전을 목적으로 하는 제도인 이상, 손해가 발생하지 않으면 4호소송은 인정되지 않는다고 해석하여야 한다[100].

(4) 관련사례

〔사실관계 개요〕

서울특별시 성동구의 주민들은 피고(성동구청장)가 서울특별시 성

99) 선의의 수익자는 그 받은 이익이 현존한 한도에서 책임이 있고, 악의의 수익자는 그 받은 이익에 이자를 붙여 반환하고 손해가 있으면 이를 배상하여야 한다(민법 748조 참조).

100) 園部逸夫 編, 『最新地方自治法講座 4 住民訴訟』, 251쪽 이하(佐藤英善).

동구의회 의원의 의정활동비 등 지급에 관한 조례에 따라 성동구의회 의원들에게 월 3,525,000원의 월정수당을 지급하는 것에 관한 사무처리가 법령에 위반되거나 공익을 현저히 해친다는 등의 이유로, 2008. 6. 10. 서울특별시장에게 주민감사청구를 하였다.

이에 서울특별시장은 2008. 8. 13.부터 2008. 10. 11.까지 사이에 이 사건 감사청구사항에 대한 감사를 한 후, 2008. 10. 12. 청구인들에게, ①피고가 의정활동비심의위원회(이하 '심의회')의 심의위원 선정 등 운영을 적정하게 하지 아니하였고, ②월정수당 인상과 관련하여 시행한 주민여론조사절차가 적절하지 아니하였으며, ③월정수당의 인상률은 임금 및 물가상승률, 재정자립도, 주민소득수준을 고려하여 결정하여야 함에도 이를 반영하지 아니하였다는 내용의 감사 결과를 통보함과 아울러 심의회를 재구성하여 임금 및 물가상승률 등을 고려한 월정수당 잠정지급액을 결정한 후 그 금액(전년도 대비 인상률 명시)을 기초로 주민여론조사를 실시하고 그 결과를 반영하여 월정수당 인상액을 결정하여 조례개정안을 제출할 것과 담당공무원에 대한 훈계·주의를 내용으로 하는 신분상 조치를 할 것을 피고에게 요구(이하 '이 사건 조치요구')할 것임을 통보하였다.

주민들은 이 사건 조치요구가 이 사건 의원들에게 이미 지급한 월정수당을 환수하는 실질적인 조치를 포함하지 아니하여 그 재정상 손해를 회복할 수 없다고 보고 주민소송(4호소송)을 제기하였다.

〔대법원 판결101)〕

(1) 구 지방자치법(2009. 4. 1. 법률 제9577호로 개정되기 전의 것) 제33조 제1항, 제2항, 제3항, 구 지방자치법 시행령(2008. 10. 8. 대통

101) 대법원 2014. 2. 27. 선고 2011두7489 판결【주민소송(부당이득반환)】이 판결과 관련된 연구로서, 김태호, 부당이득반환청구를 요구하는 주민소송 - 지방의회의원 의정비 반환 소송에서 조례의 사법심사를 중심으로-, 행정판례연구 21권 1호(2016), 123쪽 이하 참조.

령령 제21075호로 개정되기 전의 것) 제34조 제1항, 제2항의 규정 형식과 내용 및 지방의회의원에게 지급할 의정활동비, 여비, 월정수당(이하 '의정활동비 등')의 지급기준을 조례로 정하기에 앞서 결정 범위를 미리 제시하기 위하여 해당 지방자치단체의 심의회를 독립성을 갖춘 별도의 심의·의결기구로 마련한 취지 등을 고려하면, 시행령 제34조 제1항에서 심의회의 위원을 선정할 때 학계 등으로부터 추천을 받도록 규정한 취지는 심의회 구성의 다양성과 객관성을 확보하기 위한 데 있다고 할 것이므로, 심의위원 선정절차가 위 규정에 엄격히 부합하지 아니하더라도 심의회의 구성에 관한 위와 같은 입법 취지를 실질적으로 훼손하였다고 평가할 정도에 이르지 아니하는 한 해당 심의회의 의결이 위법하다거나 이를 기초로 한 의정활동비 등에 관한 조례가 위법하다고 판단할 수는 없다.

(2) 구 지방자치법 제33조 제1항, 제2항, 구 지방자치법 시행령 제33조 제1항 제1호, 제2호, 제3호는 지방의회의원에게 지급하는 비용으로서 조례로 정하는 의정활동비 등의 지급기준의 객관성과 적정성을 확보하기 위하여 의정활동비 등을 해당 지방자치단체의 심의회가 결정한 금액(이하 '의정활동비 등의 상한액') 이내로 제한하는 한편, 심의회가 '의정활동비 등의 상한액'을 결정할 때 따라야 할 기준과 절차를 제시하면서, 월정수당에 관하여는 의정활동비나 여비와 달리 그 금액이나 산정방법에 대한 구체적이고 실질적인 기준을 정하지 아니한 채 지역주민의 소득수준 등 일정한 고려사항을 예시적으로 열거하고 있을 뿐이다.

따라서 심의회가 관계 법령에서 정한 절차에 의하여 구성되고 자율적으로 '의정활동비 등의 상한액'을 결정한 경우에는 결정 과정에서 주민들의 정서나 여론조사 결과에 일부 부합하지 아니한 부분이 있다고 하더라도 법령에서 심의회의 의결을 반영하는 절차를 둔 입법 취지를 달성할 수 없을 정도로 형식적인 절차를 거친 것에 불과하여 실질적으로 절차를 거치지 아니한 것과 다름없다고 볼 정도에 이르지 아니한다면, 심의회가 행한 '의정활동비 등의 상한액' 결정이 위법하다고 볼 수는 없다.(밑줄 저자)

다. 변상명령의 요구

(1) 지방자치법은 "그 지방자치단체의 직원이 「회계관계직원 등의 책임에 관한 법률」 제4조에 따른 변상책임을 져야 하는 경우에는 변상명령을 할 것을 요구"(법 22조 2항 4호 단서)하는 것을 4호소송의 한 내용으로 규정하고 있다. 이에 의하여, 지방자치단체의 회계관계직원이 변상책임을 지는 경우에는 지방자치단체의 장 등에게 그 변상명령을 할 것을 요구하는 4호소송을 제기할 수 있다(이에 대해서는 「4. 다른 소송유형 등과의 관계」에서 보다 상세히 살펴본다.).

(2) 여기서 회계관계직원의 변상책임과 관련하여 규정하고 있는 회계관계직원 등의 책임에 관한 법률 4조의 주요내용은 다음과 같다. ① 회계관계직원은 고의 또는 중대한 과실로 법령이나 그 밖의 관계 규정 및 예산에 정하여진 바를 위반하여 지방자치단체의 재산에 손해를 끼친 경우와 ②현금 또는 물품을 출납·보관하는 회계관계직원은 선량한 관리자로서의 주의를 게을리하여 그가 보관하는 현금 또는 물품이 망실(亡失)되거나 훼손된 경우에는 변상할 책임이 있으며, 스스로 사무를 집행하지 아니한 것을 이유로 그 책임을 면할 수 없다. 한편, ③ 지방자치단체의 손해가 2명 이상의 회계관계직원의 행위로 인하여 발생한 경우에는 각자의 행위가 손해 발생에 미친 정도에 따라 각각 변상책임을 지며, 손해 발생에 미친 정도가 분명하지 아니하면 그 정도가 같은 것으로 본다.

4. 다른 소송유형 등과의 관계

가. 1호소송과의 관계

1호소송과 관련하여, 1호소송이 4호소송의 보충적 성질을 가지는지 아니면 1호소송 자체로서 독립적인 성질을 가지는지에 대해서 견해의 대립이 있다[102]. 즉, 주민소송이 지방자치단체의 재무회계상의 손해의 회복을 목적으로 하는 주관적 대표소송기능을 가진다는 점과, 지방자치법이 1호소송에 대해서 "회복하기 어려운 손해를 발생시킬 우려가 있는 경우"에 인정하고 있는 점을 중시하는 견해에서는 1호소송이 4호소송의 보충적 성질을 가지는 것으로 해석하는 데 반하여, 지방자치단체의 재무회계상의 적법성 유지를 목적으로 하는 주민소송의 객관소송적 성격을 강조하는 견해에서는 1호소송의 독립적 성질을 주장하게 된다.

생각건대, 지방자치단체의 재무회계적 손해를 가능한 한 빠른 단계에서 방지하기 위해서도 사전적인 1호소송의 독립적 성질을 인정하여야 한다고 본다. 특히 현대행정은 다단계구조로 이루어진 경우가 적지 아니하고, 이들 행정과정 모두가 종료한 후에 지방자치단체가 받은 재무회계상의 손해가 보전된다고 하더라도 그러한 손해배상책임을 지는 지방자치단체의 장 등에게 막대한 부담을 지우게 되고, 사회경제적으로 보더라도 공공재의 감소나 낭비를 회피하기 위하여서도 조기의 사전적·예방적인 1호소송이 보다 바람직한 경우가 있을 수 있기 때문이다.

나. 2호소송과의 관계

행정처분인 해당 행위에 관해 그 취소소송 또는 무효등 확인소송을

102) 山村恒年, 差止め請求の意義と対象, 400쪽 이하.

제기하지 않고, 해당 행위의 위법·무효를 전제로 하여 손해배상청구 또는 부당이득반환청구를 할 것을 요구하는 4호소송을 제기할 수 있는지 여부가 문제된다.

이와 관련된 구체적 사례로서는, ①2호소송이나 4호소송 모두 제소기간의 규정이 있는 점 등에서 주민소송의 대상인 행정처분의 효력은 반드시 2호소송에 의하여 확정되어야 한다고 할 수 없고, 또한 실질적으로 보더라도 주민소송의 원고는 각 소송유형 가운데에서 가장 적합한 유형을 자유로이 선택할 수 있다고 해석하는 것이 지방자치단체의 이익을 지키기 위하여 법률에 의하여 인정된 주민소송제도의 취지에 합치된다고 하여, 지방자치단체의 주민이 행정처분이 위법함을 이유로 4호소송을 제기하기 위해서는 반드시 2호소송을 거쳐야 할 필요는 없다고 한 사례[103], ②지방세의 감액경정처분의 위법을 주장하여, 위 처분의 상대방에게 환급금 상당의 부당이득반환을 청구한 주민소송(구 4호소송)에서, 행정처분의 위법을 이유로 주민소송을 제기하는 경우에는 사전에 2호소송에 의해 그 처분의 취소를 청구할 필요는 없으며, 그 의미에서 공정력의 문제는 발생하지 않고 적법하다고 한 사례[104] 등이 있다.

다. 3호소송과의 관계

(1) 4호소송과 그 대상인 손해배상청구권 행사를 게을리한 사실의 위법 확인을 구하는 3호소송이 병합 제기된 경우에, 양 소송의 쟁점은 거의 공통되고 4호소송에 의한 손해배상청구의 이행을 요구하면서 이것을 행사하지 않은 사실의 위법 확인을 구하는 것은 위법상태의 시정방법으로서는 우회적인 것이 아닌지와 관련하여, 3호소송의 적법성

---

103) 大阪高判 1968. 8. 29, 行集 19卷 8·9号, 1401쪽.

104) 横浜地判 1995. 3. 6, 判例時報 1574号, 62쪽.

여부가 문제된다. 이에 대해서는 적법설[105]과 부적법설[106]로 견해가 나뉜다.

먼저, 부적법설의 논거로서는, ①주민이 4호소송에서 승소하면 그 효력은 지방자치단체에 미치고, 이에 의하여 집행기관 등의 부작위의 위법상태가 직접적으로 시정되기 때문에 3호소송을 병합하여 제기할 실익이 없다는 점, ②3호소송이 허용되는 것은 집행기관 등이 게을리 한 사실과 관련된 행위를 하는 것이 가능한 경우에 한정되고, 이미 4호소송이 제기된 이상 집행기관 등이 중복하여 청구권을 행사할 수 없으며 소의 이익이 없다는 점 등을 든다.

다음으로, 적법설의 논거로서는, ①지방자치법은 4개의 소송유형에 우선순위를 정하고 있지 않고 복수의 소송유형을 허용하지 않는다는 규정도 없다는 점, ②4호소송과 3호소송 중 어느 것이 유효적절한지는 개별 사안마다 다르고, 3호소송의 승소판결에 의하여 지방자치단체에 의한 위법한 재무회계행위의 시정을 구하는 것이 적절한 경우도 있을 수 있고, 양 소송 중 어느 것을 선택할지 또는 양쪽을 모두 제기할 지는 주민의 의사에 맡겨져 있다고 해석된다는 점, ③이미 4호소송이 제기되어서 집행기관 등이 중복하여 청구권을 행사할 수 없다고 하더라도, 집행기관 등이 소송참가 등의 절차를 취한다든지 소송외의 청구를 하는 것은 가능하기 때문에 3호소송의 실익이 없다고는 할 수 없다는 점 등을 든다.

생각건대, 지방자치법은 양 소송유형 간에 우선순위를 규정하고 있지 않다는 점, 양 소송유형 간의 효과도 위법의 확인(3호소송)과 손해배상이나 부당이득반환의 청구 또는 배상명령 발령의 의무이행(4호소

---

105) 安本典夫, 住民訴訟·新4号訴訟の構造と解釈, 412쪽 이하 ; 西鳥羽和明, 四号後段請求の基礎構造(一), 民商法雑誌 99巻 3号, 380쪽 이하 ; 大藤 敏 編, 『新版·裁判住民訴訟法』, 337쪽 이하(杉山正己).

106) 関 哲夫, 『住民訴訟論(新版)』, 205쪽 이하 ; 三好 達, 住民訴訟の諸問題, 313쪽.

송)으로 서로 차이가 있다는 점 등을 고려할 때, 4호소송이 제기되어 있는 경우에도 3호소송을 병합 제기할 수 있다고 보아야 한다.

(2) 이와 관련된 구체적 사례로서는, ①지방자치단체가 제3자에 대하여 손해배상청구권을 가지고 있음에도 불구하고 지방자치단체의 장이 그 행사를 게을리하고 있다고 하여, 게을리한 사실의 위법 확인을 구하는 주민소송(3호소송)과 함께 위 제3자에 대하여 손해배상을 구하는 주민소송(구 4호소송)이 병합 제기된 경우에, 3호소송은 소의 이익을 결여한다고 한 사례[107], ②지방자치법이 3호소송과 4호소송 사이에 우선순위를 규정하고 있지 않은 점, 양 소송의 당사자·효과가 상이한 점 등에 비추어 보면, 4호소송과의 관계에서 3호소송을 보충적인 것으로 해석할 근거는 없기 때문에, 4호소송이 그 대상으로 되어 있는 청구권의 행사를 게을리한 사실의 위법 확인을 청구하는 3호소송에 병합 제기되어 있다고 하여, 그 3호소송이 부적법하게 되는 것은 아니라고 한 사례[108] 등이 있다.

라. 4호소송 상호간의 관계

(1) 4호소송은 해당 지방자치단체의 장 및 직원, 지방의회의원, 해당 행위와 관련이 있는 상대방에게 손해배상청구 또는 부당이득반환청구를 할 것을 요구하는 소송인 바, 이는 집행기관 등에 대한 직무이행명령소송의 각종 형태를 나타내는 데 그치고, 이 가운데 복수의 소송을 제기하는 것을 금지한 취지로 해석할 것인지가 문제이다[109]. 예컨대, 주민 X1과 주민 X2가 동일한 사실에 근거하여 각각 다른 상대방에게 손해배상청구 또는 부당이득반환청구를 할 것을 요구하거나,

107) 新潟地判 1982. 4. 27, 行集 33巻 4号, 896쪽.

108) 最高判 2001. 12. 13, 判例時報 1776号, 46쪽.

109) 最高裁判所事務総局行政局監修, 『主要行政事件裁判例概観3(第3版) -地方自治関係編-』, 457쪽.

또는 동일한 주민이 '해당 지방자치단체의 장 등'에 대한 청구와 '해당 행위와 관련이 있는 상대방'에 대한 청구를 할 것을 요구하는 소송을 병합하여 제기하는 경우에, 지방자치법 22조 5항의 '같은 사항에 대하여 별도의 소송'에 해당되어 어느 일방의 소송을 부적법하다고 하여야 할 것인지 여부의 문제이다.

(2) 이에 대해서는, 주민소송의 심리 대상은 해당 행위의 위법성 유무에 그치는 것이 아니라, 그 위법성을 전제로 하여 해당 지방자치단체가 어떠한 청구권을 누구에 대하여 가지는지의 확정에까지 미치지 않을 수 없기 때문에, 적어도 손해배상청구 또는 부당이득반환청구의 상대방을 '해당 지방자치단체의 장 등'으로 하는 경우와 '해당 행위와 관련이 있는 상대방'으로 하는 경우는 명백히 별개의 청구로 생각하지 않을 수 없는 점, 따라서 설령 주민 X1과 주민 X2가 각각 다른 상대방에 대한 손해배상이나 부당이득반환의 청구를 위해 별개의 주민소송을 제기한 경우에, 이들 청구를 지방자치법 22조 5항의 '같은 사항에 대하여 별도의 소송'에 해당하는 것이라고 하여 어느 일방의 소송을 부적법하다고 할 수 없다고 해석되고, 이러한 법리는 동일한 주민이 '해당 지방자치단체의 장 등'에 대한 소송과 '해당 행위와 관련이 있는 상대방'에 대한 소송을 동시에 병합 제기한 경우에도 마찬가지로 해석된다고 한 사례[110]가 있다.

마. 지방자치단체의 손해배상청구권 등의 행사와의 관계

(1) 4호소송 계속중에 지방자치단체의 장 등이 관련자에 대하여 손해배상 또는 부당이득반환의 청구를 하거나 그것들을 청구하는 소를 제기한 경우에 4호소송은 어떻게 될 것인지, 또는 지방자치단체의 장 등이 손해배상이나 부당이득반환의 청구 등을 이미 이행한 경우에도

110) 奈良地判 1982. 3. 31, 判例タイムズ 476号, 145쪽.

주민들은 4호소송을 제기할 수 있을 것인지 등이 문제된다. 즉, 4호소송은 지방자치단체의 집행기관 등으로 하여금 관련이 있는 일정한 자에 대한 손해배상청구 등을 할 것을 요구하는 소송제도이므로, 지방재무행정의 적정한 운영에 대한 제1차적 책무를 지고 있는 지방자치단체의 집행기관 등이 스스로 4호소송의 대상인 손해배상청구권 등을 행사할 수 있는 것은 당연하다고 할 것인데, 이러한 경우에 계속중인 4호소송은 소의 이익이 소멸된다고 보아야 할 것인지 여부 등이 문제된다.

(2) 이에 대해서는 다음과 같이 경우를 나누어 살펴볼 필요가 있다[111].

첫째로, 지방자치단체의 장 등이 청구한 금액이 주민이 4호소송으로 요구하고 있는 금액과 같거나 그보다 많은 경우에 4호소송은 소의 이익이 소멸된다고 볼 것인지 여부와 관련하여서는, 이를 긍정하는 견해와 부정하는 견해가 있다. 긍정설의 논거로서는 판결주문에 기재된 행위가 이루어지고 있기 때문에 소의 이익이 소멸된다는 데 있다. 이후 지방자치단체의 장 등이 적절한 조치를 취하지 않아서 채권이 시효로 소멸된 경우에는 그 책임을 요구하는 4호소송을 제기하면 된다고 한다[112]. 이에 대하여, 부정설의 논거로서는 4호소송이 4호소송과 그 인용판결에 근거한 청구가 이행되지 않는 경우에 지방자치단체에 의한 손해배상 등 청구소송이라는 2단계로 구성되어 있어서, 그것을 일정기간 내에 수행하게 함으로써 연속하는 소송절차로 편성하여서 실효성을 확보하고자 한 것이기 때문에, 이러한 제도의 실질을 상실시키는 것과 같은 소송의 종료를 하여서는 안 된다는 점, 지방자치단체의 장 등의 청구가 있었다고 하여 4호소송을 종료시킨 경우,

111) 安本典夫, 住民訴訟·新4号訴訟の構造と解釈, 402쪽 이하.

112) 地方自治制度研究會, 『改正住民訴訟制度 逐條解說』, 52쪽 ; 園部逸夫 編, 『最新地方自治法講座 4 住民訴訟』, 301쪽 이하(石津廣司).

청구의 상대방(해당 지방자치단체의 장 및 직원, 지방의회의원, 해당 행위와 관련이 있는 상대방)의 불이행에도 불구하고 지방자치단체의 장 등이 소송을 제기하지 아니할 때, 일단 종료된 4호소송의 재개나 새롭게 4호소송을 제기하는 경우의 제소기간 등의 특례규정이 없는 것도 지방자치법이 소송의 종료를 상정하고 있지 않은 것을 나타내고 있는 점 등을 든다[113].

둘째로, 4호소송 계속중에 지방자치단체에 의한 청구의 소가 제기되는 경우에 4호소송은 어떻게 될 것인지, 또한 지방자치단체에 의한 청구의 소가 제기된 후에는 4호소송의 제기는 인정될 수 없는지가 문제된다. 4호소송과 지방자치단체가 제기하는 청구의 소는 소송물이 서로 다르기 때문에 이 가운데 어느 한 소가 먼저 제기되어 있어도 후소가 별소금지(법 22조 5항 참조)에 저촉되지 않는다고 본다. 또한, 지방자치단체가 소를 취하하는 등의 가능성이 있는 이상, 4호소송의 제기의 필요성이 인정된다고 하여야 할 것이다. 그러나, 이미 지방자치단체가 4호소송의 대상인 손해배상청구권·부당이득반환청구권에 대하여 소를 제기하여, 그에 대한 인용의 확정판결을 얻은 때에는 4호소송의 소의 이익은 인정되지 않는다고 해석하여야 할 것이다[114].

셋째로, 지방자치단체의 장 등이 청구한 청구액이 주민이 4호소송에서 청구하고 있는 금액보다 소액인 경우에는 소의 이익을 인정하는데 별 문제가 없다. 그러나, 이 경우에도 4호소송으로 주장하는 청구액을 어떻게 파악할 것인지에 대하여, 양자의 차액을 청구액으로 한다는 견해[115]와 각자 별개의 소로 파악하여 청구액을 결정하여야 한다는 견해[116]가 있으나, 후자가 타당하다고 하여야 할 것이다.

---

113) 安本典夫, 住民訴訟·新4号訴訟の構造と解釈, 403쪽 이하.

114) 安本典夫, 住民訴訟·新4号訴訟の構造と解釈, 404쪽 이하.

115) 地方自治制度研究會, 『改正住民訴訟制度 逐條解說』, 54쪽.

116) 安本典夫, 住民訴訟·新4号訴訟の構造と解釈, 405쪽.

바. 회계관계직원의 변상책임과의 관계

지방자치법 22조 2항 4호는 해당 지방자치단체장 등에 대한 손해배상청구 또는 부당이득반환청구를 할 것을 요구하는 소송인 4호소송을 규정하면서, 그 단서에서 “그 지방자치단체의 직원이 「회계관계직원 등의 책임에 관한 법률」 제4조에 따른 변상책임을 져야 하는 경우에는 변상명령을 할 것을 요구하는 소송”을 규정하고 있다. 4호소송에서 이들 회계관계직원의 변상책임과 관련하여서는 4호소송 계속중에 지방자치단체의 장이 변상명령을 발할 수 있는지, 그 경우에 4호소송의 진행에 어떠한 영향을 미칠 것인지, 변상명령에 대한 취소소송 등의 제기가 변상책임의 강제집행과 4호소송에 어떠한 영향을 미칠 것인지와, 4호소송에서의 손해배상청구금과 변상명령에서의 변상금과의 관계 등이 문제된다.

(1) 먼저, 4호소송 계속중에 지방자치단체의 장이 변상명령을 발할 수 있는지와 관련하여서는, 회계관계직원 등의 책임에 관한 법률 6조 1항에서 규정하고 있는 변상명령제도는 지방자치단체 내부에서의 간편한 책임추궁의 방법으로서 인정된 것이지만, 주민소송이 제기된 이후에라도 지방자치단체의 장이 간편한 변상명령을 발해서 관련 직원의 변상책임을 조기에 결정하여 확정하는 것은 주민소송의 수행에 방해가 되지 않고, 오히려 주민의 의사를 참작하여 소정의 엄격한 내부절차를 거쳐서 지방자치단체의 장이 변상명령을 발하여 조기에 손해배상책임의 확정과 그 배상이 이루어지도록 하는 것이 적절하다고 하여야 하기 때문에, 주민소송이 제기되었다고 하여 지방자치단체의 장의 변상명령의 발령이 제한되지 않는다고 해석하여야 한다.

(2) 다음으로, 4호소송 계속중에 지방자치단체의 장이 발한 변상명령이 4호소송의 진행에 어떠한 영향을 미칠 것인지와 관련하여서는, 법률이 회계관계직원 등에 대하여 일정한 경우에 변상책임을 규정하

고 있는 것은 회계관계직원의 책임·범위와 지방자치단체 내부에서의 배상청구방식을 규정한 것에 지나지 않고, 그 때문에 지방자치법이 특별히 인정한 객관소송으로서의 4호소송이 부정되지 않으며, 오히려 변상책임은 지방자치단체의 장의 변상명령을 기다릴 것까지도 없이 4호소송의 요건을 충족하면 곧바로 발생한다고 해석하여야 할 것이다[117]. 따라서, 지방자치단체의 장이 변상명령을 발한 경우에도 주민소송의 진행에는 영향을 미치지 않는다고 보아야 할 것이다.

(3) 또한, 변상명령에 대하여 취소소송 등이 제기된 경우, 이것이 변상명령의 강제집행에 어떠한 영향을 미칠 것인지가 문제된다. 지방자치법은 변상명령을 받은 회계관계직원이 기한 내에 변상금을 지급하지 아니하면 지방세 체납처분의 예에 따라 징수할 수 있고, 변상명령을 받은 자는 이에 불복하는 경우 행정소송을 제기할 수 있다고 규정하고 있다(다만, 행정심판법에 따른 행정심판청구는 제기할 수 없다. 법 24조 2·3항 참조). 따라서, 특별한 사정이 없는 한 행정소송법의 규정에 따라서 취소소송 등의 제기는 변상명령의 강제집행절차에 영향을 미치지 않는다고 하여야 할 것이다(동법 23조 1항 참조).

(4) 한편, 변상명령에 대한 취소소송 등의 제기가 있는 경우에 4호소송에 대하여 어떠한 영향을 미치는지가 문제된다. 이는 특히 4호소송에서의 손해배상청구금과 변상명령에서의 변상금과의 관계가 문제된다. 이에 대해서는 다음과 같이 나누어 살펴볼 필요가 있다.

첫째로, 취소소송 등의 인용판결로 변상명령이 취소(또는 무효)가 되고 그 판결이 확정된 경우에는 변상명령의 위법·무효가 판결로 명백히 되었기 때문에, 변상명령을 할 것을 요구하는 4호소송을 제기할 수 없다고 할 것이다.

둘째로, 취소소송의 일부인용판결로 변상명령에서의 변상금이 감

117) 園部逸夫 編, 『最新地方自治法講座 4 住民訴訟』, 243쪽(佐藤英善).

액되어 확정된 경우에는, 인정된 범위에서의 변상책임은 있지만 그것을 초과한 부분의 효력은 없는 것이 재판에 의하여 확정되었다고 할 수 있다. 따라서, 판결로 인정된 범위를 초과하는 부분에 대한 4호소송을 제기할 수 없다고 하여야 할 것이다.

셋째로, 취소소송의 기각판결이 확정되어 일정한 금액의 변상명령의 효력이 확인된 경우에, 이 판결에 의하여 변상명령에서의 변상금을 넘는 부분에 대해서 변상책임이 없다는 사실이 확정된 것은 아니라고 하여야 할 것이므로, 변상명령에서의 변상금을 초과하는 부분에 대해서도 4호소송으로 변상명령을 할 것을 요구할 수 있다고 본다. 그러나, 실제로는 이들 판결이 확정된 시점에서 주민감사청구·주민소송이 여전히 제기기간 내에 있는 경우는 상정하기 힘들 것이다[118].

사. 지방의회의 권리 포기 의결과의 관계

(1) 4호소송은 일정한 자에게 손해배상청구, 부당이득반환청구 또는 변상명령을 할 것을 요구하는 소송으로서, 그것이 제기되어 인용판결이 내려지면 해당 지방자치단체의 장 등은 일정한 자에게 손해배상·부당이득반환의 청구 또는 변상명령을 해야 할 의무를 부담하게 된다. 그런데, 지방자치법은 지방의회가 그 의결에 의하여 "법령과 조례에 규정된 것을 제외한 예산 외의 의무부담이나 권리의 포기"(47조 1항 8호)를 할 수 있도록 규정하고 있는바, 4호소송의 인용판결에도 불구하고 지방의회는 그 대상인 청구권 등의 권리를 포기할 수 있을 것인지가 문제된다.

이에 대해서는 긍정설[119]과 부정설[120]로 나뉘어 있다. 긍정설의

118) 安本典夫, 住民訴訟·新4号訴訟の構造と解釈, 402쪽.

119) 地方自治制度研究會, 『改正住民訴訟制度 逐條解說』, 86쪽 이하.

120) 安本典夫, 住民訴訟·新4号訴訟の構造と解釈, 398쪽 이하 ; 碓井光明, 『要説住民訴訟と自治体財務(改訂版)』, 学陽書房, 2002, 186쪽 이하.

논거는, ①주민소송의 제기 이전이라면 재판상 확정된 채권 등의 포기가 가능한데 반해, 주민소송 제기 후에는 불가능하게 된다는 것은 현저히 균형을 결여한다는 점, ②4호소송은 일정한 자에 대한 손해배상·부당이득반환의 청구 또는 변상명령을 할 의무를 지방자치단체의 장 등에게 부담시키는 것에 그친다는 점, ③설령 지방의회의 권리포기제도가 남용된다고 해도 남용한 자의 책임이 발생하고, 그에 대한 책임추궁이 이루어질 수 있다는 점 등이다.

그러나, 4호소송에서의 인용판결은 단지 실체적인 권리의 존재를 확정하는 데 그치지 않고, 그 권리의 행사 등과 관련하여 지방자치단체를 대표하는 지방자치단체의 장 등을 상대방으로 하여, 일정한 자에 대한 손해배상·부당이득반환의 청구 또는 변상명령을 할 의무를 명하는 판결이다. 충분한 심리를 거쳐서 내려진 확정판결에 대하여 지방의회가 권리 포기의 의결을 하는 것은 주민소송제도의 취지에 정면으로 반하는 결과가 될 것이다. 따라서, 법원의 확정판결에 의하여 결정된 위법한 재무회계행위로 인하여 발생한 권리가 지방의회의 포기 의결에 의하여 소멸되지 않는다고 해석하여야 할 것이다[121].

(2) 한편, 주민소송의 제기 이전에 지방의회의 의결에 의하여 권리의 포기가 이루어진 경우에는 어떻게 될 것인지도 문제이다. 생각건대, 권리의 포기가 위법하다면 실체적인 권리는 여전히 남는 것이며, 그 권리에 대하여 행사를 명하는 판결을 구하여 4호소송을 제기하는 것은 가능하다고 해석하여야 한다. 물론 선의의 상대방을 보호하여야 할 특수한 경우는 있을 수 있겠지만, 이를 제외하면 판결 확정 후의 권리의 포기와 기본적으로 다른 점은 없다고 할 수 있다[122].

121) 그러나, 일본 지방자치법은 2017년 6월의 개정으로 감사위원의 의견을 듣는 것을 조건으로 하여 소송 계속중이거나 판결 확정 이후에도 권리 포기가 가능하게 되었다. 상세한 내용은 제1장 제3절 2. 일본의 주민소송제도 부분을 참조.

122) 安本典夫, 住民訴訟·新4号訴訟の構造と解釈, 399쪽.

제6장
주민소송의 소송절차

지방자치법은 주민소송과 관련하여, "이 법에 규정된 것 외에는 「행정소송법」에 따른다"(22조 18항)고 하여, 주민소송에 관하여는 지방자치법에서 특별히 규정된 것 이외에는 행정소송법에 따르도록 명문으로 규정하고 있다. 그런데, 행정소송법은 "행정소송에 관하여 이 법에 특별한 규정이 없는 사항에 대하여는 법원조직법과 민사소송법 및 민사집행법의 규정을 준용한다."(8조 2항)고 규정하고 있다. 따라서, 주민소송에 관하여는 지방자치법의 규정이 우선하여 적용되고, 그 규정이 없는 경우에는 행정소송법이 준용되며, 또한 행정소송법에도 규정이 없는 경우에는 법원조직법과 민사소송법 및 민사집행법의 규정을 준용하게 되는 셈이다.

그런데, 지방자치법 22조는 주민소송의 소송절차와 관련하여, 주민소송의 대상과 당사자적격(1항), 소송유형(2항), 제소기간(4항), 별소의 금지(5항), 소송절차의 중단 및 수계(6항부터 8항), 재판관할(9항), 소송고지 및 시효중단(10항부터 12항), 소송참가(13항), 소의 취하·소송의 화해·청구의 포기(14·15항), 소가(16항), 소송비용 등의 보상(17항)에 관한 규정을 특별히 규정하고 있다. 또한, 법 23조는 4호소송의 인용판결이 확정된 경우의 손해배상금이나 부당이득반환금의 지급청구 또는 그에 대한 소송을, 법 24조는 변상명령 등에 대하여 규정하고 있다. 따라서, 주민소송과 관련하여서는 이들 규정이 우선하여 적용이 되고, 그 규정이 없는 경우에 행정소송법, 나아가서 민사소송법·민사집행법 등이 준용되는 것이다. 이하에서 주민소송의 소송절차와 관련하여, 주요한 내용을 중심으로 하여 살펴보기로 한다.

제1절 재판관할

1. 법규정

지방자치법은 주민소송의 토지관할과 관련하여, 해당 지방자치단체의 사무소 소재지를 관할하는 행정법원(행정법원이 설치되지 아니한 지역에서는 행정법원의 권한에 속하는 사건을 관할하는 지방법원 본원)의 관할로 규정한다(법 22조 9항 참조). 이는 주민소송이 행정소송의 일종이고, 행정소송법은 재판관할과 관련하여 원칙적으로 '피고의 소재지를 관할하는 행정법원'으로 하고 있는 점(동법 9조, 38조, 40조 참조)과 주민소송의 피고는 원칙적으로 해당 지방자치단체의 장임을 감안한 것으로 해석된다. 그러나, 현재 행정법원이 설치된 지역은 서울뿐이므로, 그 밖의 지역에서는 지방법원 본원에서 관할하도록 한 것이다.

2. 임의관할

여기서 지방자치법상의 주민소송의 토지관할이 전속관할을 의미하는지 또는 임의관할을 의미하는지가 문제된다. 일본 주민소송제도에서는 전속관할임을 명시적으로 규정하고 있으나(일본 지방자치법 242조의2 5항 참조), 우리나라의 경우에는 그에 관한 명문의 규정이 없기 때문이다.

이에 대해서는, "성질상 행정사건은 행정법원의 전속관할에 속한다고 해석하는 것이 일반적이고, 따라서 행정사건의 일종인 주민소송사건은 행정법원의 전속관할에 속한다고 할 것"이라는 견해[1]가 있다.

그러나, 주민소송에 관하여 규정하고 있는 지방자치법은 주민소송의 토지관할을 규정하면서 이를 전속관할로 하는 명문의 규정을 두고 있지 않기 때문에, 재판관할에 관한 지방자치법상의 규정을 전속관할에 관한 것이라고 해석하여서는 안 될 것이다[2]. 따라서, 합의관할이나 변론(응소)관할에 관한 규정은 주민소송사건에도 적용된다(민사소송법 31조 참조).

3. 관할 위배의 경우

관할은 소송요건이기 때문에 법원은 직권으로 이를 조사하여, 소송을 수리한 법원이 그 소송에 대하여 관할권이 없다고 인정하는 경우에는 결정으로 이를 관할법원에 이송하여야 한다(민사소송법 34조 1항 참조). 또한 원고인 주민들에게 고의 또는 중대한 과실없이 심급을 달리하는 법원에 잘못 제기된 경우에도 각하할 것이 아니라 이송하여야 한다(행정소송법 7조 참조).

1) 김용찬 외, 『주민소송』, 218쪽.

2) 대법원 1994. 1. 25. 선고 93누18655 판결【토지수용재결처분취소】. 행정소송법도 1984년 12월 전면개정되기 전에는 전속관할제를 취하였으나(구 행정소송법 4조 참조), 위 전면개정에 의한 현행 행정소송법은 전속관할제를 폐지하고 임의관할제를 채택한 것으로 해석되는 것이 일반적 견해임을 유의할 필요가 있다. 김철용·최광률 편, 『주석 행정소송법』, 박영사, 2004, 281쪽 이하(이홍훈) ; 이철환, 『행정쟁송법 이론과 판례』, maronie, 2019, 86쪽 ; 홍준형, 『행정구제법(제4판)』, 한울아카데미, 559쪽.

제2절 소가[3](소송목적의 값)

1. 법규정

민사소송 등 인지법은 민사소송절차, 행정소송절차 등의 소장 등에는 다른 법률에 특별한 규정이 있는 경우를 제외하고는 소가(소송목적의 값)에 따라 법정의 금액 상당의 인지를 붙여야 하도록 규정하고 있다(동법 1조, 2조 참조).

그런데, 지방자치법은 주민소송을 민사소송 등 인지법에 따른 소정의 비재산권을 목적으로 하는 소송으로 규정하고 있다(법 22조 16항 참조). 그리고, 민사소송 등 인지법은 재산권상의 소로서 그 소가를 계산할 수 없는 것과 비재산권을 목적으로 하는 소송의 소가는 대법원 규칙으로 정하도록 하고 있다(동법 2조 4항 참조). 이에 관한 대법원 규칙이 민사소송 등 인지규칙이다.

2. 소가의 산정방법

(1) 민사소송 등 인지규칙은 비재산권을 목적으로 하는 소송의 소가는 5,000만 원으로 하도록 규정하고 있다(동 규칙 18조의2 참조). 따라서, 주민소송을 제기하기 위해서는 5,000만 원을 소가로 하여 산정된 230,000원(= 5,000만 원 × 45/10,000 + 5,000원) 상당의 인지를 붙여야 한다(민사소송 등 인지법 2조 1항 2호 참조). 한편, 항소장에는 위의 1.5배액의 인지를, 상고장에는 위의 2배액의 인지를 붙여야 한다(동법 3조 참조).

---

3) 민사소송 등 인지법은 2009년 5월의 개정으로 종래의 '소가'라는 용어 대신에 '소송목적의 값'이라는 용어를 사용하고 있다. 그러나, '소가'라는 용어가 아직 학계 및 실무에서의 일반적인 관용어라는 점과 사용의 편의성이라는 점을 고려하여, 본서에서는 종래대로 '소가'라는 용어를 주로 사용하기로 한다.

(2) 주민소송은 복수의 주민이 공동하여 제기하는 경우가 일반적이라 할 수 있다. 또한 하나의 주민소송에서 복수의 청구를 하는 경우도 적지 아니하다. 예컨대, 행정처분인 해당 행위의 취소 또는 변경을 요구하는 청구(2호소송)를 하면서 손해배상청구 또는 부당이득반환청구를 할 것을 요구하는 청구(4호소송)를 하는 경우가 그것이다.

하나의 주민소송에서 수개의 비재산권을 목적으로 하는 청구를 병합한 때에는 각 청구의 소가를 합산하도록 되어 있다. 다만, 청구의 목적이 하나의 법률관계인 때에는 하나의 소로 본다(민사소송 등 인지규칙 22조 참조). 그러나, 하나의 소로써 병합 제기할 수 있는 청구를 수개의 소장으로 나누어 소를 제기하는 경우에는 각각 별도로 소가를 산정한다(동 규칙 24조 참조).

3. 위반의 효과

법에 따른 인지를 붙이지 아니하거나 인지액에 해당하는 금액을 현금이나 신용카드·직불카드 등으로 납부하지 아니하고 한 신청은 부적법하여 각하된다. 다만, 법원은 신청인에게 보정을 명할 수 있고, 신청인이 그 명령에 따라 인지를 붙이거나 인지액에 해당하는 금액을 현금이나 신용카드·직불카드 등으로 납부한 경우에는 그러하지 아니하다(민사소송 등 인지법 13조 참조).

제3절 제소사유 및 제소기간

1. 법규정

(1) 공금의 지출에 관한 사항 등 일정한 재무회계사항에 관하여 주

민감사청구를 거친 주민은 다음 각 호의 어느 하나에 해당하는 경우에, 그 감사 청구한 사항과 관련이 있는 위법한 행위나 업무를 게을리한 사실에 대하여 주민소송을 제기할 수 있다(법 22조 1항 참조). 이러한 주민소송의 제기사유로서는, ①주무부장관이나 시·도지사가 감사청구를 수리한 날부터 60일(21조 9항 단서에 따라 감사기간이 연장된 경우에는 연장된 기간이 끝난 날을 말한다)이 지나도 감사를 끝내지 아니한 경우, ②21조 9항 및 10항에 따른 감사 결과 또는 같은 조 12항에 따른 조치 요구에 불복하는 경우, ③21조 12항에 따른 주무부장관이나 시·도지사의 조치 요구를 지방자치단체의 장이 이행하지 아니한 경우, ④21조 12항에 따른 지방자치단체의 장의 이행 조치에 불복하는 경우를 들고 있다.

(2) 주민소송은 각 소송유형에 따라 그에 해당하는 날부터 90일 이내에 제기하여야 한다(법 22조 4항 참조). 각 소송유형에 따른 주민소송의 기산일은, 1호소송의 경우에는 해당 60일이 끝난 날(21조 9항 단서에 따라 감사기간이 연장된 경우에는 연장기간이 끝난 날을 말한다), 2호소송의 경우에는 해당 감사 결과나 조치 요구 내용에 대한 통지를 받은 날, 3호소송의 경우에는 해당 조치를 요구할 때에 지정한 처리기간이 끝난 날, 4호소송의 경우에는 해당 이행 조치 결과에 대한 통지를 받은 날이다.

위와 같이 주민소송에서 단기의 제소기간을 설정한 목적은, 주민소송의 대상으로 되는 행위의 다수가 사법상의 행위이기 때문에 거래의 안전을 도모한다는 점과 지방자치단체의 행정 운영의 안정성을 빠른 시일 내에 확보한다는 점에 있다고 할 수 있다[4].

---

4) 松本英昭, 『新版 逐条地方自治法』, 学陽書房, 2001, 884쪽 이하.

2. 관련문제

가. 주민감사청구전치제도와 관련하여

(1) 주민소송은 주민감사청구전치주의를 취하고 있어서 적법한 주민감사청구절차를 거치지 않으면 주민소송을 제기할 수 없다. 따라서, 주민감사청구가 부적법하거나 또는 부적법한 주민감사청구를 잘못하여 적법한 것으로서 그에 대해 실체적 판단을 나타낸 감사 결과를 통지하더라도, 이러한 부적법한 감사 결과를 전제로 한 주민소송은 부적법한 것으로서 각하되기 때문에 제소기간을 논할 실익이 없다.

(2) 반면에, 주민감사청구를 받은 주무부장관 또는 시·도지사가 적법한 주민감사청구를 잘못하여 부적법한 것으로 각하한 경우에 주민소송을 제기할 수 있을 것인지, 제기할 수 있다고 하는 경우에는 그 제소기간을 어떻게 해석하여야 할 것인지가 문제된다.

첫째로, 적법한 주민감사청구를 잘못하여 부적법한 것으로 각하한 경우에는 적법한 주민감사청구를 거친 것으로서 주민소송을 제기할 수 있다고 본다. 우리 대법원도 "주민감사청구가 지방자치법에서 정한 적법요건을 모두 갖추었음에도, 감사기관이 해당 주민감사청구가 부적법하다고 오인하여 더 나아가 구체적인 조사·판단을 하지 않은 채 각하하는 결정을 한 경우에는, 감사청구한 주민은 위법한 각하결정 자체를 별도의 항고소송으로 다툴 필요 없이, 지방자치법이 규정한 다음 단계의 권리구제절차인 주민소송을 제기할 수 있다고 보아야 한다.[5)]"고 하였다[6)].

5) 대법원 2020. 6. 25. 선고 2018두67251판결【손해배상(기)】

6) 한편, 일본 하급심판례도 위반법령의 특정 등 구체적인 사실의 적시가 없다고 하여 주민감사청구가 각하된 사안에서, 주민감사청구에서 필요한 재무회계상의 행위 또는 게을리한 사실이 구체적인 이유에 의하여 법령에 위반하거나 행정목적상 부적당하다는 취지의 지적을 하면 충분하고, 특정의 법령을 들어서 이에 위반한다는 취지까지 주장하여야 하는 것은 아니라고 하여, 적법한 주민소송이라고

둘째로, 위의 경우에 제소기간에 대하여 그 기산점을 어떻게 할 것인지와 관련하여서는, ①각하의 통지가 있었던 날을 기산점으로 하여야 한다는 견해[7]와, ②지방자치법 22조 1항 1호의 "주무부장관이나 시·도지사가 감사 청구를 수리한 날부터 60일(21조 9항 단서에 따라 감사기간이 연장된 경우에는 연장된 기간이 끝난 날을 말한다)이 지나도 감사를 끝내지 아니한 경우"에 해당한다고 하여, 60일을 경과한 날을 기산점으로 하여야 한다는 견해[8]가 있다. 생각건대, ②의 견해는 조기에 각하결정을 내렸음에도 60일을 기다려야 한다는 점, 법 22조 1항 1호의 취지는 주민감사청구를 받은 행정기관이 각하처분을 한 경우와 다르다는 점, 각하의 통지를 받은 날로부터 기산하는 쪽이 법률관계를 명확히 할 수 있다는 점 등을 고려할 때 ①설이 타당하다.

나. 재차 주민감사청구를 하는 경우

주민이 동일한 재무회계행위에 대하여 재차 주민감사청구를 할 수 있는지 여부와 할 수 있다고 한다면 그 경우에 제소기간의 준수 여부는 어떻게 결정될 것인지가 문제된다. 이에 대해서는 긍정설, 제한적 긍정설, 부정설로 나뉜다[9].

먼저, 긍정설은 주민이 동일한 내용의 주민감사청구를 반복하더라도 적법하다고 하며, 소송의 제기가 그 감사 결과의 통지로부터 소정의 기일 이내에 이루어진 경우에는 제소기간의 제한에 위반하지 않는다고 한다.

제한적 긍정설은 주민이 동일한 재무회계행위를 대상으로 하여 재차 주민감사청구를 하는 것은 해당 행위를 위법·부당하게 하는 사유

한 사례가 있다. 東京地判 1991. 3. 27, 判例タイムズ 768号, 120쪽.

7) 仲江利政, 『住民訴訟の実務と判例』, ぎょうせい, 1988, 33쪽 이하 ; 最高判 1998. 12. 18, 民集 52巻 9号, 2039쪽.

8) 三好 達, 住民訴訟の諸問題, 316쪽.

9) 園部逸夫 編, 『最新地方自治法講座 4 住民訴訟』, 281쪽 이하(石津廣司).

가 다른 경우에 적법하며, 이러한 경우에는 재차의 주민감사청구에 대한 감사 결과의 통지가 있었던 날로부터 소정의 기간 내에 소송을 제기하면 제소기간의 제한에 위반하지 않는다고 한다.

부정설은 주민이 동일 내용의 주민감사청구를 반복하는 것은 주장하는 위법·부당사유가 다르더라도 허용되지 않고, 이러한 경우에는 소의 제기가 설령 후행의 주민감사청구에 대한 감사 결과의 통지가 있었던 날로부터 소정의 기간 내에 이뤄진다 하더라도, 선행의 주민감사청구에 대한 감사 결과의 통지가 있었던 날로부터 소정의 기간을 경과하면 제소기간의 제한에 위반된다고 한다.

생각건대, 부정설이 타당하다고 본다. 왜냐하면, 주무부장관 또는 시·도지사는 주민감사청구의 대상인 재무회계상의 행위에 대해 위법·부당사유가 존재하는지 여부를 감사하는 경우, 주민이 주장하는 위법·부당사유나 제출된 증거자료가 다르다고 하여 주민감사청구가 별개로 되는 것은 아니고, 또한 주민은 해당 행위에 대하여 주민감사청구를 거친 이상, 소송에서 주민감사청구의 이유로서 주장한 사유 이외의 위법사유를 주장하는 것이 하등 금지되어 있지 않기 때문에, 주장하는 위법사유마다 주민감사청구를 별개로 반복하여 인정할 실익이 없기 때문이다. 따라서, 주민이 동일한 재무회계행위에 대하여 복수의 주민감사청구를 되풀이하는 것은 허용되지 않고, 설령 되풀이 하더라도 제소기간의 기산점은 최초의 주민감사청구에 대한 감사 결과의 통지가 있었던 날이라고 해석하여야 한다[10].

다. 소의 변경 등의 경우

(1) 행정소송법은, 법원이 취소소송을 당해 처분등에 관계되는 사무

10) 碓井光明, 『要説住民訴訟と自治体財務(改訂版)』, 45쪽 이하 ; 園部逸夫 編, 『最新地方自治法講座 4 住民訴訟』, 281쪽 이하(石津廣司) ; 最高判 1987. 2. 20, 民集 41巻 1号, 122쪽 참조.

가 귀속하는 국가 또는 공공단체에 대한 당사자소송 또는 취소소송 외의 항고소송으로 변경하는 것이 상당하다고 인정할 때에는 청구의 기초에 변경이 없는 한 사실심의 변론종결시까지 원고의 신청에 의하여 결정으로써 소의 변경을 허가할 수 있고(동법 21조 1항 참조), 소의 변경 허가의 결정이 있은 때에는 새로이 변경된 소는 처음에 소를 제기한 때에 제기된 것으로 본다고 규정하고 있다(동법 21조 4항, 14조 4항 참조). 따라서, 새로이 변경된 소가 제소기간을 도과한 경우라도 처음 제기된 소의 제기시를 기준으로 하여 제소기간 준수 여부가 결정된다. 행정소송법상의 이들 규정은 주민소송에서도 원칙적으로 준용된다고 할 수 있다. 예컨대, 행정처분인 해당 행위의 취소 또는 변경을 요구하거나 그 행위의 효력 유무 또는 존재 여부의 확인을 요구하는 2호소송을 해당 지방자치단체의 장 및 직원, 지방의회의원, 해당 행위와 관련이 있는 상대방에게 손해배상청구 또는 부당이득반환청구를 할 것을 요구하는 4호소송으로 변경할 수 있고, 이 경우에는 2호소송의 제기시를 기준으로 하여 제소기간의 준수 여부를 결정하게 된다.

또한 행정소송법은 사실심의 변론종결시까지 관련청구소송을 취소소송에 병합하거나 피고 외의 자를 상대로 한 관련청구소송을 취소소송이 계속된 법원에 병합하여 제기할 수 있다고 규정하고 있다(동법 10조 2항 참조). 주민소송에서는 예컨대, 위법한 공금 지출의 중지를 청구한 1호소송 계속중에 공금의 지출이 이루어진 경우에, 일정한 자에게 손해배상청구 또는 부당이득반환청구를 할 것을 요구하는 4호소송을 추가적으로 병합하는 경우에 종종 문제된다. 양 소송유형 모두 원칙적으로 청구의 관련성이 인정되므로 병합할 수 있다고 해석하여야 한다.

(2) 행정소송법은 원고가 피고를 잘못 지정한 때에는 법원은 원고의 신청에 의하여 결정으로써 피고의 경정을 허가할 수 있다고 하고(동법 14조 1항 참조), 피고경정의 허가결정이 있은 때에는 새로운 피고

에 대한 소송은 처음에 소를 제기한 때에 제기된 것으로 본다고 규정하고 있다(동법 14조 4항 참조). 따라서, 새로운 피고에 대한 소가 제소기간을 도과한 경우라도 처음 잘못 제기된 피고에 대한 제소시를 기준으로 하여 제소기간의 준수 여부가 결정되게 된다. 행정소송법상의 피고경정에 관한 규정들은 주민소송에도 준용된다고 본다.

다만 피고경정과 관련하여서는 예컨대, 4호소송의 경우에 손해배상청구 또는 부당이득반환청구의 상대방을 甲으로 하였다가, 그 후, 乙로 변경하거나 또는 乙을 상대방으로 추가하는 경우에 제소기간의 기산점을 어떻게 정할 것인지의 문제가 발생한다.

4호소송에서는 손해배상청구 또는 부당이득반환청구의 상대방별로 소송물은 별개이기 때문에 그 상대방의 변경은 행정소송법상의 소의 추가적 병합이나 민사소송법상의 소의 변경에 해당하며, 제소기간 준수 여부는 원칙적으로 '변경시'를 기준으로 한다고 본다[11].

(3) 주민소송의 계속중에 원고가 당초의 청구의 법적 구성을 변경하는 경우 예컨대, 지방자치단체의 장이 사용대차계약에 근거한 지방자치단체의 토지사용권의 관리를 게을리한 사실을 이유로 하는 손해배상청구의 4호소송에, 지방자치단체의 장이 위법하게 동 토지의 전대계약을 체결한 것을 이유로 하는 손해배상청구의 4호소송을 예비적으로 추가한 사안에서, 위 예비적 청구는 당초의 소장에 이미 주장되었던 사실관계를 법적으로 재구성하여 보정한 것에 불과하고, 당초부터 제기되었던 것이기 때문에 제소기간의 준수에 문제가 없다고 하여 적법한 것으로 판단하고 있다[12]. 이는 소송물이 동일하기 때문에 당초의 제소시를 제소기간의 기준시로 파악한 것으로서 타당하다고 생각된다.

11) 園部逸夫 編,『最新地方自治法講座 4 住民訴訟』, 286쪽(石津廣司).

12) 浦和地判 1983. 2. 28, 判例時報 1081号, 54쪽 ; 園部逸夫 編,『最新地方自治法講座 4 住民訴訟』, 293쪽(石津廣司).

제4절 중복제소·별소의 금지

1. 의의

지방자치법은 주민소송이 진행 중이면 다른 주민은 같은 사항에 대하여 별도의 소송을 제기할 수 없다고 하여(법 22조 5항 참조), 이른바 별소의 금지에 대하여 규정하고 있다.

또한 민사소송법도 법원에 계속되어 있는 사건에 대하여 당사자는 다시 소를 제기하지 못한다고 하여(동법 259조 참조), 이른바 중복제소의 금지에 대하여 규정하고 있다.

이들 양 제도는 동일한 사건에 대한 재판의 모순을 방지하고, 소송경제에 기여하기 위한 것으로 설명된다. 다만, 지방자치법상의 별소의 금지는 다른 원고가 같은 사항에 대하여 별도의 소송을 제기하지 못하게 하는 것인데 대하여, 민사소송법상의 중복제소의 금지는 동일한 원고에게 동일한 사건의 소를 제기할 수 없도록 하는 점에서 차이가 있다.

2. 인정범위

(1) 그런데, 지방자치법이 규정하고 있는 별소의 금지에서 '같은 사항'이란 구체적으로 무엇을 의미하는지가 문제된다. 다시 말하면, 민사소송법상의 중복제소의 금지가 '동일한 사건'에 대하여 인정되는데, 이 경우의 '동일한 사건'이란 소송물이 동일한 것으로 해석하는 것이 일반적인 것과 마찬가지로, 별소의 금지에서의 '같은 사항'에 대해서도 마찬가지의 해석을 할 수 있는지 여부의 문제이다.

이에 대해서는, ①소송물이 동일하다는 것을 의미한다고 하는 견해와, ②청구의 대상인 재무회계행위의 동일성을 의미한다고 하는 견해가 있다[13]. 생각건대, 이와 관련하여서는 민사소송법상의 중복제소의 금지와 특별히 달리 해석할 필요성이 없다는 점에서 전자가 타당하다고 할 것이다.

(2) 중복제소·별소의 금지의 인정범위를 소송물의 동일성을 기준으로 하여 해석하는 경우에, 주민소송의 소송물을 어떻게 파악하는지에 따라 그 구체적 범위가 결정되게 된다. 따라서, 이하에서 각 소송유형별로 검토하기로 한다[14].

첫째로, 1호소송은 그 법적 성질에 대하여 이행소송설과 형성소송설로 나뉜다. 그러나, 이러한 견해의 차이에도 불구하고, 1호소송의 대상인 재무회계행위가 동일한 경우에 위법사유가 다르더라도 소송물은 동일하게 된다고 해석한다. 따라서, 대상인 재무회계행위가 동일한 경우에, 별도의 소송은 중복제소의 금지(원고가 동일한 경우) 또는 별소의 금지(원고가 다른 경우)에 위반하게 된다.

둘째로, 2호소송은 그 청구유형별로 나누어 살펴볼 필요가 있다. 우선, 행정처분의 취소청구와 관련하여서는 행정소송법상의 취소소송의 소송물을 행정처분의 위법성 일반으로 개별 위법사유에 의하여 소송물이 다르지 않다고 해석하는 것이 일반적이다[15]. 2호소송 가운데 행정처분의 취소청구에 대해서도 달리 해석할 이유가 없다. 다음으로, 행정처분의 무효등확인청구와 관련하여서는 확인소송의 소송물은 원고가 청구의 취지에서 표시한 권리·법률관계의 효력 유무 또는 존재 여부의 법적 주장이라고 하는 것이 일반적이며, 무효등확인청구의 대상인 행정처분이 동일하다면 소송물도 동일하게 된다고 본다. 따라서, 2호소송의 대상인 행정처분이 동일하다면, 별도의 소송은 중복제소의 금지 또는 별소의 금지에 위반하게 된다.

---

13) 園部逸夫 編,『最新地方自治法講座 4 住民訴訟』, 304쪽(石津廣司).
14) 園部逸夫 編,『最新地方自治法講座 4 住民訴訟』, 305쪽 이하(石津廣司).
15) 김철용·최광률 편,『주석 행정소송법』, 191쪽(박정훈).

셋째로, 3호소송에 대해서는 확인소송이라는 점에서 부작위위법확인의 대상인 '게을리한 사실'이 동일한 경우에 소송물도 동일하다고 본다. 따라서, 그 대상인 '게을리한 사실'이 동일한 경우에, 별도의 소송은 중복제소의 금지 또는 별소의 금지에 위반하게 된다.

넷째로, 4호소송에 대해서는 형성소송이기 때문에 그 소송물은 형성원인이 되고, 형성원인별로 소송물이 다르게 된다. 따라서, 동일한 손해와 관련된 것이라도 손해배상청구나 부당이득반환청구의 상대방이 다르거나 청구권이 다른 경우에는 소송물이 다르게 되고, 이들 각 청구 상호간에 별도의 소송은 중복제소의 금지 또는 별소의 금지에 위반하지 않게 된다.

3. 위반의 효과

중복제소의 금지 또는 별소의 금지에 위반한 소는 부적법하다고 하여 각하된다고 보는 것이 일반적이다. 이에 대해서는 별소의 금지에 위반한 소가 제기된 경우, 법원은 그 소가 다른 소송요건을 구비하고 있는 때에는 부적법하다고 하여 각하할 것이 아니라, 민사소송법 141조에 의하여 이미 계속중인 소송에 병합하여야 한다는 견해[16]가 있다.

제5절 소송고지

1. 의의

(1) 지방자치단체의 장은 주민소송이 제기된 경우 그 소송결과에 따라 권리나 이익의 침해를 받을 제3자가 있으면 그 제3자에 대하여 (1호소송부터 3호소송의 경우), 4호소송이 제기된 경우에는 그 직원,

16) 佐藤英善, 『住民訴訟の実務と理論』, 80쪽.

지방의회의원 또는 상대방에 대하여 소송고지를 해 줄 것을 법원에 신청하여야 한다(법 22조 10항 참조). 소송고지란 소송 계속중에 당사자의 신청에 의하여 법원이 그 소송에 이해관계를 가지는 일정한 자에게 소송 계속의 사실을 통지하는 것을 말한다.

(2) 이처럼 지방자치법은 소송고지에 대하여, 주민소송의 유형을 1호소송부터 3호소송과 4호소송의 경우를 나누어서 규정하고 있다. 이는 1호소송부터 3호소송의 경우에는 그 주민소송의 결과에 따라 권리 또는 이익의 침해를 받을 제3자가 있는 경우에 자신의 판단에 따라 소송참가가 가능하도록 하기 위한 것이며, 일정한 자에 대한 손해배상청구 또는 부당이득반환청구나 변상명령을 할 것을 요구하는 4호소송의 경우에 피고는 해당 지방자치단체의 장인 반면, 통상 청구의 상대방이 다른 특정인으로 되어 있기 때문에 그 자에게 주민소송의 제기사실을 알려 자신의 권리·이익의 방어를 위한 기회를 부여하고, 법원의 적정한 심리·판단을 도모하기 위한 것이라고 할 수 있다.

2. 소송고지의 방식

소송고지는 해당 지방자치단체의 장이 일정한 자에 대한 소송고지를 하여 줄 것을 법원에 신청하여야 한다(법 22조 10항 참조). 이는 해당 지방자치단체의 장의 의무사항이다.

소송고지의 방식에 관하여 지방자치법과 행정소송법은 특별한 규정을 두고 있지 아니하므로 민사소송법상의 관련규정이 준용된다(법 22조 18항, 행정소송법 46조, 8조 2항 참조).

따라서, 소송고지의 신청을 위하여서는 그 이유와 소송의 진행정도를 적은 서면을 법원에 제출하여야 하며, 법원은 이 서면을 상대방(피고지자와 원고인 주민)에게 송달하는 방법으로 한다(민사소송법 85조 2항 참조).

3. 소송고지의 효과

(1) 소송고지를 받은 자는 법원에서 계속중인 주민소송에 참가할 수 있다(법 22조 13항 참조). 소송고지를 받은 자는 계속중인 소송에 참가할 것인지 여부를 자기 스스로 자유로이 선택할 수 있고, 참가할 의무를 지는 것은 아니다.

그러나, 소송고지를 받은 자가 참가하지 아니한 경우라도 참가한 것으로 간주하여, 참가인에게도 재판의 효력이 미친다. 다만, 민소법 77조의 규정을 적용할 때에는 참가할 수 있었을 때에 참가한 것으로 본다(민사소송법 86조, 77조 참조).

(2) 4호소송이 제기된 경우에 지방자치단체의 장이 한 소송고지신청은 그 소송에 관한 손해배상청구권 또는 부당이득반환청구권의 시효중단에 관하여 민법상의 청구로 본다(법 22조 11항 참조). 이는 위법한 재무회계상의 행위 또는 게을리한 사실과 관련하여 손해배상책임 또는 부당이득반환책임을 지는 자에 대한 청구권은 해당 행위 등이 발생한 시점부터 그 소멸시효가 진행되기 때문에 이를 방지하기 위한 조치라고 할 것이다. 다만, 이 청구에 의한 시효중단의 효력은 그 소송이 끝난 날부터 6개월 이내에 재판상 청구, 파산절차참가, 압류 또는 가압류, 가처분을 하지 아니하면 효력이 생기지 아니한다(법 22조 12항 참조).

제6절 소송참가

1. 관련법규정

지방자치법은 일정한 자에 대한 소송참가에 관한 규정(22조 13항 참조)을 두고 있고, 또한 행정소송법은 제3자의 소송참가(16조)와 행정청의 소송참가(17조)에 관하여, 그리고 민사소송법도 71조부터 86조까지에서 '소송참가'에 관하여 규정을 두고 있다. 특히 민소법상의 소송참가에는 보조참가(71조), 공동소송적 보조참가(78조), 독립당사자참가(79조), 공동소송참가(83조)의 각종 소송참가의 형식을 규정하고 있다. 이들 규정은 그 성질에 반하지 아니하거나 지방자치법상 특별한 규정이 없는 한 주민소송에도 준용된다(법 22조 18항, 행정소송법 46조, 8조 2항 등 참조).

2. 지방자치법상의 소송참가

가. 법규정

지방자치법은 "국가, 상급 지방자치단체 및 감사 청구에 연대 서명한 다른 주민과 제10항에 따라 소송고지를 받은 자는 법원에서 계속 중인 소송에 참가할 수 있다."(법 22조 13항)고 하여, 소송참가에 관하여 규정하고 있다.

이러한 소송참가는, 계속중인 주민소송의 결과에 따라 권리·이익의 침해를 받을 자가 있으면 그 소송에 참가함으로써 그 자의 권리·이익을 보호하고, 법원의 적정한 심리·판단을 도모하고자 하는 취지라고 할 수 있다.

나. 유형

그런데, 지방자치법상의 소송참가는 이를 ①국가·상급 지방자치단체의 소송참가, ②주민감사청구에 연대 서명한 다른 주민의 소송참가, ③소송고지를 받은 자의 소송참가의 3가지 유형으로 분류할 수 있다.

(1) 국가·상급 지방자치단체의 소송참가

1) 국가 또는 상급 지방자치단체에게 소송참가를 인정한 것은 각각 시·도의 주민 또는 시·군·자치구의 주민이 청구한 주민감사청구에

대한 감사기관(주무부장관 또는 시·도지사)이 속하는 공법인으로서, 계속중인 소송과 관련한 소송자료나 증거자료를 풍부히 가지고 있을 것으로 추정되고, 또한 주민소송이 제기된 해당 지방자치단체에 대한 감독자로서의 지위를 가지는 것에 비추어, 해당 지방자치단체와 관련된 주민소송에 참가시킴으로써 법원의 심리·판단의 공정성·적정성과 해당 지방자치단체의 재무회계행정의 적법성·타당성을 확보하기 위한 것으로 해석된다.

2) 이러한 소송참가유형은 행정소송법상의 '행정청의 소송참가'(17조 1항)와 유사한 것으로서, 그에 관한 규정이 준용된다고 해석된다[17]. 따라서, 소송참가한 국가나 상급 지방자치단체는 보조참가인에 준하는 지위를 가지며, 소송에 관하여 공격·방어·이의·상소, 그 밖의 모든 소송행위를 할 수 있다. 다만, 참가할 때의 소송의 진행정도에 따라 할 수 없는 소송행위는 그러하지 아니하고, 참가인의 소송행위가 피참가인의 소송행위에 어긋나는 경우에는 그 참가인의 소송행위는 효력을 가지지 아니한다(행정소송법 17조 3항, 민사소송법 76조 참조).

(2) 주민감사청구에 연대 서명한 다른 주민의 소송참가

1) 주민감사청구에는 일정 수 이상의 주민의 연대 서명이 필요하지만, 적법한 주민감사청구를 거친 주민이라면 감사 결과에 불복이 있는 경우에는 단독으로라도 주민소송을 제기할 수 있다고 해석된다. 따라서, 주민감사청구에 연대 서명한 다른 주민은 당초에 공동으로 주민소송을 제기하지 않았다 하더라도 주민소송이 지방자치단체의 공익을 위한 객관소송임에 비추어 계속중인 주민소송에 참가할 필요가 생길 수 있다. 특히 지방자치법은 같은 사항에 대하여 별도의 소송을 제기할 수 없다고 하는 이른바 별소의 금지에 관한 규정(22조 5항)

17) 김용찬 외, 『주민소송』, 235쪽.

을 두고 있으므로, 당초의 주민소송의 원고인 주민이 해당 지방자치단체의 공익에 반하여 소의 취하, 소송의 화해 또는 청구의 포기를 하고자 법원에 그 허가신청을 한 때에는 그 필요성이 더욱 증대한다고 할 것이다(법 22조 14항 참조).

2) 주민감사청구에 연대 서명한 다른 주민이 당초 소송의 원고로는 되지 않았지만, 이후 계속중인 주민소송에 참여하고자 하는 경우에 그 법적 성질을 어떻게 해석할 것인지가 문제된다. 생각건대, 이에 대해서는 "소송목적이 되는 권리나 의무가 여러 사람에게 공통되거나 사실상 또는 법률상 같은 원인으로 말미암아 생긴 경우"(민사소송법 65조)에 해당하기 때문에 '공동소송참가'로 해석하여야 하며[18], 공동소송참가 가운데에서도 "소송목적이 공동소송인 모두에게 합일적으로 확정되어야 할 공동소송의 경우"(동법 67조 1항), 즉, '유사필수적 공동소송참가'에 해당한다고 본다. 따라서, 공동소송인 가운데 한 사람의 소송행위는 모두의 이익을 위하여서만 효력을 가지고, 공동소송인 가운데 한 사람에 대한 상대방의 소송행위는 공동소송인 모두에게 효력이 미치며, 공동소송인 가운데 한 사람에게 소송절차를 중단 또는 중지하여야 할 이유가 있는 경우 그 중단 또는 중지는 모두에게 효력이 미친다(동법 67조 참조).

(3) 소송고지를 받은 자의 소송참가

지방자치법상의 소송고지를 받은 자는 법원에서 계속중인 주민소송에 참가할 수 있다(법 22조 13항). 이 경우의 소송참가의 유형은 행정소송법상의 '제3자의 소송참가'(동법 16조 1항)에 해당하고, 소송에 참가한 제3자에 대하여는 필수적 공동소송에 관한 민사소송법 67조의 규정을 준용한다[19].

18) 김용찬 외, 『주민소송』, 235쪽.
19) 김용찬 외, 『주민소송』, 236쪽.

소송고지를 받은 자는 법원에 계속중인 소송에 참가할 것인지 여부를 자유로이 선택할 수 있고 참가할 의무를 지는 것은 아니나, 소송고지를 받은 자가 참가하지 아니한 경우라도 일정한 사유에 해당하지 아니하면 참가할 수 있었을 때에 참가한 것으로 간주하여 참가인에게도 재판의 효력이 미친다(민사소송법 86조, 77조 참조).

3. 행정소송법상의 소송참가

가. 제3자의 소송참가

(1) 제3자의 소송참가란 소송의 결과에 따라 권리 또는 이익의 침해를 받는 제3자가 있는 경우에 그 제3자를 소송에 참가시켜 변론하고 자료를 제출하게 하는 제도라고 할 수 있다. 이는 소송의 결과에 실질적 이해관계를 가지는 제3자를 계속중인 소송에 참가시켜 자신의 이익을 위한 주장과 관련 자료를 제출하게 함으로써, 사건의 적정한 심판과 함께 그 제3자의 권리·이익을 보호하고자 하는 취지라고 할 수 있다.

(2) 그런데, 행정소송법은 민중소송에 대해 그 성질에 반하지 아니하는 한 취소소송·무효등 확인소송·부작위위법확인소송·당사자소송에 관한 규정이 준용되는 것으로 하고 있다(동법 46조 참조). 또한, 취소소송에서의 제3자의 소송참가에 관한 규정(동법 16조)은 취소소송 이외의 항고소송(동법 38조 참조)이나 당사자소송(동법 44조 1항 참조)에도 준용하도록 규정하고 있으므로 주민소송에도 위의 제3자의 소송참가의 규정이 적용된다 할 것이다. 따라서, 예컨대, 지방자치단체의 지방세감액경정처분이 위법하다고 하여 동 처분의 취소를 구하는 2호소송이 제기된 경우에, 감액경정처분의 상대방은 행정소송법 16조에 의한 제3자의 소송참가를 할 수 있다.

(3) 제3자의 소송참가의 신청방식에 대해서는 행정소송법에 특별

한 규정이 없기 때문에 민사소송법의 규정이 준용된다. 민사소송법은, 참가신청은 참가의 취지와 이유를 밝혀 참가하고자 하는 소송이 계속된 법원에 제기하여야 하도록 하고 있기 때문에(동법 72조 1항 참조) 구술 또는 서면에 의한 방식 모두 가능하다고 본다. 또한, 참가신청은 참가인으로서 할 수 있는 소송행위와 동시에 할 수 있다(동법 72조 3항).

(4) 소송에 참가한 제3자에 대하여는 필수적 공동소송에 관한 민사소송법 67조의 규정이 준용된다(행정소송법 16조 4항 참조). 따라서, 참가인은 피참가인과의 사이에 필수적 공동소송에서의 공동소송인에 준하는 지위에 서게 되나, 당사자에 대하여 독자적인 청구를 하는 것이 아니므로 공동소송적 보조참가인의 지위와 유사한 것으로 해석된다[20].

나. 행정청의 소송참가

(1) 행정청의 소송참가란 법원이 다른 행정청을 소송에 참가시킬 필요가 있다고 인정할 때 당사자 또는 당해 행정청의 신청 또는 직권에 의하여 결정으로써 그 행정청을 소송에 참가시키는 것을 말한다. 이러한 행정청의 소송참가제도는 대상인 행정처분과 관련이 있는 다른 행정청을 소송에 참여시킴으로써 관련자료 등을 현출하도록 하여 법원의 적정한 심리·판단에 이바지하기 위한 것이다.

행정소송법은 취소소송에서의 행정청의 소송참가에 관한 규정(동법 17조)을 취소소송 이외의 항고소송(동법 38조) 및 당사자소송(동법 44조 1항)에 준용하고 있고, 또한 민중소송에도 그 성질에 반하지 아니하는 한 준용된다(46조). 따라서, 주민소송에도 그 성질에 반하지 아니하는 한 행정청의 소송참가가 인정되게 된다.

---

20) 김철용·최광률 편, 『주석 행정소송법』, 459쪽(오진환).

(2) 행정청의 소송참가가 이루어지기 위해서는 ①주민소송이 계속 중일 것, ②피고 행정청(지방자치단체의 장 등)을 위한 다른 행정청의 참가일 것, ③법원이 참가시킬 필요가 있다고 인정할 것이라는 요건을 충족하여야 한다.

이 가운데 ②의 요건과 관련하여, 이러한 행정청의 소송참가는 행정의 통일성 확보 및 행정조직상의 체제적 질서유지 등의 관점에서 고려하여 볼 때, 피고 행정청측에 참가하는 것이지 원고측에는 참가할 수 없다고 해석된다[21].

또한, ③의 요건과 관련하여, '참가시킬 필요성'의 존재 여부는 법원의 재량에 맡겨져 있는 셈이지만, 참가행정청을 소송에 참여시키는 것이 공격·방어에 관한 소송자료나 증거자료를 풍부하게 함으로써 소송의 적정한 해결에 필요한 경우에는 이를 인정하여야 할 것으로 본다.

(3) 행정청의 소송참가에는 민사소송법상의 보조참가에 관한 규정이 준용된다(행정소송법 17조 3항 참조). 따라서, 참가행정청은 소송에 관하여 공격·방어·이의·상소 그 밖의 모든 소송행위를 할 수 있지만, 참가행정청의 소송행위가 피참가행정청의 그것에 어긋나는 경우나 불리한 소송행위를 할 수 없고, 그러한 경우에는 그 참가행정청의 소송행위는 효력을 가지지 아니한다(민사소송법 76조 1, 2항 참조).

주민소송의 피고는 원칙적으로 해당 지방자치단체의 장이므로 주민소송의 실제에서는 행정청의 소송참가가 필요하게 되는 경우는 많지 않을 것으로 생각되지만, 선행행위의 위법성이 쟁점이 되는 사안에서는 선행행위와 후행행위의 행정청이 각각 다르게 되는 경우에 행정청의 소송참가가 필요한 경우도 생기게 될 것이다[22].

---

21) 김철용·최광률 편, 『주석 행정소송법』, 467쪽(오진환) ; 三好 達, 住民訴訟の諸問題, 324쪽.

22) 園部逸夫 編, 『最新地方自治法講座 4 住民訴訟』, 312쪽(石津廣司).

4. 민사소송법상의 소송참가

가. 보조참가

(1) 의의

보조참가란 타인간의 소송에서 소송결과에 이해관계가 있는 제3자가 한 쪽 당사자의 승소를 돕기 위하여 법원에 계속중인 소송에 참가하는 것을 말한다(민사소송법 71조 참조). 보조참가인은 자기의 이름으로 판결을 구하는 것이 아니라, 다만 한 쪽 당사자의 승소를 위하여 소송에 관여하는 것이므로 진정한 의미의 소송당사자라고 할 수 없다[23].

(2) 보조참가 인정 여부

주민소송에서도 민사소송법상의 보조참가가 가능한지 여부가 문제된다. 주민소송에 관하여는 지방자치법에 규정된 것 외에는 행정소송법에 따르도록 규정되어 있고(법 22조 18항 참조), 행정소송법은 행정소송에 관하여 특별한 규정이 없는 사항에 대하여는 민사소송법 등의 규정을 준용하도록 규정하고 있기 때문이다(동법 8조 2항 참조). 이에 대해서는 행정소송에서의 민사소송법상의 보조참가의 가능 여부에 관한 논의[24]가 참고가 된다고 할 것이다. 즉, 긍정설은 ①행정소송법상의 소송참가규정은 민사소송법상의 그것과는 다른 요건 하에서 인정되는 특별참가에 관한 규정으로 행정소송에서도 민사소송법상의 소송참가규정이 배제되지 아니한다는 점, ②행정소송법상의 소송참가에 의하여 판결의 형성력을 받는 참가를 할 것인지 민사소송법상의 판결의 참가적 효력만을 받는 보조참가를 할 것인지는 제3자의 자율적 선택에 맡겨져 있는 것이 관련법의 해석이라고 하는 점 등을 들고

---

23) 전병서, 『기본강의 민사소송법』, 홍문사, 2011, 547쪽.

24) 김철용·최광률 편, 『주석 행정소송법』, 461쪽 이하(오진환).

있고, 부정설은 ①행정소송법이 제3자의 소송참가에 관한 특별규정을 두고 있는 것은 그와 유사한 민소법상의 보조참가에 관한 규정을 배제하려는 의도라는 점, ②행정소송법상의 제3자의 소송참가와 민소법상의 보조참가 간에 참가인의 범위와 효과 등의 면에서 별 차이가 없으므로 행소법상의 참가 이외에 민소법상의 보조참가를 인정할 실익이 없다는 점 등을 들고 있다. 생각건대, 행소법상의 제3자의 소송참가의 요건과 민소법상의 보조참가의 그것은 서로 다르고, 이해관계있는 제3자는 자신의 판단에 의하여 선택할 수 있다고 해석하여야 할 것이다. 이러한 이유로 행정소송에서도 민소법상의 보조참가가 가능하고[25], 또한 주민소송에서도 마찬가지로 해석하여야 한다고 본다.

(3) 다른 주민이 보조참가하는 경우

1) 계속중인 주민소송의 원고측에 다른 주민이 보조참가할 수 있는지와 관련하여서는 긍정설·부정설·절충설로 견해가 나뉜다[26]. 긍정설은 지방자치단체의 주민은 다른 주민이 제기한 주민소송의 판결의 효력을 받기 때문에 보조참가를 인정하여야 한다고 한다. 부정설은 보조참가란 소송의 결과에 의하여 법률상 이익이 침해되는 자가 할 수 있는 것인데, 주민은 설령 주민감사청구절차를 경유하였다고 하더라도 원고패소의 판결에 의하여 자신의 구체적인 법률상의 이익이 침해된다고 할 수 없고, 따라서 보조참가의 이익을 인정할 수 없다고 한다. 절충설은 보조참가하고자 하는 주민이 스스로 주민감사청구를 해서 주민소송을 제기할 수 있는 지위를 가지는 경우에 한하여 보조참가를 할 수 있다고 한다. 생각건대, 주민은 그 자신이 주민감사청구를 하였는지 여부와 관계없이 그 판결의 효력을 받는다는 점, 주민소송

25) 실무의 관행도 대체로 이에 따르고 있다고 한다. 김철용·최광률 편, 『주석 행정소송법』, 462쪽(오진환).

26) 園部逸夫 編, 『最新地方自治法講座 4 住民訴訟』, 315쪽 이하(石津廣司) ; 大藤敏 編, 『現代裁判法大系 28 住民訴訟』, 246쪽 이하(武田美和子).

은 해당 지방자치단체의 공공의 이익을 위하여 인정된 객관소송으로서의 민중소송의 하나라는 점 등을 감안하여 볼 때, 다른 주민이 계속중인 주민소송의 원고의 승소를 위하여 보조참가를 할 수 있다고 해석하여야 할 것이다.

2) 민사소송법은 재판의 효력이 참가인에게도 미치는 경우에 그 참가인과 피참가인에 대하여 필수적 공동소송에 관한 규정을 준용하도록 하고 있다(동법 78조 참조). 이를 '공동소송적 보조참가'라고 한다.

주민은 주민소송의 재판의 효력을 받기 때문에 계속중인 주민소송에 공동소송적 보조참가를 할 수 있는지가 문제된다. 이와 관련하여, 민사소송법은 소송목적이 되는 권리나 의무가 여러 사람에게 공통되거나 사실상 또는 법률상 같은 원인으로 말미암아 생긴 경우에는 그 여러 사람이 공동소송인으로서 당사자가 될 수 있다고 하여(동법 65조 참조) 공동소송참가를 인정하고 있기 때문에, 공동소송적 보조참가가 인정되는 것은 공동소송참가가 허용되지 않는 경우에 한정된다고 본다. 따라서, 적법한 주민감사청구를 거친 주민은 제소기간 내의 경우라면 공동소송참가를 할 수 있기 때문에 공동소송적 보조참가는 인정되지 않는다고 해석된다.

(4) 해당 지방자치단체가 보조참가하는 경우

해당 지방자치단체가 계속중인 주민소송에 보조참가할 수 있는지 여부가 문제된다. 주민소송은 원고인 주민이 집행기관인 해당 지방자치단체의 장 등을 피고로 하여 제기하는 것이고, 특히 4호소송의 경우에는 해당 지방자치단체의 장 등이나 해당 행위와 관련이 있는 상대방 개인에게 손해배상청구 또는 부당이득반환청구를 할 것을 요구하는 의무이행소송이므로, 지방자치단체가 원고측에 보조참가하는 것은 자기의 소송의 상대방에게 보조참가하는 형태가 되는 셈이기 때문에 허용되지 않는다고 본다.

한편, 지방자치단체가 피고측에 보조참가할 수 있는지 여부는 특히 4호소송의 경우에, 피고가 패소하면 해당 지방자치단체의 장 등이나 해당 행위와 관련이 있는 상대방 개인에게 손해배상청구 또는 부당이득반환청구를 할 것을 요구하는 의무를 부담하게 되기 때문에 보조참가의 이익이 인정되고, 따라서 이론적으로는 허용된다고 할 수 있다. 그러나, 지방자치단체의 집행기관이 피고로 되어 있는데 굳이 그 지방자치단체가 피고측에 보조참가할 실익이 없다고 할 수 있으므로 소송실제에서는 문제가 되지 않을 것으로 본다[27].

(5) 제3자가 보조참가할 수 있는 경우

보조참가인은 타인간의 소송에서 소송결과에 이해관계를 가지는 제3자가 될 수 있기 때문에 법원에서 계속중인 주민소송에 해당 지방자치단체의 장 등 및 해당 행위와 관련이 있는 상대방 개인이 보조참가를 할 수 있는지 여부는 소송결과에 이해관계를 가지는지 여부에 따라 결정되게 된다. 이는 주민소송의 각 소송유형별로 살펴볼 필요가 있다.

1호소송은 해당 행위를 계속하면 회복하기 어려운 손해를 발생시킬 우려가 있는 경우에는 그 행위의 전부나 일부를 중지할 것을 요구하는 소송이기 때문에, 가령 예컨대, 해당 지방자치단체와 일반재산 매매계약을 체결한 상대방은 그 계약의 이행의 중지를 요구하는 1호소송에 대하여 소송결과에 이해관계를 가지므로 피고측에 보조참가할 수 있다고 하여야 할 것이다.

2호소송은 행정처분인 해당 행위의 취소 또는 변경을 요구하거나 그 행위의 효력 유무 또는 존재 여부의 확인을 청구하는 소송이기 때문에, 해당 행위의 상대방은 소송결과에 대하여 이해관계를 가지는 자로서 보조참가할 수 있다고 하여야 할 것이다.

---

27) 園部逸夫 編, 『最新地方自治法講座 4 住民訴訟』, 317쪽 이하(石津廣司).

3호소송은 게을리한 사실의 위법 확인을 청구하는 소송이기 때문에, 게을리한 사실의 상대방은 소송결과에 대하여 이해관계를 가지므로 피고측에 보조참가할 수 있다고 본다.

4호소송은 해당 지방자치단체의 장 및 직원, 지방의회의원, 해당 행위와 관련이 있는 상대방에게 손해배상청구 또는 부당이득반환청구를 할 것을 요구하는 소송이기 때문에, 손해배상청구나 부당이득반환청구의 상대방으로 된 해당 지방자치단체의 장 등이나 해당 행위와 관련이 있는 상대방은 소송결과에 대하여 이해관계를 가지는 자로서 피고측에 보조참가할 수 있다고 하여야 할 것이다.

나. 독립당사자참가

(1) 독립당사자참가란 타인간의 소송 계속중에 독립의 제3자인 당사자로서 참가하는 것을 말한다. 민사소송법은 "소송목적의 전부나 일부가 자기의 권리라고 주장하거나, 소송결과에 따라 권리가 침해된다고 주장하는 제3자는 당사자의 양 쪽 또는 한 쪽을 상대방으로 하여 당사자로서 소송에 참가할 수 있다."(79조 1항)고 하여, 독립당사자참가를 인정하고 있다. 독립당사자참가에는 필수적 공동소송에 관한 규정이 준용되므로, 소송목적이 공동소송인 모두에게 합일적으로 확정되어야 할 공동소송의 경우에 공동소송인 가운데 한 사람의 소송행위는 모두의 이익을 위하여서만 효력을 가지고, 공동소송인 가운데 한 사람에 대한 상대방의 소송행위는 공동소송인 모두에게 효력이 미치며, 공동소송인 가운데 한 사람에게 소송절차를 중단 또는 중지하여야 할 이유가 있는 경우 그 중단 또는 중지는 모두에게 효력이 미친다.

(2) 그런데, 종래 항고소송에서는 독립당사자참가를 허용하게 되면 행정청이 아닌 원고를 피고로 하게 됨으로써, 행정청 이외의 자를 피고로 하여 당사자로서 참가하는 것이 되어 행정소송법 13조에 위배되

므로 허용되지 않는다고 보는 것이 통설·판례의 입장이었다[28]. 그러나, 개정 민사소송법은 이른바 편면적 독립당사자참가도 인정하고 있기 때문에, 참가인이 피고(지방자치단체의 장 등)에 대한 청구를 할 경우에는 독립당사자참가도 허용될 수 있다고 할 것이다. 따라서, 주민소송에서도 독립당사자참가는 인정될 수 있다고 본다.

(3) 그러나, 항고소송에서 독립당사자참가가 인정된 예가 거의 없었던 점에 비추어, 주민소송에서도 독립당사자참가가 어떠한 경우에 적용될 지는 명확하지 않다. 상정해 볼 수 있는 예로서는 변상명령을 받은 회계관계직원이 그에 불복하여 변상명령취소소송을 제기한 후, 해당 지방자치단체의 주민이 그 변상명령이 과소하다고 하여 주민감사청구를 거쳐 2호소송으로 독립당사자참가를 하는 경우, 또는 역으로 회계관계직원에 대한 변상명령이 과소하다고 하여 주민감사청구를 거쳐 2호소송이 제기되고, 그 변상명령의 상대방인 회계관계직원이 그에 불복하여 취소를 청구하여 독립당사자참가를 하는 경우를 들 수 있다. 이러한 경우에는 원고·피고·참가인 간의 분쟁을 합일적으로 해결하여, 판결의 모순·저촉을 방지할 필요가 있기 때문에 독립당사자참가를 인정할 실익이 있다고 할 것이다[29]. 다만, 인정하는 경우에도 이들 각 소송은 독립된 소이므로 당사자적격, 제소기간, 주민감사청구전치 등의 요건을 모두 갖추어야 한다.

다. 공동소송참가

(1) 복수의 주민이 제기한 주민소송의 법적 성질

공동소송참가란 소송목적이 한 쪽 당사자와 제3자에게 합일적으로

28) 김철용·최광률 편저, 『주석 행정소송법』, 313쪽(이홍훈). 한편, 행정소송에서 민사소송법상 독립당사자참가의 가능 여부에 관한 학설에 관해서는, 같은 책, 462쪽 이하(오진환).

29) 園部逸夫 編, 『最新地方自治法講座 4 住民訴訟』, 314쪽(石津廣司).

확정되어야 할 경우 그 제3자가 계속중의 소송에 공동소송인으로서 참가하는 것을 말한다(민소법 83조 참조).

주민소송은 동일한 대상(재무회계행위)에 대하여 동일한 청구가 복수의 주민에 의하여 제기되는 것이 일반적이다. 이처럼 복수의 주민이 제기한 주민소송의 법적 성질에 관하여, "소송목적이 공동소송인 모두에게 합일적으로 확정되어야 할 공동소송의 경우"(민소법 67조 1항)에 해당하여, 유사필수적 공동소송으로 해석된다[30].

주민소송은 지방재무행정의 적정한 운영을 확보하여 주민 전체의 이익을 보호하기 위한 객관소송의 하나로서 지방자치법은 일정한 재무회계사항에 대하여 감사 청구한 주민에게 공익의 대표자로서의 자격을 부여하여 원고로서 다투게 하고 있다. 그리고, 별소의 금지에 관한 규정을 두어(법 22조 5항 참조), 복수의 주민에 의한 '같은 사항'에 대하여는 반드시 공동소송으로 제기하도록 함으로써 이를 일체적으로 심판하여 일회적으로 해결하고자 하고 있다. 따라서, 주민소송의 판결의 효력은 당사자로 된 주민뿐만 아니라 해당 지방자치단체의 주민 전체에게 미친다고 하여야 하고, 복수의 주민이 제기한 주민소송은 이른바 유사필수적 공동소송이라고 해석하여야 한다[31].

(2) 다른 주민의 공동소송참가 문제

주민소송의 원고측에 다른 주민이 공동소송참가를 할 수 있는지 여부, 할 수 있다고 할 경우에 그 요건은 무엇인지가 문제된다.

주민소송이 계속중인 경우에, 그 주민소송의 대상과 동일한 재무회계상의 행위를 대상으로 하는 적법한 주민감사청구를 거친 다른 주민은 소정의 제소기간 내에 공동소송인으로서 주민소송의 원고측에 참가할 수 있다고 본다. 이러한 경우의 공동소송참가 신청기간은 소송

30) 最高判 1997. 4. 2, 民集 51卷 4号, 1673쪽.

31) 最高裁判所事務総局行政局監修, 『主要行政事件裁判例概観 3(第3版) - 地方自治関係編 - 』, 390쪽.

참가를 신청한 주민이 한 주민감사청구 및 이에 대한 감사 결과의 통지가 있었던 날을 기준으로 하여 계산하여야 한다[32].

(3) 일부 주민이 한 상소의 효력

복수의 주민이 제기한 주민소송의 법적 성질은 유사필수적 공동소송이므로 공동소송인의 일부의 자가 한 소송행위는 모두의 이익을 위하여서만 효력을 발생한다. 또한, 그 상소는 상소심에 원판결의 패소부분의 시정을 구하는 행위이므로 주민소송을 제기한 복수의 주민 가운데 일부의 자가 상소를 하면 그에 의하여 원판결의 확정이 방해되고, 그 소송은 전체로서 상소심으로 이심되며 상소심의 판결의 효력은 상소를 하지 않은 공동소송인에게도 미치는 것으로 해석된다.

그런데, 상소를 하지 않았거나 상소를 하였다가 취하한 공동소송인을 상소인으로 볼 것인지가 문제된다. 이에 대해서는, 모두에게 합일적으로 확정되어야 할 공동소송에서는 그 한도에서 상소의 효력이 발생하면 된다는 점, 또한 주민소송은 지방자치단체의 재무행정의 적정한 운영을 확보하여 주민전체의 이익을 보호하기 위하여 해당 지방자치단체의 주민에게 공익의 대표자로서 주민소송을 제기할 자격을 부여한 것이라고 할 수 있기 때문에 공익의 대표자가 될 의사를 상실한 자에게 그 의사에 반하여 계속하여 상소인이 되도록 하는 것은 타당하지 않다는 점, 일부의 자가 상소인의 자격을 상실하더라도 잔여자에 의한 상소의 효력은 그 심판의 범위, 심리의 방식, 판결의 효력 등에서 하등 영향을 받지 않는다는 점 등을 고려할 때, 주민소송에서 스스로 상소를 하지 않았거나 일단 상소를 하였으나 취하한 공동소송인은 상소인으로 되지 않는다고 해석함이 타당하다[33].

32) 最高判 1988. 2. 25, 民集 42卷 2号, 120쪽.
33) 最高判 1997. 4. 2, 民集 51卷 4号, 1673쪽.

제7절 관련청구소송의 이송 및 병합

1. 법규정

행정소송법 10조는 취소소송에서 관련청구소송의 이송 및 병합에 관하여 규정하고, 이를 취소소송 이외의 항고소송(동법 38조)과 당사자소송(동법 44조 2항)에 준용하고 있다. 또한, 민중소송은 그 성질에 반하지 아니하는 한 이들에 관한 규정을 준용하도록 규정하고 있다(동법 46조). 따라서, 주민소송에서도 그 성질에 반하지 아니하는 한 행정소송법상의 관련청구소송의 이송 및 병합에 관한 규정이 준용된다.

2. 관련청구소송의 이송

가. 의의

주민소송과 관련청구소송이 각각 다른 법원에 계속되고 있는 경우에, 관련청구소송이 계속된 법원이 상당하다고 인정하는 때에는 당사자의 신청 또는 직권에 의하여 이를 주민소송이 계속된 법원으로 이송할 수 있다(행정소송법 10조 1항 참조). 이는 재판의 모순·저촉의 방지, 소송경제의 도모와 소송지연의 방지를 위한 제도이다.

여기서 관련청구소송이란, ①당해 처분등과 관련되는 손해배상·부당이득반환·원상회복등 청구소송과 ②당해 처분등과 관련되는 취소소송를 말한다(행정소송법 10조 1항 1호, 2호 참조).

나. 이송의 요건

(1) 주민소송과 관련청구소송이 각각 다른 법원에 계속중일 것

관련청구소송의 이송은 법원에서 계속중인 주민소송에 그 관련청구소송을 병합하여 심리하려는데 그 목적이 있으므로 양자는 서로 다

른 법원에 계속되어 있을 것을 요한다.

여기서 서로 다른 심급 간에도 이송을 허용할 것인지가 문제된다. 일본의 경우에는 심급을 달리하는 경우에는 허용하지 아니한다는 명문의 규정을 두고 있으나, 우리나라의 경우에는 그에 관한 명문의 규정이 없다. 생각건대, 우리나라 행정소송법이 사실심의 변론종결시까지 관련청구소송을 병합할 수 있다고 규정하고 있기 때문에(동법 10조 2항 참조), 주민소송이나 관련청구소송이 사실심법원에 계속중인 경우에는 심급에 관계없이 이송할 수 있다고 하여야 할 것이다[34]. 다만, 그 경우에도 기본이 되는 주민소송이 제1심법원에 계속되어 있고, 관련청구소송이 항소심법원에 계속중인 경우에는 관련청구소송의 이송은 부정된다고 할 것이다.

(2) 이송의 상당성

관련청구소송의 이송은 관련청구소송이 계속된 법원이 상당하다고 인정하는 때에 가능하다. 여기서 '상당성'의 인정 여부는 법원의 재량에 맡겨져 있는 셈이지만, 그 판단에는 양자의 사안의 내용, 소송 진행 정도, 당사자의 소송수행상의 편의, 재판의 모순·저촉의 방지, 소송경제 등을 종합적으로 고려하여 결정하여야 할 것이다.

(3) 당사자의 신청 등

관련청구소송의 이송은 당사자의 신청 또는 직권에 의한 결정으로 한다. 신청을 할 수 있는 자는 관련청구소송의 당사자, 참가인, 행정청 등이다.

다. 이송의 결정

주민소송이 계속된 법원으로 이송결정된 관련청구소송은 처음부터 이송받은 법원에 계속된 것으로 간주된다(민사소송법 40조 1항 참조).

---

34) 김철용·최광률 편저, 『주석 행정소송법』, 305쪽(이홍훈).

한편, 주민소송을 관련청구소송이 계속된 법원으로 이송할 수 있을 것인지가 문제되나, 법문(행정소송법 10조 1항)에 충실하여 이를 부정하여야 할 것이다. 왜냐하면, 주민소송은 객관소송으로 지방재무회계 행위의 적정성·적법성을 확보하기 위한 제도이기 때문이다.

3. 관련청구소송의 병합

가. 의의

관련청구소송의 병합이란 동일한 당사자 사이에서 복수의 청구를 하나의 소송절차에서 심판하는 것(객관적 병합)과 소송당사자가 복수가 되는 것(주관적 병합)을 말한다.

행정소송법은 "취소소송에는 사실심의 변론종결시까지 관련청구소송을 병합하거나 피고외의 자를 상대로 한 관련청구소송을 취소소송이 계속된 법원에 병합하여 제기할 수 있다."(10조 2항)고 하여, '관련청구소송의 병합'에 관하여 규정하고 있다.

민사소송법상의 소의 객관적 병합과 달리, 행정소송법이 관련청구소송에 한하여 소의 병합을 인정하는 취지는 관련청구소송을 병합함으로써 심리의 중복, 재판의 모순·저촉을 회피하고 동일한 처분에 관한 분쟁을 일거에 해결하여 신속한 재판을 도모하고자 하는 취지이다[35]. 민중소송의 하나인 주민소송에도 위의 취지는 그대로 적합하기 때문에 행정소송법상의 관련청구소송의 병합에 관한 규정이 적용된다고 할 것이다. 따라서, 예컨대, 동일한 재무회계상의 행위에 대한 중지를 요구하는 1호소송과 동 행위에 의한 손해배상청구 또는 부당이득반환청구를 할 것을 요구하는 4호소송은 '관련청구'로 인정될 수 있다. 그러나, 지방자치단체의 장이 지방의회의 결의에 근거하여 그 지

35) 김철용·최광률 편저, 『주석 행정소송법』, 307쪽(이홍훈).

방자치단체의 주민인 원고를 지방자치단체에 대한 명예훼손죄로 고소하고, 이에 필요한 비용을 공금으로 지출한 것이 위법하다고 하여 제기된 지방자치단체의 장에 대한 손해배상청구를 요구한 주민소송(4호소송)에서, 위 고소의 위법을 주장하여 병합 제기된 지방자치단체에 대한 국가배상청구는 관련청구소송에 해당하지 않는다고 한 사례[36]가 있다.

나. 병합의 형태

(1) 객관적 병합

동일한 원고가 동일한 피고에 대하여 하나의 소로 복수의 청구에 대한 심판을 구하는 행위를 소의 객관적 병합이라고 한다. 주민소송에서는 여러 유형의 소송을 인정하고 있고, 그들 소송유형 간에도 그 취지와 용도가 각각 다르기 때문에 주민소송의 실제에서 자주 이용될 것으로 예상된다. 가령, 예컨대, 위법한 공금의 지출에 대한 공금 지출의 중지를 요구하는 1호소송과 공금의 지출로 인한 손해배상청구를 할 것을 요구하는 4호소송을 병합하는 경우를 들 수 있다.

(2) 추가적 병합

법원에 계속중인 소송에 당사자 이외의 제3자가 계속중인 소송에서의 당사자의 일방을 피고로 하여 관련청구에 대한 심판을 구하는 행위를 소의 추가적 병합이라고 한다. 행정소송법은 원고에게 청구의 객관적·추가적 병합뿐만 아니라 주관적·추가적 병합도 인정하고 있다고 본다. 여기서 법원에 계속중인 주민소송에 당사자 이외의 제3자가 당사자 일방을 피고로 하여 관련청구소송을 추가적으로 병합 제기할 수 있는지, 또한 관련청구소송의 계속중에 주민소송을 추가적으로 병합 제기할 수 있는지 여부가 문제된다.

---

36) 京都地判 1993. 12. 10, 判例タイムズ 872号, 209쪽.

먼저, 법원에 계속중인 주민소송에 당사자 이외의 제3자가 당사자 일방을 피고로 하여 관련청구소송을 추가적으로 병합 제기할 수 있는지와 관련하여서는, 행정소송법에 이에 대한 명문의 규정이 없기 때문에 행정소송법상의 제3자의 소송참가(16조 1항), 민사소송법상의 독립당사자참가(79조)나 공동소송참가(83조)의 형식으로 참가하게 될 것이다.

다음으로, 관련청구소송의 계속중에 주민소송을 추가적으로 병합 제기할 수 있는지와 관련하여서는, 주민소송이 객관소송인 민중소송의 하나이고 지방자치단체의 재무회계상의 행위나 게을리한 사실을 통제하기 위하여 공익의 대표자로서 해당 지방자치단체의 주민에게 원고적격을 부여하고 있는 점을 감안할 때, 이를 부정하여야 할 것이다.

한편, 소의 추가적 병합은 새로운 소의 제기이며, 제소기간은 원칙적으로 소의 병합 제기시를 기준으로 계산하게 된다.

(3) 주관적·예비적 병합

각 청구가 법률상 양립되지 않고 서로 배척되는 관계에 있는 경우에, 주위적 피고에 대한 청구가 인용되지 않을 경우에 대비하여 그 인용을 해제조건으로 하여 예비적 피고에 대한 청구에 대해서도 미리 심판을 청구하는 경우의 병합을 주관적·예비적 병합이라 한다.

주민소송에서 주관적·예비적 병합이 문제되는 것은 1호소송부터 3호소송에 동일한 재무회계상의 행위 또는 게을리한 사실로 인하여 발생한 손해배상청구 또는 부당이득반환청구를 할 것을 요구하는 4호소송을 예비적으로 병합하는 경우를 들 수 있다. 위 각호 소송의 피고는 원칙적으로 '해당 지방자치단체의 장'으로서 동일하기 때문에 주관적·예비적 병합이 문제되는 경우는 주민소송의 실제에서 그다지 많지 않을 것으로 생각되지만, 권한의 위임에 의하여 각호 소송의 피고가 다르게 되어, 주관적·예비적 병합으로 소가 제기되더라도 그 피고는 동일한 지방자치단체의 기관이기 때문에 실질적인 동일성이 인정되고, 주관적·예비적 병합도 허용된다고 본다[37].

제8절 소의 변경

1. 법규정

소의 변경은 민사소송에서는 최초의 소에 의하여 개시된 소송절차에서 원고가 청구의 취지 또는 원인을 바꾸어 동일한 피고에 대한 심판의 대상(소송물)을 변경하는 것을 말하지만, 행정소송에서는 피고의 변경도 포함한다는 점에 특징이 있다[38].

소의 변경과 관련한 법규정으로는 행정소송법에 취소소송에서의 소송 종류의 변경(21조)·처분변경으로 인한 소의 변경(22조)을 규정하고, 이를 취소소송 이외의 항고소송(37조)이나 당사자소송(42조)에 준용하도록 규정하고 있다. 또한 관련청구의 병합(10조 2항)도 소의 추가적 변경의 일종이라고 할 수 있다. 그리고, 민사소송법도 청구의 변경(262조)을 규정하고 있다.

한편, 행정소송법은 민중소송으로써 처분등의 취소를 구하는 소송에는 그 성질에 반하지 아니하는 한 취소소송에 관한 규정을, 처분등의 효력 유무 또는 존재 여부나 부작위의 위법의 확인을 구하는 소송에는 그 성질에 반하지 아니하는 한 각각 무효등 확인소송 또는 부작위위법확인소송에 관한 규정을, 이들 소송 외의 소송에는 당사자소송

37) 園部逸夫 編, 『最新地方自治法講座 4 住民訴訟』, 321쪽 이하(石津廣司).
38) 전병서, 『기본강의 민사소송법』, 498쪽 ; 김철용·최광률 편저, 『주석 행정소송법』, 617쪽(윤영선).

에 관한 규정을 각각 준용하도록 규정하고 있다(동법 46조 참조). 따라서, 주민소송에서도 그 성질에 반하지 아니하거나 특별한 규정이 없는 사항에 대하여는 이들 규정이 준용된다.

2. 행정소송법상의 소의 변경

가. 소 종류의 변경

(1) 법원은 취소소송을 당해 처분 등에 관계되는 사무가 귀속하는 국가 또는 공공단체에 대한 당사자소송 또는 취소소송외의 항고소송으로 변경하는 것이 상당하다고 인정할 때에는 청구의 기초에 변경이 없는 한 사실심의 변론종결시까지 원고의 신청에 의하여 결정으로써 소의 변경을 허가할 수 있다(동법 21조 1항). 이 규정은 무효등 확인소송이나 부작위위법확인소송을 취소소송 또는 당사자소송으로 변경하거나(동법 37조 참조), 당사자소송을 항고소송으로 변경하는 경우에 준용된다(동법 42조 참조). 따라서, ①취소소송을 당사자소송 또는 취소소송외의 항고소송으로, ②무효등 확인소송이나 부작위위법확인소송을 취소소송 또는 당사자소송으로, ③당사자소송을 항고소송으로 변경할 수 있게 된다.

(2) 주민소송에서는 주로 2호소송, 3호소송, 4호소송의 경우가 문제된다.

2호소송은 행정처분인 해당 행위의 취소 또는 변경을 요구하거나 그 행위의 효력 유무 또는 존재 여부의 확인을 요구하는 소송이므로, 청구의 기초에 변경이 없는 한 사실심의 변론종결시까지 취소소송 및 무효등 확인소송을 다른 소송유형, 예컨대, 손해배상청구 또는 부당이득반환청구를 할 것을 요구하는 4호소송으로 변경할 수 있다고 본다.

3호소송은 게을리한 사실의 위법 확인을 요구하는 소송이므로 청구의 기초에 변경이 없는 한 사실심의 변론종결시까지 3호소송을 손해배상청구 등을 할 것을 요구하는 4호소송으로 변경할 수 있다고 본다. 다만, 이 경우에 3호소송은 항고소송에서의 부작위위법확인소송에 유사한 것으로 1호소송이나 2호소송으로의 변경은 할 수 없다고 해석하여야 할 것이다.

4호소송은 해당 지방자치단체의 장 및 직원, 지방의회의원, 해당 행위와 관련이 있는 상대방에게 손해배상청구 또는 부당이득반환청구를 할 것을 요구하는 소송으로서, 당사자소송의 형태를 가진다고 할 것이다. 따라서, 4호소송을 청구의 기초에 변경이 없는 한 사실심의 변론종결시까지 항고소송, 즉, 2호소송이나 3호소송으로의 변경이 가능할 것인지가 문제된다. 4호소송은 일정한 자에게 손해배상청구 또는 부당이득반환청구를 할 것을 요구하는 소송으로서 주로 지방자치단체의 재산적 손해의 전보에 그 목적이 있음을 감안할 때에 해당 행위의 위법한 상태가 여전히 계속될 경우에는 그 취소, 무효등 확인이나 게을리한 사실의 위법 확인을 구할 실익이 있다 할 것이다. 따라서, 4호소송에서 2호소송이나 3호소송으로의 변경도 인정될 수 있다고 해석된다.

(3) 다만, 주민소송의 각 소송유형에는 제소기간의 제한이 있기 때문에, 이상의 소의 변경은 제소기간 내에 이루어질 것이 요구된다. 그런데, 제소기간 준수 여부는 소의 변경시를 기준으로 판단하여야 하기 때문에 주민소송의 소송유형간의 소의 변경은 소정의 제소기간 내에서만 인정되게 된다.

나. 추가적 변경의 허용여부

소의 추가적 변경이란 당초의 청구를 유지하면서 새로운 청구에 대해서도 심판을 구하는 경우를 말하는 것으로서, 이러한 추가적 변경이 행정소송법 21조에 근거하여 허용될 것인지가 문제이다. 통설은 교환적 변경만이 허용되고 추가적 변경은 허용되지 않는다고 본다.

따라서, 이러한 경우에는 행정소송법상의 관련청구의 병합(10조 2항)이나 민사소송법상의 청구의 변경(262조)의 형식에 의하여야 한다고 본다[39]. 주민소송의 경우에도 달리 해석할 합리적 이유가 없으므로 마찬가지로 해석하여야 할 것이다.

3. 민사소송법상의 청구의 변경

민사소송법은 “원고는 청구의 기초가 바뀌지 아니하는 한도안에서 변론을 종결할 때(변론 없이 한 판결의 경우에는 판결을 선고할 때)까지 청구의 취지 또는 원인을 바꿀 수 있다. 다만, 소송절차를 현저히 지연시키는 경우에는 그러하지 아니하다.”(262조 1항)고 하여, 청구의 변경을 인정하고 있다.

따라서, 민소법상의 청구 변경의 요건은, ①청구의 기초가 바뀌지 아니할 것, ②사실심의 변론종결시까지일 것, ③소송절차를 현저히 지연시키지 아니할 것이 된다.

청구의 변경은 청구의 기초에 동일성이 인정되는 경우에 한하여 허용되지만, 당초의 청구와 새로운 청구가 동일한 재무회계행위에 관한 것인 경우이거나 어떤 재무회계행위와 이에 후속하고 파생하는 재무회계행위에 관한 것이라면 청구의 기초의 동일성이 인정된다고 본다[40].

주민소송의 각 소송유형은 원칙적으로 해당 지방자치단체의 장을 피고로 하고 있고, 각 소송유형 간에 권한의 위임 등으로 인하여 피고가 다른 경우는 그다지 많지 않을 것으로 보기 때문에, 민소법에 의한 청구의 변경에 의하여 처리되는 경우가 적지 아니할 것으로 생각된다.

---

39) 김철용·최광률 편저, 『주석 행정소송법』, 620쪽(윤영선).

40) 園部逸夫 編, 『最新地方自治法講座 4 住民訴訟』, 330쪽(石津廣司).

제9절 행정심판기록의 제출명령 등

1. 법규정

소송에서 증거(서증)를 조사하는 경우, 일반적으로 당사자가 서증을 신청하고자 하는 때에는 문서를 제출하는 방식 또는 문서를 가진 사람에게 그것을 제출하도록 명할 것을 신청하는 방식으로 하도록 되어 있다(민소법 343조 참조). 그러나, 행정소송의 경우에는 일반 민사소송과는 다른 특수성을 가지므로 민사소송법상의 문서제출명령이 적합하지 아니한 경우가 적지 아니하다. 이로 인하여, 행정소송법은 취소소송에서 행정심판기록의 제출명령(25조)에 관하여 별도의 규정을 두고서, 이를 취소소송 이외의 항고소송(38조)과 당사자소송(44조 1항)에도 준용하고 있다. 또한, 민중소송에서도 그 성질에 반하지 아니하는 한 이들 규정을 준용하도록 하고 있다(46조). 따라서, 주민소송에서도 행정소송법상의 행정심판기록의 제출명령이 적용된다 할 것이다. 다만, 행정소송법에 특별한 규정이 없는 절차와 관련하여서는 민사소송법상의 문서제출명령에 관한 규정들(동법 343조부터 363조 참조)이 적용될 수 있다.

2. 행정소송법상의 행정심판기록 제출명령

가. 의의

법원은 당사자의 신청이 있는 때에는 결정으로써 재결청에 대하여 행정심판에 관한 기록의 제출을 명할 수 있도록 하였다(행소법 25조 1항). 이는 민사소송법상의 문서제출명령의 대상이 되는 문서가 그 제출의무의 예외에 해당하는 경우(동법 344조 참조)가 적지 아니한 점을 감안하여, 원고측 증거수집의 곤란과 전심 심리자료의 활용이라는 측면에서 인정된 것이라고 할 수 있다.

주민소송은 주민감사청구전치주의를 취하여, 주무부장관 또는 시·도지사에게 일정 수 이상의 주민의 연대 서명으로서 주민감사청구를 거쳐야 하도록 되어 있기 때문에, 이들 감사기관의 주민감사청구 관련기록 등에 대한 제출명령으로서 나타나게 될 것이다.

나. 신청

주민감사청구 관련기록의 제출명령을 신청할 수 있는 자는 당사자이다. 신청인은 원고인 주민이 되는 경우가 일반적이겠지만, 피고인 해당 지방자치단체의 장 등도 원고인 주민들의 주민감사청구에서의 주장·입증과정을 소송에서 나타낼 필요가 있는 경우에는 신청할 수 있다. 주민소송이 계속된 법원도 직권증거조사를 하게 되는 범위에서는 직권으로 주민감사청구와 관련된 기록의 제출명령을 할 수 있다고 해석된다[41].

신청의 대상이 되는 주민감사청구 관련기록은 주민감사청구서, 청구인대표자증명서, 청구인명부, 감사청구심의회의 심의록, 감사기관의 감사 실시와 관련한 자료가 될 것이다.

다. 결정 및 그 효력

(1) 당사자의 기록제출명령신청에 대하여 법원은 결정으로써 판단하여야 한다. 이러한 결정명령에 대하여 당사자는 즉시항고를 할 수 있다(민소법 348조 참조).

(2) 법원이 결정으로써 기록제출명령을 내린 경우에, 제출명령을 받은 감사기관은 당해 주민감사청구에 관한 기록을 법원에 제출하여야 한다(행소법 25조 2항 참조).

---

41) 김철용·최광률 편저, 『주석 행정소송법』, 696쪽 이하(이동흡).

3. 민사소송법상의 문서제출명령

가. 의의

문서제출명령이란 당사자가 서증을 신청하고자 하는 때에 당사자의 신청에 의하여 법원이 제출의무있는 문서를 가진 상대방 또는 제3자에게 그것을 제출하도록 명하는 것을 말한다. 이는 민사소송법이 증거의 구조적 편재를 시정하기 위한 목적에서 도입한 제도이다. 민사소송법상의 문서제출명령제도는 그 성질에 반하지 아니하는 한 주민소송에도 적용된다고 할 수 있다.

나. 문서제출의무

민사소송법은 다음 각호의 경우에 문서를 가지고 있는 사람은 그 제출을 거부하지 못한다고 규정하고(344조 1항 참조), 그러한 문서로서 ①인용문서(1호), ②인도·열람문서(2호), ③이익문서·법률관계문서(3호)를 들고 있다.

(1) 인용문서

1) 민사소송법은 '당사자가 소송에서 인용한 문서'를 가지고 있는 때에는 그 문서를 가지고 있는 자는 제출을 거부할 수 없다고 규정하고 있다(344조 1항 1호 참조). 이는 당사자가 소송에서 자기가 소지한 문서를 인용하고 이것을 자기 주장의 근거로 한 이상, 상대방 당사자의 청구가 있는 때에는 그 문서를 소송의 장에 제출시켜 상대방이 이용·비판하게 하는 것이 공평하기 때문이다[42].

2) 그런데, 여기서 '인용'이란 당사자가 문서의 존재 및 내용을 적극적·자발적으로 언급한 것에 한정한다는 견해와, 법원 또는 상대방 당사자로부터의 석명요구에 응하여 언급한 것이라 하더라도 주요사실이나 간접사실과의 관계에서 객관적으로 그 증거로서 언급된 것이면

42) 전병서, 『기본강의 민사소송법』, 384쪽.

'인용'에 해당한다는 견해가 있다[43]. 주민소송에서는 법원이나 원고 주민으로부터 피고에 대하여 석명이 요구되는 경우가 적지 아니할 것으로 예상되고, 문서제출명령의 대상범위를 가능한 한 확장한다는 의미에서 후자가 보다 타당하다고 할 것이다.

(2) 인도·열람문서

민사소송법은 신청자가 문서를 가지고 있는 자에게 그것을 넘겨 달라고 하거나(인도) 보겠다고(열람) 요구할 수 있는 사법상의 권리를 가지고 있는 때에는 문서제출의무가 있다고 규정한다(344조 1항 2호 참조). 문서를 가지고 있는 자는 상대방 당사자는 물론 제3자라도 관계없고, 인도·열람청구권은 그 대상을 사법상의 권리에 한정하고 공법상의 권리에 대해서는 부정하고 있다.

한편, 주민소송의 원고인 주민이 민사소송법상의 인도·열람문서로서 해당 지방자치단체가 소지하는 문서에 관한 문서제출명령을 얻기 위해서는 거증자인 주민이 문서의 소지자인 해당 지방자치단체에 대하여 그 문서의 인도 또는 열람을 청구할 권리를 가질 것이 필요하다고 해석된다[44].

그런데, 주민소송에서의 문서의 인도·열람청구권은 그 대상을 사법상의 권리에 한정하고 공법상의 권리에 대해서는 부정할 것인지가 문제된다. 생각건대, 주민소송은 지방자치단체의 재무행정의 적법성·적정성의 확보를 위하여 인정된 객관소송으로서의 민중소송이라는 성격을 가지기 때문에, 사법상의 권리에 한정할 이유는 없다고 할 것이다. 따라서, 인도·열람청구권의 대상이 공법상의 권리인 경우에는 공공기관의 문서 등이 주로 그 대상이 될 것으로 예상할 수 있고, 그러한 경우에는 민사소송법이 아니라 공공기관의 정보공개에 관한 법률

43) 園部逸夫 編,『最新地方自治法講座 4 住民訴訟』, 332쪽(石津廣司).

44) 最高裁判所事務総局行政局監修,『主要行政事件裁判例概観 3(第3版) -地方自治関係編-』, 403쪽.

에서 규정하고 있는 범위와 절차에 따라서 관련문서의 공개를 요구할 수 있다고 본다(동법 4,9,10조 등 참조).

(3) 이익문서·법률관계문서

문서가 신청자의 이익을 위하여 작성되었거나, 신청자와 문서를 가지고 있는 사람 사이의 법률관계에 관하여 작성된 것인 때에는 문서를 가진 자는 제출의무를 진다(민소법 344조 1항 3호 본문 참조). 그러나, 이 경우에 공무원의 비밀과 같이 동의를 필요로 하는 경우에 동의를 받지 아니한 문서, 증인의 증언거부사유와 같은 일정한 사유가 있는 문서 등은 제출의무의 대상에서 제외하고 있다(동법 344조 1항 3호 단서).

다. 문서정보공개제도

문서제출명령을 신청한 당사자는 문서의 표시, 문서의 취지, 문서를 가진 사람, 증명할 사실, 문서를 제출하여야 하는 의무의 원인을 밝혀야 한다(민소법 345조 참조). 이 경우에 문서제출명령을 신청하는 데에는 문서의 표시나 취지에 의하여 문서를 특정할 필요가 있는데 문서의 소지자가 어떠한 문서를 소지하고 있는지 명확하지 않은 경우도 적지 아니하다. 이러한 상황에 대한 대응조치로서 신청을 위하여 필요하다고 인정하는 경우에, 법원은 신청대상이 되는 문서의 취지나 그 문서로 증명할 사실을 개괄적으로 표시한 당사자의 신청에 따라, 상대방 당사자에게 신청내용과 관련하여 가지고 있는 문서 또는 신청내용과 관련하여 서증으로 제출할 문서에 관하여 그 표시와 취지 등을 적어 내도록 명할 수 있는, 이른바 문서정보공개제도를 도입하고 있다(민소법 346조 참조). 이는 미국의 증거개시제도(Discovery)와 유사한 역할을 할 수 있다고 본다[45]. 특히 주민소송의 경우에는 피고가

45) 전병서, 『기본강의 민사소송법』, 386쪽.

해당 지방자치단체의 장인 경우가 원칙인 점에 비추어 볼 때, 이러한 문서정보공개제도는 유용한 제도로서 기능할 수 있다고 할 것이다.

라. 문서 부제출 등의 효과

당사자가 문서제출명령에 따르지 아니한 때에는 법원은 문서의 기재에 대한 상대방의 주장을 진실한 것으로 인정할 수 있다(민소법 349조 참조). 또한 당사자가 상대방의 사용을 방해할 목적으로 제출의무가 있는 문서를 훼손하여 버리거나 이를 사용할 수 없게 한 때에는, 법원은 그 문서의 기재에 대한 상대방의 주장을 진실한 것으로 인정할 수 있다(동법 350조 참조).

한편, 제3자가 문서제출명령에 따르지 아니한 때에는 문서의 기재에 대한 상대방의 주장을 진실한 것으로 인정할 수는 없고, 과태료의 제재를 받도록 하고 있다(동법 351조, 318조, 311조 1항 참조).

제10절 판결의 효력

주민소송에서 법원의 판결이 선고되면, 그 선고의 결과로 또는 그 판결의 확정을 전제로 하여 일정한 효력이 발생한다. 이들 판결의 효력으로서는 기판력(실질적 확정력), 구속력, 형성력, 집행력 등이 있다.

1. 기판력(실질적 확정력)

(1) 기판력(실질적 확정력)이란 확정판결의 판결내용에 부여된 후소에 대한 통용력 내지는 구속력을 말한다. 소송은 종국판결이 확정되면 최종적 해결로써 당사자 쌍방이 그 판단내용에 구속되어 이에 반하는 동일한 다툼을 되풀이 하는 것을 허용하지 않게 되고(반복금지),

국가기관인 법원도 동일한 사항이 다시 소송상 문제가 된 경우에 종전판결을 규준으로 하여 당사자 사이의 관계를 판단하지 않으면 안되게 되는 것과 같이(모순금지), 당사자 및 법원에 대하여 확정판결로 나타내 보인 판단에 반하는 주장이나 판단을 할 여지를 없게 하는 효력이 기판력이라고 할 수 있다[46].

(2) 주민소송의 기판력이 미치는 주관적 범위는 '당사자, 권리·의무의 귀속주체인 지방자치단체, 당사자인 주민 이외의 해당 지방자치단체의 전 주민'이다.

기판력의 객관적 범위는 일반 민사소송과 마찬가지로 소송물에 관하여 판결주문에서 나타난 법원의 판단이다. 즉, 1호소송에서는 중지청구권(이행소송설의 경우) 또는 형성권(형성소송설의 경우), 2호소송에서는 처분의 위법 일반 또는 무효사유 일반, 3호소송에서는 게을리한 사실의 위법 일반, 4호소송에서는 형성권이 각각 소송물이 되고, 이들에 대해 판결주문에서 나타난 법원의 판단이 기판력의 객관적 범위로 된다[47].

또한, 기판력의 시간적 범위는 사실심 변론종결시를 기준으로 한다. 당사자는 사실심 변론종결시까지 소송자료를 제출할 수 있고, 종국판결도 그 때까지 제출한 자료를 기준으로 하여 내려지게 되기 때문에 사실심 변론종결시를 기준으로 하여 기판력이 발생하게 된다.

2. 기속력

(1) 주민소송의 판결의 효력으로서의 기속력이란 지방자치단체의 장 등에 대하여 그 판결의 판단내용을 존중하여 수인하고, 그 취지에 따라서 조치하지 않으면 아니 될 의무를 지우는 효력을 말한다. 이는

46) 전병서, 『기본강의 민사소송법』, 466쪽.

47) 園部逸夫 編, 『最新地方自治法講座 4 住民訴訟』, 340쪽 이하(石津廣司).

원래 취소소송 등에서 그 판결의 효력으로서 인정되는 것이 주민소송에 준용된 결과 인정된 효력이라고 말할 수 있다(법 22조 18항, 행소법 46조, 30조, 38조, 44조 1항 참조).

(2) 기속력으로 인하여 주민소송의 청구인용판결이 확정되면, 지방자치단체의 장 등은 '동일한 사실관계 아래에서 동일한 당사자에 대하여 동일한 내용의 처분'을 반복하여서는 안되고(반복금지효), 또한 해당 행위에 의하여 초래된 위법상태를 제거하여 원상회복을 하여야 할 의무(원상회복의무)를 진다[48]. 또한 주민소송의 유형에 따라서, 가령, 4호소송의 경우에는 손해배상청구 또는 부당이득반환청구나 배상명령을 하여야 할 의무를 진다.

(3) 기속력이 미치는 주관적 범위는 '당사자인 해당 지방자치단체의 장 등과 그 밖의 관계행정청'이다. 그 객관적 범위는 '판결주문 및 그 전제가 된 요건사실의 인정과 효력'의 판단에만 미치고, 판결의 결론과 직접 관계없는 방론이나 간접사실의 판단에는 미치지 아니한다. 또한 기속력은 '처분시'를 기준으로 그 당시까지 존재한 사유에 한하고, 그 이후의 발생사유에 대하여는 미치지 아니한다.

(4) 원고인 주민의 청구를 인용하는 판결이 확정된 후에 그 기속력에 위반하여 해당 지방자치단체의 장 등이 한 행위는 위법하다고 하겠지만, 구체적으로 이러한 위법이 무효사유인지 단순 취소사유인지가 문제되나, 취소소송에서 대법원은 일관하여 당연무효사유로 본다[49].

48) 김철용·최광률 편저, 『주석 행정소송법』, 959쪽 이하(석호철).

49) 대법원 1990. 12. 11. 선고 90누3560 판결 【토지형질변경허가신청불허가처분취소】 "확정판결의 당사자인 처분행정청이 그 행정소송의 사실심 변론종결 이전의 사유를 내세워 다시 확정판결과 저촉되는 행정처분을 하는 것은 허용되지 않는 것으로서 이러한 행정처분은 그 하자가 중대하고도 명백한 것이어서 당연무효라 할 것이다."

3. 형성력

(1) 주민소송의 판결의 효력으로서의 형성력이란 형성판결에서 선언된 대로 법률상태의 변동을 일으키는 효력을 말한다. 형성력은 청구인용판결의 확정에 따라서 발생한다. 이러한 판결의 형성력은 당사자에 한하지 않고 제3자에게도 미치는 대세효를 가지는 것이 일반적이다. 그에 반하여, 원고패소판결의 경우에는 민사소송법의 일반원칙에 따라 기판력만이 발생하고 형성력은 발생하지 아니하고, 또한 그 판결의 효력은 소송당사자간에만 미치며 그 밖의 제3자에게는 미치지 아니함이 원칙이다[50].

(2) 주민소송의 유형 가운데 형성소송으로서의 성질을 가지는 것은 2호소송 중 처분취소청구와 4호소송이다. 또한 1호소송의 법적 성질에 대하여 형성소송설이 있음은 전술한 바와 같다. 따라서 이들 소송에 대한 청구인용판결에 대해서는 형성력이 인정되게 된다.

4. 집행력

(1) 판결의 효력으로서의 집행력이란 이행판결에서 선고된 이행의무를 강제집행으로 실현할 수 있는 효력을 말한다. 다만, 집행력이 형식적으로 발생하더라도 이행의무의 이행기가 도래하지 않으면 강제집행을 할 수 없다.

(2) 주민소송의 소송유형 중 이행소송에 해당하는 것은 1호소송뿐이라고 할 수 있다(이행소송설의 입장에서). 따라서, 청구인용판결에 대해서는 집행력이 발생하게 되고, 그 불이행의 경우에는 행정소송법상의 간접강제에 관한 규정(34조 1항)을 준용할 수 있다고 본다.

---

50) 김철용·최광률 편저, 『주석 행정소송법』, 926쪽 이하(석호철).

제11절 가구제(가처분, 집행정지)

1. 문제의 소재

주민소송에서도 소송 진행 중에 법적·사실적 상태가 변경되어, 승소판결을 얻었다 하더라도 그 효과를 제대로 거두지 못하는 경우가 있을 수 있기 때문에 가구제의 필요성이 인정된다. 그러나, 지방자치법은 주민소송 독자적인 가구제제도를 설정하고 있지 않기 때문에 주민소송에서 가구제를 어떻게 운용할 것인지가 문제된다.

그런데, 가구제제도와 관련하여 민사집행법은 가압류·가처분 등의 보전처분절차를 규정하고 있고(276조 이하 참조), 행정소송법도 취소소송에서의 집행정지제도를 규정하고 이를 무효등 확인소송에 준용하도록 하고 있다(23조, 38조 1항 참조). 또한, 민중소송으로써 처분등의 취소, 효력 유무 또는 존재 여부의 확인을 구하는 소송에는 그 성질에 반하지 아니하는 한 이들 규정을 준용하도록 하고 있다(46조 1항, 2항 참조). 따라서, 주민소송에서도 이들 규정이 준용될 수 있는지가 문제된다. 일본의 지방자치법(242조의2 제10항) 및 행정사건소송법(44조)이 가처분배제규정을 명문으로 두고 있는 것[51]과 달리, 우리나라의 경우에는 이들 규정을 두고 있지 않기 때문에 더욱 논란의 여지가 크다고 할 수 있다[52].

---

51) 일본 주민소송의 경우, 2002년 지방자치법 개정에 의하여 민사보전법상의 가처분배제에 관한 규정(동법 242조의2 제10항 참조)을 두기 이전에는, 해석상, 주민소송에 민사보전법상의 가처분규정을 적용할 수 있을 것인지와 관련하여 논란이 있었다. 이는 일본 행정사건소송법 44조가 "행정청의 처분 기타 공권력의 행사에 해당하는 행위에 대해서는 민사보전법에서 규정하는 가처분을 할 수 없다."고 규정하고 있는 것과 관련하여, '행정청의 처분 기타 공권력의 행사에 해당하는 행위' 이외의 행정작용에 대해서 가처분을 인정할 수 있는지 여부를 둘러싼 논쟁이었다고 할 수 있다.

52) 最高裁判所事務総局行政局監修, 『主要行政事件裁判例概観 3(第3版) - 地方自治

2. 민사집행법상의 가처분 규정의 준용 여부

가. 학설

(1) 긍정설

행정소송법 8조 2항은 특별한 규정이 없는 사항은 민사집행법을 준용하도록 명시하고 있으므로 가처분을 배제하는 명문의 규정이 없는 이상 이의 준용을 배제할 이유가 없다는 점, 헌법상의 재판을 받을 권리를 보다 실효성있게 보장받기 위해서는 소극적·현상유지적인 행정소송법상의 집행정지제도 이외에 적극적·현상변경적인 민사집행법상의 가처분 규정이 준용되어야 한다는 점[53] 등을 고려하여, 민사집행법상의 가처분 규정도 주민소송의 성질에 반하지 아니하는 한 준용된다고 본다[54].

(2) 부정설

민사집행법상의 가처분 등의 보전처분은 개인적 이익의 보전·구제를 목적으로 하는 제도인데 대하여, 주민소송은 지방자치단체의 재무회계상의 위법한 행위 또는 게을리한 사실의 시정이라고 하는 주민 전체의 이익을 옹호하기 위하여 지방자치법에 의하여 창설된 제도이기 때문에, 주민소송에 대해서는 민사집행법상의 가처분 규정이 적용되지 않는다고 한다[55][56].

關係編-』, 357쪽 이하.

53) 김철용·최광률 편저, 『주석 행정소송법』, 686쪽(윤형한).

54) 仲江利政, 『住民訴訟の実務と判例』, 365쪽(吉川義春) ; 関 哲夫, 『住民訴訟論(新版)』, 229쪽 이하.

55) 三好 達, 住民訴訟の諸問題, 325쪽.

56) 우리 행정법학계의 다수적인 입장은 행소법상의 집행정지에 관한 규정이 민사집행법상의 가처분제도에 대한 '특별한 규정'이므로 민사집행법상의 가처분규정을 배제한다는 뜻을 포함하는 것으로 해석한다. 이철환, 『행정쟁송법 이론과 판례』, 351쪽 참조.

(3) 절충설

행정소송법상의 집행정지제도에 의하여 권리구제를 받을 수 있는 경우에는 민사집행법상의 가처분 규정이 준용될 수 없으나, 집행정지제도가 실효성있는 권리구제수단이 되지 못하는 경우(예 : 거부처분의 효력을 잠정적으로 배제할 필요가 있는 경우)에는 민사집행법상의 가처분 규정을 준용할 수 있다는 견해이다[57].

나. 판례

(1) 우리나라의 경우

대법원은 공유수면매립면허권 가처분사건에서, 채권자가 채무자와 제3채무자(국가)를 상대로 채무자의 공유수면매립면허권에 관하여 "채무자는 이에 대한 일체의 처분행위를 하여서는 아니 되며, 제3채무자는 위 면허권에 관하여 채무자의 신청에 따라 명의개서 기타 일체의 변경절차를 하여서는 아니 된다."는 요지의 내용을 신청취지로 하여 가처분신청을 한 데 대하여, 구 민사소송법상의 보전처분은 민사판결절차에 의하여 보호받을 수 있는 권리에 관한 것이므로, 구 민사소송법상의 가처분으로써 행정청의 어떠한 행정행위의 금지를 구하는 것은 허용될 수 없다고 하여, 행정청의 행정처분에 대한 구 민사소송법상의 가처분의 적용을 부정하였다[58]. 따라서, 주민소송에서도 행정처분으로서의 성질을 갖는 재무회계행위에 대해서는 가처분을 인정하지 않게 될 것이다.

57) 김철용·최광률 편저, 주석『행정소송법』, 686쪽(윤형한).

58) 대법원 1992. 7. 6. 자 92마54 결정【공유수면매립면허권가처분】. 또한, 대법원 2011. 4. 18. 자 2010마1576 결정【자동차사업면허처분금지가처분】; 대법원 2009. 11. 2. 자 2009마596 결정【가처분이의】등 참고)

(2) 일본의 경우

1) 긍정한 경우

① 공립초등학교의 구 교사(校舍)의 철거중지를 요구하는 주민소송(1호소송)에서, 철거행위의 중지를 요구하는 가처분신청에 대하여 주민소송은 행정소송법상의 민중소송에 속하고 동법 8조 2항의 적용이 있기 때문에 주민소송에서도 그 성질에 반하지 아니하는 한 민사소송의 가처분의 예에 의하지 않으면 안되는 바, 민사소송의 가처분 규정은 주민소송의 성질에 반한다고 할 수 없고, 구 교사의 철거는 단순한 사실행위에 지나지 않으며 공권력의 행사에 해당하는 행위가 아니라고 하여 위 가처분신청을 적법하다고 하였다[59].

② 지방자치단체가 대학유치를 위하여 대학병원 부지를 무상 제공하는 것 등을 내용으로 하는 토지매매계약, 토지조성공사도급계약 등을 체결하고, 그 계약의 이행으로서 대금을 지급하기 위하여 이루어진 공금의 지출의 중지를 요구하는 1호소송에서, 이를 본안으로 하는 공금 지출의 중지를 청구한 가처분신청에 대하여, 위 공금의 지출은 지방자치법에 근거하여 이루어진 순수한 사법상의 행위로서 공권력의 행사로서의 행위에 해당하지 않으므로 위 가처분신청은 적법하다고 하였다[60].

③ 시하수도종말처리장 운전관리업무의 위탁계약에 근거한 업무위탁료 등의 지급을 위하여 한 공금의 지출의 중지를 요구한 주민소송(1호소송)에서, 이를 본안으로 하는 당해 지출의 중지를 청구한 가처분신청에 대하여, 1호소송에는 지방자치법 22조 18항에 의하여 행정소송법 46조가 적용되고 동법 8조 2항에 의해 적용되는 민사소송의 예에 의하기 때문에, 행정청의 공권력의 행사 이외의 것에 대해서는

---

59) 東京高判 1977. 11. 16, 判例時報 876号, 79쪽. 법조항은 우리나라의 해당조항으로 바꾸었음. 이하 같다.

60) 千葉地判 1983. 4. 25, 行集 35卷 6号, 805쪽.

민사소송상의 가처분에 의할 수 있다고 하여 위 가처분신청을 적법하다고 하였다[61].

2) 부정한 경우

① 지방자치단체가 사립대학병원의 유치를 위하여 그 병원부지의 취득비용에 충당하기 위하여 이미 공금을 지출하였고, 또한 그 용지 조성비용 및 부대공사비용에 충당하기 위하여 공금의 지출을 예정하고 있는바, 그 공금의 지출의 중지를 요구한 1호소송을 본안으로 하고 그 중지청구권을 피보전권리로 하여 그 지출중지의 가처분을 청구한 사안에서, 1호소송은 원래 개인적 이익의 보호를 목적으로 하는 것이 아니고, 더구나 그 소송에서 피고로 되는 것은 지방자치단체의 집행기관으로서의 장 등이지 지방자치단체 또는 장 등 개인이 피고로 되는 것이 아니다. 이들 지방자치단체의 집행기관인 장 등은 본래는 민사실체법상 권리능력을 가지지 않는 자이며, 다만 지방자치법에 의하여 그 소송상 피고로 되는 것이 인정됨에 지나지 않는 것으로써, 이를 벗어나 민사소송법상 일반적으로 권리능력을 가진다고 되는 것이 아니기 때문에 그 자를 상대방으로 하여 개인적 이익의 보호를 목적으로 하는 민사소송상의 가처분을 청구할 수 있다고 하는 것은 상당하지 않다. 또한, 위 1호소송은 해당 행위의 사전중지 자체를 목적으로 하는 것이 아니라, 그 행위에 의하여 지방자치단체에 재산상 회복하기 어려운 손해를 발생할 우려가 있는 경우에 한하여 제기할 수 있다고 하는 취지의 규정이 있고, 따라서 1호소송은 실질상 다른 소송유형에 대한 보전소송으로서의 성격을 가지고 있다고 해석된다. 그렇다면, 이러한 성격을 가지는 1호소송에 대하여, 다시 그 소송을 본안으로 하는 보전소송을 인정하는 것은 법의 취지에 합치하지 않다고 하여야 한다. 더욱이, 1호소송에서의 중지청구권은 주민소송에 의하여서만

---

61) 名古屋地決 1990. 5. 10, 判例時報 1374号, 39쪽.

행사할 수 있는 권리이고, 본안판결의 확정에 의하여 비로소 집행기관 등의 위법행위를 중지시키는 형성적인 법적 효과가 발생하는 것으로서, 위 판결의 확정 이전에 위 판결이 확정한 것과 동일한 법적 상태를 발생시키는 가처분을 허용하는 것은 타당하지 않다고 하여, 위 가처분신청은 부적법하다고 하였다[62].

② 손해배상청구를 할 것을 요구하는 4호소송을 본안으로 하여 그 손해배상청구권을 피보전권리로 하는 채권가압류신청에 대하여, 주민소송은 재무회계상의 위법한 행위 또는 게을리한 사실을 방지하기 위하여 주민참정의 일환으로 주민에 대하여 그 예방 또는 시정을 법원에 청구하는 권능을 부여하고 지방재무행정의 적정한 운영을 확보할 것을 목적으로 한 것으로서, 위 손해배상청구권의 보전에 대해서는 그 성질상 개인의 금전채권을 보전하기 위하여 설치된 민사소송상의 가압류에 의하는 것은 상당하지 않기 때문에 지방자치단체의 주민은 4호소송상의 손해배상청구권을 피보전권리로 하여 채권가압류를 청구할 수 없다고 해석하여야 한다고 하여, 위 가압류신청을 각하하였다[63].

다. 소결

우리 현행법규정을 종합적으로 검토하여 볼 때, 일본의 경우와는 달리 가처분을 배제하는 규정이 없기 때문에, 관련법규정에 충실하게 해석하여야 할 것이다. 그러한 경우에, 민사집행법상의 가처분규정을 배제할 이유가 없다. 따라서, 주민소송에서도 그 성질에 반하지 아니하는 한 민사집행법상의 가처분규정이 준용된다고 본다.

62) 東京高判 1984. 6. 27, 判例時報 1125号, 119쪽 참조(전술한 千葉地判 1983. 4. 25사건의 항소심사건임.).

63) 東京高決 1978. 9. 18, 判例タイムズ 370号, 50쪽.

3. 행정소송법상의 집행정지 규정의 준용 여부

가. 학설

행정소송법상의 집행정지 규정이 주민소송을 본안으로 하는 경우에 준용되는지 여부에 대해서는 긍정설과 부정설이 있다.

긍정설은 행정소송법이 부작위위법확인소송 및 당사자소송에서 집행정지 규정을 준용하고 있지 않기 때문에(동법 38조 2항, 44조 1항), 주민소송 중 1호·3호·4호소송의 경우에는 이들 소송을 본안으로 하는 집행정지의 신청을 할 수 없지만, 행정소송법은 취소소송 및 무효등 확인소송에서는 집행정지를 규정하고 있기 때문에(동법 23조, 38조 1항), 2호소송을 본안으로 하는 집행정지는 인정된다고 한다[64].

부정설은 민사집행법상의 가처분 등의 보전처분에서와 마찬가지로, 행정소송법상의 집행정지는 개인적 이익의 보전·구제를 목적으로 하는 제도인데 대하여, 주민소송은 지방자치단체의 재무회계상의 위법한 행위 또는 게을리한 사실의 시정이라고 하는 주민 전체의 이익을 옹호하기 위하여 지방자치법에 의하여 창설된 제도이기 때문에 주민소송을 본안으로 하는 집행정지 규정이 준용되지 않는다고 한다[65].

나. 판례

1호소송 또는 4호소송을 본안으로 하는 집행정지를 신청한 사례에서, 주민소송은 민중소송이며 이들 소송유형은 행정소송법 46조에 의하여 주민소송 가운데 2호소송에 대해서는 행정소송법상의 취소소송에 관한 규정 또는 무효등 확인소송에 대한 규정이 준용되므로 집행정지에 관한 행정소송법 23조가 준용되지만, 그 밖에 1호소송, 3호소

64) 関哲夫,『住民訴訟論(新版)』, 229쪽 이하 ; 最高裁判所事務総局行政局監修,『主要行政事件裁判例概観 3(第3版) -地方自治関係編-』, 411쪽 이하.

65) 三好 達, 住民訴訟の諸問題, 325쪽.

송 및 4호소송에 대해서는 집행정지에 관한 행정소송법 23조가 준용되지 않는다고 하여 부적법하다고 한 사례[66]가 있다.

다. 소결

행정소송법은 취소소송에 관하여 집행정지를 규정하고 이를 무효등 확인소송에 준용하는 입법태도를 취하고 있다. 따라서, 이들 소송유형에 한하여 집행정지를 인정한다고 해석하는 것이 적절할 것이다. 이렇게 해석하는 경우, 주민소송에서도 이들 소송유형에 해당하는 2호소송에 대하여서만 집행정지를 인정하는 것이 타당하다고 생각한다.

제12절 기타 관련문제

1. 소송절차의 중단·수계

주민소송의 계속중에 소송을 제기한 주민이 사망하거나 전출 등으로 주민의 자격을 잃으면 소송절차는 중단된다(법 22조 6항 참조). 법원은 그 주민소송절차가 중단되면 감사 청구에 연대 서명한 다른 주민에게 소송절차를 중단한 사유와 소송절차 수계방법을 지체 없이 알려야 한다. 이 경우 법원은 감사 청구에 적힌 주소로 통지서를 우편으로 보낼 수 있고, 우편물이 통상 도달할 수 있을 때에 감사 청구에 연대 서명한 다른 주민은 그 사유가 발생한 사실을 안 것으로 본다(법 22조 8항 참조). 이러한 사유가 발생한 사실을 안 날로부터 6개월 이내에 감사 청구에 연대 서명한 다른 주민은 그 소송절차를 수계할 수 있다. 이 기간에 수계절차가 이루어지지 아니할 경우 그 소송절차는

66) 大分地決 2000. 9. 18, 判例自治 221号, 56쪽 ; 항소심 福岡高決 2000. 10. 5, 判例自治 221号, 57쪽 ; 상고심 最高決 2001. 1. 25, 判例自治 221号, 56쪽. 본문의 법명 및 법조항은 우리나라의 그것으로 변경하였다.

종료된다(법 22조 7항 참조).

2. 소의 취하, 소송의 화해, 청구의 포기

(1) 주민소송의 당사자는 법원의 허가를 받지 아니하고는 소의 취하, 소송의 화해 또는 청구의 포기를 할 수 없다. 이 경우 법원은 허가하기 전에 주민감사청구에 연대 서명한 다른 주민에게 이를 알려야 하며, 알린 때부터 1개월 이내에 허가 여부를 결정하여야 한다. 이 경우 법원은 주민감사청구에 적힌 주소로 통지서를 우편으로 보낼 수 있고, 우편물이 통상 도달할 수 있을 때에 감사 청구에 연대 서명한 다른 주민은 그 사유가 발생한 사실을 안 것으로 본다(법 22조 14항, 동조 8항 참조).

(2) 이처럼 주민소송의 당사자가 법원의 허가 없이는 소의 취하, 소송의 화해 또는 청구의 포기를 할 수 없도록 규정한 것은, 주민소송이 지방자치단체의 재무회계행정의 적정한 운영을 확보하기 위하여 인정된 객관소송으로서의 민중소송이며, 그 소송물은 지방자치단체에게 귀속되는 것이기 때문에 주민소송의 당사자가 임의로 그것을 처분할 권한을 가지고 있지 않다는 점에 기인한 것이라고 볼 수 있다.

(3) 한편, 지방자치법은 청구의 인낙에 대해서 규정하고 있지 않기 때문에, 그것이 가능할 것인지가 문제된다. 청구의 포기가 원고에 의하여 자기의 청구가 이유 없음을 인정하는 법원에 대한 진술인데 반하여, 청구의 인낙은 피고가 원고의 청구가 이유 있음을 인정하는 법원에 대한 진술이다. 포기조서·인낙조서는 확정판결과 같은 효력이 있는 것으로(민소법 220조 참조), 청구의 포기와 인낙은 청구기각판결과 청구인용판결에 각각 대응하는 것으로서 청구의 포기·인낙 모두 처분권주의에 따른 자주적 분쟁해결방식이라고 할 수 있다[67].

---

67) 전병서, 『기본강의 민사소송법』, 446쪽.

따라서, 주민소송의 피고인 지방자치단체의 장 등이 원고인 주민의 청구가 이유 있음을 인정하는 것을 막을 이유는 없기 때문에 청구의 포기와 달리 청구의 인낙은 임의로 가능하다고 해석하여야 할 것이다. 이러한 점에 비추어, 현행 지방자치법이 청구의 인낙을 제외하고 있는 것은 타당한 입법이라고 하여야 할 것이다.

3. 증명책임

주민소송은 지방자치단체의 재산적 손해를 방지·전보하는 조치를 청구하는 제도라는 점에서, 그 요건사실의 증명책임은 원고인 주민이 지는 것으로 해석된다. 이러한 해석은 특히 2호소송의 경우에 기존의 항고소송의 증명책임과 다른 점에 유의할 필요가 있다. 즉, 항고소송(특히 취소소송)에서는 그 처분요건사실의 증명책임을 피고 행정청측이 부담하는 것으로 해석하는 것이 일반적이지만, 2호소송(특히 행정처분인 해당 행위의 취소소송)의 경우에는 원고인 주민이 그 처분요건사실의 증명책임을 부담한다고 해석된다는 점이다. 이러한 논거로서는, 객관소송인 주민소송으로서의 처분취소소송(2호소송)은 주관소송인 항고소송으로서의 처분취소소송과는 달리, 취소청구의 대상인 행정처분이 원고인 주민의 자유를 제한하거나 의무를 부과하는 성질의 것이 아니므로, 그 요건사실의 증명책임을 원고인 주민이 부담한다고 해석하여도 불합리하지 않다고 하는 점에 있다[68].

4. 소송비용 등의 부담

가. 원고인 주민의 비용부담

(1) 주민소송을 제기한 원고인 주민이 승소(일부 승소를 포함한다)

---

68) 園部逸夫 編, 『最新地方自治法講座 4 住民訴訟』, 330쪽 이하(石津廣司).

한 경우에, 그 지방자치단체에 대하여 변호사 보수 등의 소송비용, 주민감사청구절차의 진행 등을 위하여 사용된 여비, 그 밖에 실제로 든 비용을 보상할 것을 청구할 수 있다. 이 경우에 그 지방자치단체는 청구된 금액의 범위에서 주민소송을 진행하는 데에 객관적으로 사용된 것으로 인정되는 금액을 지급하여야 한다(법 22조 17항 참조)[69].

(2) 원고인 주민이 변호사 보수 등 소송비용을 포함한 실비보상을 청구할 수 있는 것은 '승소'한 경우에 한한다. 여기에서 '승소'란 전부승소는 물론, 일부 승소의 경우도 포함하는 것으로 규정되어 있고, 또한 '승소'는 그 판결이 확정된 경우여야 하는 것으로 해석된다.

(3) 원고인 주민이 소송비용 등의 보상을 청구할 수 있는 '승소'판결이란 구체적으로 무엇을 의미하는지가 문제된다. 즉, 청구인용판결이 가장 전형적인 예가 되겠지만, 그 밖에도 그와 같은 효과를 얻을 수 있는 경우도 포함되는지, 다시 말하면, 법원의 허가를 받아서 한 소송의 화해 또는 청구의 인낙 등이 있는 경우에도 '승소'에 해당한다고 할 수 있는지가 문제된다.

먼저, 청구의 인낙과 관련하여, 청구의 인낙은 피고가 원고의 청구가 이유 있음을 인정하는 법원에 대한 진술로서, 인낙조서는 확정판결과 같은 효력이 있으므로(민소법 220조), 청구의 인낙이 있는 경우에 원고인 주민의 '승소'로 간주하여 소송비용등의 보상을 청구할 수 있다고 해석하여야 할 것이다.

다음, 소송의 화해와 관련하여, '승소'에 해당하는지 여부의 판단에서 2가지의 견해가 존재한다. 즉, 하나는 승소판결과 동일한 경제적 이익을 지방자치단체가 취득하게 되는 점을 중시하여, 그러한 경우에

69) 한편, "주민소송을 통해 지방자치단체에 이익을 가져온 내부고발자와 원고에 대하여는 최소한의 보상금을 지급하도록 하여 그 수고에 대한 보상과 함께 주민소송의 제기가능성을 제고할 필요가 있다"는 견해로서, 문상덕, 지방자치 관련 소송제도의 재검토, 행정법연구 54호(2018), 240쪽 참조.

해당하면 원고인 주민이 '승소'한 것으로 볼 수 있다는 견해이다[70]. 다른 하나는 원고인 주민이 소송비용 등의 보상을 청구할 수 있는 '승소'란 승소판결의 확정이나 확정판결과 동일한 효력을 갖는 것을 말하며, 해당 지방자치단체가 승소한 경우와 동일한 경제적 이익을 취득하는 것만으로는 '승소'에 해당하지 않는다고 본다[71].

생각건대, 지방자치법이 원고인 주민이 '승소'한 경우에 그 지방자치단체에 대하여 변호사 보수 등의 소송비용, 주민감사청구절차의 진행 등을 위하여 사용된 여비, 그 밖에 실제로 든 비용의 보상을 청구할 수 있도록 규정하고 있는 것은 소송의 대상인 재무회계상의 행위의 위법이 소송상 확정되고, 그에 의하여 위법한 재무회계상의 행위의 예방·시정이 이루어질 수 있다는 점에 있다고 할 수 있다[72]. 따라서, 원고인 주민이 소송비용 등을 청구할 수 있는 '승소'란 승소판결의 확정 내지 확정판결과 동일한 효력을 가지는 것을 의미하고, 해당 지방자치단체가 승소판결과 동일한 경제적 이익을 취득한 것만으로는 부족하다고 해석하여야 할 것이다.

나. 지방자치단체의 응소비용

주민소송이 제기된 경우 피고측의 응소비용을 누가 부담할 것인지가 문제된다. 현행 지방자치법은 주민소송의 피고는 원칙적으로 해당 지방자치단체의 집행기관인 장으로 되어 있다. 따라서, 원고인 주민으

---

70) 예컨대, 4호소송과 관련하여, 손해배상청구의 상대방이 재판 외에서 청구금액을 지방자치단체에게 지급한 다음, 법원이 이를 확인하고, 원고인 주민이 소를 취하한다는 취지의 화해조서를 작성한 사안에서, 원고인 주민이 '승소'한 경우에 해당한다고 한 사례를 들 수 있다. 大津地判 1996. 11. 25, 判例時報 1628号, 82쪽 ; 大阪地判 1999. 9. 14, 判例時報 1715号, 45쪽.

71) 이러한 관점에서 청구의 인낙을 '승소'에 해당한다고 한 사례로서, 最高判 1998. 6. 16, 判例時報 1648号, 56쪽.

72) 園部逸夫 編, 『最新地方自治法講座 4 住民訴訟』, 348쪽(石津廣司).

로부터의 주민소송의 제기에 응소하여 소송행위를 수행하는 것은 지방자치단체의 사무의 하나로서, 그 비용은 해당 지방자치단체의 사무에 요하는 경비로서 해당 지방자치단체가 부담하는 것이 당연하다. 다만, 4호소송에서 손해배상청구 또는 부당이득반환청구나 변상명령의 상대방인 '해당 지방자치단체의 장 및 직원, 지방의회의원, 해당 행위와 관련이 있는 상대방' 개인이 주민소송에 참가하는 경우에, 그 소송참가에 요하는 비용은 개인부담으로 된다[73].

73) 園部逸夫 編,『最新地方自治法講座 4 住民訴訟』, 346쪽(石津廣司).

제7장
주민소송의 대상 확장 -환경문제와 관련하여*

제1절 처음에

(1) 오늘날 환경문제만큼 지구적 차원에서 국가·사회 및 개개인의 관심을 끌고 있는 대상은 드물 것이다. 환경문제는 산업이 고도로 발달된 현대에 들어서 더욱 그 피해의 심각성이 증가하게 된 측면을 감안하여 볼 때, 환경과 산업은 양자가 양의 함수관계에 있다고만은 할 수 없을 것이다. 즉, 산업이 고도로 발달된 현대에서 오히려 환경피해의 정도는 증가한다고 할 수 있다. 나아가 현대의 환경문제는 복잡다양한 현대산업사회의 영향으로 환경피해의 형태도 복합적으로 전개되는 양상을 띠고 있다고 할 수 있다.

이와 같은 환경피해의 특성상 현행 권리구제제도가 과연 어느 정도 이에 대처할 수 있는지에 대해서는 공법·사법 양자로부터 문제 제기가 이루어져 왔다. 국내에만 하여도 환경피해에 대한 권리구제에 관하여 수많은 연구성과가 축적되어 있음이 이를 반증한다. 이들 연구물은 대부분 개인적 법익의 침해에 대한 구제에 관한 것으로, 이러한 현상은 기존의 권리구제의 법시스템이 개인적 권리구제 위주로 구성되어 있음을 고려하여 볼 때 지극히 당연하다고 할 수 있다. 그러나, 환경피해는 개인적 법익에 대한 피해로서의 성격을 가짐과 동시에 중

* 이 부분은 졸고, 환경피해에 대한 공법적 구제 -주민소송을 중심으로 하여-, 환경법연구 28권 3호(2006. 11.), 59쪽 이하를 수정·보완한 것이다.

대한 공공적 성격도 가지고 있음을 고려하여 볼 때, 개인적 법익구제 위주의 현행법시스템과 그것을 중심으로 한 연구의 한계를 지적하지 않을 수 없다.

(2) 이와 관련하여 주목을 끄는 것이 주민참여에 의해 지방자치단체 사무의 적정성·적법성을 확보하고자 하여, 지방자치법에 여러 가지 주민참여제도를 도입하고 있다는 점이다. 지방자치단체는 주민들과 직접적으로 관련된 사무를 처리한다는 점에서 주민들의 이해와 밀접한 관계를 가지고 있고, 그런 만큼 주민들의 관심도 크다고 할 수 있다. 또한 주민들의 가까이에 위치하기 때문에 주민 자신들의 의견을 표출하기도 수월하다고 할 수 있다. 따라서 이러한 주민참여는 직접민주주의의 실현을 위한 하나의 좋은 통로역할을 기대할 수 있다. 이러한 관점에서 도입된 주민참여제도로서는 주민투표제도(1994년), 조례의 제정·개폐 청구제도(1999년), 주민감사청구제도(1999년), 주민소송제도(2005년), 주민소환제도(2006년)를 들 수 있다.

이들 여러 주민참여제도 가운데에서 환경피해에 대한 구제와 관련하여 관심을 끄는 것은 주민소송제도라고 할 수 있다. 우리 지방자치법은 공금의 지출 등 이른바 재무회계사항에 대하여 주민감사청구를 거친 주민이 그 재무회계사항과 관련 있는 위법한 행위나 게을리한 사실에 대하여 주민소송을 제기할 수 있다고 규정하고 있다.

(3) 우리나라 주민소송제도는 일본의 그것을 모델로 하여 도입된 것이다. 그런데, 일본의 경우에는 주민감사청구가 이른바 재무회계사항에 한정되고, 이에 따라 주민소송도 그에 한정되는 법시스템을 가지고 있지만, 실제 운영에서는 이른바 비재무회계사항에 대한 위법성을 추궁하는 제도로서도 기능하고 있다. 그 가운데에는 환경문제에 대한 것도 적지 아니한 비중을 차지하고 있다. 따라서, 위와 같은 일본 주민소송제도의 운영 실제도 고려하면서, 우리나라 지방자치법상의 주민소송제도를 활용하여 환경피해에 대한 사전적·예방적 또는 사후적 구

제제도로서 이용할 수 있는 여지는 없는지 검토하고자 한다.

제2절 환경관련 주민소송의 유용성

1. 주관적·사후적 행정구제제도의 한계 극복

현행 행정구제제도는 개인적 법익이 침해된 경우에 비로소 국가기관(행정청, 법원 등)에 그 구제를 청구할 수 있는 주관적·사후적 권리구제제도 중심으로 설정되어 있다. 즉, 행정심판의 청구나 항고소송의 제기에는 '법률상 이익'의 존재를 요구하고(행정심판법 13조, 행정소송법 12조 등), 손해전보에도 '손해'의 발생이나 재산권에 대한 '침해'를 요구한다. 이러한 현행 행정구제제도는 본래 '국가로부터의 자유'를 추구하던 소극행정의 시대에 성립된 것으로서 피해가 발생한 경우에 개인의 권리구제가 이루어지면 충분한 것이었다.

그러나, 현대행정은 '국가에로의 자유'를 추구하는 적극행정이 그 기본으로 되어 있고, 거기에서는 국민의 생활배려를 위하여 광범위한 영역에서 행정작용이 수행되고 있다. 이로 인해, 사회의 발전과 더불어 현대행정법관계가 대단히 복잡다양한 성격을 띠게 되어 종래의 단순한 소극행정시대와는 다른 형태의 행정법현상이 발생하고 있다. 이러한 현대행정법현상 가운데 대표적인 것이 환경문제라 할 수 있다. 그런데, 환경문제는 공공적 성격과 불가역성을 그 특징으로 한다. 환경문제의 이러한 특징으로 인하여, 주관적·사후적 권익구제를 중심으로 하는 현행 행정구제제도는 환경피해의 구제에서 한계에 봉착하지 않을 수 없다. 즉, 환경문제에서는 주관적·사후적 권익구제와 더불어 객관적·사전적 권익구제가 요청된다고 할 것이다[1].

그런데, 주민소송은 객관소송인 민중소송의 일종으로서, 우리나라 지방자치법은 일정한 사항에 대하여 감사 청구한 주민이라면 개인적 법익의 피해 여부와 무관하게 주민소송을 제기할 수 있는 자격을 부여한다. 따라서, 환경피해에 대한 권리구제에서는 주관적·사후적 권리구제 위주의 현행 행정구제제도와 더불어, 활용 여하에 따라서는 객관적·사전적 권리구제의 기능을 하는 것도 주민소송제도에 기대할 수 있다고 할 것이다.

2. 주민에 의한 행정의 민주적 통제 가능

환경문제에 대한 현행 권리구제제도로는 행정청의 책임을 묻는 것이 곤란한 경우가 적지 않다. 즉, 민사소송의 경우에는 그것이 손해배상청구이든 유지청구이든 가해기업 등의 불법행위라고 하는 법적 책임을 묻는 것이기 때문에, 거기에 직접·간접으로 관여한 행정책임은 전면에 드러나지 않기 쉽다. 이에 대해서 항고소송의 경우에는 민사소송에 비하여 환경행정의 책임을 추궁할 수 있으나, 항고소송도 위와 같은 기능을 달성할 수 있기 위해서는 개인의 생명·건강 등에 직접 관련되는 법익이 존재하는 경우에 한정된다. 그에 반하여, 주민소송은 개인의 권리이익의 구제를 목적으로 하지 않고 행정기관의 행위의 적법성심사를 구하는 것이기 때문에, 행정청의 환경행정의 책임을 법원이라는 공적 장소를 통하여 명백히 하는 것이 가능하게 된다[2]. 실제로 일본의 경우를 보면, 주민소송은 민중소송으로서 해당 지방자

1) 이와 유사한 문제인식을 나타내는 견해로서, "집단적 환경분쟁의 경우 환경문제의 심각성이나 환경분쟁의 원인이 되는 환경오염의 특성을 감안할 때 전통적인 소송구조하에서 이 문제를 충분히 처리할 수 있느냐 하는데 대해서는 기본적인 의문이 있다. 이러한 관점에서 현실적인 권리침해를 전제로 대증요법적인 사후구제를 중심으로 하는 주관적 소송구조를 탈피하여 보다 근원적으로 환경상 권리구제의 목적을 달성하기 위한 예방소송적·민중소송적 소송구조로 발전하여야 한다는 시대적 요청이 제기된다." 홍준형, 『환경법(2판)』, 박영사, 355쪽.

2) 園部逸夫 編, 『実務·自治体財務の焦点 4 住民訴訟』, 247쪽(高橋信隆).

치단체의 일정한 자격을 가진 주민들이라면 제기할 수 있기 때문에, 가령 행정소송(취소소송)에 의하는 경우에는 원고적격이나 처분성 등의 제약으로 인하여 각하될 사례에 대해서도 주민소송에서는 대다수가 본안판단이 이루어지게 된다. 결과적으로 주민소송의 대부분은 기각되는 경우가 일반적이지만, 이러한 주민소송의 준비 및 제기과정과 판결에 이르기 까지 해당 환경문제가 사회적으로 이슈화되어 사회적 관심을 끌게 되고, 소송 이전에는 공개되지 않았던 정보도 나오게 되는 등 커다란 효과를 보는 경우가 적지 아니하다. 이로 인하여, 소송의 승패와는 무관하게 해당 개발사업 등이 변경되거나 보류되는 경우도 적지 않다고 한다[3].

또한 환경문제는 지역성을 띠는 경향이 있고, 그러한 경우에 해당 지역에 거주하는 주민들이 누구보다 민감하게 그에 대처하게 될 것이다. 환경문제는 불가역적 특징으로 인해 그것이 발생하기 전에 주민참여절차에 의해 감시될 것이 요청된다. 그러나, 이러한 절차의 미비로 또는 위법하게 절차를 거치지 않고 환경문제가 발생한 경우에는 개인의 법익 피해가 존재하는지의 여부와 상관없이 주민들이 그것을 다투는 구제제도가 필요하다. 주민소송은 이러한 용도에 적합하게 활용될 가능성을 충분히 가지고 있다. 주민소송은 법원의 행정에 대한 적법성통제기능과 더불어 주민참여에 의한 직접민주주의의 실현이라는 이념에 입각한 특수한 소송제도라고 할 수 있다.

3. 주민소송의 원고적격 및 대상의 포괄성

(1) 주민소송은 민중소송의 하나이기 때문에 "법률이 정한 경우에 법률에 정한 자에 한하여 제기"(행정소송법 45조)할 수 있으며, 지방자치법은 일정한 재무회계사항에 관하여 감사 청구를 한 주민이면 주

3) 秋田仁志 編, 『住民訴訟の上手な対処法』, 民事法研究会, 2003, 476쪽.

민소송을 제기할 수 있도록 규정하고 있다(22조 1항 참조). 따라서, 일정한 자격을 가지고 법적 절차를 거친 주민이면 누구라도 주민소송의 원고적격을 가질 수 있는 셈이다. 행정쟁송제도가 '법률상 이익'의 존재를 요구하고 있는 것에 비추어 주민소송은 원고적격을 포괄적으로 규정하고 있다고 해석할 수 있다[4].

(2) 또한 주민소송의 대상과 관련하여서는 "공금의 지출에 관한 사항, 재산의 취득·관리·처분에 관한 사항, 해당 지방자치단체를 당사자로 하는 매매·임차·도급 계약이나 그 밖의 계약의 체결·이행에 관한 사항 또는 지방세·사용료·수수료·과태료 등 공금의 부과·징수를 게을리한 사항을 감사 청구한 주민"이 "그 감사 청구한 사항과 관련이 있는 위법한 행위나 업무를 게을리한 사실"에 대하여 제기할 수 있다고 규정하고 있다(법 22조 1항 참조). 이러한 규정에 의하면, 공금의 지출 등 이른바 재무회계사항에 대하여 주민감사청구를 하고, 그 결과에 불복이 있는 경우에 "그 감사 청구한 사항과 관련이 있는 위법한 행위나 업무를 게을리한 사실"을 대상으로 주민소송을 제기하도록 하고 있기 때문에 지방자치단체 사무 가운데에서 이른바 재무회계사항만으로 한정되는 것으로 해석될 수 있다. 그러나, 일본의 주민감사청구가 이른바 재무회계사항만으로 한정되고 따라서 주민소송의 대상도 그에 한정되는 데 반하여, 우리나라 주민감사청구는 지방자치단체 사무 전반에 미치는 점에 비추어, 일본 지방자치법상의 규정 형식과 적지아니한 차이가 있음을 인정할 수 있다. 일본의 지방자치단체에서는 이른바 비재무회계사항의 위법성을 추궁하는 수단으로서 주민소송제도가 널리 활용되고 있고, 최고재판소를 비롯한 각급 재판소도 이를 점점 수용하고 있는 실정에 비추어 볼 때, 우리나라의 경우에도

4) 다만, 주민소송의 경우에는 18세 이상의 일정한 수 이상의 주민의 연대 서명에 의한 주민감사청구를 거쳐야 하므로 그러한 점에서는 제약이 없는 행정쟁송제도에 비하여 취약한 점이 있다고 할 것이다.

환경피해에 대한 실효적인 권리구제수단으로 기능하기 위하여 학설·판례의 보다 유연하고 신축적인 해석·적용이 요청된다고 할 것이다.

(3) 현행 행정쟁송제도는 행정처분을 그 대상으로 하는 것이 원칙이기 때문에 처분성의 유무에 의하여 행정쟁송에 의한 권리구제 여부가 결정되게 된다. 그런데 처분이란 "행정청이 행하는 구체적 사실에 관한 법집행으로서의 공권력의 행사 또는 그 거부와 그 밖에 이에 준하는 행정작용"(행소법 2조 1항 1호)으로서 강학상의 행정행위 개념을 중심으로 하여, 다양한 행정작용 중 그 일부만을 대상으로 파악하고 있다. 이로 인하여 자신의 권리이익이 침해된 경우에도 행정쟁송제도에 의한 권리구제를 받지 못하는 경우가 적지 아니하다.

이에 반하여, 주민소송은 행정의 행위형식에 의한 제약이 없는 것이 원칙이다. 즉, 행정처분은 물론, 행정입법이나 행정계획, 행정지도, 사실행위, 민사상 계약 등에 대해서도 다툴 수 있다. 이러한 점에서 현행 행정쟁송제도에 비하여 쟁송대상의 폭이 상당히 넓다고 할 수 있을 것이다.

(4) 또한 현행 행정구제제도는 처분등이 이루어진 이후의 사후적 권리구제를 중심으로 하지만, 주민소송제도는 그 대상의 포괄성으로 인하여 사전의 계획수립단계에서부터 다툴 수 있다는 이점이 있다. 이러한 점 때문에 주민소송은 개발행위나 사업활동에 의한 환경파괴를 사전에 예방하는 역할을 수행할 수 있고, 또한 동시에 계획수립단계에서 반영되지 않았던 지역주민의 의견을 반영시키는 주민참여수단으로서도 기능할 수 있다. 예컨대, 지방자치단체의 폐기물처리시설설치계획에 대하여 동 설치계획의 위법을 이유로 해서 시장 개인 등에 대해 건설예정지의 구입 중지(1호소송) 또는 구입비 상당액의 손해배상청구(4호소송)를 요구하는 주민소송을 제기할 수 있는 경우를 들 수 있을 것이다.

4. 다양한 소송유형의 제공

지방자치법은 주민소송으로서 취할 수 있는 소송유형으로 4종을 규정하고 있다. 즉, ① 해당 행위를 계속하면 회복하기 어려운 손해를 발생시킬 우려가 있는 경우에는 그 행위의 전부나 일부를 중지할 것을 요구하는 소송, ② 행정처분인 해당 행위의 취소 또는 변경을 요구하거나 그 행위의 효력 유무 또는 존재 여부의 확인을 요구하는 소송, ③ 게을리한 사실의 위법 확인을 요구하는 소송, ④ 해당 지방자치단체의 장 및 직원, 지방의회의원, 해당 행위와 관련이 있는 상대방에게 손해배상청구 또는 부당이득반환청구를 할 것을 요구하는 소송이 그것이다. 이들 소송유형에는 민사소송과 행정소송의 주요한 소송유형이 함께 포함되어 있어서 주민들은 당해 사안에서 가장 유효하다고 판단되는 소송유형을 단일로 또는 복수로 선택할 수 있다. 이러한 점에서 주민소송제도는 환경피해라는 공공적 성격을 가지는 사안에 적합한 측면을 가지고 있으며, 또한 실효적인 권리구제수단으로 기능할 수 있다고 본다. 즉, 환경피해에 대한 권리구제의 원스톱서비스가 가능하다.

제3절 환경관련 주민소송의 구체적 사례

1. 타고노우라(田子の浦)사건

가. 사건의 개요

제지회사 Y3-Y6의 4사(피고, 피항소인, 상고인)는 각 공장에서 시즈오카현(静岡県) 내의 하천에 직접 또는 간접으로 폐수를 방류하였다. 폐수는 하천을 거쳐 농업피해와 어업피해를 일으켰기 때문에 현(県)

은 배수로를 설치한다든지 어민에게 손실보상을 하거나 어업권의 매수로 대처해 왔다. 한편, 1961년에 타고노우라(田子の浦)항이 완공되었는데 위 공장폐수가 하천을 거쳐서 항내에 유입되어 슬러지(sludge)가 퇴적되었다. 그 때문에 현(県)은 매년 공금을 1억 엔 이상 지출해서 슬러지의 준설·항외 투기를 하여 왔지만, 오히려 오염을 인근의 스루가만(敦賀湾)에 까지 확대시키게 되었다. 그로 인해 어업에의 영향도 심각하게 되자 연안주민이 준설에 반대하여 1967년 4월 이후 타고노우라항의 준설은 중지되었다. 그 후, 항내에는 슬러지가 더욱 퇴적되어 항의 기능에 현저히 중대한 지장을 초래하게 되었다.

따라서 현(県)의 주민인 X들(원고, 항소인, 피상고인)은 지방자치법상의 주민감사청구절차를 거쳐 주민소송을 제기하였다.

X들의 청구의 취지는 다음과 같다.

① 현지사 Y1(피고, 피항소인)이 Y3-Y6의 4사가 본 건 하천에 제지찌꺼기 등의 오수배출을 중지시키는 것을 게을리한 사실, 타고노우라항의 수역에 오수유입을 정지시키는 것을 게을리한 사실의 위법확인청구(3호소송)

② 현지사 Y2(피고, 피항소인)는 위법한 슬러지 준설을 하여, 그 비용은 본래 불법행위책임 또는 원인자부담책임으로서 Y3-Y6에게 부담시켰어야 할 것임에도 불구하고, 부담을 명하지 않고 공금을 지출함으로 인하여 시즈오까현에 끼친 1,000만 엔의 손해배상청구(4호소송)

③ Y3-Y6의 공동불법행위를 이유로 하여 이들이 현(県)에 끼친 1,000만 엔의 손해배상청구(4호소송)

나. 각급 재판소의 판결 요지

(1) 제1심[5]은 ①에 대해서 게을리한 사실의 위법 확인의 청구(3호소

5) 静岡地判 1974. 5. 30, 行集 25巻 5号, 470쪽.

송)는 시즈오카현(静岡県)의 재산이라고 할 수 없는 하천 및 항만에 관한 관리의 위법을 소구하는 것으로서, 지방자치법 소정의 주민소송의 요건을 결여하여 부적법한 것이라고 하여 각하하였다. ②에 대해서는 준설공사 자체는 위법하지 않고, 또한 공사비용을 피고 4사에게 부담시키지 않은 것도 위법하지 않다고 하여 청구를 기각하였다. ③에 대해서는 4호청구의 전제로서 '당해 행위 또는 게을리한 사실'이 필요한 바, 그것이 없다고 하여 청구를 기각하였다.

(2) 항소심[6]은 본 건 하천 및 항구는 시즈오카현(静岡県)의 재산이 아니고, 또한 하천 및 항만의 관리권도 주민소송의 대상으로 되지 않는다고 하여, 지사가 그것을 게을리한 사실의 위법 확인을 청구한 ①에 대해 부적법 각하하였다. 또한 ②에 대해서는 준설사업 자체는 현(県)의 사무이고 비용을 원인자에게 부담시킬 법적 근거가 없다고 해서 항소를 기각하였다. 그러나, ③에 대해서는 수질지도기준을 훨씬 초과한 오수배출은 위법하고, 이로 인하여 현(県)에 대해 슬러지 준설비를 Y3 등 4사의 공동불법행위로 인하여 발생한 손해라고 인정하여, Y3 등 4사에 대해 현(県)에 대해 1,000만 엔의 손해배상청구를 인용하였다. 이에 피고 4사(Y3-Y6)가 ③의 부분에 대해 상고하였다.

(3) 상고심인 최고재판소[7]는 다음과 같이 판시하면서 원심을 파기환송하였다.

1) 일반적으로 하천·항만 등 이른바 자연공물에 대한 오수의 배출은 사회통념상 일정한 한도까지는 허용되는 것으로 해석되고, 이러한 한도를 초과하지 않는 오수배출의 결과 발생한 오염 내지 슬러지 퇴적 등은 그 자연공물의 관리권자인 지방자치단체의 행정작용에 의해

6) 東京高判 1977. 9. 5, 行集 28巻 9号, 893쪽.

7) 最高判 1982. 7. 13, 民集 36巻 6号, 970쪽. 이 사건과 관련한 국내문헌으로서, 최철호, 환경행정의 통제수단으로서의 주민소송의 역할, 공법학연구 7권 4호(2006), 370쪽 이하 참조.

처리되어야 한다. 또한 오수의 배출이 사회통념상 허용된 일정한 한도를 초과한 결과 오염 내지 슬러지 퇴적 등이 발생한 경우라 하더라도, 그 같은 상태에 이른 원인 가운데에서 행정상의 대책의 불비 등이 있어서 오수배출자에게 모든 책임을 지우는 것이 적당하지 않는 경우도 있을 수 있기 때문에, 지출해야 할 비용 및 그 분담에 대해서는 공물관리권자의 합리적이고 합목적적인 행정재량에 의해 특별한 지출조치를 강구할 것이 허용되는 경우도 있다고 해석함이 상당하다.

그러므로, 오염 내지 슬러지 퇴적 등의 제거에 요하는 비용의 지출에 대해서도 ⓐ해당 지방자치단체가 행정상 당연히 지출해야 할 부분, ⓑ해당 지방자치단체가 행정재량에 의해 특별한 지출조치를 강구하는 것이 상당하다고 하는 부분, ⓒ오수배출자의 불법행위 등에 의한 손해의 전보에 해당하여 종국적으로는 해당 오수배출자에게 부담시키는 것을 상당하다고 하는 부분으로 구분하여 생각하지 않으면 안된다. 그리고, 주민이 해당 지방자치단체에 대위해서 오수배출자에 대해 손해배상청구권을 행사할 수 있는 것은 ⓒ의 부분에 한정된다.

2) 따라서, 본 건 슬러지 준설비 가운데 ⓒ의 부분의 유무 및 그 금액에 대해서 인정판단을 하지 않으면 안되는 것으로, 슬러지 준설비 지출원인에 오수배출자의 불법행위가 존재한다는 하나의 사실만을 가지고서 준설비 전액을 당연히 피상고인(X들)이 대위해서 오수배출자에게 청구할 수 있는 금액이라고 인정할 수는 없다. 이는 지방자치법상의 규정의 해석·적용을 잘못하고 나아가 이유불비의 위법을 범하였다고 하지 않을 수 없다.

다. 판결의 의의

일본의 경우에 산업화 과정에서 환경오염으로 인한 많은 문제가 발생하였지만, 대개는 회사의 불법행위로 인한 손해배상청구소송으로 다투어 왔다.

그에 대해, 본 건은 지방자치단체의 이른바 비재무회계적 사항인 환경행정에 대해서도 환경문제의 원인제공자에게 그 불법행위로 인해 발생한 손해에 대해서 일정한 범위에서 주민소송을 이용하여 손해배상청구를 할 수 있다는 점을 인정한 최초의 최고재판소 판결이라고 할 수 있다. 이에 의하여, 주민이 주민소송제도를 이용하여 지방자치단체가 가지는 손해배상청구권을 대위행사할 수 있게 되었고[8], 그에 따라서 비재무회계적인 원인행위의 위법성 여부가 손해배상청구의 전제문제로서 사법심사의 대상이 될 수 있게 하여 사법적 통제가 가능하게 되었다는 점에 그 의의를 인정할 수 있다[9].

2. 오다가하마(織田が浜)사건

가. 사건의 개요

통칭 '오다가하마(織田が浜)'는 에히메현(愛媛県) 이마바리시(今治市)에 위치하는 길이 1.7km정도의 백사장해안으로 이 가운데 1.1km정도는 도시계획공원으로 지정되었고, 또한 오다가하마(織田が浜) 인근해안은 자연공원법에 근거한 세토나이카이(瀬戸内海)국립공원으로 지정되었다. 시는 이마바리항 제3차 항만계획을 수립하여, 그 중에 오다가하마(織田が浜)의 인근해면의 매립을 계획하고 매립면허권한을 가진 이마바리시장에 대해서 매립면허를 신청하여 면허를 얻었다. 이에 대해 주민들은 '이마바리 오다가하마를 지키는 모임'이라는 단체를 결성하고, 본 건 매립면허는 관련법령에 위반하여 위법하며, 동 면허에 기하여 이뤄진 본 건 매립행위도 위법하다고 하여, 매립공사와 관련된 공금 지출의 중지를 청구하는 주민소송(1호소송)을 제기하였다.

---

8) 본 건은 구 지방자치법상의 주민소송제도 하의 것이기 때문이다. 현행 주민소송제도에서는 4호소송은 이른바 의무이행소송의 형태로 개정되었다.

9) 原田尚彦, 田子の浦ヘドロ訴訟上告審判決, ジュリスト 792号, 59쪽.

나. 각급 재판소의 판결 요지

(1) 제1심[10)]은 원인행위(본 건 매립면허)의 위법성은 그것이 중대하고 명백한 경우에 한하여 공금 지출의 중지를 인정할 만한 위법성을 지닌다고 하면서, 본 건의 경우는 위법하다고 할 수 없다고 하여 본 청구를 기각하였다.

(2) 항소심[11)]은 주민소송의 중지청구에서는 대상인 재무회계행위의 특정이 필요한 데 본 건에서는 그 특정이 없기 때문에 재판소가 판단 불가능한 점과, 원고인 주민들이 오다가하마(織田が浜)의 자연환경의 파괴와 주민의 환경권의 침해를 이유로 중지의 필요성을 주장하지만 이러한 청구는 쟁송성이 없다는 점을 이유로 하여, 원심판결을 취소하고 소를 각하하였다.

(3) 상고심[12)]은 중지청구의 대상인 본 건 공금 지출의 범위는 식별 가능하고 이를 전체적으로 일체로 보아서 그 적부를 판단할 수 있기 때문에 원고인 주민들의 청구는 중지청구의 대상을 특정할 수 없지 않고, 또한 본 건 소는 쟁송성을 결하여 부적법한 것이라고는 할 수 없다고 하여 원심판결을 파기환송하였다.

(4) 파기후 환송심[13)]은 본 건 매립이 인접해안에 미치는 영향은 경미하여 매립은 적법하고, 공금 지출도 적법하다고 하여 청구를 기각하였다.

다. 판결의 의의

(1) 일본에서는 자연해변을 매립해서 항만이나 공장용지를 조성하는 개발사업들이 적극적으로 추진되었는데, 이 경우에 공유수면매립

10) 松山地判 1987. 11. 2, 判例時報 1295号, 27쪽.
11) 高松高判 1991. 5. 31, 判例時報 1389号, 38쪽.
12) 最高判 1993. 9. 7, 民集 47巻 7号, 4755쪽.
13) 高松高判 1994. 6. 24, 判例タイムズ 851号, 80쪽.

법상의 매립면허는 강학상의 특허처분으로 면허권자의 고도의 재량이 허용되는 것으로 해석되었다. 그 반면에, 매립에의 동의권은 대상 해역의 어업권자 등으로 한정되어 있어서 단지 자연공물로서의 해변을 자유사용하는 인근주민은 사실상의 반사적 이익을 향수하는데 불과하다고 하여, 이를 다투는 행정쟁송은 법률상 이익이 없다고 하여 각하되었다. 본 사건이 주민소송이라는 수법을 취한 배경에는 이러한 매립면허를 다툴 취소소송이나 집행정지 등의 수단으로는 원고적격이라는 허들을 넘지 못한 점에 있었다고 할 수 있다[14].

(2) 제1심판결은 법리적으로 원인행위의 위법성의 승계와 관련하여, 종래와는 달리 원인행위가 행정처분인지 여부와 관계없이 중대하고 명백한 위법성이 있는 경우에만 승계를 인정한 점을 그 특징으로 들 수 있다. 즉, 위법성 승계론에서 원인행위가 행정처분인 경우에 공정력과의 관계에서 원인행위에 중대하고 명백한 위법성이 있는 경우에만 위법성의 승계를 인정하는데, 본 판결은 원인행위가 행정처분이 아닌 경우에도 같은 기준을 적용하고 있어서 1호소송의 가능성을 좁혔다는 비판을 받는다[15].

(3) 본 사례는 환경보전과 개발의 선택에서 사후적인 사법적 심사로서는 한계가 있다는 점을 드러낸 것으로서, 행정청의 정책결정이 내려지기 이전 단계에서의 공청회 등의 주민참여절차가 필요하다는 점과 공공사업에서 사업주체와 면허권자가 동일인인 경우에 적절한 행정통제가 이루어질 수 없다는 점[16] 등의 법제도 개선의 과제를 선명히 한 점도 의의의 하나라고 할 수 있다.

---

14) 磯辺 力, 織田が浜事件差戻後高裁判決(『環境判例百選』, 別冊ジュリスト 171号), 187쪽.

15) 秋田仁志編, 『住民訴訟の上手な対処法』, 488쪽.

16) 磯辺 力, 織田が浜事件差戻後高裁判決, 187쪽.

제4절 환경관련 주민소송의 과제

(1) 환경피해에 대한 법적 구제의 문제는 사후적 구제와 더불어 사전적 구제가 중요함은 환경피해의 광역성, 불가역성, 공공성 등을 고려할 때 의문의 여지가 없다고 할 것이다. 이미 살펴본 바와 같이, 기존 권리구제법제는 사후적·주관적 구제제도로서의 성격을 가지고 있어서 환경피해의 경우에는 그 기능이 제한적이라고 밖에 할 수 없다. 환경피해의 경우 개인이 그 대상이 되는 경우는 물론, 해당 지역, 국가, 나아가서 지구적으로 그 영향이 미치는 경우가 적지 아니하기 때문이다. 따라서, 환경피해에 대한 구제제도는 사후적·주관적 구제제도와 함께, 사전적·객관적 구제제도의 존재이유가 강조되는 것도 쉽게 납득할 수 있을 것이다. 이러한 이유로 객관소송으로서의 주민소송제도가 환경피해와 관련하여 어떻게 활용될 수 있는지를 주의 깊게 검토해볼 필요가 있다.

(2) 그러나, 환경관련 주민소송은 여전히 몇 가지의 과제가 남아 있다고 본다.

첫째로, 주민소송의 대상과 관련한 문제이다. 우리나라 주민소송제도는 일본의 그것을 모델로 하여서 주민소송의 대상을 이른바 재무회계사항으로 한정하는 태도를 취하고 있다. 그러나, 우리나라 지방자치법상의 주민소송제도는 일본의 그것을 모델로 하고 있지만, 구체적인 규정을 살펴보면 적지 아니한 차이점이 존재한다. 즉, 우리나라의 경우 주민감사청구의 대상은 위법 또는 부당하게 처리된 "그 지방자치단체와 그 장의 권한에 속하는 사무"가 해당이 되고, 주민소송의 단계에서 이른바 재무회계사항에 관한 것일 것을 요구하며, 그 경우에도 감사 청구한 사항과 관련이 있는 위법한 행위나 업무를 게을리한 사실을 그 대상으로 하고 있다는 점이다. 이러한 점이 주민감사청구의 단계에서부터 이른바 재무회계사항일 것을 요구하며, 주민소송의 단계에서 그 대상의 동일성을 요구하는 일본의 경우와는 차이가 있다. 따라서, 이러한 법문상의 차이를 반영하여, 주민소송제도를 해석·적용함에 있어서 학설·판례의 적극적인 자세가 요청된다.

둘째로, 주민소송제도가 객관소송인 민중소송의 하나라는 특성상 개인의 법익 침해를 요하지 아니하고, 이러한 점 때문에 자신의 이익과 관련 없는 경우에도 주민소송제도를 적극적으로 활용할 것인지 여부는 순전히 지방자치단체의 주민의 몫이라고 할 수 있다. 따라서 환경문제와 관련하여서는 자신의 직접적인 이익과 관련이 없는 경우에도 환경보전을 해치는 지방자치단체의 조치에 대해서는 주민감사청구와 주민소송을 적극적·능동적으로 활용하고자 하는 주민의식이 요청된다고 할 것이다.

이와 관련하여 지적되어야 할 사항은 일본의 주민감사청구 및 주민소송은 1인이라도 청구가 가능한데 비하여, 우리나라의 경우에는 주민감사청구에 "시·도는 300명, 제198조에 따른 인구 50만 이상 대도시는 200명, 그 밖의 시·군 및 자치구는 150명 이내에서 그 지방자치단체의 조례로 정하는 수 이상의 18세 이상의 주민이 연대 서명하여" (법 21조 1항) 청구할 수 있다고 규정하여 일정한 제약을 가하고 있다는 점이다. 이로 인하여, 주민감사청구와 주민소송의 남용의 여지는 상당히 축소되었다고 할 수 있지만, 역으로 주민소송의 활용의 여지를 상당히 축소시킨 결과를 낳고 있다고 할 수 있다. 이에 대해서는 앞으로 입법적 보완이 요청된다고 할 수 있다.

셋째로, 환경문제와 관련하여서는 이른바 님비현상이 두드러지는 경향이 있다. 주민소송제도도 그러한 연장선상에서 그 불복수단으로 이용될 가능성도 여전히 존재한다. 그러나, 앞에서 살펴본 바와 같이, 현행 우리 주민감사청구 및 주민소송제도는 제도의 남용을 우려하기보다는 그 활용의 촉진을 위하여, 입법의 개선을 포함하여 다양한 노력이 요구된다고 할 것이다. 주민소송제도가 환경피해에 사전적·사후적 구제수단으로 공익소송으로서의 역할을 온전히 수행하기 위해서는 결국, 적절한 법제도의 설계와 더불어 주민들의 성숙한 시민의식에 의지할 수밖에 없을 것이다.

부록

지방자치법

[시행 2022. 1. 13.] [법률 제18661호, 2021. 12. 28., 타법개정]

제1장 총강(總綱)

제1절 총칙

제1조(목적) 이 법은 지방자치단체의 종류와 조직 및 운영, 주민의 지방자치행정 참여에 관한 사항과 국가와 지방자치단체 사이의 기본적인 관계를 정함으로써 지방자치행정을 민주적이고 능률적으로 수행하고, 지방을 균형 있게 발전시키며, 대한민국을 민주적으로 발전시키려는 것을 목적으로 한다.

제2조(지방자치단체의 종류) ① 지방자치단체는 다음의 두 가지 종류로 구분한다.

1. 특별시, 광역시, 특별자치시, 도, 특별자치도
2. 시, 군, 구

② 지방자치단체인 구(이하 "자치구"라 한다)는 특별시와 광역시의 관할 구역의 구만을 말하며, 자치구의 자치권의 범위는 법령으로 정하는 바에 따라 시·군과 다르게 할 수 있다.

③ 제1항의 지방자치단체 외에 특정한 목적을 수행하기 위하여 필요하면 따로 특별지방자치단체를 설치할 수 있다. 이 경우 특별지방자치단체의 설치 등에 관하여는 제12장에서 정하는 바에 따른다.

제3조(지방자치단체의 법인격과 관할) ① 지방자치단체는 법인으로 한다.

② 특별시, 광역시, 특별자치시, 도, 특별자치도(이하 "시·도"라 한다)는 정부의 직할(直轄)로 두고, 시는 도의 관할 구역 안에, 군은 광역시나 도의 관할 구역 안에 두며, 자치구는 특별시와 광역시의 관할 구역 안에 둔다.

③ 특별시·광역시 또는 특별자치시가 아닌 인구 50만 이상의 시에는 자치구

가 아닌 구를 둘 수 있고, 군에는 읍·면을 두며, 시와 구(자치구를 포함한다)에는 동을, 읍·면에는 리를 둔다.

④ 제10조제2항에 따라 설치된 시에는 도시의 형태를 갖춘 지역에는 동을, 그 밖의 지역에는 읍·면을 두되, 자치구가 아닌 구를 둘 경우에는 그 구에 읍·면·동을 둘 수 있다.

⑤ 특별자치시와 특별자치도의 하부행정기관에 관한 사항은 따로 법률로 정한다.

제4조(지방자치단체의 기관구성 형태의 특례) ① 지방자치단체의 의회(이하 "지방의회"라 한다)와 집행기관에 관한 이 법의 규정에도 불구하고 따로 법률로 정하는 바에 따라 지방자치단체의 장의 선임방법을 포함한 지방자치단체의 기관구성 형태를 달리 할 수 있다.

② 제1항에 따라 지방의회와 집행기관의 구성을 달리하려는 경우에는 「주민투표법」에 따른 주민투표를 거쳐야 한다.

제2절 지방자치단체의 관할 구역

제5조(지방자치단체의 명칭과 구역) ① 지방자치단체의 명칭과 구역은 종전과 같이 하고, 명칭과 구역을 바꾸거나 지방자치단체를 폐지하거나 설치하거나 나누거나 합칠 때에는 법률로 정한다.

② 제1항에도 불구하고 지방자치단체의 구역변경 중 관할 구역 경계변경(이하 "경계변경"이라 한다)과 지방자치단체의 한자 명칭의 변경은 대통령령으로 정한다. 이 경우 경계변경의 절차는 제6조에서 정한 절차에 따른다.

③ 다음 각 호의 어느 하나에 해당할 때에는 관계 지방의회의 의견을 들어야 한다. 다만, 「주민투표법」 제8조에 따라 주민투표를 한 경우에는 그러하지 아니하다.

1. 지방자치단체를 폐지하거나 설치하거나 나누거나 합칠 때
2. 지방자치단체의 구역을 변경할 때(경계변경을 할 때는 제외한다)
3. 지방자치단체의 명칭을 변경할 때(한자 명칭을 변경할 때를 포함한다)

④ 제1항 및 제2항에도 불구하고 다음 각 호의 지역이 속할 지방자치단체는 제5항부터 제8항까지의 규정에 따라 행정안전부장관이 결정한다.

1. 「공유수면 관리 및 매립에 관한 법률」에 따른 매립지
2. 「공간정보의 구축 및 관리 등에 관한 법률」 제2조제19호의 지적공부(이하 "지적공부"라 한다)에 등록이 누락된 토지

⑤ 제4항제1호의 경우에는 「공유수면 관리 및 매립에 관한 법률」 제28조에 따른 매립면허관청(이하 이 조에서 "면허관청"이라 한다) 또는 관련 지방자치단체의 장이 같은 법 제45조에 따른 준공검사를 하기 전에, 제4항제2호의 경우에는 「공간정보의 구축 및 관리 등에 관한 법률」 제2조제18호에 따른 지적소관청(이하 이 조에서 "지적소관청"이라 한다)이 지적공부에 등록하기 전에 각각 해당 지역의 위치, 귀속희망 지방자치단체(복수인 경우를 포함한다) 등을 명시하여 행정안전부장관에게 그 지역이 속할 지방자치단체의 결정을 신청하여야 한다. 이 경우 제4항제1호에 따른 매립지의 매립면허를 받은 자는 면허관청에 해당 매립지가 속할 지방자치단체의 결정 신청을 요구할 수 있다.

⑥ 행정안전부장관은 제5항에 따른 신청을 받은 후 지체 없이 제5항에 따른 신청내용을 20일 이상 관보나 인터넷 홈페이지에 게재하는 등의 방법으로 널리 알려야 한다. 이 경우 알리는 방법, 의견 제출 등에 관하여는 「행정절차법」 제42조·제44조 및 제45조를 준용한다.

⑦ 행정안전부장관은 제6항에 따른 기간이 끝나면 다음 각 호에서 정하는 바에 따라 결정하고, 그 결과를 면허관청이나 지적소관청, 관계 지방자치단체의 장 등에게 통보하고 공고하여야 한다.

1. 제6항에 따른 기간 내에 신청내용에 대하여 이의가 제기된 경우: 제166조에 따른 지방자치단체중앙분쟁조정위원회(이하 이 조 및 제6조에서 "위원회"라 한다)의 심의·의결에 따라 제4항 각 호의 지역이 속할 지방자치단체를 결정
2. 제6항에 따른 기간 내에 신청내용에 대하여 이의가 제기되지 아니한 경우: 위원회의 심의·의결을 거치지 아니하고 신청내용에 따라 제4항 각 호의 지역이 속할 지방자치단체를 결정

⑧ 위원회의 위원장은 제7항제1호에 따른 심의과정에서 필요하다고 인정되면 관계 중앙행정기관 및 지방자치단체의 공무원 또는 관련 전문가를 출석시켜 의견을 듣거나 관계 기관이나 단체에 자료 및 의견 제출 등을 요구할 수 있다. 이 경우 관계 지방자치단체의 장에게는 의견을 진술할 기회를 주어야 한다.

⑨ 관계 지방자치단체의 장은 제4항부터 제7항까지의 규정에 따른 행정안전부장관의 결정에 이의가 있으면 그 결과를 통보받은 날부터 15일 이내에 대법원에 소송을 제기할 수 있다.

⑩ 행정안전부장관은 제9항에 따른 소송 결과 대법원의 인용결정이 있으면 그 취지에 따라 다시 결정하여야 한다.

⑪ 행정안전부장관은 제4항 각 호의 지역이 속할 지방자치단체 결정과 관련하여 제7항제1호에 따라 위원회의 심의를 할 때 같은 시·도 안에 있는 관계 시·군 및 자치구 상호 간 매립지 조성 비용 및 관리 비용 부담 등에 관한 조정(調整)이 필요한 경우 제165조제1항부터 제3항까지의 규정에도 불구하고 당사자의 신청 또는 직권으로 위원회의 심의·의결에 따라 조정할 수 있다. 이 경우 그 조정 결과의 통보 및 조정 결정 사항의 이행은 제165조제4항부터 제7항까지의 규정에 따른다.

제6조(지방자치단체의 관할 구역 경계변경 등) ① 지방자치단체의 장은 관할 구역과 생활권과의 불일치 등으로 인하여 주민생활에 불편이 큰 경우 등 대통령령으로 정하는 사유가 있는 경우에는 행정안전부장관에게 경계변경이 필요한 지역 등을 명시하여 경계변경에 대한 조정을 신청할 수 있다. 이 경우 지방자치단체의 장은 지방의회 재적의원 과반수의 출석과 출석의원 3분의 2 이상의 동의를 받아야 한다.

② 관계 중앙행정기관의 장 또는 둘 이상의 지방자치단체에 걸친 개발사업 등의 시행자는 대통령령으로 정하는 바에 따라 관계 지방자치단체의 장에게 제1항에 따른 경계변경에 대한 조정을 신청하여 줄 것을 요구할 수 있다.

③ 행정안전부장관은 제1항에 따른 경계변경에 대한 조정 신청을 받으면 지체 없이 그 신청 내용을 관계 지방자치단체의 장에게 통지하고, 20일 이상 관보나 인터넷 홈페이지에 게재하는 등의 방법으로 널리 알려야 한다. 이 경우 알리는 방법, 의견의 제출 등에 관하여는 「행정절차법」 제42조·제44조 및 제45조를 준용한다.

④ 행정안전부장관은 제3항에 따른 기간이 끝난 후 지체 없이 대통령령으로 정하는 바에 따라 관계 지방자치단체 등 당사자 간 경계변경에 관한 사항을 효율적으로 협의할 수 있도록 경계변경자율협의체(이하 이 조에서 "협의체"라 한다)를 구성·운영할 것을 관계 지방자치단체의 장에게 요청하여야 한다.

⑤ 관계 지방자치단체는 제4항에 따른 협의체 구성·운영 요청을 받은 후 지체 없이 협의체를 구성하고, 경계변경 여부 및 대상 등에 대하여 같은 항에 따른 행정안전부장관의 요청을 받은 날부터 120일 이내에 협의를 하여야 한다. 다만, 대통령령으로 정하는 부득이한 사유가 있는 경우에는 30일의 범위에서 그 기간을 연장할 수 있다.

⑥ 제5항에 따라 협의체를 구성한 지방자치단체의 장은 같은 항에 따른 협의 기간 이내에 협의체의 협의 결과를 행정안전부장관에게 알려야 한다.

⑦ 행정안전부장관은 다음 각 호의 어느 하나에 해당하는 경우에는 위원회의 심의·의결을 거쳐 경계변경에 대하여 조정할 수 있다.

1. 관계 지방자치단체가 제4항에 따른 행정안전부장관의 요청을 받은 날부터 120일 이내에 협의체를 구성하지 못한 경우
2. 관계 지방자치단체가 제5항에 따른 협의 기간 이내에 경계변경 여부 및 대상 등에 대하여 합의를 하지 못한 경우

⑧ 위원회는 제7항에 따라 경계변경에 대한 사항을 심의할 때에는 관계 지방의회의 의견을 들어야 하며, 관련 전문가 및 지방자치단체의 장의 의견 청취 등에 관하여는 제5조제8항을 준용한다.

⑨ 행정안전부장관은 다음 각 호의 어느 하나에 해당하는 경우 지체 없이 그 내용을 검토한 후 이를 반영하여 경계변경에 관한 대통령령안을 입안하여야 한다.

1. 제5항에 따른 협의체의 협의 결과 관계 지방자치단체 간 경계변경에 합의를 하고, 관계 지방자치단체의 장이 제6항에 따라 그 내용을 각각 알린 경우
2. 위원회가 제7항에 따른 심의 결과 경계변경이 필요하다고 의결한 경우

⑩ 행정안전부장관은 경계변경의 조정과 관련하여 제7항에 따라 위원회의 심의를 할 때 같은 시·도 안에 있는 관계 시·군 및 자치구 상호 간 경계변경에 관련된 비용 부담, 행정적·재정적 사항 등에 관하여 조정이 필요한 경우 제165조제1항부터 제3항까지의 규정에도 불구하고 당사자의 신청 또는 직권으로 위원회의 심의·의결에 따라 조정할 수 있다. 이 경우 그 조정 결과의 통보 및 조정 결정 사항의 이행은 제165조제4항부터 제7항까지의 규정에 따른다.

제7조(자치구가 아닌 구와 읍·면·동 등의 명칭과 구역) ① 자치구가 아닌 구와 읍·면·동의 명칭과 구역은 종전과 같이 하고, 자치구가 아닌 구와 읍·면·동을 폐지하거나 설치하거나 나누거나 합칠 때에는 행정안전부장관의 승인을 받아 그 지방자치단체의 조례로 정한다. 다만, 명칭과 구역의 변경은 그 지방자치단체의 조례로 정하고, 그 결과를 특별시장·광역시장·도지사에게 보고하여야 한다.

② 리의 구역은 자연 촌락을 기준으로 하되, 그 명칭과 구역은 종전과 같이

하고, 명칭과 구역을 변경하거나 리를 폐지하거나 설치하거나 나누거나 합칠 때에는 그 지방자치단체의 조례로 정한다.

③ 인구 감소 등 행정여건 변화로 인하여 필요한 경우 그 지방자치단체의 조례로 정하는 바에 따라 2개 이상의 면을 하나의 면으로 운영하는 등 행정 운영상 면[이하 "행정면"(行政面)이라 한다]을 따로 둘 수 있다.

④ 동·리에서는 행정 능률과 주민의 편의를 위하여 그 지방자치단체의 조례로 정하는 바에 따라 하나의 동·리를 2개 이상의 동·리로 운영하거나 2개 이상의 동·리를 하나의 동·리로 운영하는 등 행정 운영상 동(이하 "행정동"이라 한다)·리(이하 "행정리"라 한다)를 따로 둘 수 있다. 〈개정 2021. 4. 20.〉

⑤ 행정동에 그 지방자치단체의 조례로 정하는 바에 따라 통 등 하부 조직을 둘 수 있다. 〈개정 2021. 4. 20.〉

⑥ 행정리에 그 지방자치단체의 조례로 정하는 바에 따라 하부 조직을 둘 수 있다. 〈신설 2021. 4. 20.〉

제8조(구역의 변경 또는 폐지·설치·분리·합병 시의 사무와 재산의 승계) ① 지방자치단체의 구역을 변경하거나 지방자치단체를 폐지하거나 설치하거나 나누거나 합칠 때에는 새로 그 지역을 관할하게 된 지방자치단체가 그 사무와 재산을 승계한다.

② 제1항의 경우에 지역으로 지방자치단체의 사무와 재산을 구분하기 곤란하면 시·도에서는 행정안전부장관이, 시·군 및 자치구에서는 특별시장·광역시장·특별자치시장·도지사·특별자치도지사(이하 "시·도지사"라 한다)가 그 사무와 재산의 한계 및 승계할 지방자치단체를 지정한다.

제9조(사무소의 소재지) ① 지방자치단체의 사무소 소재지와 자치구가 아닌 구 및 읍·면·동의 사무소 소재지는 종전과 같이 하고, 이를 변경하거나 새로 설정하려면 지방자치단체의 조례로 정한다. 이 경우 면·동은 행정면·행정동(行政洞)을 말한다.

② 제1항의 사항을 조례로 정할 때에는 그 지방의회의 재적의원 과반수의 찬성이 있어야 한다.

제10조(시·읍의 설치기준 등) ① 시는 그 대부분이 도시의 형태를 갖추고 인구 5만 이상이 되어야 한다.

② 다음 각 호의 어느 하나에 해당하는 지역은 도농(都農) 복합형태의 시로 할 수 있다.

1. 제1항에 따라 설치된 시와 군을 통합한 지역
2. 인구 5만 이상의 도시 형태를 갖춘 지역이 있는 군
3. 인구 2만 이상의 도시 형태를 갖춘 2개 이상의 지역 인구가 5만 이상인 군. 이 경우 군의 인구는 15만 이상으로서 대통령령으로 정하는 요건을 갖추어야 한다.
4. 국가의 정책으로 인하여 도시가 형성되고, 제128조에 따라 도의 출장소가 설치된 지역으로서 그 지역의 인구가 3만 이상이며, 인구 15만 이상의 도농 복합형태의 시의 일부인 지역

③ 읍은 그 대부분이 도시의 형태를 갖추고 인구 2만 이상이 되어야 한다. 다만, 다음 각 호의 어느 하나에 해당하면 인구 2만 미만인 경우에도 읍으로 할 수 있다.

1. 군사무소 소재지의 면
2. 읍이 없는 도농 복합형태의 시에서 그 시에 있는 면 중 1개 면

④ 시·읍의 설치에 관한 세부기준은 대통령령으로 정한다.

제3절 지방자치단체의 기능과 사무

제11조(사무배분의 기본원칙) ① 국가는 지방자치단체가 사무를 종합적·자율적으로 수행할 수 있도록 국가와 지방자치단체 간 또는 지방자치단체 상호 간의 사무를 주민의 편익증진, 집행의 효과 등을 고려하여 서로 중복되지 아니하도록 배분하여야 한다.

② 국가는 제1항에 따라 사무를 배분하는 경우 지역주민생활과 밀접한 관련이 있는 사무는 원칙적으로 시·군 및 자치구의 사무로, 시·군 및 자치구가 처리하기 어려운 사무는 시·도의 사무로, 시·도가 처리하기 어려운 사무는 국가의 사무로 각각 배분하여야 한다.

③ 국가가 지방자치단체에 사무를 배분하거나 지방자치단체가 사무를 다른 지방자치단체에 재배분할 때에는 사무를 배분받거나 재배분받는 지방자치단체가 그 사무를 자기의 책임하에 종합적으로 처리할 수 있도록 관련 사무를 포괄적으로 배분하여야 한다.

제12조(사무처리의 기본원칙) ① 지방자치단체는 사무를 처리할 때 주민의 편의와 복리증진을 위하여 노력하여야 한다.

② 지방자치단체는 조직과 운영을 합리적으로 하고 규모를 적절하게 유지하여야 한다.

③ 지방자치단체는 법령을 위반하여 사무를 처리할 수 없으며, 시·군 및 자치구는 해당 구역을 관할하는 시·도의 조례를 위반하여 사무를 처리할 수 없다.

제13조(지방자치단체의 사무 범위) ① 지방자치단체는 관할 구역의 자치사무와 법령에 따라 지방자치단체에 속하는 사무를 처리한다.

② 제1항에 따른 지방자치단체의 사무를 예시하면 다음 각 호와 같다. 다만, 법률에 이와 다른 규정이 있으면 그러하지 아니하다.

1. 지방자치단체의 구역, 조직, 행정관리 등
   가. 관할 구역 안 행정구역의 명칭·위치 및 구역의 조정
   나. 조례·규칙의 제정·개정·폐지 및 그 운영·관리
   다. 산하(傘下) 행정기관의 조직관리
   라. 산하 행정기관 및 단체의 지도·감독
   마. 소속 공무원의 인사·후생복지 및 교육
   바. 지방세 및 지방세 외 수입의 부과 및 징수
   사. 예산의 편성·집행 및 회계감사와 재산관리
   아. 행정장비관리, 행정전산화 및 행정관리개선
   자. 공유재산(公有財産) 관리
   차. 주민등록 관리
   카. 지방자치단체에 필요한 각종 조사 및 통계의 작성
2. 주민의 복지증진
   가. 주민복지에 관한 사업
   나. 사회복지시설의 설치·운영 및 관리
   다. 생활이 어려운 사람의 보호 및 지원
   라. 노인·아동·장애인·청소년 및 여성의 보호와 복지증진
   마. 공공보건의료기관의 설립·운영
   바. 감염병과 그 밖의 질병의 예방과 방역
   사. 묘지·화장장(火葬場) 및 봉안당의 운영·관리
   아. 공중접객업소의 위생을 개선하기 위한 지도
   자. 청소, 생활폐기물의 수거 및 처리
   차. 지방공기업의 설치 및 운영
3. 농림·수산·상공업 등 산업 진흥
   가. 못·늪지·보(洑) 등 농업용수시설의 설치 및 관리

나. 농산물·임산물·축산물·수산물의 생산 및 유통 지원
다. 농업자재의 관리
라. 복합영농의 운영·지도
마. 농업 외 소득사업의 육성·지도
바. 농가 부업의 장려
사. 공유림 관리
아. 소규모 축산 개발사업 및 낙농 진흥사업
자. 가축전염병 예방
차. 지역산업의 육성·지원
카. 소비자 보호 및 저축 장려
타. 중소기업의 육성
파. 지역특화산업의 개발과 육성·지원
하. 우수지역특산품 개발과 관광민예품 개발

4. 지역개발과 자연환경보전 및 생활환경시설의 설치·관리
가. 지역개발사업
나. 지방 토목·건설사업의 시행
다. 도시·군계획사업의 시행
라. 지방도(地方道), 시도(市道)·군도(郡道)·구도(區道)의 신설·개선·보수 및 유지
마. 주거생활환경 개선의 장려 및 지원
바. 농어촌주택 개량 및 취락구조 개선
사. 자연보호활동
아. 지방하천 및 소하천의 관리
자. 상수도·하수도의 설치 및 관리
차. 소규모급수시설의 설치 및 관리
카. 도립공원, 광역시립공원, 군립공원, 시립공원 및 구립공원 등의 지정 및 관리
타. 도시공원 및 공원시설, 녹지, 유원지 등과 그 휴양시설의 설치 및 관리
파. 관광지, 관광단지 및 관광시설의 설치 및 관리
하. 지방 궤도사업의 경영
거. 주차장·교통표지 등 교통편의시설의 설치 및 관리
너. 재해대책의 수립 및 집행

더. 지역경제의 육성 및 지원

5. 교육·체육·문화·예술의 진흥

가. 어린이집·유치원·초등학교·중학교·고등학교 및 이에 준하는 각종 학교의 설치·운영·지도

나. 도서관·운동장·광장·체육관·박물관·공연장·미술관·음악당 등 공공교육·체육·문화시설의 설치 및 관리

다. 지방문화재의 지정·등록·보존 및 관리

라. 지방문화·예술의 진흥

마. 지방문화·예술단체의 육성

6. 지역민방위 및 지방소방

가. 지역 및 직장 민방위조직(의용소방대를 포함한다)의 편성과 운영 및 지도·감독

나. 지역의 화재예방·경계·진압·조사 및 구조·구급

7. 국제교류 및 협력

가. 국제기구·행사·대회의 유치·지원

나. 외국 지방자치단체와의 교류·협력

제14조(지방자치단체의 종류별 사무배분기준) ① 제13조에 따른 지방자치단체의 사무를 지방자치단체의 종류별로 배분하는 기준은 다음 각 호와 같다. 다만, 제13조제2항제1호의 사무는 각 지방자치단체에 공통된 사무로 한다.

1. 시·도

가. 행정처리 결과가 2개 이상의 시·군 및 자치구에 미치는 광역적 사무

나. 시·도 단위로 동일한 기준에 따라 처리되어야 할 성질의 사무

다. 지역적 특성을 살리면서 시·도 단위로 통일성을 유지할 필요가 있는 사무

라. 국가와 시·군 및 자치구 사이의 연락·조정 등의 사무

마. 시·군 및 자치구가 독자적으로 처리하기 어려운 사무

바. 2개 이상의 시·군 및 자치구가 공동으로 설치하는 것이 적당하다고 인정되는 규모의 시설을 설치하고 관리하는 사무

2. 시·군 및 자치구

제1호에서 시·도가 처리하는 것으로 되어 있는 사무를 제외한 사무. 다만, 인구 50만 이상의 시에 대해서는 도가 처리하는 사무의 일부를 직접 처리하게 할 수 있다.

② 제1항의 배분기준에 따른 지방자치단체의 종류별 사무는 대통령령으로 정한다.

③ 시·도와 시·군 및 자치구는 사무를 처리할 때 서로 겹치지 아니하도록 하여야 하며, 사무가 서로 겹치면 시·군 및 자치구에서 먼저 처리한다.

제15조(국가사무의 처리 제한) 지방자치단체는 다음 각 호의 국가사무를 처리할 수 없다. 다만, 법률에 이와 다른 규정이 있는 경우에는 국가사무를 처리할 수 있다.

1. 외교, 국방, 사법(司法), 국세 등 국가의 존립에 필요한 사무
2. 물가정책, 금융정책, 수출입정책 등 전국적으로 통일적 처리를 할 필요가 있는 사무
3. 농산물·임산물·축산물·수산물 및 양곡의 수급조절과 수출입 등 전국적 규모의 사무
4. 국가종합경제개발계획, 국가하천, 국유림, 국토종합개발계획, 지정항만, 고속국도·일반국도, 국립공원 등 전국적 규모나 이와 비슷한 규모의 사무
5. 근로기준, 측량단위 등 전국적으로 기준을 통일하고 조정하여야 할 필요가 있는 사무
6. 우편, 철도 등 전국적 규모나 이와 비슷한 규모의 사무
7. 고도의 기술이 필요한 검사·시험·연구, 항공관리, 기상행정, 원자력개발 등 지방자치단체의 기술과 재정능력으로 감당하기 어려운 사무

제2장 주민

제16조(주민의 자격) 지방자치단체의 구역에 주소를 가진 자는 그 지방자치단체의 주민이 된다.

제17조(주민의 권리) ① 주민은 법령으로 정하는 바에 따라 주민생활에 영향을 미치는 지방자치단체의 정책의 결정 및 집행 과정에 참여할 권리를 가진다.

② 주민은 법령으로 정하는 바에 따라 소속 지방자치단체의 재산과 공공시설을 이용할 권리와 그 지방자치단체로부터 균등하게 행정의 혜택을 받을 권리를 가진다.

③ 주민은 법령으로 정하는 바에 따라 그 지방자치단체에서 실시하는 지방의회의원과 지방자치단체의 장의 선거(이하 "지방선거"라 한다)에 참여할 권리를 가진다.

제18조(주민투표) ① 지방자치단체의 장은 주민에게 과도한 부담을 주거나 중대한 영향을 미치는 지방자치단체의 주요 결정사항 등에 대하여 주민투표에 부칠 수 있다.

② 주민투표의 대상·발의자·발의요건, 그 밖에 투표절차 등에 관한 사항은 따로 법률로 정한다.

제19조(조례의 제정과 개정·폐지 청구) ① 주민은 지방자치단체의 조례를 제정하거나 개정하거나 폐지할 것을 청구할 수 있다.

② 조례의 제정·개정 또는 폐지 청구의 청구권자·청구대상·청구요건 및 절차 등에 관한 사항은 따로 법률로 정한다.

제20조(규칙의 제정과 개정·폐지 의견 제출) ① 주민은 제29조에 따른 규칙(권리·의무와 직접 관련되는 사항으로 한정한다)의 제정, 개정 또는 폐지와 관련된 의견을 해당 지방자치단체의 장에게 제출할 수 있다.

② 법령이나 조례를 위반하거나 법령이나 조례에서 위임한 범위를 벗어나는 사항은 제1항에 따른 의견 제출 대상에서 제외한다.

③ 지방자치단체의 장은 제1항에 따라 제출된 의견에 대하여 의견이 제출된 날부터 30일 이내에 검토 결과를 그 의견을 제출한 주민에게 통보하여야 한다.

④ 제1항에 따른 의견 제출, 제3항에 따른 의견의 검토와 결과 통보의 방법 및 절차는 해당 지방자치단체의 조례로 정한다.

제21조(주민의 감사 청구) ① 지방자치단체의 18세 이상의 주민으로서 다음 각 호의 어느 하나에 해당하는 사람(「공직선거법」 제18조에 따른 선거권이 없는 사람은 제외한다. 이하 이 조에서 "18세 이상의 주민"이라 한다)은 시·도는 300명, 제198조에 따른 인구 50만 이상 대도시는 200명, 그 밖의 시·군 및 자치구는 150명 이내에서 그 지방자치단체의 조례로 정하는 수 이상의 18세 이상의 주민이 연대 서명하여 그 지방자치단체와 그 장의 권한에 속하는 사무의 처리가 법령에 위반되거나 공익을 현저히 해친다고 인정되면 시·도의 경우에는 주무부장관에게, 시·군 및 자치구의 경우에는 시·도지사에게 감사를 청구할 수 있다.

1. 해당 지방자치단체의 관할 구역에 주민등록이 되어 있는 사람
2. 「출입국관리법」 제10조에 따른 영주(永住)할 수 있는 체류자격 취득일 후 3년이 경과한 외국인으로서 같은 법 제34조에 따라 해당 지방자치단체의 외국인등록대장에 올라 있는 사람

② 다음 각 호의 사항은 감사 청구의 대상에서 제외한다.

1. 수사나 재판에 관여하게 되는 사항
2. 개인의 사생활을 침해할 우려가 있는 사항
3. 다른 기관에서 감사하였거나 감사 중인 사항. 다만, 다른 기관에서 감사한 사항이라도 새로운 사항이 발견되거나 중요 사항이 감사에서 누락된 경우와 제22조제1항에 따라 주민소송의 대상이 되는 경우에는 그러하지 아니하다.
4. 동일한 사항에 대하여 제22조제2항 각 호의 어느 하나에 해당하는 소송이 진행 중이거나 그 판결이 확정된 사항

③ 제1항에 따른 청구는 사무처리가 있었던 날이나 끝난 날부터 3년이 지나면 제기할 수 없다.

④ 지방자치단체의 18세 이상의 주민이 제1항에 따라 감사를 청구하려면 청구인의 대표자를 선정하여 청구인명부에 적어야 하며, 청구인의 대표자는 감사청구서를 작성하여 주무부장관 또는 시·도지사에게 제출하여야 한다.

⑤ 주무부장관이나 시·도지사는 제1항에 따른 청구를 받으면 청구를 받은 날부터 5일 이내에 그 내용을 공표하여야 하며, 청구를 공표한 날부터 10일간 청구인명부나 그 사본을 공개된 장소에 갖추어 두어 열람할 수 있도록 하여야 한다.

⑥ 청구인명부의 서명에 관하여 이의가 있는 사람은 제5항에 따른 열람기간에 해당 주무부장관이나 시·도지사에게 이의를 신청할 수 있다.

⑦ 주무부장관이나 시·도지사는 제6항에 따른 이의신청을 받으면 제5항에 따른 열람기간이 끝난 날부터 14일 이내에 심사·결정하되, 그 신청이 이유 있다고 결정한 경우에는 청구인명부를 수정하고, 그 사실을 이의신청을 한 사람과 제4항에 따른 청구인의 대표자에게 알려야 하며, 그 이의신청이 이유 없다고 결정한 경우에는 그 사실을 즉시 이의신청을 한 사람에게 알려야 한다.

⑧ 주무부장관이나 시·도지사는 제6항에 따른 이의신청이 없는 경우 또는 제6항에 따라 제기된 모든 이의신청에 대하여 제7항에 따른 결정이 끝난 경우로서 제1항부터 제3항까지의 규정에 따른 요건을 갖춘 경우에는 청구를 수리하고, 그러하지 아니한 경우에는 청구를 각하하되, 수리 또는 각하 사실을 청구인의 대표자에게 알려야 한다.

⑨ 주무부장관이나 시·도지사는 감사 청구를 수리한 날부터 60일 이내에 감사 청구된 사항에 대하여 감사를 끝내야 하며, 감사 결과를 청구인의 대표

자와 해당 지방자치단체의 장에게 서면으로 알리고, 공표하여야 한다. 다만, 그 기간에 감사를 끝내기가 어려운 정당한 사유가 있으면 그 기간을 연장할 수 있으며, 기간을 연장할 때에는 미리 청구인의 대표자와 해당 지방자치단체의 장에게 알리고, 공표하여야 한다.

⑩ 주무부장관이나 시·도지사는 주민이 감사를 청구한 사항이 다른 기관에서 이미 감사한 사항이거나 감사 중인 사항이면 그 기관에서 한 감사 결과 또는 감사 중인 사실과 감사가 끝난 후 그 결과를 알리겠다는 사실을 청구인의 대표자와 해당 기관에 지체 없이 알려야 한다.

⑪ 주무부장관이나 시·도지사는 주민 감사 청구를 처리(각하를 포함한다)할 때 청구인의 대표자에게 반드시 증거 제출 및 의견 진술의 기회를 주어야 한다.

⑫ 주무부장관이나 시·도지사는 제9항에 따른 감사 결과에 따라 기간을 정하여 해당 지방자치단체의 장에게 필요한 조치를 요구할 수 있다. 이 경우 그 지방자치단체의 장은 이를 성실히 이행하여야 하고, 그 조치 결과를 지방의회와 주무부장관 또는 시·도지사에게 보고하여야 한다.

⑬ 주무부장관이나 시·도지사는 제12항에 따른 조치 요구 내용과 지방자치단체의 장의 조치 결과를 청구인의 대표자에게 서면으로 알리고, 공표하여야 한다.

⑭ 제1항부터 제13항까지에서 규정한 사항 외에 18세 이상의 주민의 감사 청구에 필요한 사항은 대통령령으로 정한다.

제22조(주민소송) ① 제21조제1항에 따라 공금의 지출에 관한 사항, 재산의 취득·관리·처분에 관한 사항, 해당 지방자치단체를 당사자로 하는 매매·임차·도급 계약이나 그 밖의 계약의 체결·이행에 관한 사항 또는 지방세·사용료·수수료·과태료 등 공금의 부과·징수를 게을리한 사항을 감사 청구한 주민은 다음 각 호의 어느 하나에 해당하는 경우에 그 감사 청구한 사항과 관련이 있는 위법한 행위나 업무를 게을리한 사실에 대하여 해당 지방자치단체의 장(해당 사항의 사무처리에 관한 권한을 소속 기관의 장에게 위임한 경우에는 그 소속 기관의 장을 말한다. 이하 이 조에서 같다)을 상대방으로 하여 소송을 제기할 수 있다.

1. 주무부장관이나 시·도지사가 감사 청구를 수리한 날부터 60일(제21조제9항 단서에 따라 감사기간이 연장된 경우에는 연장된 기간이 끝난 날을 말한다)이 지나도 감사를 끝내지 아니한 경우

2. 제21조제9항 및 제10항에 따른 감사 결과 또는 같은 조 제12항에 따른 조치 요구에 불복하는 경우
3. 제21조제12항에 따른 주무부장관이나 시·도지사의 조치 요구를 지방자치단체의 장이 이행하지 아니한 경우
4. 제21조제12항에 따른 지방자치단체의 장의 이행 조치에 불복하는 경우

② 제1항에 따라 주민이 제기할 수 있는 소송은 다음 각 호와 같다.

1. 해당 행위를 계속하면 회복하기 어려운 손해를 발생시킬 우려가 있는 경우에는 그 행위의 전부나 일부를 중지할 것을 요구하는 소송
2. 행정처분인 해당 행위의 취소 또는 변경을 요구하거나 그 행위의 효력 유무 또는 존재 여부의 확인을 요구하는 소송
3. 게을리한 사실의 위법 확인을 요구하는 소송
4. 해당 지방자치단체의 장 및 직원, 지방의회의원, 해당 행위와 관련이 있는 상대방에게 손해배상청구 또는 부당이득반환청구를 할 것을 요구하는 소송. 다만, 그 지방자치단체의 직원이 「회계관계직원 등의 책임에 관한 법률」 제4조에 따른 변상책임을 져야 하는 경우에는 변상명령을 할 것을 요구하는 소송을 말한다.

③ 제2항제1호의 중지청구소송은 해당 행위를 중지할 경우 생명이나 신체에 중대한 위해가 생길 우려가 있거나 그 밖에 공공복리를 현저하게 해칠 우려가 있으면 제기할 수 없다.

④ 제2항에 따른 소송은 다음 각 호의 구분에 따른 날부터 90일 이내에 제기하여야 한다.

1. 제1항제1호: 해당 60일이 끝난 날(제21조제9항 단서에 따라 감사기간이 연장된 경우에는 연장기간이 끝난 날을 말한다)
2. 제1항제2호: 해당 감사 결과나 조치 요구 내용에 대한 통지를 받은 날
3. 제1항제3호: 해당 조치를 요구할 때에 지정한 처리기간이 끝난 날
4. 제1항제4호: 해당 이행 조치 결과에 대한 통지를 받은 날

⑤ 제2항 각 호의 소송이 진행 중이면 다른 주민은 같은 사항에 대하여 별도의 소송을 제기할 수 없다.

⑥ 소송의 계속(繫屬) 중에 소송을 제기한 주민이 사망하거나 제16조에 따른 주민의 자격을 잃으면 소송절차는 중단된다. 소송대리인이 있는 경우에도 또한 같다.

⑦ 감사 청구에 연대 서명한 다른 주민은 제6항에 따른 사유가 발생한 사실

을 안 날부터 6개월 이내에 소송절차를 수계(受繼)할 수 있다. 이 기간에 수계절차가 이루어지지 아니할 경우 그 소송절차는 종료된다.

⑧ 법원은 제6항에 따라 소송이 중단되면 감사 청구에 연대 서명한 다른 주민에게 소송절차를 중단한 사유와 소송절차 수계방법을 지체 없이 알려야 한다. 이 경우 법원은 감사 청구에 적힌 주소로 통지서를 우편으로 보낼 수 있고, 우편물이 통상 도달할 수 있을 때에 감사 청구에 연대 서명한 다른 주민은 제6항의 사유가 발생한 사실을 안 것으로 본다.

⑨ 제2항에 따른 소송은 해당 지방자치단체의 사무소 소재지를 관할하는 행정법원(행정법원이 설치되지 아니한 지역에서는 행정법원의 권한에 속하는 사건을 관할하는 지방법원 본원을 말한다)의 관할로 한다.

⑩ 해당 지방자치단체의 장은 제2항제1호부터 제3호까지의 규정에 따른 소송이 제기된 경우 그 소송 결과에 따라 권리나 이익의 침해를 받을 제3자가 있으면 그 제3자에 대하여, 제2항제4호에 따른 소송이 제기된 경우 그 직원, 지방의회의원 또는 상대방에 대하여 소송고지를 해 줄 것을 법원에 신청하여야 한다.

⑪ 제2항제4호에 따른 소송이 제기된 경우에 지방자치단체의 장이 한 소송고지신청은 그 소송에 관한 손해배상청구권 또는 부당이득반환청구권의 시효중단에 관하여 「민법」 제168조제1호에 따른 청구로 본다.

⑫ 제11항에 따른 시효중단의 효력은 그 소송이 끝난 날부터 6개월 이내에 재판상 청구, 파산절차참가, 압류 또는 가압류, 가처분을 하지 아니하면 효력이 생기지 아니한다.

⑬ 국가, 상급 지방자치단체 및 감사 청구에 연대 서명한 다른 주민과 제10항에 따라 소송고지를 받은 자는 법원에서 계속 중인 소송에 참가할 수 있다.

⑭ 제2항에 따른 소송에서 당사자는 법원의 허가를 받지 아니하고는 소의 취하, 소송의 화해 또는 청구의 포기를 할 수 없다.

⑮ 법원은 제14항에 따른 허가를 하기 전에 감사 청구에 연대 서명한 다른 주민에게 그 사실을 알려야 하며, 알린 때부터 1개월 이내에 허가 여부를 결정하여야 한다. 이 경우 통지방법 등에 관하여는 제8항 후단을 준용한다.

⑯ 제2항에 따른 소송은 「민사소송 등 인지법」 제2조제4항에 따른 비재산권을 목적으로 하는 소송으로 본다.

⑰ 소송을 제기한 주민은 승소(일부 승소를 포함한다)한 경우 그 지방자치단체에 대하여 변호사 보수 등의 소송비용, 감사 청구절차의 진행 등을 위하여

사용된 여비, 그 밖에 실제로 든 비용을 보상할 것을 청구할 수 있다. 이 경우 지방자치단체는 청구된 금액의 범위에서 그 소송을 진행하는 데 객관적으로 사용된 것으로 인정되는 금액을 지급하여야 한다.

⑱ 제1항에 따른 소송에 관하여 이 법에 규정된 것 외에는 「행정소송법」에 따른다.

제23조(손해배상금 등의 지급청구 등) ① 지방자치단체의 장(해당 사항의 사무처리에 관한 권한을 소속 기관의 장에게 위임한 경우에는 그 소속 기관의 장을 말한다. 이하 이 조에서 같다)은 제22조제2항제4호 본문에 따른 소송에 대하여 손해배상청구나 부당이득반환청구를 명하는 판결이 확정되면 판결이 확정된 날부터 60일 이내를 기한으로 하여 당사자에게 그 판결에 따라 결정된 손해배상금이나 부당이득반환금의 지급을 청구하여야 한다. 다만, 손해배상금이나 부당이득반환금을 지급하여야 할 당사자가 지방자치단체의 장이면 지방의회의 의장이 지급을 청구하여야 한다.

② 지방자치단체는 제1항에 따라 지급청구를 받은 자가 같은 항의 기한까지 손해배상금이나 부당이득반환금을 지급하지 아니하면 손해배상·부당이득반환의 청구를 목적으로 하는 소송을 제기하여야 한다. 이 경우 그 소송의 상대방이 지방자치단체의 장이면 그 지방의회의 의장이 그 지방자치단체를 대표한다.

제24조(변상명령 등) ① 지방자치단체의 장은 제22조제2항제4호 단서에 따른 소송에 대하여 변상할 것을 명하는 판결이 확정되면 판결이 확정된 날부터 60일 이내를 기한으로 하여 당사자에게 그 판결에 따라 결정된 금액을 변상할 것을 명령하여야 한다.

② 제1항에 따라 변상할 것을 명령받은 자가 같은 항의 기한까지 변상금을 지급하지 아니하면 지방세 체납처분의 예에 따라 징수할 수 있다. 〈개정 2021. 10. 19.〉

③ 제1항에 따라 변상할 것을 명령받은 자는 그 명령에 불복하는 경우 행정소송을 제기할 수 있다. 다만, 「행정심판법」에 따른 행정심판청구는 제기할 수 없다.

제25조(주민소환) ① 주민은 그 지방자치단체의 장 및 지방의회의원(비례대표 지방의회의원은 제외한다)을 소환할 권리를 가진다.

② 주민소환의 투표 청구권자·청구요건·절차 및 효력 등에 관한 사항은 따로 법률로 정한다.

제26조(주민에 대한 정보공개) ① 지방자치단체는 사무처리의 투명성을 높이기 위하여 「공공기관의 정보공개에 관한 법률」에서 정하는 바에 따라 지방의회의 의정활동, 집행기관의 조직, 재무 등 지방자치에 관한 정보(이하 "지방자치정보"라 한다)를 주민에게 공개하여야 한다.

② 행정안전부장관은 주민의 지방자치정보에 대한 접근성을 높이기 위하여 이 법 또는 다른 법령에 따라 공개된 지방자치정보를 체계적으로 수집하고 주민에게 제공하기 위한 정보공개시스템을 구축·운영할 수 있다.

제27조(주민의 의무) 주민은 법령으로 정하는 바에 따라 소속 지방자치단체의 비용을 분담하여야 하는 의무를 진다.

제3장 조례와 규칙

제28조(조례) ① 지방자치단체는 법령의 범위에서 그 사무에 관하여 조례를 제정할 수 있다. 다만, 주민의 권리 제한 또는 의무 부과에 관한 사항이나 벌칙을 정할 때에는 법률의 위임이 있어야 한다.

② 법령에서 조례로 정하도록 위임한 사항은 그 법령의 하위 법령에서 그 위임의 내용과 범위를 제한하거나 직접 규정할 수 없다.

제29조(규칙) 지방자치단체의 장은 법령 또는 조례의 범위에서 그 권한에 속하는 사무에 관하여 규칙을 제정할 수 있다.

제30조(조례와 규칙의 입법한계) 시·군 및 자치구의 조례나 규칙은 시·도의 조례나 규칙을 위반해서는 아니 된다.

제31조(지방자치단체를 신설하거나 격을 변경할 때의 조례·규칙 시행) 지방자치단체를 나누거나 합하여 새로운 지방자치단체가 설치되거나 지방자치단체의 격이 변경되면 그 지방자치단체의 장은 필요한 사항에 관하여 새로운 조례나 규칙이 제정·시행될 때까지 종래 그 지역에 시행되던 조례나 규칙을 계속 시행할 수 있다.

제32조(조례와 규칙의 제정 절차 등) ① 조례안이 지방의회에서 의결되면 지방의회의 의장은 의결된 날부터 5일 이내에 그 지방자치단체의 장에게 이송하여야 한다.

② 지방자치단체의 장은 제1항의 조례안을 이송받으면 20일 이내에 공포하여야 한다.

③ 지방자치단체의 장은 이송받은 조례안에 대하여 이의가 있으면 제2항의 기간에 이유를 붙여 지방의회로 환부(還付)하고, 재의(再議)를 요구할 수 있다. 이 경우 지방자치단체의 장은 조례안의 일부에 대하여 또는 조례안을 수정하여 재의를 요구할 수 없다.

④ 지방의회는 제3항에 따라 재의 요구를 받으면 조례안을 재의에 부치고 재적의원 과반수의 출석과 출석의원 3분의 2 이상의 찬성으로 전(前)과 같은 의결을 하면 그 조례안은 조례로서 확정된다.

⑤ 지방자치단체의 장이 제2항의 기간에 공포하지 아니하거나 재의 요구를 하지 아니하더라도 그 조례안은 조례로서 확정된다.

⑥ 지방자치단체의 장은 제4항 또는 제5항에 따라 확정된 조례를 지체 없이 공포하여야 한다. 이 경우 제5항에 따라 조례가 확정된 후 또는 제4항에 따라 확정된 조례가 지방자치단체의 장에게 이송된 후 5일 이내에 지방자치단체의 장이 공포하지 아니하면 지방의회의 의장이 공포한다.

⑦ 제2항 및 제6항 전단에 따라 지방자치단체의 장이 조례를 공포하였을 때에는 즉시 해당 지방의회의 의장에게 통지하여야 하며, 제6항 후단에 따라 지방의회의 의장이 조례를 공포하였을 때에는 그 사실을 즉시 해당 지방자치단체의 장에게 통지하여야 한다.

⑧ 조례와 규칙은 특별한 규정이 없으면 공포한 날부터 20일이 지나면 효력을 발생한다.

제33조(조례와 규칙의 공포 방법 등) ① 조례와 규칙의 공포는 해당 지방자치단체의 공보에 게재하는 방법으로 한다. 다만, 제32조제6항 후단에 따라 지방의회의 의장이 조례를 공포하는 경우에는 공보나 일간신문에 게재하거나 게시판에 게시한다.

② 제1항에 따른 공보는 종이로 발행되는 공보(이하 이 조에서 "종이공보"라 한다) 또는 전자적인 형태로 발행되는 공보(이하 이 조에서 "전자공보"라 한다)로 운영한다.

③ 공보의 내용 해석 및 적용 시기 등에 대하여 종이공보와 전자공보는 동일한 효력을 가진다.

④ 조례와 규칙의 공포에 관하여 그 밖에 필요한 사항은 대통령령으로 정한다.

제34조(조례 위반에 대한 과태료) ① 지방자치단체는 조례를 위반한 행위에 대하여 조례로써 1천만원 이하의 과태료를 정할 수 있다.

② 제1항에 따른 과태료는 해당 지방자치단체의 장이나 그 관할 구역의 지방자치단체의 장이 부과·징수한다.

제35조(보고) 조례나 규칙을 제정하거나 개정하거나 폐지할 경우 조례는 지방의회에서 이송된 날부터 5일 이내에, 규칙은 공포 예정일 15일 전에 시·도지사는 행정안전부장관에게, 시장·군수 및 자치구의 구청장은 시·도지사에게 그 전문(全文)을 첨부하여 각각 보고하여야 하며, 보고를 받은 행정안전부장관은 그 내용을 관계 중앙행정기관의 장에게 통보하여야 한다.

제4장 선거

제36조(지방선거에 관한 법률의 제정) 지방선거에 관하여 이 법에서 정한 것 외에 필요한 사항은 따로 법률로 정한다.

제5장 지방의회

제1절 조직

제37조(의회의 설치) 지방자치단체에 주민의 대의기관인 의회를 둔다.

제38조(지방의회의원의 선거) 지방의회의원은 주민이 보통·평등·직접·비밀선거로 선출한다.

제2절 지방의회의원

제39조(의원의 임기) 지방의회의원의 임기는 4년으로 한다.

제40조(의원의 의정활동비 등) ① 지방의회의원에게는 다음 각 호의 비용을 지급한다.

1. 의정(議政) 자료를 수집하고 연구하거나 이를 위한 보조 활동에 사용되는 비용을 보전(補塡)하기 위하여 매월 지급하는 의정활동비
2. 지방의회의원의 직무활동에 대하여 지급하는 월정수당
3. 본회의 의결, 위원회 의결 또는 지방의회의 의장의 명에 따라 공무로 여행할 때 지급하는 여비

② 제1항 각 호에 규정된 비용은 대통령령으로 정하는 기준을 고려하여 해당 지방자치단체의 의정비심의위원회에서 결정하는 금액 이내에서 지방자치단체의 조례로 정한다. 다만, 제1항제3호에 따른 비용은 의정비심의위원

회 결정 대상에서 제외한다.

③ 의정비심의위원회의 구성·운영 등에 필요한 사항은 대통령령으로 정한다.

제41조(의원의 정책지원 전문인력) ① 지방의회의원의 의정활동을 지원하기 위하여 지방의회의원 정수의 2분의 1 범위에서 해당 지방자치단체의 조례로 정하는 바에 따라 지방의회에 정책지원 전문인력을 둘 수 있다.

② 정책지원 전문인력은 지방공무원으로 보하며, 직급·직무 및 임용절차 등 운영에 필요한 사항은 대통령령으로 정한다.

제42조(상해·사망 등의 보상) ① 지방의회의원이 직무로 인하여 신체에 상해를 입거나 사망한 경우와 그 상해나 직무로 인한 질병으로 사망한 경우에는 보상금을 지급할 수 있다.

② 제1항의 보상금의 지급기준은 대통령령으로 정하는 범위에서 해당 지방자치단체의 조례로 정한다.

제43조(겸직 등 금지) ① 지방의회의원은 다음 각 호의 어느 하나에 해당하는 직(職)을 겸할 수 없다.

1. 국회의원, 다른 지방의회의원
2. 헌법재판소 재판관, 각급 선거관리위원회 위원
3. 「국가공무원법」 제2조에 따른 국가공무원과 「지방공무원법」 제2조에 따른 지방공무원(「정당법」 제22조에 따라 정당의 당원이 될 수 있는 교원은 제외한다)
4. 「공공기관의 운영에 관한 법률」 제4조에 따른 공공기관(한국방송공사, 한국교육방송공사 및 한국은행을 포함한다)의 임직원
5. 「지방공기업법」 제2조에 따른 지방공사와 지방공단의 임직원
6. 농업협동조합, 수산업협동조합, 산림조합, 엽연초생산협동조합, 신용협동조합, 새마을금고(이들 조합·금고의 중앙회와 연합회를 포함한다)의 임직원과 이들 조합·금고의 중앙회장이나 연합회장
7. 「정당법」 제22조에 따라 정당의 당원이 될 수 없는 교원
8. 다른 법령에 따라 공무원의 신분을 가지는 직
9. 그 밖에 다른 법률에서 겸임할 수 없도록 정하는 직

② 「정당법」 제22조에 따라 정당의 당원이 될 수 있는 교원이 지방의회의원으로 당선되면 임기 중 그 교원의 직은 휴직된다.

③ 지방의회의원이 당선 전부터 제1항 각 호의 직을 제외한 다른 직을 가진

경우에는 임기 개시 후 1개월 이내에, 임기 중 그 다른 직에 취임한 경우에는 취임 후 15일 이내에 지방의회의 의장에게 서면으로 신고하여야 하며, 그 방법과 절차는 해당 지방자치단체의 조례로 정한다.

④ 지방의회의 의장은 제3항에 따라 지방의회의원의 겸직신고를 받으면 그 내용을 연 1회 이상 해당 지방의회의 인터넷 홈페이지에 게시하거나 지방자치단체의 조례로 정하는 방법에 따라 공개하여야 한다.

⑤ 지방의회의원이 다음 각 호의 기관·단체 및 그 기관·단체가 설립·운영하는 시설의 대표, 임원, 상근직원 또는 그 소속 위원회(자문위원회는 제외한다)의 위원이 된 경우에는 그 겸한 직을 사임하여야 한다.

1. 해당 지방자치단체가 출자·출연(재출자·재출연을 포함한다)한 기관·단체
2. 해당 지방자치단체의 사무를 위탁받아 수행하고 있는 기관·단체
3. 해당 지방자치단체로부터 운영비, 사업비 등을 지원받고 있는 기관·단체
4. 법령에 따라 해당 지방자치단체의 장의 인가를 받아 설립된 조합(조합설립을 위한 추진위원회 등 준비단체를 포함한다)의 임직원

⑥ 지방의회의 의장은 지방의회의원이 다음 각 호의 어느 하나에 해당하는 경우에는 그 겸한 직을 사임할 것을 권고하여야 한다. 이 경우 지방의회의 의장은 제66조에 따른 윤리심사자문위원회의 의견을 들어야 하며 그 의견을 존중하여야 한다.

1. 제5항에 해당하는 데도 불구하고 겸한 직을 사임하지 아니할 때
2. 다른 직을 겸하는 것이 제44조제2항에 위반된다고 인정될 때

⑦ 지방의회의 의장은 지방의회의원의 행위 또는 양수인이나 관리인의 지위가 제5항 또는 제6항에 따라 제한되는지와 관련하여 제66조에 따른 윤리심사자문위원회의 의견을 들을 수 있다.

제44조(의원의 의무) ① 지방의회의원은 공공의 이익을 우선하여 양심에 따라 그 직무를 성실히 수행하여야 한다.

② 지방의회의원은 청렴의 의무를 지며, 지방의회의원으로서의 품위를 유지하여야 한다.

③ 지방의회의원은 지위를 남용하여 재산상의 권리·이익 또는 직위를 취득하거나 다른 사람을 위하여 그 취득을 알선해서는 아니 된다.

④ 지방의회의원은 해당 지방자치단체, 제43조제5항 각 호의 어느 하나에 해당하는 기관·단체 및 그 기관·단체가 설립·운영하는 시설과 영리를 목적으로 하는 거래를 하여서는 아니 된다.

⑤ 지방의회의원은 소관 상임위원회의 직무와 관련된 영리행위를 할 수 없으며, 그 범위는 해당 지방자치단체의 조례로 정한다.

제45조(의원체포 및 확정판결의 통지) ① 수사기관의 장은 체포되거나 구금된 지방의회의원이 있으면 지체 없이 해당 지방의회의 의장에게 영장의 사본을 첨부하여 그 사실을 알려야 한다.

② 각급 법원장은 지방의회의원이 형사사건으로 공소(公訴)가 제기되어 판결이 확정되면 지체 없이 해당 지방의회의 의장에게 그 사실을 알려야 한다.

제46조(지방의회의 의무 등) ① 지방의회는 지방의회의원이 준수하여야 할 지방의회의원의 윤리강령과 윤리실천규범을 조례로 정하여야 한다.

② 지방의회는 소속 의원들이 의정활동에 필요한 전문성을 확보하도록 노력하여야 한다.

제3절 권한

제47조(지방의회의 의결사항) ① 지방의회는 다음 각 호의 사항을 의결한다.

1. 조례의 제정·개정 및 폐지
2. 예산의 심의·확정
3. 결산의 승인
4. 법령에 규정된 것을 제외한 사용료·수수료·분담금·지방세 또는 가입금의 부과와 징수
5. 기금의 설치·운용
6. 대통령령으로 정하는 중요 재산의 취득·처분
7. 대통령령으로 정하는 공공시설의 설치·처분
8. 법령과 조례에 규정된 것을 제외한 예산 외의 의무부담이나 권리의 포기
9. 청원의 수리와 처리
10. 외국 지방자치단체와의 교류·협력
11. 그 밖에 법령에 따라 그 권한에 속하는 사항

② 지방자치단체는 제1항 각 호의 사항 외에 조례로 정하는 바에 따라 지방의회에서 의결되어야 할 사항을 따로 정할 수 있다.

제48조(서류제출 요구) ① 본회의나 위원회는 그 의결로 안건의 심의와 직접 관련된 서류의 제출을 해당 지방자치단체의 장에게 요구할 수 있다.

② 위원회가 제1항의 요구를 할 때에는 지방의회의 의장에게 그 사실을 보

고하여야 한다.

③ 제1항에도 불구하고 폐회 중에는 지방의회의 의장이 서류의 제출을 해당 지방자치단체의 장에게 요구할 수 있다.

④ 제1항 또는 제3항에 따라 서류제출을 요구할 때에는 서면, 전자문서 또는 컴퓨터의 자기테이프·자기디스크, 그 밖에 이와 유사한 매체에 기록된 상태 등 제출 형식을 지정할 수 있다.

제49조(행정사무 감사권 및 조사권) ① 지방의회는 매년 1회 그 지방자치단체의 사무에 대하여 시·도에서는 14일의 범위에서, 시·군 및 자치구에서는 9일의 범위에서 감사를 실시하고, 지방자치단체의 사무 중 특정 사안에 관하여 본회의 의결로 본회의나 위원회에서 조사하게 할 수 있다.

② 제1항의 조사를 발의할 때에는 이유를 밝힌 서면으로 하여야 하며, 재적의원 3분의 1 이상의 찬성이 있어야 한다.

③ 지방자치단체 및 그 장이 위임받아 처리하는 국가사무와 시·도의 사무에 대하여 국회와 시·도의회가 직접 감사하기로 한 사무 외에는 그 감사를 각각 해당 시·도의회와 시·군 및 자치구의회가 할 수 있다. 이 경우 국회와 시·도의회는 그 감사 결과에 대하여 그 지방의회에 필요한 자료를 요구할 수 있다.

④ 제1항의 감사 또는 조사와 제3항의 감사를 위하여 필요하면 현지확인을 하거나 서류제출을 요구할 수 있으며, 지방자치단체의 장 또는 관계 공무원이나 그 사무에 관계되는 사람을 출석하게 하여 증인으로서 선서한 후 증언하게 하거나 참고인으로서 의견을 진술하도록 요구할 수 있다.

⑤ 제4항에 따른 증언에서 거짓증언을 한 사람은 고발할 수 있으며, 제4항에 따라 서류제출을 요구받은 자가 정당한 사유 없이 서류를 정해진 기한까지 제출하지 아니한 경우, 같은 항에 따라 출석요구를 받은 증인이 정당한 사유 없이 출석하지 아니하거나 선서 또는 증언을 거부한 경우에는 500만원 이하의 과태료를 부과할 수 있다.

⑥ 제5항에 따른 과태료 부과절차는 제34조를 따른다.

⑦ 제1항의 감사 또는 조사와 제3항의 감사를 위하여 필요한 사항은 「국정감사 및 조사에 관한 법률」에 준하여 대통령령으로 정하고, 제4항과 제5항의 선서·증언·감정 등에 관한 절차는 「국회에서의 증언·감정 등에 관한 법률」에 준하여 대통령령으로 정한다.

제50조(행정사무 감사 또는 조사 보고의 처리) ① 지방의회는 본회의의 의결로 감사 또는 조사 결과를 처리한다.

② 지방의회는 감사 또는 조사 결과 해당 지방자치단체나 기관의 시정이 필요한 사유가 있을 때에는 시정을 요구하고, 지방자치단체나 기관에서 처리함이 타당하다고 인정되는 사항은 그 지방자치단체나 기관으로 이송한다.

③ 지방자치단체나 기관은 제2항에 따라 시정 요구를 받거나 이송받은 사항을 지체 없이 처리하고 그 결과를 지방의회에 보고하여야 한다.

제51조(행정사무처리상황의 보고와 질의응답) ① 지방자치단체의 장이나 관계 공무원은 지방의회나 그 위원회에 출석하여 행정사무의 처리상황을 보고하거나 의견을 진술하고 질문에 답변할 수 있다.

② 지방자치단체의 장이나 관계 공무원은 지방의회나 그 위원회가 요구하면 출석·답변하여야 한다. 다만, 특별한 이유가 있으면 지방자치단체의 장은 관계 공무원에게 출석·답변하게 할 수 있다.

③ 제1항이나 제2항에 따라 지방의회나 그 위원회에 출석하여 답변할 수 있는 관계 공무원은 조례로 정한다.

제52조(의회규칙) 지방의회는 내부운영에 관하여 이 법에서 정한 것 외에 필요한 사항을 규칙으로 정할 수 있다.

제4절 소집과 회기

제53조(정례회) ① 지방의회는 매년 2회 정례회를 개최한다.

② 정례회의 집회일, 그 밖에 정례회 운영에 필요한 사항은 해당 지방자치단체의 조례로 정한다.

제54조(임시회) ① 지방의회의원 총선거 후 최초로 집회되는 임시회는 지방의회 사무처장·사무국장·사무과장이 지방의회의원 임기 개시일부터 25일 이내에 소집한다.

② 지방자치단체를 폐지하거나 설치하거나 나누거나 합쳐 새로운 지방자치단체가 설치된 경우에 최초의 임시회는 지방의회 사무처장·사무국장·사무과장이 해당 지방자치단체가 설치되는 날에 소집한다.

③ 지방의회의 의장은 지방자치단체의 장이나 조례로 정하는 수 이상의 지방의회의원이 요구하면 15일 이내에 임시회를 소집하여야 한다. 다만, 지방의회의 의장과 부의장이 부득이한 사유로 임시회를 소집할 수 없을 때에는

지방의회의원 중 최다선의원이, 최다선의원이 2명 이상인 경우에는 그 중 연장자의 순으로 소집할 수 있다.

④ 임시회 소집은 집회일 3일 전에 공고하여야 한다. 다만, 긴급할 때에는 그러하지 아니하다.

제55조(제출안건의 공고) 지방자치단체의 장이 지방의회에 제출할 안건은 지방자치단체의 장이 미리 공고하여야 한다. 다만, 회의 중 긴급한 안건을 제출할 때에는 그러하지 아니하다. 〈개정 2021. 10. 19.〉 [제목개정 2021. 10. 19.]

제56조(개회·휴회·폐회와 회의일수) ① 지방의회의 개회·휴회·폐회와 회기는 지방의회가 의결로 정한다.

② 연간 회의 총일수와 정례회 및 임시회의 회기는 해당 지방자치단체의 조례로 정한다.

제5절 의장과 부의장

제57조(의장·부의장의 선거와 임기) ① 지방의회는 지방의회의원 중에서 시·도의 경우 의장 1명과 부의장 2명을, 시·군 및 자치구의 경우 의장과 부의장 각 1명을 무기명투표로 선출하여야 한다.

② 지방의회의원 총선거 후 처음으로 선출하는 의장·부의장 선거는 최초집회일에 실시한다.

③ 의장과 부의장의 임기는 2년으로 한다.

제58조(의장의 직무) 지방의회의 의장은 의회를 대표하고 의사(議事)를 정리하며, 회의장 내의 질서를 유지하고 의회의 사무를 감독한다.

제59조(의장 직무대리) 지방의회의 의장이 부득이한 사유로 직무를 수행할 수 없을 때에는 부의장이 그 직무를 대리한다.

제60조(임시의장) 지방의회의 의장과 부의장이 모두 부득이한 사유로 직무를 수행할 수 없을 때에는 임시의장을 선출하여 의장의 직무를 대행하게 한다.

제61조(보궐선거) ① 지방의회의 의장이나 부의장이 궐위(闕位)된 경우에는 보궐선거를 실시한다.

② 보궐선거로 당선된 의장이나 부의장의 임기는 전임자 임기의 남은 기간으로 한다.

제62조(의장·부의장 불신임의 의결) ① 지방의회의 의장이나 부의장이 법령을 위

반하거나 정당한 사유 없이 직무를 수행하지 아니하면 지방의회는 불신임을 의결할 수 있다.

② 제1항의 불신임 의결은 재적의원 4분의 1 이상의 발의와 재적의원 과반수의 찬성으로 한다.

③ 제2항의 불신임 의결이 있으면 지방의회의 의장이나 부의장은 그 직에서 해임된다.

제63조(의장 등을 선거할 때의 의장 직무 대행) 제57조제1항, 제60조 또는 제61조제1항에 따른 선거(이하 이 조에서 "의장등의 선거"라 한다)를 실시할 때 의장의 직무를 수행할 사람이 없으면 출석의원 중 최다선의원이, 최다선의원이 2명 이상이면 그 중 연장자가 그 직무를 대행한다. 이 경우 직무를 대행하는 지방의회의원이 정당한 사유 없이 의장등의 선거를 실시할 직무를 이행하지 아니할 때에는 다음 순위의 지방의회의원이 그 직무를 대행한다.

제6절 위원회

제64조(위원회의 설치) ① 지방의회는 조례로 정하는 바에 따라 위원회를 둘 수 있다.

② 위원회의 종류는 다음 각 호와 같다.

1. 소관 의안(議案)과 청원 등을 심사·처리하는 상임위원회
2. 특정한 안건을 심사·처리하는 특별위원회

③ 위원회의 위원은 본회의에서 선임한다.

제65조(윤리특별위원회) ① 지방의회의원의 윤리강령과 윤리실천규범 준수 여부 및 징계에 관한 사항을 심사하기 위하여 윤리특별위원회를 둔다.

② 제1항에 따른 윤리특별위원회(이하 "윤리특별위원회"라 한다)는 지방의회의원의 윤리강령과 윤리실천규범 준수 여부 및 지방의회의원의 징계에 관한 사항을 심사하기 전에 제66조에 따른 윤리심사자문위원회의 의견을 들어야 하며 그 의견을 존중하여야 한다.

제66조(윤리심사자문위원회) ① 지방의회의원의 겸직 및 영리행위 등에 관한 지방의회의 의장의 자문과 지방의회의원의 윤리강령과 윤리실천규범 준수 여부 및 징계에 관한 윤리특별위원회의 자문에 응하기 위하여 윤리특별위원회에 윤리심사자문위원회를 둔다.

② 윤리심사자문위원회의 위원은 민간전문가 중에서 지방의회의 의장이 위

촉한다.

③ 제1항 및 제2항에서 규정한 사항 외에 윤리심사자문위원회의 구성 및 운영에 필요한 사항은 회의규칙으로 정한다.

제67조(위원회의 권한) 위원회는 그 소관에 속하는 의안과 청원 등 또는 지방의회가 위임한 특정한 안건을 심사한다.

제68조(전문위원) ① 위원회에는 위원장과 위원의 자치입법활동을 지원하기 위하여 지방의회의원이 아닌 전문지식을 가진 위원(이하 "전문위원"이라 한다)을 둔다.

② 전문위원은 위원회에서 의안과 청원 등의 심사, 행정사무감사 및 조사, 그 밖의 소관 사항과 관련하여 검토보고 및 관련 자료의 수집·조사·연구를 한다.

③ 위원회에 두는 전문위원의 직급과 수 등에 관하여 필요한 사항은 대통령령으로 정한다.

제69조(위원회에서의 방청 등) ① 위원회에서 해당 지방의회의원이 아닌 사람은 위원회의 위원장(이하 이 장에서 "위원장"이라 한다)의 허가를 받아 방청할 수 있다.

② 위원장은 질서를 유지하기 위하여 필요할 때에는 방청인의 퇴장을 명할 수 있다.

제70조(위원회의 개회) ① 위원회는 본회의의 의결이 있거나 지방의회의 의장 또는 위원장이 필요하다고 인정할 때, 재적위원 3분의 1 이상이 요구할 때에 개회한다.

② 폐회 중에는 지방자치단체의 장도 지방의회의 의장 또는 위원장에게 이유서를 붙여 위원회 개회를 요구할 수 있다.

제71조(위원회에 관한 조례) 위원회에 관하여 이 법에서 정한 것 외에 필요한 사항은 조례로 정한다.

제7절 회의

제72조(의사정족수) ① 지방의회는 재적의원 3분의 1 이상의 출석으로 개의(開議)한다.

② 회의 참석 인원이 제1항의 정족수에 미치지 못할 때에는 지방의회의 의장은 회의를 중지하거나 산회(散會)를 선포한다.

제73조(의결정족수) ① 회의는 이 법에 특별히 규정된 경우 외에는 재적의원 과반수의 출석과 출석의원 과반수의 찬성으로 의결한다.

② 지방의회의 의장은 의결에서 표결권을 가지며, 찬성과 반대가 같으면 부결된 것으로 본다.

제74조(표결방법) 본회의에서 표결할 때에는 조례 또는 회의규칙으로 정하는 표결방식에 의한 기록표결로 가부(可否)를 결정한다. 다만, 다음 각 호의 어느 하나에 해당하는 경우에는 무기명투표로 표결한다.

1. 제57조에 따른 의장·부의장 선거
2. 제60조에 따른 임시의장 선출
3. 제62조에 따른 의장·부의장 불신임 의결
4. 제92조에 따른 자격상실 의결
5. 제100조에 따른 징계 의결
6. 제32조, 제120조 또는 제121조, 제192조에 따른 재의 요구에 관한 의결
7. 그 밖에 지방의회에서 하는 각종 선거 및 인사에 관한 사항

제75조(회의의 공개 등) ① 지방의회의 회의는 공개한다. 다만, 지방의회의원 3명 이상이 발의하고 출석의원 3분의 2 이상이 찬성한 경우 또는 지방의회의 의장이 사회의 안녕질서 유지를 위하여 필요하다고 인정하는 경우에는 공개하지 아니할 수 있다.

② 지방의회의 의장은 공개된 회의의 방청 허가를 받은 장애인에게 정당한 편의를 제공하여야 한다.

제76조(의안의 발의) ① 지방의회에서 의결할 의안은 지방자치단체의 장이나 조례로 정하는 수 이상의 지방의회의원의 찬성으로 발의한다.

② 위원회는 그 직무에 속하는 사항에 관하여 의안을 제출할 수 있다.

③ 제1항 및 제2항의 의안은 그 안을 갖추어 지방의회의 의장에게 제출하여야 한다.

④ 제1항에 따라 지방의회의원이 조례안을 발의하는 경우에는 발의 의원과 찬성 의원을 구분하되, 해당 조례안의 제명의 부제로 발의 의원의 성명을 기재하여야 한다. 다만, 발의 의원이 2명 이상인 경우에는 대표발의 의원 1명을 명시하여야 한다.

⑤ 지방의회의원이 발의한 제정조례안 또는 전부개정조례안 중 지방의회에서 의결된 조례안을 공표하거나 홍보하는 경우에는 해당 조례안의 부제를

함께 표기할 수 있다.

제77조(조례안 예고) ① 지방의회는 심사대상인 조례안에 대하여 5일 이상의 기간을 정하여 그 취지, 주요 내용, 전문을 공보나 인터넷 홈페이지 등에 게재하는 방법으로 예고할 수 있다.

② 조례안 예고의 방법, 절차, 그 밖에 필요한 사항은 회의규칙으로 정한다.

제78조(의안에 대한 비용추계 자료 등의 제출) ① 지방자치단체의 장이 예산상 또는 기금상의 조치가 필요한 의안을 제출할 경우에는 그 의안의 시행에 필요할 것으로 예상되는 비용에 대한 추계서와 그에 따른 재원조달방안에 관한 자료를 의안에 첨부하여야 한다. 〈개정 2021. 10. 19.〉

② 제1항에 따른 비용의 추계 및 재원조달방안에 관한 자료의 작성 및 제출 절차 등에 관하여 필요한 사항은 해당 지방자치단체의 조례로 정한다.

제79조(회기계속의 원칙) 지방의회에 제출된 의안은 회기 중에 의결되지 못한 것 때문에 폐기되지 아니한다. 다만, 지방의회의원의 임기가 끝나는 경우에는 그러하지 아니하다.

제80조(일사부재의의 원칙) 지방의회에서 부결된 의안은 같은 회기 중에 다시 발의하거나 제출할 수 없다.

제81조(위원회에서 폐기된 의안) ① 위원회에서 본회의에 부칠 필요가 없다고 결정된 의안은 본회의에 부칠 수 없다. 다만, 위원회의 결정이 본회의에 보고된 날부터 폐회나 휴회 중의 기간을 제외한 7일 이내에 지방의회의 의장이나 재적의원 3분의 1 이상이 요구하면 그 의안을 본회의에 부쳐야 한다.

② 제1항 단서의 요구가 없으면 그 의안은 폐기된다.

제82조(의장이나 의원의 제척) 지방의회의 의장이나 지방의회의원은 본인·배우자·직계존비속(直系尊卑屬) 또는 형제자매와 직접 이해관계가 있는 안건에 관하여는 그 의사에 참여할 수 없다. 다만, 의회의 동의가 있으면 의회에 출석하여 발언할 수 있다.

제83조(회의규칙) 지방의회는 회의 운영에 관하여 이 법에서 정한 것 외에 필요한 사항을 회의규칙으로 정한다.

제84조(회의록) ① 지방의회는 회의록을 작성하고 회의의 진행내용 및 결과와 출석의원의 성명을 적어야 한다.

② 회의록에는 지방의회의 의장과 지방의회에서 선출한 지방의회의원 2명

이상이 서명하여야 한다.

③ 지방의회의 의장은 회의록 사본을 첨부하여 회의 결과를 그 지방자치단체의 장에게 알려야 한다.

④ 지방의회의 의장은 회의록을 지방의회의원에게 배부하고, 주민에게 공개한다. 다만, 비밀로 할 필요가 있다고 지방의회의 의장이 인정하거나 지방의회에서 의결한 사항은 공개하지 아니한다.

제8절 청원

제85조(청원서의 제출) ① 지방의회에 청원을 하려는 자는 지방의회의원의 소개를 받아 청원서를 제출하여야 한다.

② 청원서에는 청원자의 성명(법인인 경우에는 그 명칭과 대표자의 성명을 말한다) 및 주소를 적고 서명·날인하여야 한다.

제86조(청원의 불수리) 재판에 간섭하거나 법령에 위배되는 내용의 청원은 수리하지 아니한다.

제87조(청원의 심사·처리) ① 지방의회의 의장은 청원서를 접수하면 소관 위원회나 본회의에 회부하여 심사를 하게 한다.

② 청원을 소개한 지방의회의원은 소관 위원회나 본회의가 요구하면 청원의 취지를 설명하여야 한다.

③ 위원회가 청원을 심사하여 본회의에 부칠 필요가 없다고 결정하면 그 처리 결과를 지방의회의 의장에게 보고하고, 지방의회의 의장은 청원한 자에게 알려야 한다.

제88조(청원의 이송과 처리보고) ① 지방의회가 채택한 청원으로서 그 지방자치단체의 장이 처리하는 것이 타당하다고 인정되는 청원은 의견서를 첨부하여 지방자치단체의 장에게 이송한다.

② 지방자치단체의 장은 제1항의 청원을 처리하고 그 처리결과를 지체 없이 지방의회에 보고하여야 한다.

제9절 의원의 사직·퇴직과 자격심사

제89조(의원의 사직) 지방의회는 그 의결로 소속 지방의회의원의 사직을 허가할 수 있다. 다만, 폐회 중에는 지방의회의 의장이 허가할 수 있다.

제90조(의원의 퇴직) 지방의회의원이 다음 각 호의 어느 하나에 해당될 때에는 지방의회의원의 직에서 퇴직한다.

1. 제43조제1항 각 호의 어느 하나에 해당하는 직에 취임할 때
2. 피선거권이 없게 될 때(지방자치단체의 구역변경이나 없어지거나 합한 것 외의 다른 사유로 그 지방자치단체의 구역 밖으로 주민등록을 이전하였을 때를 포함한다)
3. 징계에 따라 제명될 때

제91조(의원의 자격심사) ① 지방의회의원은 다른 의원의 자격에 대하여 이의가 있으면 재적의원 4분의 1 이상의 찬성으로 지방의회의 의장에게 자격심사를 청구할 수 있다.

② 심사 대상인 지방의회의원은 자기의 자격심사에 관한 회의에 출석하여 의견을 진술할 수 있으나, 의결에는 참가할 수 없다.

제92조(자격상실 의결) ① 제91조제1항의 심사 대상인 지방의회의원에 대한 자격상실 의결은 재적의원 3분의 2 이상의 찬성이 있어야 한다.

② 심사 대상인 지방의회의원은 제1항에 따라 자격상실이 확정될 때까지는 그 직을 상실하지 아니한다.

제93조(결원의 통지) 지방의회의 의장은 지방의회의원의 결원이 생겼을 때에는 15일 이내에 그 지방자치단체의 장과 관할 선거관리위원회에 알려야 한다.

제10절 질서

제94조(회의의 질서유지) ① 지방의회의 의장이나 위원장은 지방의회의원이 본회의나 위원회의 회의장에서 이 법이나 회의규칙에 위배되는 발언이나 행위를 하여 회의장의 질서를 어지럽히면 경고 또는 제지를 하거나 발언의 취소를 명할 수 있다.

② 지방의회의 의장이나 위원장은 제1항의 명에 따르지 아니한 지방의회의원이 있으면 그 지방의회의원에 대하여 당일의 회의에서 발언하는 것을 금지하거나 퇴장시킬 수 있다.

③ 지방의회의 의장이나 위원장은 회의장이 소란하여 질서를 유지하기 어려우면 회의를 중지하거나 산회를 선포할 수 있다.

제95조(모욕 등 발언의 금지) ① 지방의회의원은 본회의나 위원회에서 다른 사람을 모욕하거나 다른 사람의 사생활에 대하여 발언해서는 아니 된다.

② 본회의나 위원회에서 모욕을 당한 지방의회의원은 모욕을 한 지방의회의원에 대하여 지방의회에 징계를 요구할 수 있다.

제96조(발언 방해 등의 금지) 지방의회의원은 회의 중에 폭력을 행사하거나 소란한 행위를 하여 다른 사람의 발언을 방해할 수 없으며, 지방의회의 의장이나 위원장의 허가 없이 연단(演壇)이나 단상(壇上)에 올라가서는 아니 된다.

제97조(방청인의 단속) ① 방청인은 의안에 대하여 찬성·반대를 표명하거나 소란한 행위를 하여서는 아니 된다.

② 지방의회의 의장은 회의장의 질서를 방해하는 방청인의 퇴장을 명할 수 있으며, 필요하면 경찰관서에 인도할 수 있다.

③ 지방의회의 의장은 방청석이 소란하면 모든 방청인을 퇴장시킬 수 있다.

④ 제1항부터 제3항까지에서 규정한 사항 외에 방청인 단속에 필요한 사항은 회의규칙으로 정한다.

제11절 징계

제98조(징계의 사유) 지방의회는 지방의회의원이 이 법이나 자치법규에 위배되는 행위를 하면 윤리특별위원회의 심사를 거쳐 의결로써 징계할 수 있다.

제99조(징계의 요구) ① 지방의회의 의장은 제98조에 따른 징계대상 지방의회의원이 있어 징계 요구를 받으면 윤리특별위원회에 회부한다.

② 제95조제1항을 위반한 지방의회의원에 대하여 모욕을 당한 지방의회의원이 징계를 요구하려면 징계사유를 적은 요구서를 지방의회의 의장에게 제출하여야 한다.

③ 지방의회의 의장은 제2항의 징계 요구를 받으면 윤리특별위원회에 회부한다.

제100조(징계의 종류와 의결) ① 징계의 종류는 다음과 같다.

1. 공개회의에서의 경고
2. 공개회의에서의 사과
3. 30일 이내의 출석정지
4. 제명

② 제1항제4호에 따른 제명 의결에는 재적의원 3분의 2 이상의 찬성이 있어야 한다.

제101조(징계에 관한 회의규칙) 징계에 관하여 이 법에서 정한 사항 외에 필요한 사항은 회의규칙으로 정한다.

제12절 사무기구와 직원

제102조(사무처 등의 설치) ① 시·도의회에는 사무를 처리하기 위하여 조례로 정하는 바에 따라 사무처를 둘 수 있으며, 사무처에는 사무처장과 직원을 둔다.
② 시·군 및 자치구의회에는 사무를 처리하기 위하여 조례로 정하는 바에 따라 사무국이나 사무과를 둘 수 있으며, 사무국·사무과에는 사무국장 또는 사무과장과 직원을 둘 수 있다.
③ 제1항과 제2항에 따른 사무처장·사무국장·사무과장 및 직원(이하 제103조, 제104조 및 제118조에서 "사무직원"이라 한다)은 지방공무원으로 보한다.

제103조(사무직원의 정원과 임면 등) ① 지방의회에 두는 사무직원의 수는 인건비 등 대통령령으로 정하는 기준에 따라 조례로 정한다.
② 지방의회의 의장은 지방의회 사무직원을 지휘·감독하고 법령과 조례·의회규칙으로 정하는 바에 따라 그 임면·교육·훈련·복무·징계 등에 관한 사항을 처리한다.

제104조(사무직원의 직무와 신분보장 등) ① 사무처장·사무국장 또는 사무과장은 지방의회의 의장의 명을 받아 의회의 사무를 처리한다.
② 사무직원의 임용·보수·복무·신분보장·징계 등에 관하여는 이 법에서 정한 것 외에는 「지방공무원법」을 적용한다.

제6장 집행기관

제1절 지방자치단체의 장

제1관 지방자치단체의 장의 직 인수위원회

제105조(지방자치단체의 장의 직 인수위원회) ① 「공직선거법」 제191조에 따른 지방자치단체의 장의 당선인(같은 법 제14조제3항 단서에 따라 당선이 결정된 사람을 포함하며, 이하 이 조에서 "당선인"이라 한다)은 이 법에서 정하는 바에 따라 지방자치단체의 장의 직 인수를 위하여 필요한 권한을 갖는다.
② 당선인을 보좌하여 지방자치단체의 장의 직 인수와 관련된 업무를 담당하기 위하여 당선이 결정된 때부터 해당 지방자치단체에 지방자치단체의 장

의 직 인수위원회(이하 이 조에서 “인수위원회”라 한다)를 설치할 수 있다.
③ 인수위원회는 당선인으로 결정된 때부터 지방자치단체의 장의 임기 시작일 이후 20일의 범위에서 존속한다.
④ 인수위원회는 다음 각 호의 업무를 수행한다.
1. 해당 지방자치단체의 조직·기능 및 예산현황의 파악
2. 해당 지방자치단체의 정책기조를 설정하기 위한 준비
3. 그 밖에 지방자치단체의 장의 직 인수에 필요한 사항
⑤ 인수위원회는 위원장 1명 및 부위원장 1명을 포함하여 다음 각 호의 구분에 따른 위원으로 구성한다.
1. 시·도: 20명 이내
2. 시·군 및 자치구: 15명 이내
⑥ 위원장·부위원장 및 위원은 명예직으로 하고, 당선인이 임명하거나 위촉한다.
⑦ 「지방공무원법」 제31조 각 호의 어느 하나에 해당하는 사람은 인수위원회의 위원장·부위원장 및 위원이 될 수 없다.
⑧ 인수위원회의 위원장·부위원장 및 위원과 그 직에 있었던 사람은 그 직무와 관련하여 알게 된 비밀을 다른 사람에게 누설하거나 지방자치단체의 장의 직 인수 업무 외의 다른 목적으로 이용할 수 없으며, 직권을 남용해서는 아니 된다.
⑨ 인수위원회의 위원장·부위원장 및 위원과 그 직에 있었던 사람 중 공무원이 아닌 사람은 인수위원회의 업무와 관련하여 「형법」 이나 그 밖의 법률에 따른 벌칙을 적용할 때에는 공무원으로 본다.
⑩ 제1항부터 제9항까지에서 규정한 사항 외에 인수위원회의 구성·운영 및 인력·예산 지원 등에 필요한 사항은 해당 지방자치단체의 조례로 정한다.

제2관 지방자치단체의 장의 지위

제106조(지방자치단체의 장) 특별시에 특별시장, 광역시에 광역시장, 특별자치시에 특별자치시장, 도와 특별자치도에 도지사를 두고, 시에 시장, 군에 군수, 자치구에 구청장을 둔다.

제107조(지방자치단체의 장의 선거) 지방자치단체의 장은 주민이 보통·평등·직접·비밀선거로 선출한다.

제108조(지방자치단체의 장의 임기) 지방자치단체의 장의 임기는 4년으로 하며, 3기 내에서만 계속 재임(在任)할 수 있다.

제109조(겸임 등의 제한) ① 지방자치단체의 장은 다음 각 호의 어느 하나에 해당하는 직을 겸임할 수 없다.

1. 대통령, 국회의원, 헌법재판소 재판관, 각급 선거관리위원회 위원, 지방의회의원
2. 「국가공무원법」 제2조에 따른 국가공무원과 「지방공무원법」 제2조에 따른 지방공무원
3. 다른 법령에 따라 공무원의 신분을 가지는 직
4. 「공공기관의 운영에 관한 법률」 제4조에 따른 공공기관(한국방송공사, 한국교육방송공사 및 한국은행을 포함한다)의 임직원
5. 농업협동조합, 수산업협동조합, 산림조합, 엽연초생산협동조합, 신용협동조합 및 새마을금고(이들 조합·금고의 중앙회와 연합회를 포함한다)의 임직원
6. 교원
7. 「지방공기업법」 제2조에 따른 지방공사와 지방공단의 임직원
8. 그 밖에 다른 법률에서 겸임할 수 없도록 정하는 직

② 지방자치단체의 장은 재임 중 그 지방자치단체와 영리를 목적으로 하는 거래를 하거나 그 지방자치단체와 관계있는 영리사업에 종사할 수 없다.

제110조(지방자치단체의 폐지·설치·분리·합병과 지방자치단체의 장) 지방자치단체를 폐지하거나 설치하거나 나누거나 합쳐 새로 지방자치단체의 장을 선출하여야 하는 경우에는 그 지방자치단체의 장이 선출될 때까지 시·도지사는 행정안전부장관이, 시장·군수 및 자치구의 구청장은 시·도지사가 각각 그 직무를 대행할 사람을 지정하여야 한다. 다만, 둘 이상의 동격의 지방자치단체를 통폐합하여 새로운 지방자치단체를 설치하는 경우에는 종전의 지방자치단체의 장 중에서 해당 지방자치단체의 장의 직무를 대행할 사람을 지정한다.

제111조(지방자치단체의 장의 사임) ① 지방자치단체의 장은 그 직을 사임하려면 지방의회의 의장에게 미리 사임일을 적은 서면(이하 "사임통지서"라 한다)으로 알려야 한다.

② 지방자치단체의 장은 사임통지서에 적힌 사임일에 사임한다. 다만, 사임통지서에 적힌 사임일까지 지방의회의 의장에게 사임통지가 되지 아니하면

지방의회의 의장에게 사임통지가 된 날에 사임한다.

제112조(지방자치단체의 장의 퇴직) 지방자치단체의 장이 다음 각 호의 어느 하나에 해당될 때에는 그 직에서 퇴직한다.

1. 지방자치단체의 장이 겸임할 수 없는 직에 취임할 때
2. 피선거권이 없게 될 때. 이 경우 지방자치단체의 구역이 변경되거나 없어지거나 합한 것 외의 다른 사유로 그 지방자치단체의 구역 밖으로 주민등록을 이전하였을 때를 포함한다.
3. 제110조에 따라 지방자치단체의 장의 직을 상실할 때

제113조(지방자치단체의 장의 체포 및 확정판결의 통지) ① 수사기관의 장은 체포되거나 구금된 지방자치단체의 장이 있으면 지체 없이 영장의 사본을 첨부하여 해당 지방자치단체에 알려야 한다. 이 경우 통지를 받은 지방자치단체는 그 사실을 즉시 행정안전부장관에게 보고하여야 하며, 시·군 및 자치구가 행정안전부장관에게 보고할 때에는 시·도지사를 거쳐야 한다.

② 각급 법원장은 지방자치단체의 장이 형사사건으로 공소가 제기되어 판결이 확정되면 지체 없이 해당 지방자치단체에 알려야 한다. 이 경우 통지를 받은 지방자치단체는 그 사실을 즉시 행정안전부장관에게 보고하여야 하며, 시·군 및 자치구가 행정안전부장관에게 보고할 때에는 시·도지사를 거쳐야 한다.

제3관 지방자치단체의 장의 권한

제114조(지방자치단체의 통할대표권) 지방자치단체의 장은 지방자치단체를 대표하고, 그 사무를 총괄한다.

제115조(국가사무의 위임) 시·도와 시·군 및 자치구에서 시행하는 국가사무는 시·도지사와 시장·군수 및 자치구의 구청장에게 위임하여 수행하는 것을 원칙으로 한다. 다만, 법령에 다른 규정이 있는 경우에는 그러하지 아니하다.

제116조(사무의 관리 및 집행권) 지방자치단체의 장은 그 지방자치단체의 사무와 법령에 따라 그 지방자치단체의 장에게 위임된 사무를 관리하고 집행한다.

제117조(사무의 위임 등) ① 지방자치단체의 장은 조례나 규칙으로 정하는 바에 따라 그 권한에 속하는 사무의 일부를 보조기관, 소속 행정기관 또는 하부행정기관에 위임할 수 있다.

② 지방자치단체의 장은 조례나 규칙으로 정하는 바에 따라 그 권한에 속하는 사무의 일부를 관할 지방자치단체나 공공단체 또는 그 기관(사업소·출장소를 포함한다)에 위임하거나 위탁할 수 있다.

③ 지방자치단체의 장은 조례나 규칙으로 정하는 바에 따라 그 권한에 속하는 사무 중 조사·검사·검정·관리업무 등 주민의 권리·의무와 직접 관련되지 아니하는 사무를 법인·단체 또는 그 기관이나 개인에게 위탁할 수 있다.

④ 지방자치단체의 장이 위임받거나 위탁받은 사무의 일부를 제1항부터 제3항까지의 규정에 따라 다시 위임하거나 위탁하려면 미리 그 사무를 위임하거나 위탁한 기관의 장의 승인을 받아야 한다.

제118조(직원에 대한 임면권 등) 지방자치단체의 장은 소속 직원(지방의회의 사무직원은 제외한다)을 지휘·감독하고 법령과 조례·규칙으로 정하는 바에 따라 그 임면·교육훈련·복무·징계 등에 관한 사항을 처리한다.

제119조(사무인계) 지방자치단체의 장이 퇴직할 때에는 소관 사무 일체를 후임자에게 인계하여야 한다.

제4관 지방의회와의 관계

제120조(지방의회의 의결에 대한 재의 요구와 제소) ① 지방자치단체의 장은 지방의회의 의결이 월권이거나 법령에 위반되거나 공익을 현저히 해친다고 인정되면 그 의결사항을 이송받은 날부터 20일 이내에 이유를 붙여 재의를 요구할 수 있다.

② 제1항의 요구에 대하여 재의한 결과 재적의원 과반수의 출석과 출석의원 3분의 2 이상의 찬성으로 전과 같은 의결을 하면 그 의결사항은 확정된다.

③ 지방자치단체의 장은 제2항에 따라 재의결된 사항이 법령에 위반된다고 인정되면 대법원에 소(訴)를 제기할 수 있다. 이 경우에는 제192조제4항을 준용한다.

제121조(예산상 집행 불가능한 의결의 재의 요구) ① 지방자치단체의 장은 지방의회 의결이 예산상 집행할 수 없는 경비를 포함하고 있다고 인정되면 그 의결사항을 이송받은 날부터 20일 이내에 이유를 붙여 재의를 요구할 수 있다.

② 지방의회가 다음 각 호의 어느 하나에 해당하는 경비를 줄이는 의결을 할 때에도 제1항과 같다.

1. 법령에 따라 지방자치단체에서 의무적으로 부담하여야 할 경비

2. 비상재해로 인한 시설의 응급 복구를 위하여 필요한 경비

③ 제1항과 제2항의 경우에는 제120조제2항을 준용한다.

제122조(지방자치단체의 장의 선결처분) ① 지방자치단체의 장은 지방의회가 지방의회의원이 구속되는 등의 사유로 제73조에 따른 의결정족수에 미달될 때와 지방의회의 의결사항 중 주민의 생명과 재산 보호를 위하여 긴급하게 필요한 사항으로서 지방의회를 소집할 시간적 여유가 없거나 지방의회에서 의결이 지체되어 의결되지 아니할 때에는 선결처분(先決處分)을 할 수 있다.

② 제1항에 따른 선결처분은 지체 없이 지방의회에 보고하여 승인을 받아야 한다.

③ 지방의회에서 제2항의 승인을 받지 못하면 그 선결처분은 그때부터 효력을 상실한다.

④ 지방자치단체의 장은 제2항이나 제3항에 관한 사항을 지체 없이 공고하여야 한다.

제2절 보조기관

제123조(부지사·부시장·부군수·부구청장) ① 특별시·광역시 및 특별자치시에 부시장, 도와 특별자치도에 부지사, 시에 부시장, 군에 부군수, 자치구에 부구청장을 두며, 그 수는 다음 각 호의 구분과 같다.

1. 특별시의 부시장의 수: 3명을 넘지 아니하는 범위에서 대통령령으로 정한다.
2. 광역시와 특별자치시의 부시장 및 도와 특별자치도의 부지사의 수: 2명(인구 800만 이상의 광역시나 도는 3명)을 넘지 아니하는 범위에서 대통령령으로 정한다.
3. 시의 부시장, 군의 부군수 및 자치구의 부구청장의 수: 1명으로 한다.

② 특별시·광역시 및 특별자치시의 부시장, 도와 특별자치도의 부지사는 대통령령으로 정하는 바에 따라 정무직 또는 일반직 국가공무원으로 보한다. 다만, 제1항제1호 및 제2호에 따라 특별시·광역시 및 특별자치시의 부시장, 도와 특별자치도의 부지사를 2명이나 3명 두는 경우에 1명은 대통령령으로 정하는 바에 따라 정무직·일반직 또는 별정직 지방공무원으로 보하되, 정무직과 별정직 지방공무원으로 보할 때의 자격기준은 해당 지방자치단체의 조례로 정한다.

③ 제2항의 정무직 또는 일반직 국가공무원으로 보하는 부시장·부지사는

시·도지사의 제청으로 행정안전부장관을 거쳐 대통령이 임명한다. 이 경우 제청된 사람에게 법적 결격사유가 없으면 시·도지사가 제청한 날부터 30일 이내에 임명절차를 마쳐야 한다.

④ 시의 부시장, 군의 부군수, 자치구의 부구청장은 일반직 지방공무원으로 보하되, 그 직급은 대통령령으로 정하며 시장·군수·구청장이 임명한다.

⑤ 시·도의 부시장과 부지사, 시의 부시장·부군수·부구청장은 해당 지방자치단체의 장을 보좌하여 사무를 총괄하고, 소속 직원을 지휘·감독한다.

⑥ 제1항제1호 및 제2호에 따라 시·도의 부시장과 부지사를 2명이나 3명 두는 경우에 그 사무 분장은 대통령령으로 정한다. 이 경우 부시장·부지사를 3명 두는 시·도에서는 그중 1명에게 특정지역의 사무를 담당하게 할 수 있다.

제124조(지방자치단체의 장의 권한대행 등) ① 지방자치단체의 장이 다음 각 호의 어느 하나에 해당되면 부지사·부시장·부군수·부구청장(이하 이 조에서 "부단체장"이라 한다)이 그 권한을 대행한다.

1. 궐위된 경우
2. 공소 제기된 후 구금상태에 있는 경우
3. 「의료법」에 따른 의료기관에 60일 이상 계속하여 입원한 경우

② 지방자치단체의 장이 그 직을 가지고 그 지방자치단체의 장 선거에 입후보하면 예비후보자 또는 후보자로 등록한 날부터 선거일까지 부단체장이 그 지방자치단체의 장의 권한을 대행한다.

③ 지방자치단체의 장이 출장·휴가 등 일시적 사유로 직무를 수행할 수 없으면 부단체장이 그 직무를 대리한다.

④ 제1항부터 제3항까지의 경우에 부지사나 부시장이 2명 이상인 시·도에서는 대통령령으로 정하는 순서에 따라 그 권한을 대행하거나 직무를 대리한다.

⑤ 제1항부터 제3항까지의 규정에 따라 권한을 대행하거나 직무를 대리할 부단체장이 부득이한 사유로 직무를 수행할 수 없으면 그 지방자치단체의 규칙에 정해진 직제 순서에 따른 공무원이 그 권한을 대행하거나 직무를 대리한다.

제125조(행정기구와 공무원) ① 지방자치단체는 그 사무를 분장하기 위하여 필요한 행정기구와 지방공무원을 둔다.

② 제1항에 따른 행정기구의 설치와 지방공무원의 정원은 인건비 등 대통령령으로 정하는 기준에 따라 그 지방자치단체의 조례로 정한다.

③ 행정안전부장관은 지방자치단체의 행정기구와 지방공무원의 정원이 적절하게 운영되고 다른 지방자치단체와의 균형이 유지되도록 하기 위하여 필요한 사항을 권고할 수 있다.

④ 지방공무원의 임용과 시험·자격·보수·복무·신분보장·징계·교육·훈련 등에 관한 사항은 따로 법률로 정한다.

⑤ 지방자치단체에는 제1항에도 불구하고 법률로 정하는 바에 따라 국가공무원을 둘 수 있다.

⑥ 제5항에 규정된 국가공무원의 경우 「국가공무원법」 제32조제1항부터 제3항까지의 규정에도 불구하고 5급 이상의 국가공무원이나 고위공무원단에 속하는 공무원은 해당 지방자치단체의 장의 제청으로 소속 장관을 거쳐 대통령이 임명하고, 6급 이하의 국가공무원은 그 지방자치단체의 장의 제청으로 소속 장관이 임명한다.

제3절 소속 행정기관

제126조(직속기관) 지방자치단체는 소관 사무의 범위에서 필요하면 대통령령이나 대통령령으로 정하는 범위에서 그 지방자치단체의 조례로 자치경찰기관(제주특별자치도만 해당한다), 소방기관, 교육훈련기관, 보건진료기관, 시험연구기관 및 중소기업지도기관 등을 직속기관으로 설치할 수 있다.

제127조(사업소) 지방자치단체는 특정 업무를 효율적으로 수행하기 위하여 필요하면 대통령령으로 정하는 범위에서 그 지방자치단체의 조례로 사업소를 설치할 수 있다.

제128조(출장소) 지방자치단체는 외진 곳의 주민의 편의와 특정지역의 개발 촉진을 위하여 필요하면 대통령령으로 정하는 범위에서 그 지방자치단체의 조례로 출장소를 설치할 수 있다.

제129조(합의제행정기관) ① 지방자치단체는 소관 사무의 일부를 독립하여 수행할 필요가 있으면 법령이나 그 지방자치단체의 조례로 정하는 바에 따라 합의제행정기관을 설치할 수 있다.

② 제1항의 합의제행정기관의 설치·운영에 필요한 사항은 대통령령이나 그 지방자치단체의 조례로 정한다.

제130조(자문기관의 설치 등) ① 지방자치단체는 소관 사무의 범위에서 법령이나 그 지방자치단체의 조례로 정하는 바에 따라 자문기관(소관 사무에 대한

자문에 응하거나 협의, 심의 등을 목적으로 하는 심의회, 위원회 등을 말한다. 이하 같다)을 설치·운영할 수 있다.

② 자문기관은 법령이나 조례에 규정된 기능과 권한을 넘어서 주민의 권리를 제한하거나 의무를 부과하는 내용으로 자문 또는 심의 등을 하여서는 아니 된다.

③ 자문기관의 설치 요건·절차, 구성 및 운영 등에 관한 사항은 대통령령으로 정한다. 다만, 다른 법령에서 지방자치단체에 둘 수 있는 자문기관의 설치 요건·절차, 구성 및 운영 등을 따로 정한 경우에는 그 법령에서 정하는 바에 따른다.

④ 지방자치단체는 자문기관 운영의 효율성 향상을 위하여 해당 지방자치단체에 설치된 다른 자문기관과 성격·기능이 중복되는 자문기관을 설치·운영해서는 아니 되며, 지방자치단체의 조례로 정하는 바에 따라 성격과 기능이 유사한 다른 자문기관의 기능을 포함하여 운영할 수 있다.

⑤ 지방자치단체의 장은 자문기관 운영의 효율성 향상을 위한 자문기관 정비계획 및 조치 결과 등을 종합하여 작성한 자문기관 운영현황을 매년 해당 지방의회에 보고하여야 한다.

제4절 하부행정기관

제131조(하부행정기관의 장) 자치구가 아닌 구에 구청장, 읍에 읍장, 면에 면장, 동에 동장을 둔다. 이 경우 면·동은 행정면·행정동을 말한다.

제132조(하부행정기관의 장의 임명) ① 자치구가 아닌 구의 구청장은 일반직 지방공무원으로 보하되, 시장이 임명한다.

② 읍장·면장·동장은 일반직 지방공무원으로 보하되, 시장·군수 또는 자치구의 구청장이 임명한다.

제133조(하부행정기관의 장의 직무권한) 자치구가 아닌 구의 구청장은 시장, 읍장·면장은 시장이나 군수, 동장은 시장(구가 없는 시의 시장을 말한다)이나 구청장(자치구의 구청장을 포함한다)의 지휘·감독을 받아 소관 국가사무와 지방자치단체의 사무를 맡아 처리하고 소속 직원을 지휘·감독한다.

제134조(하부행정기구) 지방자치단체는 조례로 정하는 바에 따라 자치구가 아닌 구와 읍·면·동에 소관 행정사무를 분장하기 위하여 필요한 행정기구를 둘 수 있다. 이 경우 면·동은 행정면·행정동을 말한다.

제5절 교육·과학 및 체육에 관한 기관

제135조(교육·과학 및 체육에 관한 기관) ① 지방자치단체의 교육·과학 및 체육에 관한 사무를 분장하기 위하여 별도의 기관을 둔다.

② 제1항에 따른 기관의 조직과 운영에 필요한 사항은 따로 법률로 정한다.

제7장 재무

제1절 재정 운영의 기본원칙

제136조(지방재정의 조정) 국가와 지방자치단체는 지역 간 재정불균형을 해소하기 위하여 국가와 지방자치단체 간, 지방자치단체 상호 간에 적절한 재정 조정을 하도록 노력하여야 한다.

제137조(건전재정의 운영) ① 지방자치단체는 그 재정을 수지균형의 원칙에 따라 건전하게 운영하여야 한다.

② 국가는 지방재정의 자주성과 건전한 운영을 장려하여야 하며, 국가의 부담을 지방자치단체에 넘겨서는 아니 된다.

③ 국가는 다음 각 호의 어느 하나에 해당하는 기관의 신설·확장·이전·운영과 관련된 비용을 지방자치단체에 부담시켜서는 아니 된다.

1. 「정부조직법」과 다른 법률에 따라 설치된 국가행정기관 및 그 소속 기관
2. 「공공기관의 운영에 관한 법률」 제4조에 따른 공공기관
3. 국가가 출자·출연한 기관(재단법인, 사단법인 등을 포함한다)
4. 국가가 설립·조성·관리하는 시설 또는 단지 등을 지원하기 위하여 설치된 기관(재단법인, 사단법인 등을 포함한다)

④ 국가는 제3항 각 호의 기관을 신설하거나 확장하거나 이전하는 위치를 선정할 경우 지방자치단체의 재정적 부담을 입지 선정의 조건으로 하거나 입지 적합성의 선정항목으로 이용해서는 아니 된다.

제138조(국가시책의 구현) ① 지방자치단체는 국가시책을 달성하기 위하여 노력하여야 한다.

② 제1항에 따라 국가시책을 달성하기 위하여 필요한 경비의 국고보조율과 지방비부담률은 법령으로 정한다.

제139조(지방채무 및 지방채권의 관리) ① 지방자치단체의 장이나 지방자치단체조합은 따로 법률로 정하는 바에 따라 지방채를 발행할 수 있다.

② 지방자치단체의 장은 따로 법률로 정하는 바에 따라 지방자치단체의 채무부담의 원인이 될 계약의 체결이나 그 밖의 행위를 할 수 있다.

③ 지방자치단체의 장은 공익을 위하여 필요하다고 인정하면 미리 지방의회의 의결을 받아 보증채무부담행위를 할 수 있다.

④ 지방자치단체는 조례나 계약에 의하지 아니하고는 채무의 이행을 지체할 수 없다.

⑤ 지방자치단체는 법령이나 조례의 규정에 따르거나 지방의회의 의결을 받지 아니하고는 채권에 관하여 채무를 면제하거나 그 효력을 변경할 수 없다.

제2절 예산과 결산

제140조(회계연도) 지방자치단체의 회계연도는 매년 1월 1일에 시작하여 그 해 12월 31일에 끝난다.

제141조(회계의 구분) ① 지방자치단체의 회계는 일반회계와 특별회계로 구분한다.

② 특별회계는 법률이나 지방자치단체의 조례로 설치할 수 있다.

제142조(예산의 편성 및 의결) ① 지방자치단체의 장은 회계연도마다 예산안을 편성하여 시·도는 회계연도 시작 50일 전까지, 시·군 및 자치구는 회계연도 시작 40일 전까지 지방의회에 제출하여야 한다.

② 시·도의회는 제1항의 예산안을 회계연도 시작 15일 전까지, 시·군 및 자치구의회는 회계연도 시작 10일 전까지 의결하여야 한다.

③ 지방의회는 지방자치단체의 장의 동의 없이 지출예산 각 항의 금액을 증가시키거나 새로운 비용항목을 설치할 수 없다.

④ 지방자치단체의 장은 제1항의 예산안을 제출한 후 부득이한 사유로 그 내용의 일부를 수정하려면 수정예산안을 작성하여 지방의회에 다시 제출할 수 있다.

제143조(계속비) 지방자치단체의 장은 한 회계연도를 넘어 계속하여 경비를 지출할 필요가 있으면 그 총액과 연도별 금액을 정하여 계속비로서 지방의회의 의결을 받아야 한다.

제144조(예비비) ① 지방자치단체는 예측할 수 없는 예산 외의 지출이나 예산초과지출에 충당하기 위하여 세입·세출예산에 예비비를 계상하여야 한다.

② 예비비의 지출은 다음 해 지방의회의 승인을 받아야 한다.

제145조(추가경정예산) ① 지방자치단체의 장은 예산을 변경할 필요가 있으면 추가경정예산안을 편성하여 지방의회의 의결을 받아야 한다.

② 제1항의 경우에는 제142조제3항 및 제4항을 준용한다.

제146조(예산이 성립하지 아니할 때의 예산 집행) 지방의회에서 새로운 회계연도가 시작될 때까지 예산안이 의결되지 못하면 지방자치단체의 장은 지방의회에서 예산안이 의결될 때까지 다음 각 호의 목적을 위한 경비를 전년도 예산에 준하여 집행할 수 있다.

1. 법령이나 조례에 따라 설치된 기관이나 시설의 유지·운영
2. 법령상 또는 조례상 지출의무의 이행
3. 이미 예산으로 승인된 사업의 계속

제147조(지방자치단체를 신설할 때의 예산) ① 지방자치단체를 폐지하거나 설치하거나 나누거나 합쳐 새로운 지방자치단체가 설치된 경우에는 지체 없이 그 지방자치단체의 예산을 편성하여야 한다.

② 제1항의 경우에 해당 지방자치단체의 장은 예산이 성립될 때까지 필요한 경상적 수입과 지출을 할 수 있다. 이 경우 수입과 지출은 새로 성립될 예산에 포함시켜야 한다.

제148조(재정부담이 따르는 조례 제정 등) 지방의회는 새로운 재정부담이 따르는 조례나 안건을 의결하려면 미리 지방자치단체의 장의 의견을 들어야 한다.

제149조(예산의 이송·고시 등) ① 지방의회의 의장은 예산안이 의결되면 그날부터 3일 이내에 지방자치단체의 장에게 이송하여야 한다.

② 지방자치단체의 장은 제1항에 따라 예산을 이송받으면 지체 없이 시·도에서는 행정안전부장관에게, 시·군 및 자치구에서는 시·도지사에게 각각 보고하고, 그 내용을 고시하여야 한다. 다만, 제121조에 따른 재의 요구를 할 때에는 그러하지 아니하다.

제150조(결산) ① 지방자치단체의 장은 출납 폐쇄 후 80일 이내에 결산서와 증명서류를 작성하고 지방의회가 선임한 검사위원의 검사의견서를 첨부하여 다음 해 지방의회의 승인을 받아야 한다. 결산의 심사 결과 위법하거나 부당한 사항이 있는 경우에 지방의회는 본회의 의결 후 지방자치단체 또는 해당 기관에 변상 및 징계 조치 등 그 시정을 요구하고, 지방자치단체 또는 해당 기관은 시정 요구를 받은 사항을 지체 없이 처리하여 그 결과를 지방의회에 보고하여야 한다.

② 지방자치단체의 장은 제1항에 따른 승인을 받으면 그날부터 5일 이내에 시·도에서는 행정안전부장관에게, 시·군 및 자치구에서는 시·도지사에게 각각 보고하고, 그 내용을 고시하여야 한다.

③ 제1항에 따른 검사위원의 선임과 운영에 필요한 사항은 대통령령으로 정한다.

제151조(지방자치단체가 없어졌을 때의 결산) ① 지방자치단체를 폐지하거나 설치하거나 나누거나 합쳐 없어진 지방자치단체의 수입과 지출은 없어진 날로 마감하되, 그 지방자치단체의 장이었던 사람이 결산하여야 한다.

② 제1항의 결산은 제150조제1항에 따라 사무를 인수한 지방자치단체의 의회의 승인을 받아야 한다.

제3절 수입과 지출

제152조(지방세) 지방자치단체는 법률로 정하는 바에 따라 지방세를 부과·징수할 수 있다.

제153조(사용료) 지방자치단체는 공공시설의 이용 또는 재산의 사용에 대하여 사용료를 징수할 수 있다.

제154조(수수료) ① 지방자치단체는 그 지방자치단체의 사무가 특정인을 위한 것이면 그 사무에 대하여 수수료를 징수할 수 있다.

② 지방자치단체는 국가나 다른 지방자치단체의 위임사무가 특정인을 위한 것이면 그 사무에 대하여 수수료를 징수할 수 있다.

③ 제2항에 따른 수수료는 그 지방자치단체의 수입으로 한다. 다만, 법령에 달리 정해진 경우에는 그러하지 아니하다.

제155조(분담금) 지방자치단체는 그 재산 또는 공공시설의 설치로 주민의 일부가 특히 이익을 받으면 이익을 받는 자로부터 그 이익의 범위에서 분담금을 징수할 수 있다.

제156조(사용료의 징수조례 등) ① 사용료·수수료 또는 분담금의 징수에 관한 사항은 조례로 정한다. 다만, 국가가 지방자치단체나 그 기관에 위임한 사무와 자치사무의 수수료 중 전국적으로 통일할 필요가 있는 수수료는 다른 법령의 규정에도 불구하고 대통령령으로 정하는 표준금액으로 징수하되, 지방자치단체가 다른 금액으로 징수하려는 경우에는 표준금액의 50퍼센트 범위에서 조례로 가감 조정하여 징수할 수 있다.

② 사기나 그 밖의 부정한 방법으로 사용료·수수료 또는 분담금의 징수를 면한 자에게는 그 징수를 면한 금액의 5배 이내의 과태료를, 공공시설을 부정사용한 자에게는 50만원 이하의 과태료를 부과하는 규정을 조례로 정할 수 있다.
③ 제2항에 따른 과태료의 부과·징수, 재판 및 집행 등의 절차에 관한 사항은 「질서위반행위규제법」에 따른다.

제157조(사용료 등의 부과·징수, 이의신청) ① 사용료·수수료 또는 분담금은 공평한 방법으로 부과하거나 징수하여야 한다.
② 사용료·수수료 또는 분담금의 부과나 징수에 대하여 이의가 있는 자는 그 처분을 통지받은 날부터 90일 이내에 그 지방자치단체의 장에게 이의신청할 수 있다.
③ 지방자치단체의 장은 제2항의 이의신청을 받은 날부터 60일 이내에 결정을 하여 알려야 한다.
④ 사용료·수수료 또는 분담금의 부과나 징수에 대하여 행정소송을 제기하려면 제3항에 따른 결정을 통지받은 날부터 90일 이내에 처분청을 당사자로 하여 소를 제기하여야 한다.
⑤ 제3항에 따른 결정기간에 결정의 통지를 받지 못하면 제4항에도 불구하고 그 결정기간이 지난 날부터 90일 이내에 소를 제기할 수 있다.
⑥ 제2항과 제3항에 따른 이의신청의 방법과 절차 등에 관하여는 「지방세기본법」 제90조와 제94조부터 제100조까지의 규정을 준용한다.
⑦ 지방자치단체의 장은 사용료·수수료 또는 분담금을 내야 할 자가 납부기한까지 그 사용료·수수료 또는 분담금을 내지 아니하면 지방세 체납처분의 예에 따라 징수할 수 있다.

제158조(경비의 지출) 지방자치단체는 자치사무 수행에 필요한 경비와 위임된 사무에 필요한 경비를 지출할 의무를 진다. 다만, 국가사무나 지방자치단체사무를 위임할 때에는 사무를 위임한 국가나 지방자치단체에서 그 경비를 부담하여야 한다.

제4절 재산 및 공공시설

제159조(재산과 기금의 설치) ① 지방자치단체는 행정목적을 달성하기 위한 경우나 공익상 필요한 경우에는 재산(현금 외의 모든 재산적 가치가 있는 물건

과 권리를 말한다)을 보유하거나 특정한 자금을 운용하기 위한 기금을 설치할 수 있다.

② 제1항의 재산의 보유, 기금의 설치·운용에 필요한 사항은 조례로 정한다.

제160조(재산의 관리와 처분) 지방자치단체의 재산은 법령이나 조례에 따르지 아니하고는 교환·양여(讓與)·대여하거나 출자 수단 또는 지급 수단으로 사용할 수 없다.

제161조(공공시설) ① 지방자치단체는 주민의 복지를 증진하기 위하여 공공시설을 설치할 수 있다.

② 제1항의 공공시설의 설치와 관리에 관하여 다른 법령에 규정이 없으면 조례로 정한다.

③ 제1항의 공공시설은 관계 지방자치단체의 동의를 받아 그 지방자치단체의 구역 밖에 설치할 수 있다.

제5절 보칙

제162조(지방재정 운영에 관한 법률의 제정) 지방자치단체의 재정에 관하여 이 법에서 정한 것 외에 필요한 사항은 따로 법률로 정한다.

제163조(지방공기업의 설치·운영) ① 지방자치단체는 주민의 복리증진과 사업의 효율적 수행을 위하여 지방공기업을 설치·운영할 수 있다.

② 지방공기업의 설치·운영에 필요한 사항은 따로 법률로 정한다.

제8장 지방자치단체 상호 간의 관계

제1절 지방자치단체 간의 협력과 분쟁조정

제164조(지방자치단체 상호 간의 협력) ① 지방자치단체는 다른 지방자치단체로부터 사무의 공동처리에 관한 요청이나 사무처리에 관한 협의·조정·승인 또는 지원의 요청을 받으면 법령의 범위에서 협력하여야 한다.

② 관계 중앙행정기관의 장은 지방자치단체 간의 협력 활성화를 위하여 필요한 지원을 할 수 있다.

제165조(지방자치단체 상호 간의 분쟁조정) ① 지방자치단체 상호 간 또는 지방자치단체의 장 상호 간에 사무를 처리할 때 의견이 달라 다툼(이하 "분쟁"이라 한다)이 생기면 다른 법률에 특별한 규정이 없으면 행정안전부장관이나 시·

도지사가 당사자의 신청을 받아 조정할 수 있다. 다만, 그 분쟁이 공익을 현저히 해쳐 조속한 조정이 필요하다고 인정되면 당사자의 신청이 없어도 직권으로 조정할 수 있다.

② 제1항 단서에 따라 행정안전부장관이나 시·도지사가 분쟁을 조정하는 경우에는 그 취지를 미리 당사자에게 알려야 한다.

③ 행정안전부장관이나 시·도지사가 제1항의 분쟁을 조정하려는 경우에는 관계 중앙행정기관의 장과의 협의를 거쳐 제166조에 따른 지방자치단체중앙분쟁조정위원회나 지방자치단체지방분쟁조정위원회의 의결에 따라 조정을 결정하여야 한다.

④ 행정안전부장관이나 시·도지사는 제3항에 따라 조정을 결정하면 서면으로 지체 없이 관계 지방자치단체의 장에게 통보하여야 하며, 통보를 받은 지방자치단체의 장은 그 조정 결정 사항을 이행하여야 한다.

⑤ 제3항에 따른 조정 결정 사항 중 예산이 필요한 사항에 대해서는 관계 지방자치단체는 필요한 예산을 우선적으로 편성하여야 한다. 이 경우 연차적으로 추진하여야 할 사항은 연도별 추진계획을 행정안전부장관이나 시·도지사에게 보고하여야 한다.

⑥ 행정안전부장관이나 시·도지사는 제3항의 조정 결정에 따른 시설의 설치 또는 서비스의 제공으로 이익을 얻거나 그 원인을 일으켰다고 인정되는 지방자치단체에 대해서는 그 시설비나 운영비 등의 전부나 일부를 행정안전부장관이 정하는 기준에 따라 부담하게 할 수 있다.

⑦ 행정안전부장관이나 시·도지사는 제4항부터 제6항까지의 규정에 따른 조정 결정 사항이 성실히 이행되지 아니하면 그 지방자치단체에 대하여 제189조를 준용하여 이행하게 할 수 있다.

제166조(지방자치단체중앙분쟁조정위원회 등의 설치와 구성 등) ① 제165조제1항에 따른 분쟁의 조정과 제173조제1항에 따른 협의사항의 조정에 필요한 사항을 심의·의결하기 위하여 행정안전부에 지방자치단체중앙분쟁조정위원회(이하 "중앙분쟁조정위원회"라 한다)를, 시·도에 지방자치단체지방분쟁조정위원회(이하 "지방분쟁조정위원회"라 한다)를 둔다.

② 중앙분쟁조정위원회는 다음 각 호의 분쟁을 심의·의결한다.

1. 시·도 간 또는 그 장 간의 분쟁
2. 시·도를 달리하는 시·군 및 자치구 간 또는 그 장 간의 분쟁
3. 시·도와 시·군 및 자치구 간 또는 그 장 간의 분쟁

4. 시·도와 지방자치단체조합 간 또는 그 장 간의 분쟁
5. 시·도를 달리하는 시·군 및 자치구와 지방자치단체조합 간 또는 그 장 간의 분쟁
6. 시·도를 달리하는 지방자치단체조합 간 또는 그 장 간의 분쟁

③ 지방분쟁조정위원회는 제2항 각 호에 해당하지 아니하는 지방자치단체·지방자치단체조합 간 또는 그 장 간의 분쟁을 심의·의결한다.

④ 중앙분쟁조정위원회와 지방분쟁조정위원회(이하 "분쟁조정위원회"라 한다)는 각각 위원장 1명을 포함하여 11명 이내의 위원으로 구성한다.

⑤ 중앙분쟁조정위원회의 위원장과 위원 중 5명은 다음 각 호의 사람 중에서 행정안전부장관의 제청으로 대통령이 임명하거나 위촉하고, 대통령령으로 정하는 중앙행정기관 소속 공무원은 당연직위원이 된다.

1. 대학에서 부교수 이상으로 3년 이상 재직 중이거나 재직한 사람
2. 판사·검사 또는 변호사의 직에 6년 이상 재직 중이거나 재직한 사람
3. 그 밖에 지방자치사무에 관한 학식과 경험이 풍부한 사람

⑥ 지방분쟁조정위원회의 위원장과 위원 중 5명은 제5항 각 호의 사람 중에서 시·도지사가 임명하거나 위촉하고, 조례로 정하는 해당 지방자치단체 소속 공무원은 당연직위원이 된다.

⑦ 공무원이 아닌 위원장 및 위원의 임기는 3년으로 하며, 연임할 수 있다. 다만, 보궐위원의 임기는 전임자 임기의 남은 기간으로 한다.

제167조(분쟁조정위원회의 운영 등) ① 분쟁조정위원회는 위원장을 포함한 위원 7명 이상의 출석으로 개의하고, 출석위원 3분의 2 이상의 찬성으로 의결한다.

② 분쟁조정위원회의 위원장은 분쟁의 조정과 관련하여 필요하다고 인정하면 관계 공무원, 지방자치단체조합의 직원 또는 관계 전문가를 출석시켜 의견을 듣거나 관계 기관이나 단체에 대하여 자료 및 의견 제출 등을 요구할 수 있다. 이 경우 분쟁의 당사자에게는 의견을 진술할 기회를 주어야 한다.

③ 이 법에서 정한 사항 외에 분쟁조정위원회의 구성과 운영 등에 필요한 사항은 대통령령으로 정한다.

제168조(사무의 위탁) ① 지방자치단체나 그 장은 소관 사무의 일부를 다른 지방자치단체나 그 장에게 위탁하여 처리하게 할 수 있다.

② 지방자치단체나 그 장은 제1항에 따라 사무를 위탁하려면 관계 지방자치단체와의 협의에 따라 규약을 정하여 고시하여야 한다.

③ 제2항의 사무위탁에 관한 규약에는 다음 각 호의 사항이 포함되어야 한다.

1. 사무를 위탁하는 지방자치단체와 사무를 위탁받는 지방자치단체
2. 위탁사무의 내용과 범위
3. 위탁사무의 관리와 처리방법
4. 위탁사무의 관리와 처리에 드는 경비의 부담과 지출방법
5. 그 밖에 사무위탁에 필요한 사항

④ 지방자치단체나 그 장은 사무위탁을 변경하거나 해지하려면 관계 지방자치단체나 그 장과 협의하여 그 사실을 고시하여야 한다.

⑤ 사무가 위탁된 경우 위탁된 사무의 관리와 처리에 관한 조례나 규칙은 규약에 다르게 정해진 경우 외에는 사무를 위탁받은 지방자치단체에 대해서도 적용한다.

제2절 행정협의회

제169조(행정협의회의 구성) ① 지방자치단체는 2개 이상의 지방자치단체에 관련된 사무의 일부를 공동으로 처리하기 위하여 관계 지방자치단체 간의 행정협의회(이하 "협의회"라 한다)를 구성할 수 있다. 이 경우 지방자치단체의 장은 시·도가 구성원이면 행정안전부장관과 관계 중앙행정기관의 장에게, 시·군 또는 자치구가 구성원이면 시·도지사에게 이를 보고하여야 한다.

② 지방자치단체는 협의회를 구성하려면 관계 지방자치단체 간의 협의에 따라 규약을 정하여 관계 지방의회에 각각 보고한 다음 고시하여야 한다.

③ 행정안전부장관이나 시·도지사는 공익상 필요하면 관계 지방자치단체에 대하여 협의회를 구성하도록 권고할 수 있다.

제170조(협의회의 조직) ① 협의회는 회장과 위원으로 구성한다.

② 회장과 위원은 규약으로 정하는 바에 따라 관계 지방자치단체의 직원 중에서 선임한다.

③ 회장은 협의회를 대표하며 회의를 소집하고 협의회의 사무를 총괄한다.

제171조(협의회의 규약) 협의회의 규약에는 다음 각 호의 사항이 포함되어야 한다.

1. 협의회의 명칭
2. 협의회를 구성하는 지방자치단체
3. 협의회가 처리하는 사무
4. 협의회의 조직과 회장 및 위원의 선임방법

5. 협의회의 운영과 사무처리에 필요한 경비의 부담이나 지출방법
6. 그 밖에 협의회의 구성과 운영에 필요한 사항

제172조(협의회의 자료제출 요구 등) 협의회는 사무를 처리하기 위하여 필요하다고 인정하면 관계 지방자치단체의 장에게 자료 제출, 의견 제시, 그 밖에 필요한 협조를 요구할 수 있다.

제173조(협의사항의 조정) ① 협의회에서 합의가 이루어지지 아니한 사항에 대하여 관계 지방자치단체의 장이 조정을 요청하면 시·도 간의 협의사항에 대해서는 행정안전부장관이, 시·군 및 자치구 간의 협의사항에 대해서는 시·도지사가 조정할 수 있다. 다만, 관계되는 시·군 및 자치구가 2개 이상의 시·도에 걸쳐 있는 경우에는 행정안전부장관이 조정할 수 있다.
② 행정안전부장관이나 시·도지사가 제1항에 따라 조정을 하려면 관계 중앙행정기관의 장과의 협의를 거쳐 분쟁조정위원회의 의결에 따라 조정하여야 한다.

제174조(협의회의 협의 및 사무처리의 효력) ① 협의회를 구성한 관계 지방자치단체는 협의회가 결정한 사항이 있으면 그 결정에 따라 사무를 처리하여야 한다.
② 제173조제1항에 따라 행정안전부장관이나 시·도지사가 조정한 사항에 관하여는 제165조제3항부터 제6항까지의 규정을 준용한다.
③ 협의회가 관계 지방자치단체나 그 장의 명의로 한 사무의 처리는 관계 지방자치단체나 그 장이 한 것으로 본다.

제175조(협의회의 규약변경 및 폐지) 지방자치단체가 협의회의 규약을 변경하거나 협의회를 없애려는 경우에는 제169조제1항 및 제2항을 준용한다.

제3절 지방자치단체조합

제176조(지방자치단체조합의 설립) ① 2개 이상의 지방자치단체가 하나 또는 둘 이상의 사무를 공동으로 처리할 필요가 있을 때에는 규약을 정하여 지방의회의 의결을 거쳐 시·도는 행정안전부장관의 승인, 시·군 및 자치구는 시·도지사의 승인을 받아 지방자치단체조합을 설립할 수 있다. 다만, 지방자치단체조합의 구성원인 시·군 및 자치구가 2개 이상의 시·도에 걸쳐 있는 지방자치단체조합은 행정안전부장관의 승인을 받아야 한다.
② 지방자치단체조합은 법인으로 한다.

제177조(지방자치단체조합의 조직) ① 지방자치단체조합에는 지방자치단체조합회의와 지방자치단체조합장 및 사무직원을 둔다.

② 지방자치단체조합회의의 위원과 지방자치단체조합장 및 사무직원은 지방자치단체조합규약으로 정하는 바에 따라 선임한다.

③ 관계 지방의회의원과 관계 지방자치단체의 장은 제43조제1항과 제109조제1항에도 불구하고 지방자치단체조합회의의 위원이나 지방자치단체조합장을 겸할 수 있다.

제178조(지방자치단체조합회의와 지방자치단체조합장의 권한) ① 지방자치단체조합회의는 지방자치단체조합의 규약으로 정하는 바에 따라 지방자치단체조합의 중요 사무를 심의·의결한다.

② 지방자치단체조합회의는 지방자치단체조합이 제공하는 서비스에 대한 사용료·수수료 또는 분담금을 제156조제1항에 따른 조례로 정한 범위에서 정할 수 있다.

③ 지방자치단체조합장은 지방자치단체조합을 대표하며 지방자치단체조합의 사무를 총괄한다.

제179조(지방자치단체조합의 규약) 지방자치단체조합의 규약에는 다음 각 호의 사항이 포함되어야 한다.

1. 지방자치단체조합의 명칭
2. 지방자치단체조합을 구성하는 지방자치단체
3. 사무소의 위치
4. 지방자치단체조합의 사무
5. 지방자치단체조합회의의 조직과 위원의 선임방법
6. 집행기관의 조직과 선임방법
7. 지방자치단체조합의 운영 및 사무처리에 필요한 경비의 부담과 지출방법
8. 그 밖에 지방자치단체조합의 구성과 운영에 관한 사항

제180조(지방자치단체조합의 지도·감독) ① 시·도가 구성원인 지방자치단체조합은 행정안전부장관, 시·군 및 자치구가 구성원인 지방자치단체조합은 1차로 시·도지사, 2차로 행정안전부장관의 지도·감독을 받는다. 다만, 지방자치단체조합의 구성원인 시·군 및 자치구가 2개 이상의 시·도에 걸쳐 있는 지방자치단체조합은 행정안전부장관의 지도·감독을 받는다.

② 행정안전부장관은 공익상 필요하면 지방자치단체조합의 설립이나 해산

또는 규약 변경을 명할 수 있다.

제181조(지방자치단체조합의 규약 변경 및 해산) ① 지방자치단체조합의 규약을 변경하거나 지방자치단체조합을 해산하려는 경우에는 제176조제1항을 준용한다.

② 지방자치단체조합을 해산한 경우에 그 재산의 처분은 관계 지방자치단체의 협의에 따른다.

제4절 지방자치단체의 장 등의 협의체

제182조(지방자치단체의 장 등의 협의체) ① 지방자치단체의 장이나 지방의회의 의장은 상호 간의 교류와 협력을 증진하고, 공동의 문제를 협의하기 위하여 다음 각 호의 구분에 따라 각각 전국적 협의체를 설립할 수 있다.

1. 시·도지사
2. 시·도의회의 의장
3. 시장·군수 및 자치구의 구청장
4. 시·군 및 자치구의회의 의장

② 제1항 각 호의 전국적 협의체는 그들 모두가 참가하는 지방자치단체 연합체를 설립할 수 있다.

③ 제1항에 따른 협의체나 제2항에 따른 연합체를 설립하였을 때에는 그 협의체·연합체의 대표자는 지체 없이 행정안전부장관에게 신고하여야 한다.

④ 제1항에 따른 협의체나 제2항에 따른 연합체는 지방자치에 직접적인 영향을 미치는 법령 등에 관한 의견을 행정안전부장관에게 제출할 수 있으며, 행정안전부장관은 제출된 의견을 관계 중앙행정기관의 장에게 통보하여야 한다.

⑤ 관계 중앙행정기관의 장은 제4항에 따라 통보된 내용에 대하여 통보를 받은 날부터 2개월 이내에 타당성을 검토하여 행정안전부장관에게 결과를 통보하여야 하고, 행정안전부장관은 통보받은 검토 결과를 해당 협의체나 연합체에 지체 없이 통보하여야 한다. 이 경우 관계 중앙행정기관의 장은 검토 결과 타당성이 없다고 인정하면 구체적인 사유 및 내용을 밝혀 통보하여야 하며, 타당하다고 인정하면 관계 법령에 그 내용이 반영될 수 있도록 적극 협력하여야 한다.

⑥ 제1항에 따른 협의체나 제2항에 따른 연합체는 지방자치와 관련된 법률의 제정·개정 또는 폐지가 필요하다고 인정하는 경우에는 국회에 서면으로

의견을 제출할 수 있다.

⑦ 제1항에 따른 협의체나 제2항에 따른 연합체의 설립신고와 운영, 그 밖에 필요한 사항은 대통령령으로 정한다.

제9장 국가와 지방자치단체 간의 관계

제183조(국가와 지방자치단체의 협력 의무) 국가와 지방자치단체는 주민에 대한 균형적인 공공서비스 제공과 지역 간 균형발전을 위하여 협력하여야 한다.

제184조(지방자치단체의 사무에 대한 지도와 지원) ① 중앙행정기관의 장이나 시·도지사는 지방자치단체의 사무에 관하여 조언 또는 권고하거나 지도할 수 있으며, 이를 위하여 필요하면 지방자치단체에 자료 제출을 요구할 수 있다.

② 국가나 시·도는 지방자치단체가 그 지방자치단체의 사무를 처리하는 데 필요하다고 인정하면 재정지원이나 기술지원을 할 수 있다.

③ 지방자치단체의 장은 제1항의 조언·권고 또는 지도와 관련하여 중앙행정기관의 장이나 시·도지사에게 의견을 제출할 수 있다.

제185조(국가사무나 시·도 사무 처리의 지도·감독) ① 지방자치단체나 그 장이 위임받아 처리하는 국가사무에 관하여 시·도에서는 주무부장관, 시·군 및 자치구에서는 1차로 시·도지사, 2차로 주무부장관의 지도·감독을 받는다.

② 시·군 및 자치구나 그 장이 위임받아 처리하는 시·도의 사무에 관하여는 시·도지사의 지도·감독을 받는다.

제186조(중앙지방협력회의의 설치) ① 국가와 지방자치단체 간의 협력을 도모하고 지방자치 발전과 지역 간 균형발전에 관련되는 중요 정책을 심의하기 위하여 중앙지방협력회의를 둔다.

② 제1항에 따른 중앙지방협력회의의 구성과 운영에 관한 사항은 따로 법률로 정한다.

제187조(중앙행정기관과 지방자치단체 간 협의·조정) ① 중앙행정기관의 장과 지방자치단체의 장이 사무를 처리할 때 의견을 달리하는 경우 이를 협의·조정하기 위하여 국무총리 소속으로 행정협의조정위원회를 둔다.

② 행정협의조정위원회는 위원장 1명을 포함하여 13명 이내의 위원으로 구성한다.

③ 행정협의조정위원회의 위원은 다음 각 호의 사람이 되고, 위원장은 제3호의 위촉위원 중에서 국무총리가 위촉한다.

1. 기획재정부장관, 행정안전부장관, 국무조정실장 및 법제처장
2. 안건과 관련된 중앙행정기관의 장과 시·도지사 중 위원장이 지명하는 사람
3. 그 밖에 지방자치에 관한 학식과 경험이 풍부한 사람 중에서 국무총리가 위촉하는 사람 4명

④ 제1항부터 제3항까지에서 규정한 사항 외에 행정협의조정위원회의 구성과 운영 등에 필요한 사항은 대통령령으로 정한다.

제188조(위법·부당한 명령이나 처분의 시정) ① 지방자치단체의 사무에 관한 지방자치단체의 장(제103조제2항에 따른 사무의 경우에는 지방의회의 의장을 말한다. 이하 이 조에서 같다)의 명령이나 처분이 법령에 위반되거나 현저히 부당하여 공익을 해친다고 인정되면 시·도에 대해서는 주무부장관이, 시·군 및 자치구에 대해서는 시·도지사가 기간을 정하여 서면으로 시정할 것을 명하고, 그 기간에 이행하지 아니하면 이를 취소하거나 정지할 수 있다.

② 주무부장관은 지방자치단체의 사무에 관한 시장·군수 및 자치구의 구청장의 명령이나 처분이 법령에 위반되거나 현저히 부당하여 공익을 해침에도 불구하고 시·도지사가 제1항에 따른 시정명령을 하지 아니하면 시·도지사에게 기간을 정하여 시정명령을 하도록 명할 수 있다.

③ 주무부장관은 시·도지사가 제2항에 따른 기간에 시정명령을 하지 아니하면 제2항에 따른 기간이 지난 날부터 7일 이내에 직접 시장·군수 및 자치구의 구청장에게 기간을 정하여 서면으로 시정할 것을 명하고, 그 기간에 이행하지 아니하면 주무부장관이 시장·군수 및 자치구의 구청장의 명령이나 처분을 취소하거나 정지할 수 있다.

④ 주무부장관은 시·도지사가 시장·군수 및 자치구의 구청장에게 제1항에 따라 시정명령을 하였으나 이를 이행하지 아니한 데 따른 취소·정지를 하지 아니하는 경우에는 시·도지사에게 기간을 정하여 시장·군수 및 자치구의 구청장의 명령이나 처분을 취소하거나 정지할 것을 명하고, 그 기간에 이행하지 아니하면 주무부장관이 이를 직접 취소하거나 정지할 수 있다.

⑤ 제1항부터 제4항까지의 규정에 따른 자치사무에 관한 명령이나 처분에 대한 주무부장관 또는 시·도지사의 시정명령, 취소 또는 정지는 법령을 위반한 것에 한정한다.

⑥ 지방자치단체의 장은 제1항, 제3항 또는 제4항에 따른 자치사무에 관한 명령이나 처분의 취소 또는 정지에 대하여 이의가 있으면 그 취소처분 또는 정지처분을 통보받은 날부터 15일 이내에 대법원에 소를 제기할 수 있다.

제189조(지방자치단체의 장에 대한 직무이행명령) ① 지방자치단체의 장이 법령에 따라 그 의무에 속하는 국가위임사무나 시·도위임사무의 관리와 집행을 명백히 게을리하고 있다고 인정되면 시·도에 대해서는 주무부장관이, 시·군 및 자치구에 대해서는 시·도지사가 기간을 정하여 서면으로 이행할 사항을 명령할 수 있다.

② 주무부장관이나 시·도지사는 해당 지방자치단체의 장이 제1항의 기간에 이행명령을 이행하지 아니하면 그 지방자치단체의 비용부담으로 대집행 또는 행정상·재정상 필요한 조치(이하 이 조에서 "대집행등"이라 한다)를 할 수 있다. 이 경우 행정대집행에 관하여는 「행정대집행법」을 준용한다.

③ 주무부장관은 시장·군수 및 자치구의 구청장이 법령에 따라 그 의무에 속하는 국가위임사무의 관리와 집행을 명백히 게을리하고 있다고 인정됨에도 불구하고 시·도지사가 제1항에 따른 이행명령을 하지 아니하는 경우 시·도지사에게 기간을 정하여 이행명령을 하도록 명할 수 있다.

④ 주무부장관은 시·도지사가 제3항에 따른 기간에 이행명령을 하지 아니하면 제3항에 따른 기간이 지난 날부터 7일 이내에 직접 시장·군수 및 자치구의 구청장에게 기간을 정하여 이행명령을 하고, 그 기간에 이행하지 아니하면 주무부장관이 직접 대집행등을 할 수 있다.

⑤ 주무부장관은 시·도지사가 시장·군수 및 자치구의 구청장에게 제1항에 따라 이행명령을 하였으나 이를 이행하지 아니한 데 따른 대집행등을 하지 아니하는 경우에는 시·도지사에게 기간을 정하여 대집행등을 하도록 명하고, 그 기간에 대집행등을 하지 아니하면 주무부장관이 직접 대집행등을 할 수 있다.

⑥ 지방자치단체의 장은 제1항 또는 제4항에 따른 이행명령에 이의가 있으면 이행명령서를 접수한 날부터 15일 이내에 대법원에 소를 제기할 수 있다. 이 경우 지방자치단체의 장은 이행명령의 집행을 정지하게 하는 집행정지결정을 신청할 수 있다.

제190조(지방자치단체의 자치사무에 대한 감사) ① 행정안전부장관이나 시·도지사는 지방자치단체의 자치사무에 관하여 보고를 받거나 서류·장부 또는 회계를 감사할 수 있다. 이 경우 감사는 법령 위반사항에 대해서만 한다.

② 행정안전부장관 또는 시·도지사는 제1항에 따라 감사를 하기 전에 해당 사무의 처리가 법령에 위반되는지 등을 확인하여야 한다.

제191조(지방자치단체에 대한 감사 절차 등) ① 주무부장관, 행정안전부장관 또는 시·도지사는 이미 감사원 감사 등이 실시된 사안에 대해서는 새로운 사실이 발견되거나 중요한 사항이 누락된 경우 등 대통령령으로 정하는 경우를 제외하고는 감사 대상에서 제외하고 종전의 감사 결과를 활용하여야 한다.

② 주무부장관과 행정안전부장관은 다음 각 호의 어느 하나에 해당하는 감사를 하려고 할 때에는 지방자치단체의 수감부담을 줄이고 감사의 효율성을 높이기 위하여 같은 기간 동안 함께 감사를 할 수 있다.

1. 제185조에 따른 주무부장관의 위임사무 감사
2. 제190조에 따른 행정안전부장관의 자치사무 감사

③ 제185조, 제190조 및 이 조 제2항에 따른 감사의 절차·방법 등에 관하여 필요한 사항은 대통령령으로 정한다.

제192조(지방의회 의결의 재의와 제소) ① 지방의회의 의결이 법령에 위반되거나 공익을 현저히 해친다고 판단되면 시·도에 대해서는 주무부장관이, 시·군 및 자치구에 대해서는 시·도지사가 해당 지방자치단체의 장에게 재의를 요구하게 할 수 있고, 재의 요구 지시를 받은 지방자치단체의 장은 의결사항을 이송받은 날부터 20일 이내에 지방의회에 이유를 붙여 재의를 요구하여야 한다.

② 시·군 및 자치구의회의 의결이 법령에 위반된다고 판단됨에도 불구하고 시·도지사가 제1항에 따라 재의를 요구하게 하지 아니한 경우 주무부장관이 직접 시장·군수 및 자치구의 구청장에게 재의를 요구하게 할 수 있고, 재의 요구 지시를 받은 시장·군수 및 자치구의 구청장은 의결사항을 이송받은 날부터 20일 이내에 지방의회에 이유를 붙여 재의를 요구하여야 한다.

③ 제1항 또는 제2항의 요구에 대하여 재의한 결과 재적의원 과반수의 출석과 출석의원 3분의 2 이상의 찬성으로 전과 같은 의결을 하면 그 의결사항은 확정된다.

④ 지방자치단체의 장은 제3항에 따라 재의결된 사항이 법령에 위반된다고 판단되면 재의결된 날부터 20일 이내에 대법원에 소를 제기할 수 있다. 이 경우 필요하다고 인정되면 그 의결의 집행을 정지하게 하는 집행정지결정을 신청할 수 있다.

⑤ 주무부장관이나 시·도지사는 재의결된 사항이 법령에 위반된다고 판단됨에도 불구하고 해당 지방자치단체의 장이 소를 제기하지 아니하면 시·도에 대해서는 주무부장관이, 시·군 및 자치구에 대해서는 시·도지사(제2항에 따

라 주무부장관이 직접 재의 요구 지시를 한 경우에는 주무부장관을 말한다. 이하 이 조에서 같다)가 그 지방자치단체의 장에게 제소를 지시하거나 직접 제소 및 집행정지결정을 신청할 수 있다.

⑥ 제5항에 따른 제소의 지시는 제4항의 기간이 지난 날부터 7일 이내에 하고, 해당 지방자치단체의 장은 제소 지시를 받은 날부터 7일 이내에 제소하여야 한다.

⑦ 주무부장관이나 시·도지사는 제6항의 기간이 지난 날부터 7일 이내에 제5항에 따른 직접 제소 및 집행정지결정을 신청할 수 있다.

⑧ 제1항 또는 제2항에 따라 지방의회의 의결이 법령에 위반된다고 판단되어 주무부장관이나 시·도지사로부터 재의 요구 지시를 받은 해당 지방자치단체의 장이 재의를 요구하지 아니하는 경우(법령에 위반되는 지방의회의 의결사항이 조례안인 경우로서 재의 요구 지시를 받기 전에 그 조례안을 공포한 경우를 포함한다)에는 주무부장관이나 시·도지사는 제1항 또는 제2항에 따른 기간이 지난 날부터 7일 이내에 대법원에 직접 제소 및 집행정지결정을 신청할 수 있다.

⑨ 제1항 또는 제2항에 따른 지방의회의 의결이나 제3항에 따라 재의결된 사항이 둘 이상의 부처와 관련되거나 주무부장관이 불분명하면 행정안전부장관이 재의 요구 또는 제소를 지시하거나 직접 제소 및 집행정지 결정을 신청할 수 있다.

제10장 국제교류·협력

제193조(지방자치단체의 역할) 지방자치단체는 국가의 외교·통상 정책과 배치되지 아니하는 범위에서 국제교류·협력, 통상·투자유치를 위하여 외국의 지방자치단체, 민간기관, 국제기구(국제연합과 그 산하기구·전문기구를 포함한 정부 간 기구, 지방자치단체 간 기구를 포함한 준정부 간 기구, 국제 비정부기구 등을 포함한다. 이하 같다)와 협력을 추진할 수 있다.

제194조(지방자치단체의 국제기구 지원) 지방자치단체는 국제기구 설립·유치 또는 활동 지원을 위하여 국제기구에 공무원을 파견하거나 운영비용 등 필요한 비용을 보조할 수 있다.

제195조(해외사무소 설치·운영) ① 지방자치단체는 국제교류·협력 등의 업무를 원활히 수행하기 위하여 필요한 곳에 단독 또는 지방자치단체 간 협력을 통해 공동으로 해외사무소를 설치할 수 있다.

② 지방자치단체는 해외사무소가 효율적으로 운영될 수 있도록 노력해야 한다.

제11장 서울특별시 및 대도시 등과 세종특별자치시 및 제주특별자치도의 행정특례

제196조(자치구의 재원) 특별시장이나 광역시장은 「지방재정법」에서 정하는 바에 따라 해당 지방자치단체의 관할 구역의 자치구 상호 간의 재원을 조정하여야 한다.

제197조(특례의 인정) ① 서울특별시의 지위·조직 및 운영에 대해서는 수도로서의 특수성을 고려하여 법률로 정하는 바에 따라 특례를 둘 수 있다.
② 세종특별자치시와 제주특별자치도의 지위·조직 및 행정·재정 등의 운영에 대해서는 행정체제의 특수성을 고려하여 법률로 정하는 바에 따라 특례를 둘 수 있다.

제198조(대도시 등에 대한 특례 인정) ① 서울특별시·광역시 및 특별자치시를 제외한 인구 50만 이상 대도시의 행정, 재정 운영 및 국가의 지도·감독에 대해서는 그 특성을 고려하여 관계 법률로 정하는 바에 따라 특례를 둘 수 있다.
② 제1항에도 불구하고 서울특별시·광역시 및 특별자치시를 제외한 다음 각 호의 어느 하나에 해당하는 대도시 및 시·군·구의 행정, 재정 운영 및 국가의 지도·감독에 대해서는 그 특성을 고려하여 관계 법률로 정하는 바에 따라 추가로 특례를 둘 수 있다.
1. 인구 100만 이상 대도시(이하 "특례시"라 한다)
2. 실질적인 행정수요, 국가균형발전 및 지방소멸위기 등을 고려하여 대통령령으로 정하는 기준과 절차에 따라 행정안전부장관이 지정하는 시·군·구

③ 제1항에 따른 인구 50만 이상 대도시와 제2항제1호에 따른 특례시의 인구 인정기준은 대통령령으로 정한다.

제12장 특별지방자치단체

제1절 설치

제199조(설치) ① 2개 이상의 지방자치단체가 공동으로 특정한 목적을 위하여 광역적으로 사무를 처리할 필요가 있을 때에는 특별지방자치단체를 설치할 수 있다. 이 경우 특별지방자치단체를 구성하는 지방자치단체(이하 "구성 지방자치단체"라 한다)는 상호 협의에 따른 규약을 정하여 구성 지방자치단체의 지방의회 의결을 거쳐 행정안전부장관의 승인을 받아야 한다.

② 행정안전부장관은 제1항 후단에 따라 규약에 대하여 승인하는 경우 관계 중앙행정기관의 장 또는 시·도지사에게 그 사실을 알려야 한다.

③ 특별지방자치단체는 법인으로 한다.

④ 특별지방자치단체를 설치하기 위하여 국가 또는 시·도 사무의 위임이 필요할 때에는 구성 지방자치단체의 장이 관계 중앙행정기관의 장 또는 시·도지사에게 그 사무의 위임을 요청할 수 있다.

⑤ 행정안전부장관이 국가 또는 시·도 사무의 위임이 포함된 규약에 대하여 승인할 때에는 사전에 관계 중앙행정기관의 장 또는 시·도지사와 협의하여야 한다.

⑥ 구성 지방자치단체의 장이 제1항 후단에 따라 행정안전부장관의 승인을 받았을 때에는 규약의 내용을 지체 없이 고시하여야 한다. 이 경우 구성 지방자치단체의 장이 시장·군수 및 자치구의 구청장일 때에는 그 승인사항을 시·도지사에게 알려야 한다.

제200조(설치 권고 등) 행정안전부장관은 공익상 필요하다고 인정할 때에는 관계 지방자치단체에 대하여 특별지방자치단체의 설치, 해산 또는 규약 변경을 권고할 수 있다. 이 경우 행정안전부장관의 권고가 국가 또는 시·도 사무의 위임을 포함하고 있을 때에는 사전에 관계 중앙행정기관의 장 또는 시·도지사와 협의하여야 한다.

제201조(구역) 특별지방자치단체의 구역은 구성 지방자치단체의 구역을 합한 것으로 한다. 다만, 특별지방자치단체의 사무가 구성 지방자치단체 구역의 일부에만 관계되는 등 특별한 사정이 있을 때에는 해당 지방자치단체 구역의 일부만을 구역으로 할 수 있다.

제2절 규약과 기관 구성

제202조(규약 등) ① 특별지방자치단체의 규약에는 법령의 범위에서 다음 각 호의 사항이 포함되어야 한다.

1. 특별지방자치단체의 목적
2. 특별지방자치단체의 명칭
3. 구성 지방자치단체
4. 특별지방자치단체의 관할 구역
5. 특별지방자치단체의 사무소의 위치
6. 특별지방자치단체의 사무

7. 특별지방자치단체의 사무처리를 위한 기본계획에 포함되어야 할 사항
8. 특별지방자치단체의 지방의회의 조직, 운영 및 의원의 선임방법
9. 특별지방자치단체의 집행기관의 조직, 운영 및 장의 선임방법
10. 특별지방자치단체의 운영 및 사무처리에 필요한 경비의 부담 및 지출방법
11. 특별지방자치단체의 사무처리 개시일
12. 그 밖에 특별지방자치단체의 구성 및 운영에 필요한 사항

② 구성 지방자치단체의 장은 제1항의 규약을 변경하려는 경우에는 구성 지방자치단체의 지방의회 의결을 거쳐 행정안전부장관의 승인을 받아야 한다. 이 경우 국가 또는 시·도 사무의 위임에 관하여는 제199조제4항 및 제5항을 준용한다.

③ 구성 지방자치단체의 장은 제2항에 따라 행정안전부장관의 승인을 받았을 때에는 지체 없이 그 사실을 고시하여야 한다. 이 경우 구성 지방자치단체의 장이 시장·군수 및 자치구의 구청장일 때에는 그 승인사항을 시·도지사에게 알려야 한다.

제203조(기본계획 등) ① 특별지방자치단체의 장은 소관 사무를 처리하기 위한 기본계획(이하 "기본계획"이라 한다)을 수립하여 특별지방자치단체 의회의 의결을 받아야 한다. 기본계획을 변경하는 경우에도 또한 같다.

② 특별지방자치단체는 기본계획에 따라 사무를 처리하여야 한다.

③ 특별지방자치단체의 장은 구성 지방자치단체의 사무처리가 기본계획의 시행에 지장을 주거나 지장을 줄 우려가 있을 때에는 특별지방자치단체의 의회 의결을 거쳐 구성 지방자치단체의 장에게 필요한 조치를 요청할 수 있다.

제204조(의회의 조직 등) ① 특별지방자치단체의 의회는 규약으로 정하는 바에 따라 구성 지방자치단체의 의회 의원으로 구성한다.

② 제1항의 지방의회의원은 제43조제1항에도 불구하고 특별지방자치단체의 의회 의원을 겸할 수 있다.

③ 특별지방자치단체의 의회가 의결하여야 할 안건 중 대통령령으로 정하는 중요한 사항에 대해서는 특별지방자치단체의 장에게 미리 통지하고, 특별지방자치단체의 장은 그 내용을 구성 지방자치단체의 장에게 통지하여야 한다. 그 의결의 결과에 대해서도 또한 같다.

제205조(집행기관의 조직 등) ① 특별지방자치단체의 장은 규약으로 정하는 바에 따라 특별지방자치단체의 의회에서 선출한다.

② 구성 지방자치단체의 장은 제109조에도 불구하고 특별지방자치단체의 장을 겸할 수 있다.

③ 특별지방자치단체의 의회 및 집행기관의 직원은 규약으로 정하는 바에 따라 특별지방자치단체 소속인 지방공무원과 구성 지방자치단체의 지방공무원 중에서 파견된 사람으로 구성한다.

제3절 운영

제206조(경비의 부담) ① 특별지방자치단체의 운영 및 사무처리에 필요한 경비는 구성 지방자치단체의 인구, 사무처리의 수혜범위 등을 고려하여 규약으로 정하는 바에 따라 구성 지방자치단체가 분담한다.

② 구성 지방자치단체는 제1항의 경비에 대하여 특별회계를 설치하여 운영하여야 한다.

③ 국가 또는 시·도가 사무를 위임하는 경우에는 그 사무를 수행하는 데 필요한 재정적 지원을 할 수 있다.

제207조(사무처리상황 등의 통지) 특별지방자치단체의 장은 대통령령으로 정하는 바에 따라 사무처리 상황 등을 구성 지방자치단체의 장 및 행정안전부장관(시·군 및 자치구만으로 구성하는 경우에는 시·도지사를 포함한다)에게 통지하여야 한다.

제208조(가입 및 탈퇴) ① 특별지방자치단체에 가입하거나 특별지방자치단체에서 탈퇴하려는 지방자치단체의 장은 해당 지방의회의 의결을 거쳐 특별지방자치단체의 장에게 가입 또는 탈퇴를 신청하여야 한다.

② 제1항에 따른 가입 또는 탈퇴의 신청을 받은 특별지방자치단체의 장은 특별지방자치단체 의회의 동의를 받아 신청의 수용 여부를 결정하되, 특별한 사유가 없으면 가입하거나 탈퇴하려는 지방자치단체의 의견을 존중하여야 한다.

③ 제2항에 따른 가입 및 탈퇴에 관하여는 제199조를 준용한다.

제209조(해산) ① 구성 지방자치단체는 특별지방자치단체가 그 설치 목적을 달성하는 등 해산의 사유가 있을 때에는 해당 지방의회의 의결을 거쳐 행정안전부장관의 승인을 받아 특별지방자치단체를 해산하여야 한다.

② 구성 지방자치단체는 제1항에 따라 특별지방자치단체를 해산할 경우에는 상호 협의에 따라 그 재산을 처분하고 사무와 직원의 재배치를 하여야 하며,

국가 또는 시·도 사무를 위임받았을 때에는 관계 중앙행정기관의 장 또는 시·도지사와 협의하여야 한다. 다만, 협의가 성립하지 아니할 때에는 당사자의 신청을 받아 행정안전부장관이 조정할 수 있다.

제210조(지방자치단체에 관한 규정의 준용) 시·도, 시·도와 시·군 및 자치구 또는 2개 이상의 시·도에 걸쳐 있는 시·군 및 자치구로 구성되는 특별지방자치단체는 시·도에 관한 규정을, 시·군 및 자치구로 구성하는 특별지방자치단체는 시·군 및 자치구에 관한 규정을 준용한다. 다만, 제3조, 제1장제2절, 제11조부터 제14조까지, 제17조제3항, 제25조, 제4장, 제38조, 제39조, 제40조제1항제1호 및 제2호, 같은 조 제3항, 제41조, 제6장제1절제1관, 제106조부터 제108조까지, 제110조, 제112조제2호 후단, 같은 조 제3호, 제123조, 제124조, 제6장제3절(제130조는 제외한다)부터 제5절까지, 제152조, 제166조, 제167조 및 제8장제2절부터 제4절까지, 제11장에 관하여는 그러하지 아니하다.

제211조(다른 법률과의 관계) ① 다른 법률에서 지방자치단체 또는 지방자치단체의 장을 인용하고 있는 경우에는 제202조제1항에 따른 규약으로 정하는 사무를 처리하기 위한 범위에서는 특별지방자치단체 또는 특별지방자치단체의 장을 인용한 것으로 본다.

② 다른 법률에서 시·도 또는 시·도지사를 인용하고 있는 경우에는 제202조제1항에 따른 규약으로 정하는 사무를 처리하기 위한 범위에서는 시·도, 시·도와 시·군 및 자치구 또는 2개 이상의 시·도에 걸쳐 있는 시·군 및 자치구로 구성하는 특별지방자치단체 또는 특별지방자치단체의 장을 인용한 것으로 본다.

③ 다른 법률에서 시·군 및 자치구 또는 시장·군수 및 자치구의 구청장을 인용하고 있는 경우에는 제202조제1항에 따른 규약으로 정하는 사무를 처리하기 위한 범위에서는 동일한 시·도 관할 구역의 시·군 및 자치구로 구성하는 특별지방자치단체 또는 특별지방자치단체의 장을 인용한 것으로 본다.

부칙 〈제18661호, 2021. 12. 28.〉 (중소기업창업 지원법)

제1조(시행일) 이 법은 공포 후 6개월이 경과한 날부터 시행한다. 다만, ···〈생략〉···· 부칙 제7조제27항은 2022년 1월 13일부터 시행한다.

(이하 생략)

행정소송법

[시행 2017. 7. 26.] [법률 제14839호, 2017. 7. 26., 타법개정]

제1장 총칙

제1조(목적) 이 법은 행정소송절차를 통하여 행정청의 위법한 처분 그 밖에 공권력의 행사·불행사등으로 인한 국민의 권리 또는 이익의 침해를 구제하고, 공법상의 권리관계 또는 법적용에 관한 다툼을 적정하게 해결함을 목적으로 한다.

제2조(정의) ① 이 법에서 사용하는 용어의 정의는 다음과 같다.

1. "처분등"이라 함은 행정청이 행하는 구체적 사실에 관한 법집행으로서의 공권력의 행사 또는 그 거부와 그 밖에 이에 준하는 행정작용(이하 "處分"이라 한다) 및 행정심판에 대한 재결을 말한다.
2. "부작위"라 함은 행정청이 당사자의 신청에 대하여 상당한 기간내에 일정한 처분을 하여야 할 법률상 의무가 있음에도 불구하고 이를 하지 아니하는 것을 말한다.

② 이 법을 적용함에 있어서 행정청에는 법령에 의하여 행정권한의 위임 또는 위탁을 받은 행정기관, 공공단체 및 그 기관 또는 사인이 포함된다.

제3조(행정소송의 종류) 행정소송은 다음의 네 가지로 구분한다. 〈개정 1988. 8. 5.〉

1. 항고소송: 행정청의 처분 등이나 부작위에 대하여 제기하는 소송
2. 당사자소송: 행정청의 처분 등을 원인으로 하는 법률관계에 관한 소송 그 밖에 공법상의 법률관계에 관한 소송으로서 그 법률관계의 한쪽 당사자를 피고로 하는 소송
3. 민중소송: 국가 또는 공공단체의 기관이 법률에 위반되는 행위를 한 때에 직접 자기의 법률상 이익과 관계없이 그 시정을 구하기 위하여 제기하는 소송
4. 기관소송: 국가 또는 공공단체의 기관상호간에 있어서의 권한의 존부 또는 그 행사에 관한 다툼이 있을 때에 이에 대하여 제기하는 소송. 다만, 헌법재판소법 제2조의 규정에 의하여 헌법재판소의 관장사항으로 되는 소송은 제외한다.

제4조(항고소송) 항고소송은 다음과 같이 구분한다.

1. 취소소송: 행정청의 위법한 처분등을 취소 또는 변경하는 소송
2. 무효등 확인소송: 행정청의 처분등의 효력 유무 또는 존재여부를 확인하는 소송
3. 부작위위법확인소송: 행정청의 부작위가 위법하다는 것을 확인하는 소송

제5조(국외에서의 기간) 이 법에 의한 기간의 계산에 있어서 국외에서의 소송행위추완에 있어서는 그 기간을 14일에서 30일로, 제3자에 의한 재심청구에 있어서는 그 기간을 30일에서 60일로, 소의 제기에 있어서는 그 기간을 60일에서 90일로 한다.

제6조(명령·규칙의 위헌판결등 공고) ① 행정소송에 대한 대법원판결에 의하여 명령·규칙이 헌법 또는 법률에 위반된다는 것이 확정된 경우에는 대법원은 지체없이 그 사유를 행정안전부장관에게 통보하여야 한다. 〈개정 2013. 3. 23., 2014. 11. 19., 2017. 7. 26.〉

② 제1항의 규정에 의한 통보를 받은 행정안전부장관은 지체없이 이를 관보에 게재하여야 한다. 〈개정 2013. 3. 23., 2014. 11. 19., 2017. 7. 26.〉

제7조(사건의 이송) 민사소송법 제34조제1항의 규정은 원고의 고의 또는 중대한 과실없이 행정소송이 심급을 달리하는 법원에 잘못 제기된 경우에도 적용한다. 〈개정 2002. 1. 26.〉

제8조(법적용예) ① 행정소송에 대하여는 다른 법률에 특별한 규정이 있는 경우를 제외하고는 이 법이 정하는 바에 의한다.

② 행정소송에 관하여 이 법에 특별한 규정이 없는 사항에 대하여는 법원조직법과 민사소송법 및 민사집행법의 규정을 준용한다. 〈개정 2002. 1. 26.〉

제2장 취소소송

제1절 재판관할

제9조(재판관할) ① 취소소송의 제1심관할법원은 피고의 소재지를 관할하는 행정법원으로 한다. 〈개정 2014. 5. 20.〉

② 제1항에도 불구하고 다음 각 호의 어느 하나에 해당하는 피고에 대하여 취소소송을 제기하는 경우에는 대법원소재지를 관할하는 행정법원에 제기할 수 있다. 〈신설 2014. 5. 20.〉

1. 중앙행정기관, 중앙행정기관의 부속기관과 합의제행정기관 또는 그 장
2. 국가의 사무를 위임 또는 위탁받은 공공단체 또는 그 장

③ 토지의 수용 기타 부동산 또는 특정의 장소에 관계되는 처분등에 대한 취소소송은 그 부동산 또는 장소의 소재지를 관할하는 행정법원에 이를 제기할 수 있다. 〈개정 2014. 5. 20.〉

[전문개정 1994. 7. 27.] [제목개정 2014. 5. 20.]

제10조(관련청구소송의 이송 및 병합) ① 취소소송과 다음 각호의 1에 해당하는 소송(이하 "關聯請求訴訟"이라 한다)이 각각 다른 법원에 계속되고 있는 경우에 관련청구소송이 계속된 법원이 상당하다고 인정하는 때에는 당사자의 신청 또는 직권에 의하여 이를 취소소송이 계속된 법원으로 이송할 수 있다.

1. 당해 처분등과 관련되는 손해배상·부당이득반환·원상회복등 청구소송
2. 당해 처분등과 관련되는 취소소송

② 취소소송에는 사실심의 변론종결시까지 관련청구소송을 병합하거나 피고외의 자를 상대로 한 관련청구소송을 취소소송이 계속된 법원에 병합하여 제기할 수 있다.

제11조(선결문제) ① 처분등의 효력 유무 또는 존재 여부가 민사소송의 선결문제로 되어 당해 민사소송의 수소법원이 이를 심리·판단하는 경우에는 제17조, 제25조, 제26조 및 제33조의 규정을 준용한다.

② 제1항의 경우 당해 수소법원은 그 처분등을 행한 행정청에게 그 선결문제로 된 사실을 통지하여야 한다.

제2절 당사자

제12조(원고적격) 취소소송은 처분등의 취소를 구할 법률상 이익이 있는 자가 제기할 수 있다. 처분등의 효과가 기간의 경과, 처분등의 집행 그 밖의 사유로 인하여 소멸된 뒤에도 그 처분등의 취소로 인하여 회복되는 법률상 이익이 있는 자의 경우에는 또한 같다.

제13조(피고적격) ① 취소소송은 다른 법률에 특별한 규정이 없는 한 그 처분등을 행한 행정청을 피고로 한다. 다만, 처분등이 있은 뒤에 그 처분등에 관계되는 권한이 다른 행정청에 승계된 때에는 이를 승계한 행정청을 피고로 한다.

② 제1항의 규정에 의한 행정청이 없게 된 때에는 그 처분등에 관한 사무가 귀속되는 국가 또는 공공단체를 피고로 한다.

제14조(피고경정) ① 원고가 피고를 잘못 지정한 때에는 법원은 원고의 신청에 의하여 결정으로써 피고의 경정을 허가할 수 있다.

② 법원은 제1항의 규정에 의한 결정의 정본을 새로운 피고에게 송달하여야 한다.

③ 제1항의 규정에 의한 신청을 각하하는 결정에 대하여는 즉시항고할 수 있다.

④ 제1항의 규정에 의한 결정이 있은 때에는 새로운 피고에 대한 소송은 처음에 소를 제기한 때에 제기된 것으로 본다.

⑤ 제1항의 규정에 의한 결정이 있은 때에는 종전의 피고에 대한 소송은 취하된 것으로 본다.

⑥ 취소소송이 제기된 후에 제13조제1항 단서 또는 제13조제2항에 해당하는 사유가 생긴 때에는 법원은 당사자의 신청 또는 직권에 의하여 피고를 경정한다. 이 경우에는 제4항 및 제5항의 규정을 준용한다.

제15조(공동소송) 수인의 청구 또는 수인에 대한 청구가 처분등의 취소청구와 관련되는 청구인 경우에 한하여 그 수인은 공동소송인이 될 수 있다.

제16조(제3자의 소송참가) ① 법원은 소송의 결과에 따라 권리 또는 이익의 침해를 받을 제3자가 있는 경우에는 당사자 또는 제3자의 신청 또는 직권에 의하여 결정으로써 그 제3자를 소송에 참가시킬 수 있다.

② 법원이 제1항의 규정에 의한 결정을 하고자 할 때에는 미리 당사자 및 제3자의 의견을 들어야 한다.

③ 제1항의 규정에 의한 신청을 한 제3자는 그 신청을 각하한 결정에 대하여 즉시항고할 수 있다.

④ 제1항의 규정에 의하여 소송에 참가한 제3자에 대하여는 민사소송법 제67조의 규정을 준용한다. 〈개정 2002. 1. 26.〉

제17조(행정청의 소송참가) ① 법원은 다른 행정청을 소송에 참가시킬 필요가 있다고 인정할 때에는 당사자 또는 당해 행정청의 신청 또는 직권에 의하여 결정으로써 그 행정청을 소송에 참가시킬 수 있다.

② 법원은 제1항의 규정에 의한 결정을 하고자 할 때에는 당사자 및 당해 행정청의 의견을 들어야 한다.

③ 제1항의 규정에 의하여 소송에 참가한 행정청에 대하여는 민사소송법 제76조의 규정을 준용한다. 〈개정 2002. 1. 26.〉

제3절 소의 제기

제18조(행정심판과의 관계) ① 취소소송은 법령의 규정에 의하여 당해 처분에 대한 행정심판을 제기할 수 있는 경우에도 이를 거치지 아니하고 제기할 수 있다. 다만, 다른 법률에 당해 처분에 대한 행정심판의 재결을 거치지 아니하면 취소소송을 제기할 수 없다는 규정이 있는 때에는 그러하지 아니하다. 〈개정 1994. 7. 27.〉

② 제1항 단서의 경우에도 다음 각호의 1에 해당하는 사유가 있는 때에는 행정심판의 재결을 거치지 아니하고 취소소송을 제기할 수 있다. 〈개정 1994. 7. 27.〉

1. 행정심판청구가 있은 날로부터 60일이 지나도 재결이 없는 때
2. 처분의 집행 또는 절차의 속행으로 생길 중대한 손해를 예방하여야 할 긴급한 필요가 있는 때
3. 법령의 규정에 의한 행정심판기관이 의결 또는 재결을 하지 못할 사유가 있는 때
4. 그 밖의 정당한 사유가 있는 때

③ 제1항 단서의 경우에 다음 각호의 1에 해당하는 사유가 있는 때에는 행정심판을 제기함이 없이 취소소송을 제기할 수 있다. 〈개정 1994. 7. 27.〉

1. 동종사건에 관하여 이미 행정심판의 기각재결이 있은 때
2. 서로 내용상 관련되는 처분 또는 같은 목적을 위하여 단계적으로 진행되는 처분중 어느 하나가 이미 행정심판의 재결을 거친 때
3. 행정청이 사실심의 변론종결후 소송의 대상인 처분을 변경하여 당해 변경된 처분에 관하여 소를 제기하는 때
4. 처분을 행한 행정청이 행정심판을 거칠 필요가 없다고 잘못 알린 때

④ 제2항 및 제3항의 규정에 의한 사유는 이를 소명하여야 한다.

제19조(취소소송의 대상) 취소소송은 처분 등을 대상으로 한다. 다만, 재결취소소송의 경우에는 재결 자체에 고유한 위법이 있음을 이유로 하는 경우에 한한다.

제20조(제소기간) ① 취소소송은 처분 등이 있음을 안 날부터 90일 이내에 제기하여야 한다. 다만, 제18조제1항 단서에 규정한 경우와 그 밖에 행정심판청구를 할 수 있는 경우 또는 행정청이 행정심판청구를 할 수 있다고 잘못 알린 경우에 행정심판청구가 있은 때의 기간은 재결서의 정본을 송달받은 날부터 기산한다.

② 취소소송은 처분 등이 있은 날부터 1년(第1項 但書의 경우는 裁決이 있은 날부터 1年)을 경과하면 이를 제기하지 못한다. 다만, 정당한 사유가 있는 때에는 그러하지 아니하다.

③ 제1항의 규정에 의한 기간은 불변기간으로 한다.

[전문개정 1994. 7. 27.]

제21조(소의 변경) ① 법원은 취소소송을 당해 처분등에 관계되는 사무가 귀속하는 국가 또는 공공단체에 대한 당사자소송 또는 취소소송외의 항고소송으로 변경하는 것이 상당하다고 인정할 때에는 청구의 기초에 변경이 없는 한 사실심의 변론종결시까지 원고의 신청에 의하여 결정으로써 소의 변경을 허가할 수 있다.

② 제1항의 규정에 의한 허가를 하는 경우 피고를 달리하게 될 때에는 법원은 새로이 피고로 될 자의 의견을 들어야 한다.

③ 제1항의 규정에 의한 허가결정에 대하여는 즉시항고할 수 있다.

④ 제1항의 규정에 의한 허가결정에 대하여는 제14조제2항·제4항 및 제5항의 규정을 준용한다.

제22조(처분변경으로 인한 소의 변경) ① 법원은 행정청이 소송의 대상인 처분을 소가 제기된 후 변경한 때에는 원고의 신청에 의하여 결정으로써 청구의 취지 또는 원인의 변경을 허가할 수 있다.

② 제1항의 규정에 의한 신청은 처분의 변경이 있음을 안 날로부터 60일 이내에 하여야 한다.

③ 제1항의 규정에 의하여 변경되는 청구는 제18조제1항 단서의 규정에 의한 요건을 갖춘 것으로 본다. 〈개정 1994. 7. 27.〉

제23조(집행정지) ① 취소소송의 제기는 처분 등의 효력이나 그 집행 또는 절차의 속행에 영향을 주지 아니한다.

② 취소소송이 제기된 경우에 처분 등이나 그 집행 또는 절차의 속행으로 인하여 생길 회복하기 어려운 손해를 예방하기 위하여 긴급한 필요가 있다고 인정할 때에는 본안이 계속되고 있는 법원은 당사자의 신청 또는 직권에 의하여 처분 등의 효력이나 그 집행 또는 절차의 속행의 전부 또는 일부의 정지(이하 "執行停止"라 한다)를 결정할 수 있다. 다만, 처분의 효력정지는 처분 등의 집행 또는 절차의 속행을 정지함으로써 목적을 달성할 수 있는 경우에는 허용되지 아니한다.

③ 집행정지는 공공복리에 중대한 영향을 미칠 우려가 있을 때에는 허용되지 아니한다.

④ 제2항의 규정에 의한 집행정지의 결정을 신청함에 있어서는 그 이유에 대한 소명이 있어야 한다.

⑤ 제2항의 규정에 의한 집행정지의 결정 또는 기각의 결정에 대하여는 즉시항고할 수 있다. 이 경우 집행정지의 결정에 대한 즉시항고에는 결정의 집행을 정지하는 효력이 없다.

⑥ 제30조제1항의 규정은 제2항의 규정에 의한 집행정지의 결정에 이를 준용한다.

제24조(집행정지의 취소) ① 집행정지의 결정이 확정된 후 집행정지가 공공복리에 중대한 영향을 미치거나 그 정지사유가 없어진 때에는 당사자의 신청 또는 직권에 의하여 결정으로써 집행정지의 결정을 취소할 수 있다.

② 제1항의 규정에 의한 집행정지결정의 취소결정과 이에 대한 불복의 경우에는 제23조제4항 및 제5항의 규정을 준용한다.

제4절 심리

제25조(행정심판기록의 제출명령) ① 법원은 당사자의 신청이 있는 때에는 결정으로써 재결을 행한 행정청에 대하여 행정심판에 관한 기록의 제출을 명할 수 있다.

② 제1항의 규정에 의한 제출명령을 받은 행정청은 지체없이 당해 행정심판에 관한 기록을 법원에 제출하여야 한다.

제26조(직권심리) 법원은 필요하다고 인정할 때에는 직권으로 증거조사를 할 수 있고, 당사자가 주장하지 아니한 사실에 대하여도 판단할 수 있다.

제5절 재판

제27조(재량처분의 취소) 행정청의 재량에 속하는 처분이라도 재량권의 한계를 넘거나 그 남용이 있는 때에는 법원은 이를 취소할 수 있다.

제28조(사정판결) ① 원고의 청구가 이유있다고 인정하는 경우에도 처분 등을 취소하는 것이 현저히 공공복리에 적합하지 아니하다고 인정하는 때에는 법원은 원고의 청구를 기각할 수 있다. 이 경우 법원은 그 판결의 주문에서 그 처분 등이 위법함을 명시하여야 한다.

② 법원이 제1항의 규정에 의한 판결을 함에 있어서는 미리 원고가 그로 인하여 입게 될 손해의 정도와 배상방법 그 밖의 사정을 조사하여야 한다.
③ 원고는 피고인 행정청이 속하는 국가 또는 공공단체를 상대로 손해배상, 제해시설의 설치 그 밖에 적당한 구제방법의 청구를 당해 취소소송 등이 계속된 법원에 병합하여 제기할 수 있다.

제29조(취소판결등의 효력) ① 처분 등을 취소하는 확정판결은 제3자에 대하여도 효력이 있다.
② 제1항의 규정은 제23조의 규정에 의한 집행정지의 결정 또는 제24조의 규정에 의한 그 집행정지결정의 취소결정에 준용한다.

제30조(취소판결등의 기속력) ① 처분 등을 취소하는 확정판결은 그 사건에 관하여 당사자인 행정청과 그 밖의 관계행정청을 기속한다.
② 판결에 의하여 취소되는 처분이 당사자의 신청을 거부하는 것을 내용으로 하는 경우에는 그 처분을 행한 행정청은 판결의 취지에 따라 다시 이전의 신청에 대한 처분을 하여야 한다.
③ 제2항의 규정은 신청에 따른 처분이 절차의 위법을 이유로 취소되는 경우에 준용한다.

제6절 보칙

제31조(제3자에 의한 재심청구) ① 처분 등을 취소하는 판결에 의하여 권리 또는 이익의 침해를 받은 제3자는 자기에게 책임없는 사유로 소송에 참가하지 못함으로써 판결의 결과에 영향을 미칠 공격 또는 방어방법을 제출하지 못한 때에는 이를 이유로 확정된 종국판결에 대하여 재심의 청구를 할 수 있다.
② 제1항의 규정에 의한 청구는 확정판결이 있음을 안 날로부터 30일 이내, 판결이 확정된 날로부터 1년 이내에 제기하여야 한다.
③ 제2항의 규정에 의한 기간은 불변기간으로 한다.

제32조(소송비용의 부담) 취소청구가 제28조의 규정에 의하여 기각되거나 행정청이 처분등을 취소 또는 변경함으로 인하여 청구가 각하 또는 기각된 경우에는 소송비용은 피고의 부담으로 한다.

제33조(소송비용에 관한 재판의 효력) 소송비용에 관한 재판이 확정된 때에는 피고 또는 참가인이었던 행정청이 소속하는 국가 또는 공공단체에 그 효력을 미친다.

제34조(거부처분취소판결의 간접강제) ① 행정청이 제30조제2항의 규정에 의한 처분을 하지 아니하는 때에는 제1심수소법원은 당사자의 신청에 의하여 결정으로써 상당한 기간을 정하고 행정청이 그 기간내에 이행하지 아니하는 때에는 그 지연기간에 따라 일정한 배상을 할 것을 명하거나 즉시 손해배상을 할 것을 명할 수 있다.

② 제33조와 민사집행법 제262조의 규정은 제1항의 경우에 준용한다. 〈개정 2002. 1. 26.〉

제3장 취소소송외의 항고소송

제35조(무효등 확인소송의 원고적격) 무효등 확인소송은 처분 등의 효력 유무 또는 존재 여부의 확인을 구할 법률상 이익이 있는 자가 제기할 수 있다.

제36조(부작위위법확인소송의 원고적격) 부작위위법확인소송은 처분의 신청을 한 자로서 부작위의 위법의 확인을 구할 법률상 이익이 있는 자만이 제기할 수 있다.

제37조(소의 변경) 제21조의 규정은 무효 등 확인소송이나 부작위위법확인소송을 취소소송 또는 당사자소송으로 변경하는 경우에 준용한다.

제38조(준용규정) ① 제9조, 제10조, 제13조 내지 제17조, 제19조, 제22조 내지 제26조, 제29조 내지 제31조 및 제33조의 규정은 무효등 확인소송의 경우에 준용한다.

② 제9조, 제10조, 제13조 내지 제19조, 제20조, 제25조 내지 제27조, 제29조 내지 제31조, 제33조 및 제34조의 규정은 부작위위법확인소송의 경우에 준용한다. 〈개정 1994. 7. 27.〉

제4장 당사자소송

제39조(피고적격) 당사자소송은 국가·공공단체 그 밖의 권리주체를 피고로 한다.

제40조(재판관할) 제9조의 규정은 당사자소송의 경우에 준용한다. 다만, 국가 또는 공공단체가 피고인 경우에는 관계행정청의 소재지를 피고의 소재지로 본다.

제41조(제소기간) 당사자소송에 관하여 법령에 제소기간이 정하여져 있는 때에는 그 기간은 불변기간으로 한다.

제42조(소의 변경) 제21조의 규정은 당사자소송을 항고소송으로 변경하는 경우에 준용한다.

제43조(가집행선고의 제한) 국가를 상대로 하는 당사자소송의 경우에는 가집행선고를 할 수 없다.

제44조(준용규정) ① 제14조 내지 제17조, 제22조, 제25조, 제26조, 제30조제1항, 제32조 및 제33조의 규정은 당사자소송의 경우에 준용한다.
② 제10조의 규정은 당사자소송과 관련청구소송이 각각 다른 법원에 계속되고 있는 경우의 이송과 이들 소송의 병합의 경우에 준용한다.

제5장 민중소송 및 기관소송

제45조(소의 제기) 민중소송 및 기관소송은 법률이 정한 경우에 법률에 정한 자에 한하여 제기할 수 있다.

제46조(준용규정) ① 민중소송 또는 기관소송으로써 처분등의 취소를 구하는 소송에는 그 성질에 반하지 아니하는 한 취소소송에 관한 규정을 준용한다.
② 민중소송 또는 기관소송으로써 처분 등의 효력 유무 또는 존재 여부나 부작위의 위법의 확인을 구하는 소송에는 그 성질에 반하지 아니하는 한 각각 무효 등 확인소송 또는 부작위위법확인소송에 관한 규정을 준용한다.
③ 민중소송 또는 기관소송으로서 제1항 및 제2항에 규정된 소송외의 소송에는 그 성질에 반하지 아니하는 한 당사자소송에 관한 규정을 준용한다.

부칙 〈제14839호, 2017. 7. 26.〉 (정부조직법)

제1조(시행일) ① 이 법은 공포한 날부터 시행한다. 다만, 부칙 제5조에 따라 개정되는 법률 중 이 법 시행 전에 공포되었으나 시행일이 도래하지 아니한 법률을 개정한 부분은 각각 해당 법률의 시행일부터 시행한다.
(이하 생략)

찾아보기

ㅂ

ㅅ

ㅇ

ㅈ

ㅊ

ㅌ

ㅍ

ㅎ

기타